区域经济学

（第二版）

邓宏兵　易　明　主编

科学出版社
北　京

内 容 简 介

区域经济学是经济学的重要组成部分，与区域经济发展的重大实践和经济社会发展过程中需要解决的重大区域问题紧密相关。本书按照理论基础、区域经济发展、区际经济关系、区域经济政策、区域经济研究方法五大板块组织安排内容，共分十一章，旨在构建一个相对系统的区域经济学体系。

本书可用作高等院校经济学、地理学、资源环境与城乡规划管理、城市规划等专业本科生与研究生教材，也可供相关专业的科研人员及政府管理人员参考。

图书在版编目(CIP)数据

区域经济学 / 邓宏兵，易明主编. -- 2 版. -- 北京：科学出版社，2024. 11. -- ISBN 978-7-03-080476-1

Ⅰ. F061. 5

中国国家版本馆 CIP 数据核字第 2024AZ0289 号

责任编辑：郑欣虹 / 责任校对：杨 赛

责任印制：赵 博 / 封面设计：耕者设计工作室

科 学 出 版 社 出版

北京东黄城根北街 16 号

邮政编码：100717

http://www.sciencep.com

北京市金木堂数码科技有限公司印刷

科学出版社发行 各地新华书店经销

*

2008 年 4 月第 一 版 开本：787×1092 1/16

2024 年 11 月第 二 版 印张：19 3/4

2025 年 8 月第六次印刷 字数：468 000

定价：78.00 元

（如有印装质量问题，我社负责调换）

第二版前言

《区域经济学》第一版于2008年出版。随着时间的推移，我国进入了新的发展阶段，经济社会的不断进步也使学科理论更加丰富，不断推动着区域经济研究融入新时代的发展浪潮中，特别是新一轮科技革命与产业革命正在发生深刻变化，也深刻影响着中国区域经济发展的新格局，动态变化的区域经济实践也对区域经济学提出了更多新的要求。总体而言，第一版的内容已经不能够全面满足区域经济学学科发展和实践的需要。为此，编者对第一版教材进行了修订。

第一章和第二章为理论基础部分，主要介绍区域与区域经济的内涵、区域经济学的理论框架与学科体系、区域经济学的学科地位与作用、区位与产业区位理论、区位决策影响因素、多部门企业区位决策、跨国公司区位、新产业区与产业集群区位等问题。第三章至第七章为区域经济发展问题，包括区域经济发展的决定因素与动力机制、区域经济增长、区域产业结构与组织、区域经济空间结构与组织、城市与乡村经济发展等内容。第八章为区际经济关系，包括区域要素流动与分工和贸易、区域经济差异及其测度、空间相互作用与区际利益冲突和合作、区际产业转移、区域协调发展等内容。第九章为区域经济政策，包括区域经济政策的内涵、特征与基本内容，区域经济政策的作用与局限性及目标、方针与工具，区域经济政策评价等内容。第十章为区域经济研究方法论，包括概述、区域经济分析常用方法及其新发展。第十一章为区域经济学研究热点与前沿问题，包括区域经济学主要流派及其新进展，区域营销与区域管治，新质生产力、区域创新与区域竞争力，总部经济与区域发展，经济全球化与区域发展、重大区域发展战略等内容。

修订工作主要由邓宏兵、易明、倪琳等负责，他们从总体上确定修订原则和大纲调整方案。根据分工和实际工作情况，第二版增补易明为主编，倪琳为副主编。本次修订主要增加营商环境与区域经济发展、新型城镇化、乡村振兴、共同富裕、城乡融合发展、区域协调发展、低碳经济、经济全球化与区域发展、重大区域发展战略、随机前沿分析等内容。此外，本次修订在每章后增加了课程思政与实践教学设计，力求能够为师生在应用本教材的过程中提供更多便利。彭甲超和吴婷参加了部分内容的修订工作。

本书仍然需要根据学科发展、教育改革及国内外经济发展情况不断更新和完善。限于编写人员的知识水平和教学经验，遗漏在所难免，谨向相关同行及使用本书的同志致以诚挚的感谢，并欢迎批评指正！

编　者

2024年10月

第一版前言

区域经济学起源于20世纪20～40年代的古典经济区位理论，初步形成于20世纪50年代，80年代中后期开始蓬勃发展。杜能、韦伯、帕兰德、霍特林、普雷德尔、克里斯塔勒、勒施、胡佛、艾萨德、缪尔达尔、赫希曼、弗里德曼、理查森和克鲁格曼等学者都做出了重要贡献。

区域经济学的形成和发展有其特定的理论和实践背景，在不同的国家和地区表现出既相关联又有区别的演化特征。区域经济学在中国的发展历史很短，改革开放之后，才成为一门独立的经济学分支学科。其理论渊源具有多源性，经济学、管理学、经济地理学、社会学等学科都为区域经济学提供了理论与方法论基础。区域经济学研究的主要问题至少应包括区域经济学的基础理论问题、方法论问题、实证分析3个方面。

教材是一门学科在一个国家或地区发展与传播的重要途径和载体。从程必定的《区域经济学》(安徽人民出版社，1989)、周起业等的《区域经济学》(中国人民大学出版社，1989)、杨海田的《优化生存空间的艺术——区域经济学》(经济管理出版社，1989) 问世以来，1989～2007年间中国出版的区域经济学同名教材达50余种，区域经济研究著作1000余种；翻译出版了一批欧美学者编撰的区域经济学教材、手册，分别是涅克拉索夫的《区域经济学》(东方出版社，1987)、胡佛的《区域经济学导论》(商务印书馆，1990)、理查森的《区域经济学概论》(海潮出版社，1990)、胡佛和杰莱塔尼的《区域经济学导论》(上海远东出版社，1992)、尼茨坎普主编的《区域经济学》(《区域与城市经济学手册》第一卷，经济科学出版社，2001)、阿姆斯特朗和泰勒的《区域经济学与区域政策》(上海人民出版社，2007)。这些教材或著作的出版对推动我国区域经济学的发展发挥了重要作用。教材版本众多，一方面说明了大家对该学科的关注，另一方面也带来一些问题，主要表现在：①看法分歧，造成学科发展的混乱；②基于不同学科背景出版的教材差别较大；③理论色彩不足、应用显得苍白无力；④学习借鉴不足、同时创新又不够；⑤定量分析方法和主流经济学分析方法应用较少；⑥作为教材未充分考虑教学规律要求。

学科发展与教学规律的有机结合是教材编写的基本原则。基于对区域经济学学科发展的认识和理解，以及对教学规律的把握，我们编写了本书。本书力求按照教学规律，比较科学客观地传播区域经济学的经典理论与前沿理论知识，并且兼容多学科理论和方法。为了方便教学，我们还编制了配套的教学课件。

本书主编是邓宏兵（中国地质大学），副主编是吴传清（武汉大学）、文余源（中国人民大学）、周杰文（南昌大学）。编写分工如下：第一章邓宏兵、周杰文，第二章易成栋（中央财经大学），第三章敖荣军（华中师范大学）、李家成（华中师范大学），第四章段娟（当代中国研究所）、文余源，第五章吴传清、孙智君（武汉大学）、倪焱平（武汉大学)、张玲（武汉大学)，第六章周杰文，第七章李彦军（中国地质大学)，第八章邓慧慧（中国人民大学)、隆学文（北京市经济信息中心)，第九章吴传清、雷国雄（广西财经学院)，第十章文余源、段娟，第十一章吴传清、倪焱平、许东屹（武汉大学)、田华（中国地质大学)、倪琳（中国地质大学)。

本书的出版得到了科学出版社的大力支持，并受到中国地质大学 2006 年研究生教材建设项目基金的资助，借此机会一并致谢！教材编写过程中，参阅了大量的相关文献，尽管我们在书中加以标注，但难免有遗漏之处，谨向相关同行致以诚挚的谢意并欢迎批评指正！

编　者

2008 年 2 月

目　　录

第一章　绪　　论

任何经济活动都离不开特定的空间。经济活动与特定空间的结合产生了区域经济。区域的经济活动因其区域条件和资源禀赋的不同具有不同性质，并形成不同的区域经济特征。区域经济学的学科任务就是研究区域经济规律。美国区域经济学家胡佛（Hoover）曾说“区域经济学是经济学中最年轻、最有生气的分支学科之一”。自德国经济学家杜能（Thunnen）在《孤立国》一书中提出农业区位论以来，经过100余年的发展，区域经济学在20世纪50年代正式形成。现在，区域经济学作为一门新兴的应用经济学学科，已形成明确发展方向并具有研究潜力巨大的经济学科领域，是一门多学科相互渗透、交叉结合的综合性边缘经济学科。

第一节　区域与区域经济的内涵

一、区域的概念、特征和类型划分

（一）区域的概念与特征

区域是一个客观存在的空间概念，往往没有严格的范围、边界及确切的方位，是一个多侧面、多层次、相对性极强的概念，可以从不同的角度、层面和学科来观察、分析和理解不同的区域。

不同学科因其研究领域和重点的差异对区域有不同界定。地理学主要将区域定义为地球表面按自然地理特征划分的一个地域单元；社会学将区域看作具有相同语言、相同信仰和民族特征的人类社会聚落；政治学认为区域是按行政权力覆盖面划分的行政管理的一个地方单元。

区域经济学中的“区域”是指居民高度认同、地域完整、功能明确、内聚力强大的经济地域单元（孙久文，2006，2020），具有共同的经济特征，经济结构内在联系较为紧密，经济发展整体性较强（陈自芳，2011）。它不但充分考虑了地理单元和行政单元，而且考虑了地域空间的人口、经济、资源、环境、公共设施和行政管理等特点。“区域”的产生和存在应具备三个逻辑前提：一是所处的地理位置和地表结构；二是所拥有的自然资源、社会资源及其分布状况；三是经济社会发展的历史基础和现实状况（储东涛等，2003）。在识别区域的过程中通常有四个标识：属性标识、同质性标识、经济特征标识和行政标识（孙海鸣和张学良，2011）。

与区域相近的词有“地区”“地域”“空间”等。区域是地区的泛指或抽象，地区则是特指；区域的范围有大有小，而地域的范围一般较大，且更强调地方性、景观性；空间是对地球表层的一种表达，是与时间相对应的概念，是一个立体感很强的概念。由于空间的存在，地理事物得以存在。区域则是空间的特化，更多地反映了一个平面。此外，地点是不计面积的空间概念。

区域一般具有以下特征（魏后凯，2006；聂华林和王成勇，2006；石敏俊，2020）：①区域既是一个实体概念，又是一个抽象的空间概念，它具有典型的二重性。区域通常指地球表面存在的特定范围的空间。在理论研究中，“区域”经常被看作一个抽象的、观念上的空间概念，没有严格的范围、边界及确切的方位。②区域的内聚力、结构、功能、规模和边界是构成一个区域的 5 个要素。其中，内聚力是区域形成和演进的基础，它决定了区域内部的结构和功能，进而决定区域的规模和边界。③区域具有客观性和动态性。一方面，区域是客观存在的，由此可以根据一定的目的对其加以描述，进而划分，并揭示其一般规律性；另一方面，区域又处于不断的演进变化之中，随着社会经济的发展，区域内聚力将不断发生变化，继而导致区域，特别是经济区域的结构、功能、规模和边界发生变化。④区域具有一定的等级体系，不同等级区域的规模可能相差很大。⑤区域具有整体性。区域内部的一致性和强烈的连续性决定了每一个区域的内部各要素都是按照一定的秩序、一定的方式和一定的比例组合而成的有机整体，而非简单相加。区域的整体性使区域表现出统一的系统功能，区域内部某一局部的变化会导致整个区域的变化。另外，区域整体性还表现在区域各部分在增加总体财富方面的共同愿望，这既是区域整体性的体现，也是区域整体性形成的动力之一。⑥结构性。区域的各构成单元或要素按一定的联系形成丰富而多变的结构。区域的结构性具有多层次性、自组织性和稳定性。⑦区域之间的差异性。不同区域之间的产业结构、经济功能、空间组织表现出明显的差异性。

（二）区域的类型划分

划分区域的类型首先是确定标准，标准不同分类也就不同（魏后凯，2006；聂华林和王成勇，2006；孙海鸣和张学良，2011）。根据划分标准的不同，区域类型主要有以下几种划分方法：①根据地表物质多样性的标准将区域划分为自然区域和社会经济区域。在自然区域中，有综合自然区、地貌区、土壤区、气候区、水文区、植物区、动物区等；在社会经济区域中，有行政区、综合经济区、部门经济区、宗教区、语言区、文化区等。②根据区域内领土的性质将区域划分为 3 种类型，即微观区域（一国内部比国家面积小的地域单元）、中观区域（由两个或多个国家组成的地域单元，如欧盟、北美自由贸易区等）和宏观区域（指大洲或世界的区域性分区，如东亚、北美、太平洋地区等）。③根据内聚力的不同可从 4 个角度划分区域。按照自然标准或物理标准进行自然区划，如气候、土壤、景观等；按照政治标准或行政管理标准进行行政区划，如行政隶属关系、合作关系等；按照经济标准或社会标准进行经济区划（或功能区划），如就业、经济活动等；按照历史标准或文化标准进行感知区域或乡土区划的划分，如语言、宗教、国籍、种族等。

任何标准划分的区域类型系统均可再归并为两类，即根据区域内部各组成部分（要素）特性上存在的相关性，将区域分成均质区和结节区，前者内部的相关性更多地表现为一致性和同类性，后者则更强调联系性。

均质区是以某种或多种重要因素为标准，按照其特征的相似性界定的一群地区。这些特征主要包括：经济发展水平、产业结构、消费类型和劳动力的就业分布等经济特点的相似性；自然资源分布、土壤类型、地形与气候等自然条件的相似性；一些非经济因素的相似性，如一致的社会态度、相似的政治观点等。

均质区具有以下特征：①内部一致性或相似性是均质区划界的主要依据。在均质区内，各组成部分的相似程度一般高于它们与区外其他地区的相似程度。②在给定影响条件的作用下，区内各部分的响应是一致的。例如，气候区、农业区、城市内部的职能分区（如住宅区、工厂区、商业区、文教区）、少数民族或其他种族聚居区、贫民集中区、批发业集中区等，都可看作均质区。③均质区域的均质性是区域在职能演化和分化过程中表现出来的一种保持同质、排斥异质的特性。均质区域总是以某项职能为主，其他职能或为这一主要职能服务（如住宅区的商业网点和绿地等），或被这一职能排斥（如商业区和住宅区内的重化工企业等）。④均质区域是相对的、动态的，其均质性在地域职能分化的动态中表现出来。

均质区是区域划界最常使用的一种方法。在区域经济的研究中，为了揭示区域的一般特征或者进行区际比较，经常需要做均质性（即内部一致性）的假设。当分析区际收入差异、区域总量增长或是把宏观经济理论运用到区域分析时，区域的内部差异被抽象掉了，各个区域被看作均质的、无差异的（孙海鸣和张学良，2011）。从便于分析的角度，在理论上做出这种假定是十分必要的。然而，在区内差异性较大甚至比一致性更为明显的情况下，采用这种划界方法容易产生误导。

结节区又称为极化区，指一群虽然异质，但在功能上的关系却极为密切的地区，是由一些不同规模的异质节点所构成的有机整体。结节区通常有一个核心区域、一个互补的外围地区，以及在它们边缘地区的、明确程度不同的变化梯度（孙海鸣和张学良，2011）。每个区域都有一个或多个占支配地位的控制节点，它们构成区域的核心部分，通过各种联系渠道吸引区域的投入品、商品、人口和交通流量；其余的便是这个区域的乡村部分，它们受核心的影响、支配和控制，通常被看作区域的外围地区。核心与外围地区相互补充，由内部传输系统将它们联结起来。美国的标准大都市统计区（standard metropolitan statistical area，SMSA）是典型的结节区。

二、区域经济的内涵与特点

区域经济是指在生产要素、商品和劳务不能完全流动，经济活动不能完全可分，创新能力具有部分排他性和竞争性的前提下，特定区域的经济活动和经济关系的总和。区域经济一般具有以下特征：①区域性。区域经济活动以区域比较优势为基础，受该区域的自然、技术和经济社会等条件的影响，在高一级的区域劳动地域分工体系中承担自己的角色，从而形成具有区域特色的产业结构（专业化部门或主导产业结构）和空间结构。②综合性（系统性）和完整性。区域经济是一个相对独立、内部密切联系的有机系统。区域经济的构成要素既有地域要素，又有产业要素；既有经济要素，又有非经济要素。区域经济活动既涉及生产领域的活动，又涉及非生产领域的活动；既涉及物质生产领域的活动，又涉及非物质生产领域的活动。区域市场需求和本地资源也具有多样性，这就决定了任何区域的经济活动都具有一定的综合性和系统性。每个区域经济内部，由于历史的客观基础和现实的主观努力，在追求区域内各种经济活动结构的合理组合和功能的互补配套的过程中形成了自身完整的经济系统。但不同区域经济系统的完整程度不同。③开放性。任何区域都需要与区外进行交往，以解决在其有限的空间范围所稀缺的经济发展要素问题。任何区域的经济发展都只是其所属的更高一级区域经济的组成部分，因而必然因劳动地域分工与其他区域进行经济联系。可以说，区域经济是一种充分承认并利用不同区域具有的经济要素及其差异性，注重区际流通与交换的开放式经济。④权益性。区域经济都是相对独立的经济利益主体，都有其自身的利益，因而具有权益性。任何区域经济的发展战略都必须为谋求本地区经济社会的发展和居民福利的增加服务。⑤经济资源分布和经济发展程度的差异性。各区域的土地、山脉、河流、湖泊、海洋、森林、矿产、耕地、水源、日照、风雨雷电等自然资源，和劳动力、资金、科技教育、各种知识、经营管理、专门人才、工艺水平、文化习俗、风土人情乃至思想观念等社会资源要素禀赋各异，优劣势不同，经济发展水平和科技基础、经济发展的内容和侧重点也各不相同。因此，区域经济的发展程度必然存在差异。⑥客观性。从发生学的角度看，区域经济的形成以自然条件为基础，在社会经济技术条件的作用下，实现了以自然条件为基础的地域分工，从而形成区域经济。⑦发展的阶段性。区域经济的形成和发展过程是一个由无序到有序、由低级到高级的历史演变过程。⑧继承性。区域经济在其发展中将不可避免地保留原有基础的某些特点，这有利于节约人力、物力和财力，有助于提高区域经济效益。⑨层次性。区域有大小之分，且呈现出层次性，因而区域经济也具有层次性。⑩中观性。区域经济是一种承上启下、介于宏观经济和微观经济之间的中观经济。任何区域的经济发展，既要满足本地居民的需要，谋求区内居民经济福利的增长；又要考虑整个国民经济发展的需要，做好与全国经济的相互衔接和协调，兼顾区域利益和国家利益。⑪独立性。是指区域内的经济主体趋于一致，不同区域之间存在明显的功能差异或界面分割（张春勋和陈新力，2021；丁生喜，2018）。

第二节　区域经济学的理论框架与学科体系

一、区域经济学的理论来源

地理学和区位论是区域经济学的两个来源。

区域经济学的地理学来源主要有两个方面：区域的概念和地理环境，以及资源条件对经济发展的作用。对区域的认识，首先要考察各种不同空间和地点的特征，再进行深入研究，探索其分布情况。地理学家从一开始就认为区域之间的过渡不是跳跃的，而是渐进的、互相衔接的，这种思想一直影响到今天人们对经济区域的认识。自从有了区域的概念，才有了在此基础上的与区域有关的各类学科。所以，区域概念的建立是区域经济学产生的起点。地理学还认为，人类和自然都应属于区域的特征。在不同的地区，如城市区与极地、高原、海洋等地区，人类作用和自然作用的程度不一。把一个地区的自然特征和人类所从事的经济活动结合起来考虑，地理环境及资源条件就成为经济发展的初始条件。将地理环境及资源条件加入到区域经济研究当中，可以使区域经济的内容更加丰富，同时也导致对区域经济的研究不可能是纯经济学的，还必须要考虑自然环境的容量、资源条件的限制，因此区域经济的研究具备一定的自然科学性质。由于经济区域和自然区域在大多数情况下并不能完全重合，而且经济因素变化很快，经济区域具有明显的动态性，很难完全依照自然科学的研究方法研究经济区域。地理学对区域经济学的影响在今天不仅没有减弱，反而在不断加强。

区位理论的许多理论和方法，如区域分工理论、比较优势理论、资源禀赋理论、相互依存理论、区域市场和区域利益理论、规模收益递增与不完全竞争理论、非均衡及循环累积因果律理论（安虎森，2008）等都成为区域经济学理论的组成部分。回顾区域经济学的发展史，可以发现其经历了古典区位论、新古典区位论和现代区域论三个阶段；而区域经济学在中国发展的基本历程是从区域均衡发展理论阶段到引进吸收西方非均衡发展理论阶段再到中国化区域经济协调发展理论阶段（文余源等，2022），艾萨德对区位论研究的内容进行总结，出版了《区域科学导论》一书，标志着区域经济学的正式形成，这是从区位理论到区域经济学的飞跃。可以看到，主流经济学越来越关注区域经济学的发展，其理论和方法不断充实着区域经济学的研究，使得区域经济学的理论体系更加完善。

二、区域经济学的研究对象

众多区域经济学家用定义的形式来界定和揭示“区域经济学”的本质，但大多是仁者见仁，智者见智，至今没有统一的定义。或是认为区域经济学是研究特定地理范围的经济学，或是根据区域经济学研究的主要问题进行界定，或是从人类活动的地理分布和空间组织进行界定，或是将区域经济学看作研究某些特殊领域的经济学，或是把区域经济学区分为区内和区外两个层次。

国外学者关于区域经济学研究对象的看法主要有以下 4 种（白永秀，2006）：①区域空间组织说，即区域经济学研究的是人类经济活动的地理分布和空间组织。②区域生产力布局说，即区域经济学应研究生产力的空间布局，以实现区域经济的空间均衡。③经济活动的空间分布与协调说。④区域要素流动与产业布局说，即区域经济学应密切关注产业的区域布局，在政策上密切关注地方税收与支出政策的效果，以及这些政策影响地区间经济活动分布的努力。总而言之，西方区域经济学研究的重点在于区域经济变迁的空间过程，注重区域经济发展的动态特征，表现了区域经济学从静态到动态、从描述到解释、从空间结构到空间过程的演进方向。

国内学者对区域经济学研究对象的界定有以下几种观点：①区域经济学是运用经济学观点，研究国内不同区域经济的发展变化、空间组织及其相互关系的综合性应用科学。它具有区域性、综合性和应用性 3 个最基本的特征（魏后凯，2006）。②区域经济学是研究要素在空间上的分布规律、区域经济活动的自组织和区际经济联系，以及与此有关的区域决策的科学（郝寿义和安虎森，2004；郝寿义，2007，2016）。③区域经济学是一门研究区域经济发展和区域经济关系的学科（聂华林和王成勇，2006）。④区域经济学是研究区域经济特点和区域之间关系的科学，它主要解决一个区域是如何实现经济增长和经济发展的、各个区域之间是怎样相互联系的，以及它们在全国劳动地域分工中的地位如何等问题（孙久文，2006）。⑤区域经济学是一门建立在经济地理学基础上、运用经济学基本理论和方法研究空间问题的应用经济学，是一门关于人的空间经济活动规律及经济的区域秩序和区域组织的科学。区域经济学研究的任务主要包括 3 个方面：经济活动的空间分布（结构）；生产要素、货物和服务的区域间流动（相互作用）（王怡颖，2023）；区域经济的发展动力（过程）（陈秀山，2002）。⑥区域经济学在分析综合经济区和不同类型地区差异性的基础上，研究不同区域的发展目标、发展模式，完善国民经济大系统（周起业等，1989）。⑦区域经济学是研究和揭示区域和经济相互作用的规律及相互关系的一门学科（张敦富，1999）。⑧区域经济学是从宏观角度研究国内不同区域经济发展及相关关系的决策性科学（陈栋生，1993），但区域经济学不是宏观经济学的区域版，区域经济学不仅首先要考虑对象区域的地理位置和地理特征，还要考虑区域的相对位置（石敏俊，2020）。⑨区域经济学以经济地理区域为研究对象，从不同区域经济社会发展的实际情况出发，研究各类区域经济的运行特点和发展变化规律（张金锁和康凯，2003）。⑩区域经济学是运用经济学的研究方法，从时间和空间两个维度，研究区域经济资源配置，区域经济增长和区域经济干预的一门学科（丁生喜，2018）。

三、区域经济学的研究内容

区域经济学的研究内容非常广泛，基于不同的定义会有不同的研究内容。郝寿义和安虎森（2004）认为区域经济学的研究内容可概括为区域结构、区域经济活动的自组织、区际分工与联系、区域地域结构（或区域空间结构）及组成单元和区域经济政策等方面。陈秀山（2002）认为区域经济学的内容体系由区域经济理论、区域经济经验研究（方法）和区域经济政策等三部分组成。其中，区域经济理论包括区位理论、区域产业结构理论、区域增长和发展理论、区域分工与区域流动理论、区域产业转移与区域空间格局演变理论及区域经济干预理论；区域经济经验研究包括区位的经验研究、区域产业结构的经验研究、区域增长和发展的经验研究、区域分工与要素流动的经验研究、区域产业转移与区域空间格局演变和区域经济干预的经验研究；区域经济政策包括区位政策、区域产业结构政策、区域增长和发展政策、区域流动政策、区域产业转移与区域运行与调控政策。孙久文（2006）认为区域经济学的研究内容包括区域经济发展研究、区域经济关系研究和区域经济应用工具研究。区域经济发展的研究内容主要包括要素禀赋问题、增长极问题、发展差距问题、区域贸易问题和梯度转移问题等；区域经济关系包括竞争关系和合作关系。聂华林和王成勇（2006）认为区域经济学的研究内容包括区域经济系统与要素、区域经济增长与发展、区域产业结构、区域空间结构、区域经济关系、城市与区域经济发展、区域经济发展战略与规划、区域经济政策、区域经济研究方法和区域经济学的国际借鉴等。魏后凯（2006）认为区域经济学的研究内容包括经济活动区位、区域供给与需求、区域经济发展、区际关系和区域政策与管理等。白永秀（2006）认为区域经济学的研究内容包括区域经济学基本理论、特定区域生产力的空间分布及发展变动规律、区域经济增长与发展、区域经济结构的变迁、区域经济的空间过程、区域经济政策。陈自芳（2011）、丁生喜（2018）、张春勋和陈新力（2021）认为区域经济学主要揭示区域经济的一般运行趋势和规律。石敏俊（2020）认为区域经济学的研究内容包括经济活动的空间行为、区域经济关系、区域经济增长及经济活动的空间管治。

四、区域经济学的学科体系

区域经济学的学科体系仍没有形成较为统一的意见。沈山（2000）认为区域经济学的理论体系由传统区位论、空间结构理论、区域经济发展理论和区际分工贸易论等基本理论构成。区域经济学的理论与方法体系至少应包括哲学层面、基础理论层面、基本理论层面和方法论层面四个层面。区域经济学的理论体系结构所包括的四个层面及四大研究内容还可以进一步分出若干个次一级的理论系列与理论层次。孙久文（2006）认为区域经济学的理论体系可以分为三个部分：区域经济发展理论、区域关系理论和区域经济应用工具。储东涛等（2003）认为区域经济学的基本理论框架包括区域空间结构与经济结构理论、区域经济增长和发展理论、区域经济运行及其机制理论。杨云彦（2004）认为区域经济学的学科体系由基础区域经济学、区域经济学的外延和扩展、区域经济学的应用及与其他学科交叉的内容组成。综合现有的研究成果，可进一步归纳出区域经济学的理论体系（图1.1）。

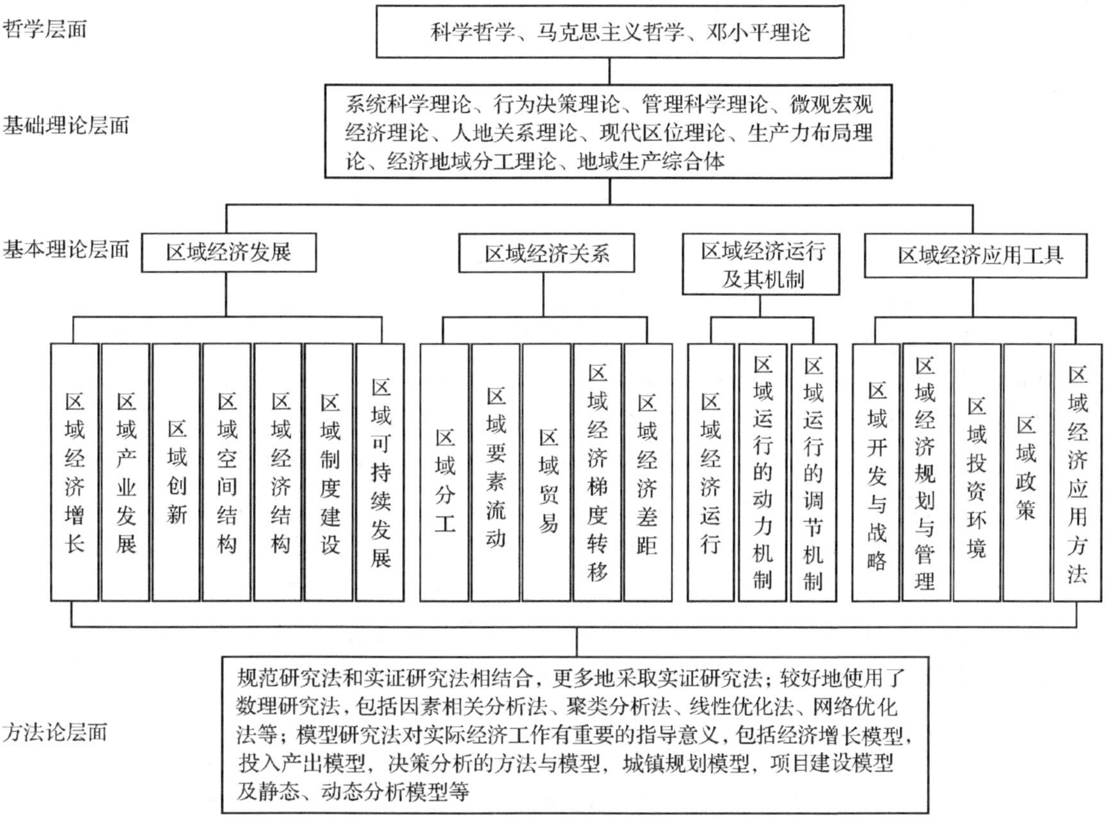

图1.1 区域经济学理论体系

第三节 区域经济学的学科地位与作用

一、区域经济学与经济学的关系

经济学是研究经济活动的科学，以区域为研究对象的区域经济学是一门特殊的经济学。作为一门特殊的经济学科，区域经济学一方面将经济学的某些理论和方法运用于区域分析，建立相应的区域理论和方法；另一方面通过对区域经济活动的研究建立区域经济理论，丰富、完善经济学。但是，区域经济学是有别于经济学的，主要表现在以下两方面（陈秀山，2002）：①对象不同。区域经济学既研究经济活动也研究非经济活动，而经济学一般不考虑人类活动中的地理空间因素，抽象掉了地理位置、资源环境条件，即空间因素对人们经济活动和相应的资源配置过程的影响。区域经济学研究的是含有地理空间维的人类活动。②理论和方法来源的多样性。区域经济学不仅吸收经济学的某些理论和方法，而且广泛将地理学、管理科学、物理学、系统科学等学科的理论和方法运用于区域分析，例如，将物理学的万有引力定律引进区域分析并建立重力模型，引进地理学的中心地理论等。区域经济学作为一门应用经济学，其建立在经济地理学的基础上，运用经济学的基本理论和方法研究空间问题，即研究地理位置、自然资源环境条件对人们的经济活动和相应的资源配置过程的制约和影响。它是一门关于人的空间经济活动规律，经济的区域秩序、区域组织的科学。

二、区域经济学与经济地理学的关系

区域经济学和经济地理学均以空间系统为研究对象，具有一定的关联性。早期的经济地理学是关于区域经济特征的记录或描述；20 世纪初兴起的区域经济学则试图更理性地认识问题。20 世纪 30 年代，关于空间的概念体系发展完善后，经济地理学开始向空间经济分析方向发展，而区域经济学开始向实用化方向发展，两个学科的交叉成分增多。但直到 20 世纪 50 年代，经济地理学始终滞留于记录或描述，区域经济学则于 20 世纪 50 ~ 60 年代建立和发展了一套区域定量分析方法并日趋成熟。经济地理学经过 20 世纪 60 年代的理论和计量革命，系统地吸收了区域经济学的区位理论。二者相互融合，关系密切。但区域经济学和经济地理学是具有明显差别的两个学科，其差别主要体现在以下 8 个方面（田甜，2005；陈秀山，2002）：①从研究内容看，两门学科有许多重叠之处，但这些重叠部分的侧重点不同。同时，还存在许多非重叠部分，如经济地理学所研究的经济地域类型、经济地域系统等就是区域经济学没有涉及的范围。②区域经济学中区域的概念包含地理空间因素的人类活动，相当于经济地理学中空间系统的概念；经济地理学中的区域则是具体的，指地表的空间。③在均质区、功能区和管理区这 3 种基本区域方法上，区域经济学既采取功能区方法，又运用均质区和管理区方法研究空间系统，而经济地理学重在功能区。④区域经济学强调从一般到具体的演绎和定量分析，而经济地理学强调从具体到一般的归纳和描述。正是由于这些研究方法的相互区别，区域经济学和经济地理学才得以确立相对独立的学科地位。⑤从研究对象看，区域经济学研究的是区域经济系统，而经济地理学研究的是经济地理系统。前者强调经济系统的概念，后者强调地域系统的概念。⑥从研究角度看，区域经济学从经济角度入手，经济地理学从地理角度入手。⑦从二者的重点研究领域看，区域经济学更侧重区域的经济特征和经济关系，经济地理学更侧重区域经济的地理特征和地理关系（陶良虎等，2012）。⑧传统经济地理学研究的是资源分布、经济活动的自然环境条件及如何利用的问题，缺乏运用经济学观点和方法进行经济资源的利用规律，特别是在市场经济的条件下，资源配置如何受空间因素影响的研究分析（陈秀山，2002）。

区域经济学与经济地理学中的区域经济地理学也存在一定的联系和区别（陈才和刘曙光，1998；安虎森，2008；陶良虎等，2012；张敦富，2013）（表 1.1）。

表 1.1 区域经济地理学与区域经济学的联系与区别

学科	学科整体特征		实践领域特征					学科理论特征		学科研究方法特征
						重点研究领域				
	学科属性	学科交叉	思维方式	遵循规律	对象范围	共同侧重点	不同侧重点	理论主线	理论主要优势	
区域经济地理学	地理学	地理学与经济学	侧重地理思维	地理规律为主	世界各国各地区面临的区域问题	区域经济及其发展问题	区域的经济地理特征与地理关系	地域分工理论；经济地域运动理论	区域条件综合分析；区域空间结构与功能研究；类型区及其模式研究	野外调研方法；地图与遥感方法；侧重地理信息的搜集与运用；注重规划设计等形象直观的表达方法
区域经济学	经济学	经济学与地理学	侧重经济思维	经济规律为主			区域的经济特征与经济关系	经济区位理论；经济运行理论	区位要素综合分析；区域经济（产业）结构研究；区域经济运行及其模式研究	抽象归纳与演绎方法；侧重于经济信息的整理；注重模型与决策建议等表达方法

三、区域经济学与发展经济学的关系

发展经济学以发展中国家的经济发展问题为研究对象，为发展中国家的经济发展提供理论依据。发展经济学的理论体系包括宏观发展理论、微观分析理论、结构发展理论等，研究范畴涉及发展中国家的经济增长速度、二元经济结构、资本积累和外资利用、人口问题和就业、产业发展战略、技术革命和技术引进、收入分配、对外贸易模式等。区域经济学中的很多概念和理论都来自发展经济学。例如，区域增长理论就是在发展经济学增长理论的基础上引入区域的概念形成的。但区域经济学和发展经济学还是有区别的，主要体现在以下三方面（孙久文，2006；孙久文和叶裕民，2020）：①发展经济学主要研究国家层面的增长问题，区域经济学研究“发展”的空间范围不存在局限性，可以大到国家，小到乡镇。②发展经济学没有地理学基础，而区域经济学在研究很多问题时都把地理环境作为研究的出发点。③区域经济学的研究和应用更多是关于理论的落实问题，主张根据区域的条件与环境制定政策，而发展经济学没有针对各层级区域的细化，其指导性和针对性较弱（陶良虎等，2012）。

四、区域经济学与产业经济学的关系

产业问题是产业经济学研究的核心内容，也是区域经济研究的重要问题。产业竞争力可以体现一定的区域特色，区域竞争在一定程度上可以表示为产业竞争力，在对产业竞争力进行研究的过程中需要进一步延伸至区域竞争力（陶良虎等，2012）。两者的区别主要表现在以下两方面（孙久文，2006）：①区域经济学中的产业研究有特定的范围，即局限于特定的区域，而产业经济学研究的产业结构问题是一个纯粹的经济学问题。②产业结构研究不是区域经济学研究产业问题的目的，区域经济学研究产业问题是为产业布局服务的。区域经济学与产业经济学在理论上的互相借鉴一直都存在，例如，产业经济学需要应用区位理论研究产业布局，而区域经济学中的产业发展和结构演变理论来自产业经济学。

区域经济学还和生产力布局学、部门经济学、环境科学、国土经济学、国民经济学、数量经济学、城市经济学等学科有关联。区域经济学发展过程中从不同学科吸收知识，逐渐丰富和完善（张敦富，2013）。

本章课程思政与实践教学设计

教学环节	教学过程	课程思政
问题导入	任何经济活动都离不开特定的空间，经济活动与特定空间的结合产生了区域经济。那么，如何定义区域经济的概念？在不同的区域条件和资源禀赋下，能够形成怎样的区域经济特征？	引导学生从一些经济活动现象探索区域经济学的相关内容，培养学生发现问题、分析问题、解决问题的能力。理解区域经济在不同学科下的发展内涵，树立跨学科学习的意识，拓宽学术视野，增强多元化学习意识
知识讲解	1. 介绍区域在不同学科的概念界定，在不同分类标准下如何划分区域类型 2. 理解区域经济的内涵和一般性特征，明晰相关的各种基础定义	
启发探究	研究区域经济发展规律是区域经济学的学科任务，哪些理论支撑了区域经济学的发展？在区域经济学的相关研究里，主要的研究对象和研究内容是什么？	帮助学生建立知识体系，培养学生延伸学习的能力，帮助学生养成创新性、探索性的科研习惯，把握追根溯源的学习精神，巩固理论知识，学会融会贯通
知识讲解	1. 认识区域经济学如何从地理学和区位论发展而来，把握整体理论框架 2. 通过梳理既有研究，学习界定区域经济学研究对象的原则和主流的研究内容 3. 介绍学术界对区域经济学学科体系建设的进程	
启发探究	区域经济学是在经济学的基础上发展而来的，是一门交叉性的经济学科。区域经济学对比其他交叉性经济学科有怎样的不同和作用？	激发学生的学习兴趣，引入其他相关学科的概念，可以使学生深刻体会到学科之间是相互联系的，同时培养学生学科交叉的思想意识
知识讲解	1. 认识区域经济学源于经济学，但又作为一门交叉性学科不断丰富经济学的相关理论 2. 介绍区域经济学与经济地理学在研究内容、研究方法、研究角度等方面的联系和区别 3. 介绍区域经济学与发展经济学的关系 4. 介绍区域经济学与产业经济学的关系	
答疑与课程小结	1. 预留一定时间供学生提出课程疑问并进行答疑 2. 总结区域经济学的相关概念、理论体系、研究对象和内容，以及区域经济学的学科地位与作用	提升学生的创新性、批判性思维，使学生深入理解中国的政策、意识与文化，引导学生树立正确的价值观

主要参考文献

安虎森. 2008. 新区域经济学. 大连：东北财经大学出版社
白永秀. 2006. 关于区域经济学研究对象的思考//白永秀. 区域经济论丛（三）. 北京：中国经济出版社：1-10
陈才，刘曙光. 1998. 面向21世纪的我国区域经济地理学科理论体系建设. 地理科学，(5)：2-9
陈栋生. 1993. 区域经济学. 郑州：河南人民出版社
陈秀山. 2002. 关于区域经济学的研究对象、任务与内容体系的思考. 经济学动态，(12)：26-29
陈秀山，张可云. 2003. 区域经济理论. 北京：商务印书馆
陈自芳. 2011. 区域经济学新论. 北京：中国财政经济出版社
储东涛，孔陆泉，范恒林，等. 2003. 区域经济学通论. 北京：人民出版社
丁生喜. 2018. 区域经济学通论. 北京：中国经济出版社
高洪深. 2006. 区域经济学. 北京：中国人民大学出版社
郝寿义. 2004. 建立区域经济学理论体系的构想. 南开经济研究，(1)：68-72
郝寿义. 2007. 区域经济学原理. 上海：上海人民出版社
郝寿义. 2016. 区域经济学原理. 2版. 上海：上海人民出版社
郝寿义，安虎森. 2004. 区域经济学. 2版. 北京：经济科学出版社
聂华林，王成勇. 2006. 区域经济学通论. 北京：中国社会科学出版社
沈山. 2000. 区域经济学理论体系的构建. 徐州师范大学学报（自然科学版），18（3）：62-65
石敏俊. 2020. 区域经济学. 北京：中国人民大学出版社
孙海鸣，张学良. 2011. 区域经济学. 上海：上海人民出版社
孙久文. 2006. 区域经济学. 北京：首都经济贸易大学出版社
孙久文. 2020. 区域经济学. 5版. 北京：首都经济贸易大学出版社
孙久文，叶裕民. 2020. 区域经济学教程. 北京：中国人民大学出版社
陶良虎，陈为，郝华勇. 2012. 区域经济学. 北京：国家行政学院出版社
田甜. 2005. 论区域经济学与发展经济学、经济地理学的差异. 太原师范学院学报（社会科学版），4（1）：68-69
王怡颖. 2023. 新中国成立以来区域平衡发展的逻辑进路——基于马克思主义要素配置理论的分析. 经济学家，(1)：15-24
魏后凯. 2006. 现代区域经济学. 北京：经济管理出版社
文余源，王芝清，孙久文. 2022. 区域经济学演进的历史回顾与未来展望. 学习与实践，(9)：83-91
杨云彦. 2004. 区域经济学. 北京：中国财政经济出版社
张春勋，陈新力. 2021. 区域经济学理论与应用教程. 北京：科学出版社
张敦富. 1999. 区域经济学原理. 北京：中国轻工业出版社
张敦富. 2013. 区域经济学导论. 北京：中国轻工业出版社
张金锁，康凯. 2003. 区域经济学. 天津：天津大学出版社
郑林昌，席增雷，蔡征超. 2020. 区域经济学概论. 北京：科学出版社
周起业，刘再兴，祝诚，等. 1989. 区域经济学. 北京：中国人民大学出版社

第二章　经济活动区位

第一节　区位与产业区位理论

一、区位的基本含义

综观历史，人类的一切经济活动都是为了特定目的，在特定时间和空间之中进行的。而目标的实现，除了对时机的把握，活动空间的选择也是一个非常重要的方面。这一“活动空间”就是人们所说的“区位”。因此，区域就是指人类经济活动的空间位置和关系的总和（丁生喜，2018）。与主流经济学不同，区域经济学不仅要研究生产什么、生产多少和为谁生产等一般经济问题，更要关注在何地生产和消费的问题。“区位”一词源于德语“standort”，英文译作“location”，日文译作“立地”，中文译为“区位”。关于区位的含义有多种理解和解释，有的学者认为区位是事物存在的场所或事物存在的位置；有的学者认为区位除了空间位置外，还有标定位置的意思；有的学者认为它类似于“空间布局”，是确定某事物活动场所的行为；有的学者认为它类似于“空间分布”，是某事物占据场所的状态；还有的学者对区位作出概率解释，认为区位是某事物出现的概率大于一定水平的空间等。不管怎么解释，“区位”一词有场所的含义，但又不同于通常所说的场所。

人类本身具有的社会性决定了区位是一个综合概念：对于特定区位而言，一方面，可以依照某种标准体系，如经纬度、街道住址等，较确切地将它标识为一定的空间几何位置；另一方面，还必须强调自然界的各种地理要素和人类社会活动之间的相互联系、相互作用所产生的相对位置。前者可称为绝对区位（site）；后者则称为相对区位（situation）。作为区域经济学中最基本的概念，“区位”应特指经济活动区位，或称为经济区位，是指经济活动主体为开展其社会经济活动所占有的空间。

区域经济学中的区位有绝对区位和相对区位之分。它注重研究绝对区位所表示的现象分布，更注重研究用相对区位表示的空间经济活动现象，涉及如毗邻、集中、分散、空间模式的相似性与差异性等问题（Hoover and Giarratani，1992）。在现实经济活动中，相对区位比绝对区位更为重要。因为地域分工形成和发展本身与某种具有相对优势的区位因素密切相关，也就是说，良好的区位可以促成某些特殊的发展。例如，某个中心城市的崛起，往往可从它的相对区位条件中寻找答案。也因为某一区位的发展潜力很大程度上依赖于它的相对位置，而不仅仅是它的自然条件。并且，即使是最好的区位也会随时间而发生变化，甚至会转变成最差的区位。某一经济活动在特定区位的发展可以带动其周围区位相关活动的发展。值得指出的是，在区域经济学中，为了具体说明经济活动的空间布局问题，区位往往被描述为距离某一个或某几个特惠地点的不同位置所反映的市场、供求、运输成本等方面的差异问题（郝寿义和安虎森，1999）。

在一定的经济系统中，人类经济活动在空间中的表现形态是多种多样的。从这一角度来看，人类经济活动在空间表现形态的多样性形成了不同的区位类型。各种区位类型是在特定目标的驱动下形成的，例如，产业区位形成的动机一般是追求经济利益最大化，住宅区位形成的动机主要是追求效用最大化，公共设施区位通常是追求福利最大化。按照特定目标形成的区位，其本身所包含的经济活动不同，又可以形成不同的区位，如产业活动包括农业生产活动、工业生产活动、商业活动等，因此，相应有农业区位、工业区位、商业区位之分。

人类社会的经济活动必然要选择区位，区位单位就是选择经济活动区位的主体。研究的视野不同及经济活动主体的多样性决定了区位单位具有层次性（郝寿义，2016）。从宏观层次看，区位单位包括从业劳动者群体、街坊邻里、城市、产业、地区等大而复杂的实体，而构成这些较大实体的个别单位，如个人、单个的住所、农场、工厂、商店及其他这一层次的经营单位，则属于微观层面的区位单位；在更微观的研究层面上来看，某个工厂、公司、大楼的业务部门也是区位单位。虽然不同层次区位单位的实际或理想区位决定因素有些共同点，但它们涉及的原则和应用方法有着重大区别，因此，在谈到区位时要明确所指的是哪一层次的区位。一般而言，区位单位有一个特定的场所。在某些情况下，区位单位的实际活动可能覆盖相当大的，甚至不断变动的区域。例如，建筑业、服务业有固定的总部，但其职工的工作地点有时却在远离总部的地方。再如，运输公司的区位是一个线路网而并非一个点。

二、产业区位理论

经济活动主体在发展历程上的某些时点要进行区位选择，区位论就是研究经济活动的区位选择及空间内经济活动的组合理论，简单来说就是主要关于企业区位选择的理论（石敏俊，2020）。它具有微观和宏观两方面的内容。宏观区位论是关于一国或一地区经济活动综合布局的优化选择理论；微观区位论是论述具体生产部门或经济设施分布地点优化选择的理论。本书所指的区位论是微观层次的区位论。

（一）农业区位论

19 世纪初期的自由资本主义时代诞生了农业区位论，德国经济学家杜能（1783～1850）是其奠基人。他于 1826 年完成了第一部关于区位理论的专著《孤立国同农业和国民经济的关系》，探索因地价不同而引起的农业分带现象，创立了农业区位论。

19 世纪初期西欧资本主义蓬勃发展，当时作为典型农业国的德国受西欧资本主义发展的影响和市场经济的冲击，其农业进行着艰难的改革。随着农业的发展和资本主义关系在农业中的渗透、农产品逐步商品化，进一步提出了在农业中改善经营管理和降低生产成本的问题。在此之前，德国实行“三圃制”（3-corp rotation）①，控制农业生产，使 1/3 的耕地处于休耕状态，以恢复地力。产业革命后，这种耕作制度已经不能适应经济发展的要求。此时，杜能的老师、农业理论家特尔（Thaer）提出要以英国为样板，实行农业经

① 三圃制为欧洲庄园时代的土地利用方式，除林地牧草地外，将所有耕地分成东、南、西三圃，分别轮作冬谷、休闲和夏谷。

营集约化，广泛采用轮作制，以提高农业产量，增大收益。

杜能对此持适度的批判态度，并在农场经营管理实践的基础上深入探讨农业区位规律。1810 年，杜能在梅克伦堡（Mecklenburg）购置特洛（Tellow）田庄，亲自经营多年，并在积累管理经验的基础上，对农业区位论进行深入研究。杜能认为，在距离市场远近不同的土地上，经营农作物的种类与集约化程度不能一律强求，不能笼统地认为农业经营集约化程度越高，农业收益就越大。1826 年，杜能的《孤立国同农业和国民经济的关系》一书出版，其中心内容是：农业土地利用类型和农业土地经营集约化程度不仅取决于土地的天然特性，更重要的是依赖于当时的经济状况和生产力发展水平，其中特别取决于农业生产用地到农产品消费地（市场）的距离。

为了阐明距离对农业土地利用类型的影响和方便研究，杜能采取“孤立化”方法（现代所说的演绎方法），假设了这样一个与世隔绝的孤立国：①在一个平原中央有一个大城市，周围都是农业地带，各地的土壤质量和气候特点等自然条件完全相同，适宜植物作物生长，且各地农业经营者的能力和技术条件相同。在这一平原之外，再没有适合耕种的土地，只有未经开垦的荒野与外界隔绝。②农村只与该城市发生联系，所有的农产品都要以这个城市作为主要的销售市场，农村则靠该城市供给工业品。③在孤立国中没有可通航的河流和运河，农村与城市间的联系只靠马车一种交通工具。④农民进行农业生产是以牟取最大经济收益（包括利润与地租）为目的，他们会根据市场供求关系调整经营品种。⑤市场上的农产品价格、农业劳动者工资、资本的利息都固定不变。⑥运输费用与农产品重量及从生产地到消费市场的距离成正比，且由农业生产者自己负担。

杜能从这些假设前提出发，认为市场上农产品的销售价格决定着经营的产品种类和经营方式；农产品的销售成本为生产成本与运输成本之和。因此，经营者是否能在单位面积土地上获得最大利润 R（也是农场主所获的地租），将由农业生产成本 C、农产品市场价格 P 和把农产品从产地运到市场的运费 T 等 3 个因素决定。用公式表示为

$$R = P - (C + T) \tag{2.1}$$

根据杜能的假设，在一定时期内，孤立国各种农产品的价格是固定的，即 P 是个常数。而且由于孤立国各地发展农业生产的条件相同，因此各地生产同一农产品的成本也是固定的，即 C 也是个常数，于是式（2.1）可改写成

$$R + T = P - C = K \tag{2.2}$$

式中，K 为一个常数。可见，利润加运费等于一个常数。所以要想利润最大，必须将运费支出压缩到最小。因此，杜能农业区位论所要解决的问题可以归结为一点，即如何通过合理布局使农业生产节约运费，从而获取最大利润。

又由于假设同类产品的单位运输成本相同，如果将 T 用 rD 表示，式中 r 为单位产品每公里的运输成本，D 为农场到市场的距离，这样对每种产品而言，利润就取决于市场到农场之间的距离，即 $R=K-rD$（K、r 为常数），农业收益与运输距离呈反向关系，距离越近，收益越大，反之亦然。而且农民选择的产品经营种类也同距离密切相关。农场主在不同的区位选择种植不同类型的农作物，围绕城市构成一系列同心圆，这些同心圆称为“杜能圈”或“杜能环”。杜能根据研究认为，孤立国的土地利用类型与农业集约化程度应关联：在距离城市最近的地方，运输便利，宜实行集约经营；而在距离市场较远的地方宜实

行粗放经营，形成由近及远的圈层分布。第一圈为自由农作区，它紧接中心城市，主要生产蔬菜、牛奶、鲜花等不易运输、运费昂贵，而且易腐烂的、集约型的、单位面积产值较高的农产品。这一圈层在选择农作物与经营方式方面受运输条件限制较小，有很大的自由选择余地。第二圈为林业区，主要为城市提供产品量大、运费高的木材和燃料。第三圈是轮作农业区，主要种植谷物和饲养牲畜，采用6年轮作制。第四圈是谷草农作区，主要向城市提供谷物和畜产品，杜能将其分成7个带，采用7年轮作制。第五圈是三圃制农作区，主要向城市提供经过加工的畜产品和极少数的谷物，采取极其粗放的经营方式。第六圈为畜牧区。第六圈以外是完全没有开发价值的荒野（图2.1）。

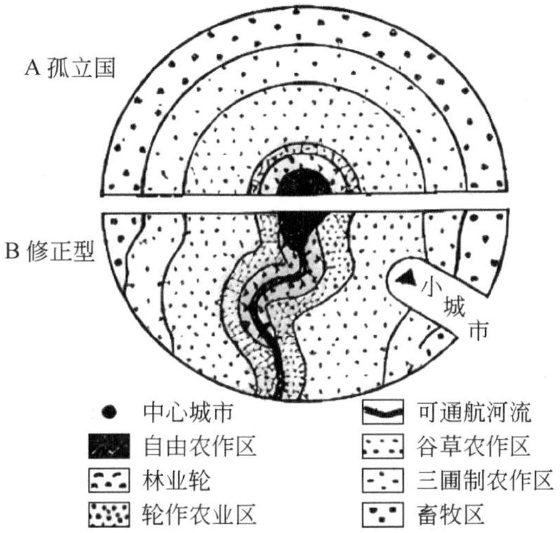

图2.1　杜能农业圈层示意图
（杜能，1997）

但是现实条件与杜能的假设存在很大差异，如土地的自然条件在一定范围内不可能完全均质、河流的存在使比马车运输更廉价的水运方式出现等，都会使杜能的理想假设发生变形。因此，杜能考虑到这些因素，减少了假设前提条件，增加了孤立国模式的参数，提出了孤立国的修正模式。虽然按实际情况进一步修正的任务比较重，但一般的原理和结论不会发生改变。杜能的理论基本符合农业生产的现实，但是由于现代交通运输技术、储存技术、生产者经营目的的多样性，在现实中找到杜能完整的圈层比较困难，甚至会出现一些相反的案例。

总体来看，杜能的理论对后来的区位论研究具有下列意义：一是理论思维方法，即抽象演绎的孤立化法；二是杜能首次将区位和运输距离对人类经济活动的影响加以理论化和体系化，这一理论体系和研究方法被推广到了其他研究领域，即他的研究不仅仅停留在农业的土地利用上，也对城市土地利用的研究具有重要的指导意义（张文忠，2000；丁生喜，2018）。

（二）工业区位论

在杜能创立了农业区位论后，随着机器大工业的发展，以及铁路、轮船等交通工具的兴起，开始出现以探讨成本和运输费用为内涵的工业区位研究。近代工业区位论的奠基者是德国经济学家韦伯（Weber）。他在1909年发表的《工业区位论：区位的纯理论》一书中完整、系统地提出了工业区位论，着重从运输费用、劳动力费用和集聚（包括分散）效应等方面分析工业区位的选择原则，探讨工业区位的移动规律。

韦伯的工业区位论建立在现代交通运输的基础之上。为了理论探讨的方便，韦伯提出一些假设的前提条件：①在一个均质的国家或地区内只探讨影响工业区位的经济因素，而其他如自然条件、政治制度、政策和技术水平等都相同；②工业原料、燃料等分布在已知地点，且不发生改变；③工业产品消费地点既定，消费量不变；④劳动力供给地已知且供给充足，工资率不变，不同区位的工资水平有差异；⑤生产与交易只讨论同一种产品；⑥运费与距离及载重量成正比，以火车为运输工具。

韦伯首先按不同标准对区位因子进行了分类：①按作用程度分为一般区位因子和特殊区位因子。一般区位因子是指对各种工业生产区位都有影响的因素，如运输成本、工资、地租等，而特殊区位因子是指只对特定工业生产有影响的因素，如气候、水质等。②按作用方式分为区域性因素、集聚因素和分散因素。区域性因素指影响工业生产分布于特定区位的因素，集聚因素指促使工业生产向特定地点集中的因素，分散因素则相反。③按照属性分为自然技术因素和社会文化因素。自然技术因素指取决于自然方面素质的因素，如气候、地质条件、劳动力技术水平等，后者如居民的消费习惯、利息的地区差别等。这些因素中只有通过一般区位因素才能确立工业区位的普遍规律。韦伯归纳出运输费用、劳动力费用和集聚效应为一般区位因子，其中运输费用对区位选择起基本定向的作用，而劳动力费用和集聚（分散）效应对区位选择起修正作用。

1. 运费对工业区位选择的基本定向

韦伯认为工业区位的选择取决于生产成本的大小，任何一个理想的工业区位都应该选择生产成本最小的地点。为了使工业生产成本最小，就必须尽量减少运费，这就涉及运输距离及原材料的情况，除了运输里程外，原材料的性质往往对工业区位的选择具有决定性的意义。韦伯将原材料分为遍在性原料（ubiquitous raw materials）和地方性原料（localized raw materials）。遍在性原料是指到处都有的原料，如水、空气等，它们对工业区位选择的影响不大。地方性原料是指只分布在特定地点的原料。这种原料又可以根据其在加工过程中转移到成品中的重量与废弃物重量之比分为失重原料（weight losing raw materials）和非失重原料（又称为纯原料，pure raw materials）。在加工过程中只有部分重量转移到产品中，其他部分作为废料或下脚料而损失掉的原料称为失重原料，如铁矿石等；在加工过程中可以把全部或大部分重量转移到产品中去的原料为非失重原料。地方性原料对工业区位选择有重大影响。某个工业使用遍在性原料越多，在区位选择上越要求接近市场，因为可以就地取材，就地加工，就地销售，大大节约运费；对于失重原料，要求工业区位选择在接近原料的地方，而对于非失重原料，工业区位选择比较灵活，既可以在接近原料地，也可以在接近市场区。

为了判断工业区位到底是指向原材料地还是市场，以及指向的强烈程度，韦伯提出了原料指数（material index，MI）的概念。

$$原料指数（MI）=\frac{生产中耗用地方性原料重量}{产品重量} \tag{2.3}$$

当 MI>1 时，工业区位是原料地指向；当 MI<1 时，是市场指向的；当 MI=1 时，是自由指向的。用原料指数确定区位选择，对于只有一个原材料地和一个市场的情况是简单且切实可行的，但是在多数情况下，工业生产的原料、燃料与市场分散在许多不同的地点，这时显然不能单纯根据原料指数来选择区位。对此，韦伯又提出了用区位多边形求引力最大的方向来决定。为了方便，他通常用区位三角形来说明求解方法。如对于用两种原料生产一种产品的某工业而言，其最佳区位应选择在满足总运费最小的地点 P 处，即要求

$$\min T_P = r \times \min \sum_{i=1}^{3} (M_i \times D_i + D_P) \tag{2.4}$$

式中，T_P 为单位产品运费；r 为运费率；M_i 为单位产品消耗的第 i 种原料的质量；D_i 为原料 i 的运输距离；D_P 为产品的运输距离。由于原料地与市场的位置固定，M_i 为已知，P 的位置可以计算出来。对于多种原料的情况只需将式（2.4）改写为

$$\min T_P = r \times \min \sum_{i=1}^{n} (M_i \times D_i + D_P) \tag{2.5}$$

可以通过区位多边形求解，其中 MKT 为市场区，如图 2.2所示。

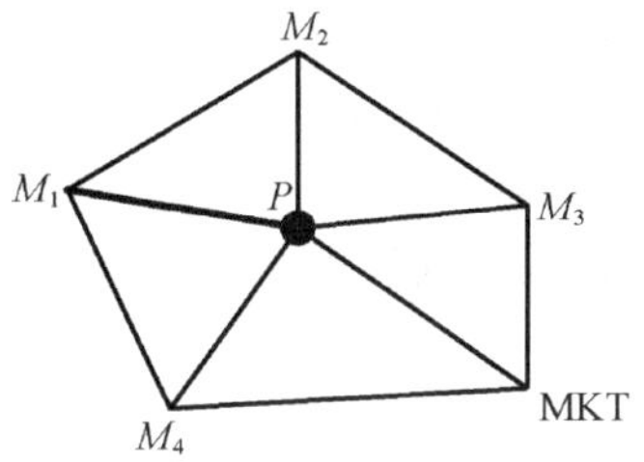

图 2.2　工业区位多边形
（韦伯，1997）

另外，值得说明的是，在实践上，原料指数通常被运费指数（freight index）代替。运费指数等于单位产品中地方性原料失去的重量与所耗用的遍在性原料重量之比。

2. 劳动力成本对运费定位的修正

在单纯考虑了运费对工业区位的影响后，韦伯又研究了劳动力费用的影响。他认为，在某个具有廉价劳动力且劳动力供给充裕的地方，当企业从运费最低点迁到这一地点所增加的运费小于所节省下来的劳动力费用时，可能会使其离开或放弃运费最小点，转到廉价劳动力的地方，这样使运费定向区位发生偏离。为了分析这种偏离规律，韦伯使用了等费用线（isodapane）的概念。如图 2.3 所示，假设只涉及两个原料地 SR_1 和 SR_2 和一个市场 M，且假定原料为失重原料，失重率为 50%，在 SR_1、SR_2、M 周围为运费的等费用线，每远离中心一圈，运费增加 1 元。图 2.3 中 P 点为运费最低点，为 7.5 元（以 SR_1 为中心的单位运费 2.5 元，加上以 SR_2 为中心的单位运费 2.5 元，再加上以 M 为中心的单位运费 2.5 元），点 X 处为 8 元（以 SR_1 为中心的单位运费 2.5 元，加上以 SR_2 为中心的单位运费 4 元，再加上以 M 为中心的单位运费 1.5 元），点 Y 处为 9 元。连接总运费相等的点为新的等费用线，即图 2.3 中经过 X、Y 点的线条。如果假设在点 Y 处生产一单位产品所需的劳动力费用要比 P 点低 2 元，当企业从 P 点迁到 Y 点时，总运费增加 1.5 元，这样所增加的运费小于劳动力节约的费用。因此，企业搬迁到 Y 点是比较划算的。

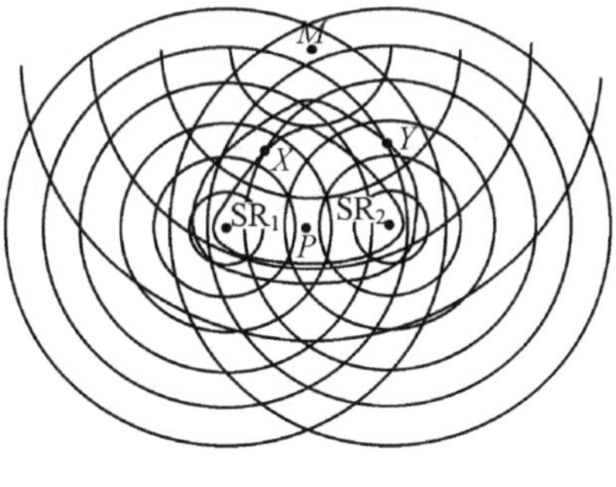

图 2.3　等费用线示意图
（韦伯，1997）

韦伯为了分析不同的工业区位同劳动力费用的关

系，提出了“劳动成本指数”（index of labor cost）的概念，即劳动力成本与产品重量之比。他认为，如果劳动成本指数大，那么远离最小运费区位而向廉价劳动力区位偏离的可能性就越大，同时他也认为，劳动成本指数只能判断劳动力费用指向性的大小，而非决定因素。因为尽管某种产品的劳动成本指数很高，但如果生产该产品所需要的区位重量①非常大，那么生产单位产品所需运输的重量也非常大，工业区位就不会偏离运费最小点。因此，为了进一步说明劳动力费用的吸引力，韦伯又提出了“劳动系数”（coefficient of labor）的概念，即单位区位重量的劳动费用。劳动系数越大，远离最小运费区位的可能性越大；劳动系数越小，运费最小区位的指向性越强。

3. 集聚效应对运费定位的再修正

韦伯认为，集聚效应可以使运输和劳动力定向的区位再次发生偏离。集聚效应是指某些工业部门向特定地域集中所产生的使产品生产成本降低的效果。由于集聚使地租增加，又会形成分散效应。集聚效应的产生可以有两种方式。一是由于工业生产规模扩大，以及生产企业间分工协作的加强形成工业内部集聚。因为生产规模扩大可以产生规模经济而获取经济利益，而分工协作的加强可以使企业生产在地域上集中并且使分工序列化，这样企业间可以相互提供原材料、零部件、中间产品等从而获取经济利益。二是集聚的外部原因引起集聚效应。这主要是由于某个企业选择了与其他企业相邻的区位而得到额外的利益，如它们共同使用社会公共设施、专用设备等从而降低经营成本。集聚效应要改变已经定向的工业区位，必须要求集聚产生的经济效益大于或至少等于工业区位发生改变所追加的运输费用与劳动力费用之和。韦伯在具体分析中暂时忽略外部原因引起的集聚，主要分析了内部集聚对区位选择的影响。他仍然用等费用线进行分析，如图 2.4 所示，P_1、P_2、P_3 分别是由运输费用和劳动力费用最低点所确定的区位，围绕三点的同心圆代表追加费用的等费用线。如果集聚带来的经济效益为 4 个单位或以上时，那么由第四条追加费用等费用线交叉形成的区域即为因集聚效应确定的新区位；否则，不能形成集聚。

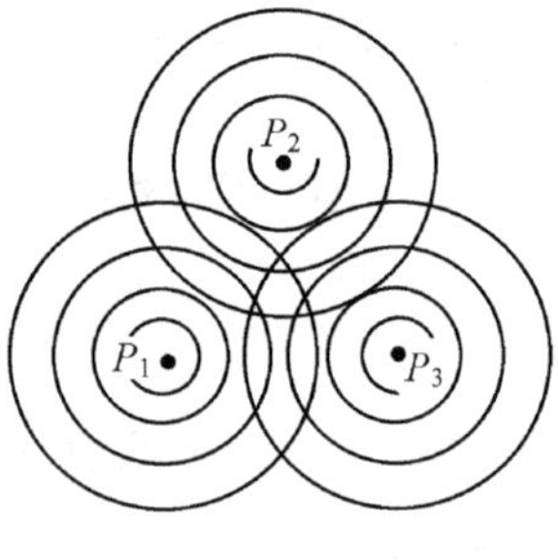

图 2.4　集聚因素的作用
（韦伯，1997）

为了判断集聚的可能性，韦伯还提出了加工系数的概念，即单位区位重量的加工费用。加工系数越高，工业集聚的可能性越大；反之，工业集聚的可能性越小。

韦伯的工业区位论以成本分析为主，对个别企业的生产区位进行分析。由于生产过程可以相继发生在几个不同的区位上，因此某个生产企业可能有好几个生产地点存在，但它们的定位都会遵循这 3 个基本指向规律。对生产过程进行细分只会改变决定工业生产区位几何图形的维度、形状或者有关指数的大小。

（三）中心地理论

中心地理论（central place theory）是近代区位理论的核心，它是关于一定区域范围内

① 区位重量（locational weight）=（遍在性原料重量+产品重量）/产品重量=原料指数+1，指生产单位产品所需运输的总重量。

城镇等级、规模、职能间相互关系及其空间结构规律的学说。该理论主要涉及市场、城镇的布局，即城市区位，其实质是从区位选择的角度阐述城市和其他级别的中心地等级系统的空间结构，因此又被称为城市区位理论。德国地理学家克里斯塔勒于1933年在《德国南部的中心地》一书中提出的三角形聚落分布和六边形市场区的区位标准化理论是中心地理论的代表。在克里斯塔勒系统提出中心地理论后不久，德国另一位经济学家勒施用与克里斯塔勒类似的方法解释加工工业区位问题，形成了区位研究的市场学派。

1. *克里斯塔勒的中心地理论*

克里斯塔勒主要从经济学的观点来研究城市布局，认为经济活动是城市形成、发展的主要因素。他关注每个具体城市的位置、形成条件，更加关注每个地域的城市总体数量、区位、发展和空间结构，这些早期的研究工作是他形成系统的中心地理论体系的基础。

克里斯塔勒的中心地理论也是在大量实地调查的基础上提出的。他跑遍了德国南部所有的城市及中心聚落，获得了大量基础数据和资料。在研究方法上，克里斯塔勒作为地理学者一反过去传统的归纳法，运用演绎法研究中心地的空间秩序，提出了聚落分布呈三角形，市场地域呈六边形的空间组织结构，并进一步分析了中心地规模等级、职能类型与人口的关系，以及三原则基础上形成的中心地空间系统模型。

克里斯塔勒中心地理论也有一系列假设：①地表是平坦而均质的，资源、人口均匀分布，居民收入、对货物的需求、消费方式等都是一致的；②具有统一的交通体系，同一等级规模的城市具有相同的便捷度，交通费用与距离成正比，向各方向都能自由移动；③生产厂商和消费者具有合理的消费行为，是完全的经济人，生产厂商为谋取最大的利润而尽可能多地占领市场，消费者为减少交通费用，自觉到最近的地点购买商品或取得服务；④消费者购买货物所付出的实际价格为货物的销售价格与交通费用之和。

在这些前提条件下，克里斯塔勒讨论了市场的服务半径和市场区形状等问题。他认为，经济活动区域的发展必须有自己的核心，这些核心由若干大小不同的城镇组成。城镇在空间上具有某种经济力量，为周围区域的居民和单位提供货物及商业、娱乐、教育、文化等多种服务功能，每个城镇大都位于它所服务区域的中央部位，它也是与外部联系的商业集散中心，因此称为“中心地”，由中心地所覆盖的区域称为“补充区”（complementary region）。距离是补充区发展的一个最主要的因素，它用时间和成本来度量，是一种经济距离。每个中心地都有自己的需求门槛（threshold）和服务范围。需求门槛是指某中心地能维持供应某种商品和劳务所需的最低购买力和服务水平。在实际研究中，需求门槛通常用能维持一家商业服务企业的最低收入所需要的最少人口数来表示。这一最少人口数称为门槛人口。服务范围是指某中心地供给的商品和劳务能够到达的范围，克里斯塔勒将它定义为人们为获取中心地的商品和劳务而愿意跨越的最大距离。克里斯塔勒认为，对于某个独立的中心地而言，其总体费用最小而服务范围最大的最佳服务区域（即市场区）为圆形。但是当一定区域内有多个中心地存在时，如果都采取圆形市场区布局，要么会出现各中心地服务半径都不能覆盖的空当，要么会造成市场区重叠，这时圆形市场区就不能满足最佳服务的要求。根据周边最短而面积最大的原则和不留空当的弥合性原则，他提出最佳市场区图形应该是正六边形，而竞争的结果一般也会如此（图2.5）。

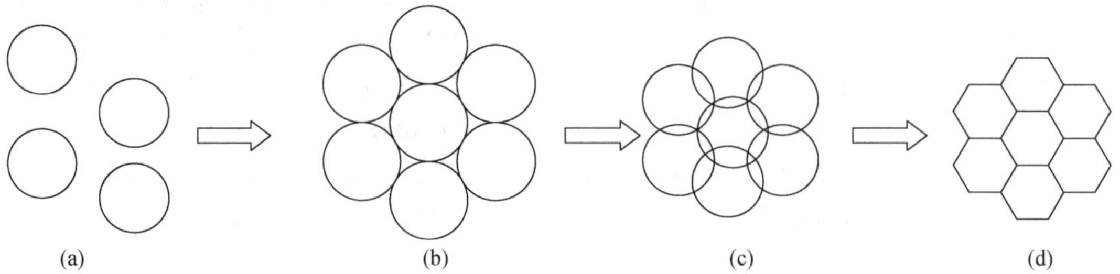

图 2.5　六边形市场区的形成
（克里斯塔勒，1998）

对于不同行业或同一行业不同规模的服务业来说，其需要的门槛人数不同，因此它们的市场区范围也不相同，它们在功能和空间上形成不同等级的中心地序列，等级高的中心地不仅提供相应级别的服务，而且覆盖了低等级中心地的市场区，这样大大小小的中心地和市场区相互交错形成了复杂的市场网络结构（图 2.6）。但是，对所有中心地而言，中心地与周边乡村间的距离，以及周边居民为获取中心地的商品与劳务而需要跨越的距离之和最小。

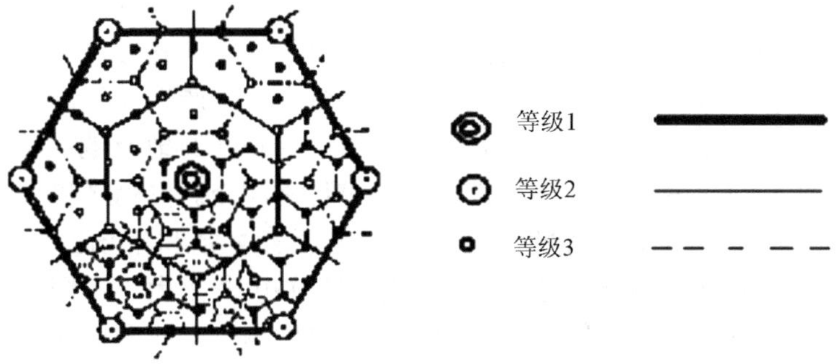

图 2.6　中心地的空间等级
（克里斯塔勒，1998）

图 2.7　$K=3$ 的中心地体系
（克里斯塔勒，1998）

尽管中心地理论的市场网络十分复杂，但归纳起来主要是 3 种基本类型或模式：其一是按市场原则组织的$K=3$模式；其二是按交通原则组织的 $K=4$ 模式；其三是按行政原则组织的 $K=7$ 模式。其中 K 值是中心地模型的重要指标，它表明了在上述 3 种不同的市场空间组织原则下，中心地相对于它服务、供应、管辖的区域的位置关系及其中的数量关系。

（1）按市场原则组织的 $K=3$ 模式。

克里斯塔勒认为，在市场力的作用下，中心地按等级体系排列（图 2.7）。这种模式从商品和服务供应范围最大的角度出发，力求使各级中心地对它所影响的范围能最方便地提供货物和服务。在这一模式中，1 个上一级中心地市场区的面积是下一级中心地市场区的 3 倍，它不仅包括中心地内 1 个完整的下一级中心地，而且还支配着相邻 6 个下一级中心地市场区的 1/3 部分。因此，$K=3$。在 $K=3$ 的中心地系统中，市场区的等级序列为：1，3，9，27，81，…；从各级中心地的数量关系来看，1 个上一级中心地中包含 2 个下一级中心地及 6 个再下一级中心地等，这样在市场原则下，中心地的等级序列为：1，2，6，18，54，…。

（2）按交通原则组织的 $K=4$ 模式。

这种模式从有利于中心地之间交通的角度出发，力求使各级中心地之间的距离最短。为此，下一级中心地布局于两个上一级中心地之间的连线的中点上。这样，1 个上一级中心地除包括 1 个完整的下一级中心地外，还包括 6 个下一级中心地 1/2 的市场区域（图 2.8）。因此，$K=4$。在 $K=4$ 的中心地系统中，市场区的等级序列为：1，4，16，64，256，…；从各级中心地的数量关系来看，1 个上一级中心地中包含 3 个下一级中心地及 12 个再下一级中心地等，于是，中心地的等级序列是 1，3，12，48，192，…。

（3）按行政原则组织的 $K=7$ 模式。

这种模式是从有利于行政管理的角度出发的。克里斯塔勒认为，在进行行政区域划分时，应尽量不把低级行政区分割开，使它完整地属于 1 个高一级行政区（图 2.9），1 个上一级中心地大致包含 7 个下一级中心地，它们均匀地、彼此距离相等地分布于上一级中心地的六边形市场区内。在这个模式下，$K=7$，市场区的等级序列为：1，7，49，343，…，中心地的等级序列为：1，6，42，294，…。

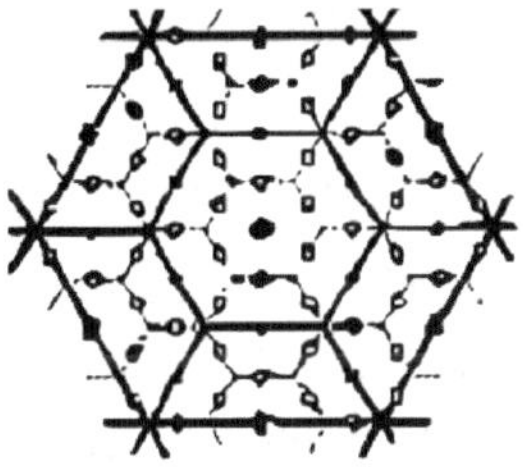

图 2.8　$K=4$ 的中心地体系
（克里斯塔勒，1998）

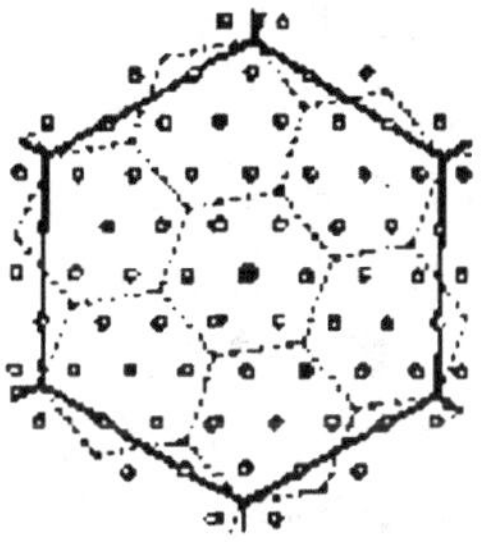

图 2.9　$K=7$ 的中心地体系
（克里斯塔勒，1998）

克里斯塔勒的中心地理论是地理学由传统的地域个性描述走向对空间规律和法则探讨的直接推动原因，是现代地理学发展的基础。他首次把演绎的方法引入地理学，研究空间法则和原理，是地理研究思维方法的一大革命，因此，他被后人尊称为“理论地理学之父”。克里斯塔勒的中心地理论是城市地理学和商业地理学的理论基础，也是区域经济学研究的理论基础之一，对研究中心地与市场区域（也可看作腹地）间的关系和研究区域结构具有重要的指导意义。

2. *勒施的市场区位理论*

德国经济学家勒施（Lösch）在 1940 年出版了《经济区位论》一书，提出了与中心地理论相似的市场区位理论。与他人不同之处是，勒施第一个把需求作为空间变量。他反对韦伯及其后继者不考虑需求变化对区位选择的影响，而只考虑需求既定的情况下，寻求成本最小或收益最大处作为最佳区位的方法。他认为，最佳区位应该是利润最大的地方，即总收益超出总成本最多之处。此外，勒施发现最佳区位的问题不能只靠考虑个别厂商而解决，还要考虑经济体内各厂商间的相互依存关系。这样，经济体内存在两个力的作用，一是个别厂商对空间的获取，二是其他经济单位对空间的再夺取，但各方面的动机都是追求利润最大化。区位就由这两个力的均衡地点决定。此前，包括杜能、韦伯的区位论都是以完全竞争为前提，研究个别厂商区位的局部均衡区位论。勒施则首先以简单的方程组来描述这种相互依存关系带来的均衡，并进行了精确的论证，同时，他将自己的研究视野转移到新的研究领域，从不完全竞争的角度研究一般均衡区位理论，表达出所有区位相互关系的抽象化系统，这也是勒施将空间经济思想引入区位理论并在方法上创新的主要贡献之处。

勒施的理论模式也有一系列的假设前提：①所研究的对象位于平原地区，区域内各个方向上具有相同的运输条件，资源和自然条件均质分布；②区域内的农业人口均匀分布，最初他们的生产自给自足，且具有共同的消费行为；③所有的工业生产方法都是公开的，技术知识可以到处传播，区域内所有的人都可以获得进行生产的机会；④除经济因素外，其他因素都可以不考虑。

要获得一般均衡，勒施的空间经济还必须满足下列条件：①每一个别单位的区位必须是尽可能有利的；②生产区位的数量应足够多，且占据整个空间；③所有的经济活动只有正常利润，而无超额利润；④供应、生产和销售的区域必须尽可能小，仅够单个单位生存；⑤经济区域的边界对两个相邻的单位而言没有什么不同，即边界是无差别线。

在上述假设前提下，勒施分别讨论了单个企业、单个行业和多个行业的市场区域分布情况，提出了市场区、市场网络和经济景观的概念。

对于只有单个企业的情况，勒施以生产啤酒的企业为例。随着啤酒销售量的增加，企业供给的市场地域也会扩大。但是，在市场地域扩大的同时，运费也随之增加。这样由于运费的增加，生产者的市场地域不可能无限扩大。勒施用图 2.10 对这种关系进行了说明，其中横轴表示需求量，纵轴表示生产价格 OP 加上运费的实际销售价格。在生产地点 P 处的需求量为 PQ，随着从 P 点远离 O 点，运费（运费是距离的函数）不断增加，销售价格也随之增加，需求量减少。当运费达到 PF 时，需求量变为零，此时，PF 为最大销售半径，市场范围将是一个由 F 点的位置所界定的圆形的市场区，其需求曲线为 QF，总需求量等于以 PQ 为高，以 PF 为半径旋转一周所形成的圆为底的圆锥体的体积（图2.11）。

对于存在多个竞争企业的同一行业，随着生产厂商数量的增加，勒施认为，上述各生产企业圆形的市场区将不能持久，因为圆与圆之间总会有空余的地方未被占领或利用，结果竞争者不断占据空余的地方，慢慢地将圆挤在一起，最后形成一个蜂房结构，呈六边形形状的市场网络将充满整个区域空间。这时，各市场区没有超额利润，只有正常利润。勒施在定性分析的同时，用数学方法推导了六边形市场网络的形成。

对于多个行业的市场区域而言，由于市场区内往往有各种产品，不同类型的产品具有不同的六边形市场网络，如果将这些市场网络彼此叠置在一起，就形成了十分复杂的蜂巢

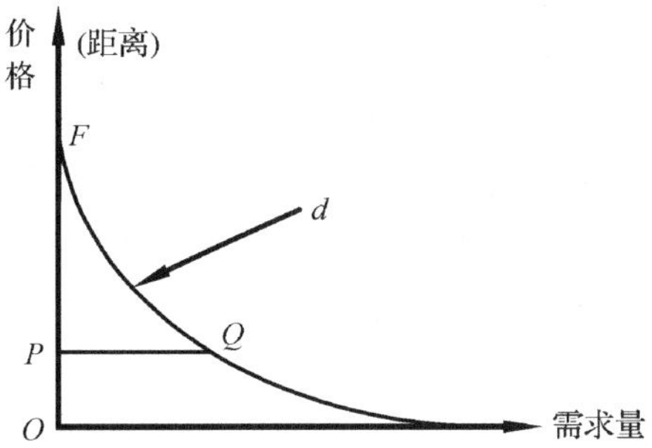

图 2.10　需求曲线
（勒施，1995）

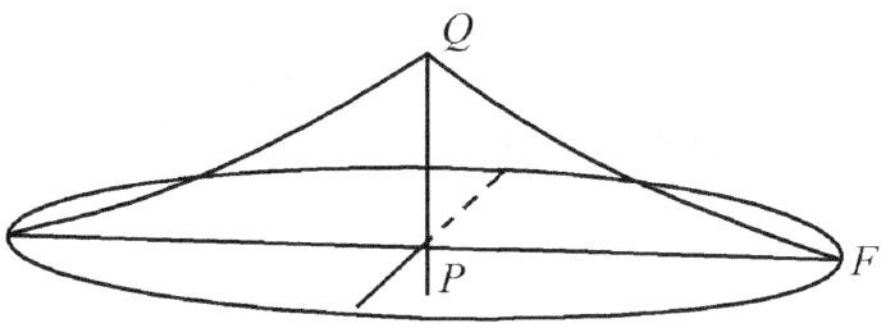

图 2.11　需求圆锥
（勒施，1995）

网体系（图 2.12）。勒施将不同产品的市场网络以同一个中心叠加在一起，然后围绕这个共同的中心旋转各个市场网络，使它们的市场中心尽可能地重合，这样在共同的中心处集中了大量的当地需求，形成大城市，而在其他邻近地区则无法形成这样的大城市，并且越往外扩展，市场区的重叠程度越差，离心程度越大。而在更大的地域范围内，中心的吸引力已经趋于零，那么另一个大城市就会兴起。另外，由于市场网络的旋转重置，周边还形成了 6 个中心富集区（图 2.13 的阴影区，即富区）和 6 个中心稀疏区（即贫区）。勒施认为这种排列使各种产品市场中心之间的距离之和最小，结果是不仅运输量（运费）减少，而且运输线路的长度也能减少到最低限度，同时还形成了集聚效应降低成本。勒施将这种经济空间组织形式称为“经济景观”。

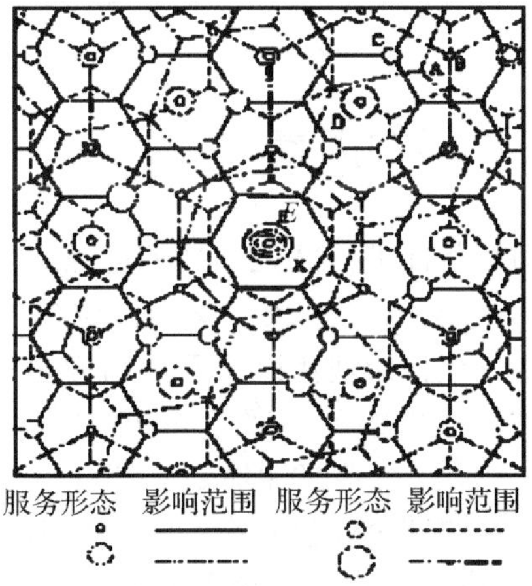

图 2.12　勒施的生产贸易中心排列
（勒施，1995）

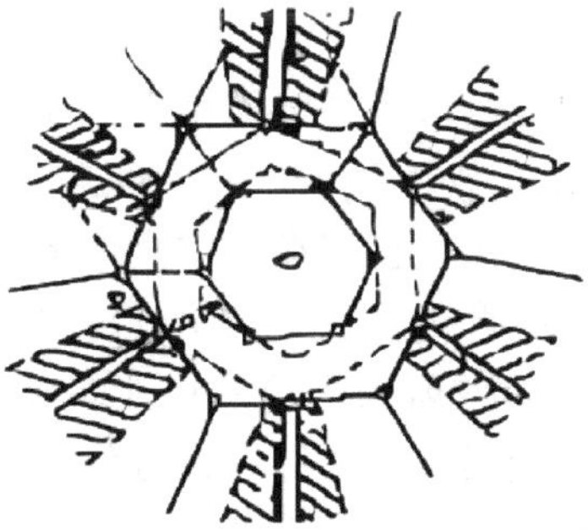

图 2.13　勒施的经济景观
（勒施，1995）

（四）区位论的发展

20 世纪 50 年代以后，工业化和城市化的浪潮极大地改变了旧的社会经济结构和生活环境，同时也产生了一系列亟待解决的、重大的区域经济问题，如区域经济发展不平衡和收入水平的悬殊趋势加剧、城市人口膨胀、落后地区荒芜、环境污染和生态平衡失调等。为解决这些问题，区域经济学者和人文地理学者进行了广泛的合作，他们在很大程度上改变了以往观察问题和分析问题的角度与方式，吸取了凯恩斯经济理论、地理学理论等新思想，对区域经济的自然条件、人口、教育、技术水平、消费水平、经济规划和经济政策等进行了宏观的、动态的、综合的分析研究，逐步形成了有别于传统区位理论的空间区位理论和方法，即现代区位理论，概括起来主要有五大学派（表 2. 1）。

表 2. 1　现代区位研究学派（刘再兴，1996）

学　派	理论核心	主要观点
成本市场学派	成本与市场的相依关系	最大利润原则是确定区位的基本条件，但最大利润原则的实现同自然环境、运输成本、工资、地区居民购买力等因素有关。现代区位研究应是生产、价格和贸易理论的综合，形成竞争配置模型
行为学派	以人为主题的发展目标	认为随着现代企业管理的发展和交通工具的现代化，人的地位和作用是区位分析的重要因素，运输成本则降为次要因素
社会学派	政府干预区域经济发展	政府政策制定、国防和军事原则、人口迁移、市场因素、居民储蓄能力等因素都不同程度地影响区位配置，而社会经济因素成为最重要的影响因素
历史学派	空间区位发展的阶段性	区域经济的发展是以一定时期生产力的发展水平为基础的，具有很明显的时空结构特征，不同阶段的空间经济分布和结构变化研究是理想区域发展的关键
计量学派	定量研究的可能性与准确性	现代区位研究涉及内容多、范围广、数据众，人工处理已到了无能为力的地步，而计算机应用、遥感数据分析和计算机辅助制图为计量化区域研究提供了基础

第二节　区位决策影响因素

区位决策是决策主体根据自身需要和外部约束条件进行区位选择的过程。区位决策的影响因素是非常多的，既有决策主体（区位单位）外部的因素，又有区位单位内部的因素。古典区位理论仅仅在区位主体上考虑一个生产地，而现代区位理论则考虑到现代企业内外的多个生产地。古典区位理论仅仅考虑区位主体中的单一部分（如工厂部分），而现代区位理论则考虑到区位主体中的研究、开发、设计、零部件加工、部件组装、检验修理、培训、流通、办公等；在区位目标上，古典区位理论仅仅考虑利润或成本，现代区位理论则还考虑到非金钱上的收益和满足；古典区位理论缺乏或者轻视区位选择的具体目标，而现代区位理论则考虑市场占有率、吸引和稳定人才、企业形象、名声、市场测试、回避汇率风险、收集信息、避免贸易摩擦等；古典区位理论的区位选择基准是成本最小，现代区位理论则考虑到前述具体目标中的风险和不确定性；古典区位理论中产品、规模和销售价格、市场、劳动力、设备、土地、运费等都是事先给定或者认为是固定的，而现代区位理论则考虑到产品的更新、成熟、标准化、差别化、多样化等，考虑到规模的大小，也考虑到销售价格的高低，更考虑到市场的地方性、区域性、全国性和国际性，还要考虑到短期、长期、集中、分散、特殊的市场等；古典区位理论不考虑或者轻视资金、信贷、折旧期间、地域文化、决策机制、动态的企业目的和企业组织，而现代区位论都给予充分考虑。在此，本书重点分析主要因素。

一、生产要素供应

经济活动一般包括生产活动、流通活动及消费活动，其中生产活动是经济活动的基础。生产活动建立在一定的要素投入的基础上。生产活动是人类通过对自然的作用进行的，同时也需要工具、机械等必要的手段（通常被称为资本），因此劳动、自然（土地）和资本是生产最基本的要素，在经济学的生产理论中通称为生产的三要素。此外还有技术进步。劳动和资本作为基本的要素投入，极其重要。要素投入是生产活动得以存在的基础。要素投入和产出（效用再创造的产物）之间有一定的技术关系。综合技术进步因素在生产活动中的作用日益增大，生产活动的产出已开始不主要取决于资本与劳动的投入，而更多地取决于科技投入。在发达国家，科技进步对总产出的贡献已远远超过资本和劳动投入的贡献。经济活动中，对生产区位产生影响的生产要素除资本、劳动力、技术外，还有土地、原材料、能源等。在这些生产要素中，既有初级基本要素，也有高级生产要素，前者如土地、原材料、能源、一般金融资本和普通劳动力等，后者则包括现代化信息网络、高科技人才及高等教育与科研院所等知识的生产与传播机构等。

1. 土地

任何经济活动都需要以一定的空间为依托。土地作为经济活动的一个影响因素主要由自身的特性及所处的经济区位所决定。土地自身的特征更多地表现在其自然特性上。土地的自然特性包括土地所处的空间位置（经纬度）、与其他自然环境要素的相互关系（气候、水文条件）、土地的形态（大小、地形、地貌等）及土地的地表物质构成（如土壤、岩石、植被等）等。土地的自然特性构成了土地利用的可能性，但并不构成土地利用的可行性。土地利用可行性更多地由土地所处的经济区位决定。土地所处经济区位的差异反映出土地的利用价值的不同。同样面积与自然特性相近的土地，在城市和农村的利用价值相差悬殊，通常为几倍、几十倍或几百倍；即使在城市内部，不同区域的土地利用价值（反映在土地价格上）也相差很大，一般相差几倍或几十倍。土地一般以两种基本方式参与经济活动，第一种是作为劳动对象，如农业生产活动，在这种土地利用形态中，土地的自然特性起着决定性的作用，保持与增加土地的自然产出是农业土地利用高度关注的。第二种是作为活动的空间，如工业、交通及城市建设土地利用等，在这种土地利用形态中，土地所处的经济区位起着决定性作用，土地利用的空间竞争格外显著。由于不同的土地利用方式所能提供的地租差异，城市内部土地利用的圈层分化较显著。就农业土地利用而言，土地自然产出力的大小，在很大程度上取决于土壤特性；此外，土地的经济地理位置也影响了农业土地的利用。即使是农业生产条件（包括土地自身特性）完全相同，但相对于市场（城市）的位置（距离）不同也会导致农业生产方式的空间分异。就工业土地利用而言，不同的工业类型要求不同的土地条件。大规模工业生产活动，尤其是生产工艺与制造工程连续化的钢铁、石油冶炼、车辆制造等都要有地势平坦、面积大且承压力强的土地，还要求地价比较低廉，因此这样的工业行业一般都放在郊外。而另一种工业类型，不需要大量的土地和建筑，即使地价比较高，也可以期望高额收入回报，并且对居民生活污染很小或者没有污染，可以在城市内部布局的工业，如服装工业、出版、印刷工业等。

2. 原材料

原材料是经济活动，尤其是生产活动所加工的对象，对经济活动十分重要。原材料因子主要通过运费多少，原材料的可运性、可替代性，以及价值，尤其是在产品成本中的构成状况对经济活动区位施加影响。原料按来源可分为初级原料与加工原料。初级原料是指从自然界中直接获取或经人工培育的原料，如矿物原料和动植物原料。矿物原料来源于矿产资源。矿产资源分布的不均衡性及开采成本的差异性，使得处于不同区位的经济活动主体获取它的成本不同，直接影响到原料成本在总成本中占较大比重的原材料型工业的区位选择。

现代大规模工业生产，往往是利用多种原料，而且原料配合比例及原料本身的价格变动程度不一，因此原料对区位的作用随之发生变化。交通枢纽等便于原料集散的区位越来越显示出对原材料型工业企业而言的区位优越性。很多经济活动，包括一些机械加工、组装等工业企业，并不是直接以初级原料为加工对象，而是以一些材料型工业企业的产品作为加工原料，因此在区位上除受到提供其加工原料的原材料工业企业区位的影响之外，更多地受其加工后产品市场及劳动力成本、技术条件等的影响。而且现代经济活动，尤其是工业活动，原材料组织的空间范围已经扩展到全球范围，即在全球生产组织与体系中寻求既能满足自身需要，又相对价格低廉，并且供应有保证的原材料供应商。基于此，如汽车制造等零部件需求种类繁多，又要求及时供应的厂商周围，形成了一种新的组织原材料供应的地域综合体——供应商园。供应商园一般指围绕某一组装厂而形成的为这一组装厂供应零部件的供应商的空间聚集区。通过这种空间聚集，组装厂能够在需要的时候及时得到它所需要的零部件供应，从而缩短从制造与组装厂商接到订单到产品到客户手中的时间。这说明现代经济活动区位已经不是以前那样被动地接近原材料地，而是通过重新组织原材料地达到现代社会生产的及时性、可靠性与灵活性的要求。

3. 能源

能源是人类社会发展和经济活动的重要物质基础。大量、稳定的能源供应对产业活动的发展极为重要。大量消耗能源的工业，如金属冶炼中的电解铝、铁合金等，要求在区位选择中接近廉价的电力供应地。能源作为产业活动的影响因素不仅仅局限在提供能源供给，还反映在直接影响到产业经营成本、效率、对环境的破坏及公众对企业发展的态度。稳定的能源供给是产业发展的必备条件，因此区域的能源，尤其是电力的供给保证程度是许多企业选择区位的标准之一。能源在各地的分布及蕴藏条件不同，生产成本差异较大，因而带来了能源供应价格的地域差异，也带来了高耗能经济活动的区域差异。

4. 资本

资本包括金融资本和厂房、设备等固定资本。金融资本尤其是融资条件对经济活动尤其是创始期的小型企业的区位选择带来了影响。资本规模、利率、融资条件、融资政策等是主要的影响因素。对不同的企业而言，对资本的需求是不同的。一般性金融资本仅对成熟性产业与企业给予融资，因此成熟型产业或大型企业一般通过上市从资本市场融资，或以资产抵押的形式从银行获得商业贷款。然而新兴企业，尤其是新兴高科技中小企业，由于企业规模有限，固定资产额低，很难在一般商业银行得到融资支持。尽管新兴高科技企业的期待利润率高，但风险大，企业规模小，无资格上市筹措资金，其发展需要风险投资的支持。因此，对于高新技术产业而言，风险资本市场完善程度是区位选择的关键。厂房、设备等固定资本固定在特定区位后不能轻易移动，即使出现了更为先进的设备和更优的区位，也有可能继续在原来位置存续一段时间，这就是地理惯性。由于固定资本地理惯性的存在，为了节省时间及资本，可以作为厂房等利用的原有固定资产沉淀的地区，会对企业，尤其是初创企业构成巨大的吸引力。固定资本的费用，尤其是工业用地费用，因地点不同而差异很大。对于大型装置型工业企业，固定资本的费用对区位选择的费用起到很大的影响作用。

5. *劳动力*

劳动力是经济活动区位，尤其是生产活动区位中重要的区位因子之一。劳动力是人口中有劳动能力的一部分人口，无论是在质还是在量上都存在着空间上的差异。劳动力的空间分布差异及劳动力移动上的摩擦等因素导致劳动成本存在着空间差异。劳动力供应量、素质和结构、成本、可迁移性对区位决策有影响。劳动力对经济活动区位的影响依经济活动区位主体性质的不同而不同。某些产业活动，劳动费用占总费用的比重很大，例如，人们通常所说的劳动密集型产业，劳动成本的空间差异对其区位的影响很大；相反，那些大量使用资本而非劳动的资本密集型产业活动则受劳动力的影响较小（安虎森，2008）。一般而言，人口密集地区或都市是劳动力最密集的地方，特别是大城市地区，有着多种多样的熟练劳动力，对于需要大量劳动力供应的经济活动主体（企业）而言，大城市将比劳动力质、量都受到制约的小城市或农村的区位更为有利。

在劳动力因子中，质量和数量都很重要，而且前者越来越重要。现代经济活动由于有高度发达的交通体系和技术体系作为依托，其区位选择的灵活性逐渐增强，并且对劳动力需求的数量也由于生产与服务自动化程度的加强而减少，普通劳动力的获取已经越来越容易，对经济活动区位选择的影响越来越小。相反，经济活动对高素质科技劳动力的需求却越来越大，并且对于任何国家与地区而言，高素质的劳动力都是不可多得的稀缺资源。因此，具有高素质科技劳动力的区域（主要是教育水平比较高的大城市地区），成为最适宜现代高科技布局的区域。

劳动力在空间上分布不均，移动也在一定程度上受空间摩擦的制约，因此事实上即使在一国之内也存在着较大差异。这种差异会对劳动成本占总成本比重较大的劳动密集型企业的区位产生较大影响。处于工业化与城市化阶段的国家与地区，都在发生大规模的人口迁移和劳动力流动。劳动力的空间移动会带来地区劳动力市场的变化，在流入地区形成庞大的劳动力市场，从而使企业，尤其是劳动密集型工业企业向这些地区集中，促进了这些地区的发展。

二、市场

经济活动的最终目的是满足消费者的需要，因此市场因素对经济活动十分重要。对于经济活动区位给予重大影响的市场因素主要有以下几个方面。

第一，市场规模直接影响到经济活动的持续及经济的合理性。经济活动（无论是生产活动还是服务活动）都要达到一定的规模，这一规模也就是需求门槛。需求门槛因经济活动性质和类型的不同而不同。一般而言，电力、钢铁、石油、化工与机械制造等资本密集的装置型传统工业的需求门槛很高，而一般轻工业部门的需求门槛较低。市场规模只有达到一定的程度，经济活动才可能持续进行。

第二，市场地域范围的大小直接影响经济活动的类型与规模，尤其是传统商业活动中的零售业，不同的经营类型与规模对应于比较固定的市场地域的范围与规模。

第三，市场特性也会对经济活动、区位活动产生影响。市场特性往往是由消费者的消费需求偏好特点引起的。在不同的区域，由于不同的消费习惯和其他不同的因素，占首要地位的需求层次往往并不相同。例如，中国不同地区的饮食习惯存在一定的差异，这就要求餐饮业必须适应地方市场的特性，满足当地的特定需求。消费者的消费偏好可以在区际流传，必然使得某种当初仅存在于单一国家或地区的消费习惯、特性，向国外或区外扩散和普及，那么满足这种需求的经济活动就会随之走向国外或区外。例如，中国的川菜馆、美国的快餐厅等随着消费者在各地的增加而走向世界。

第四，市场意识对区位决策也有重要的影响。不同地区的消费者对市场的认识是大不相同的。在市场意识强的地区，经济活动被崇尚，因此观念上的创业门槛比较低，有利于培育创业者与企业家阶层，从而有利于经济活动的发展。加之在消费者市场意识强的地区容易形成挑剔性需求，经济活动不仅在量上扩充，更注重从质量上求精，从而有利于其综合竞争能力的形成。同时，由于受挑剔性市场环境的熏陶，在此成长起来的劳动者一般具有较好的劳动素质，有利于从事经济活动的企业选择适合自身需要的人力资本。

第五，市场秩序和管理对区位决策有重要的影响。市场需要竞争，也需要秩序，良好的市场秩序是经济活动的激励机制得以发挥的前提。市场管理是政府的重要职能，也是政府服务经济活动的重要体现。高效、优质的政府服务往往构成经济活动区位选择的重要砝码，而低效、劣质的政府服务，即使具有良好的资源禀赋，企业也会望而却步。市场秩序和管理均需要以法治为基础，市场的法治环境对于经济活动，尤其是提供知识服务的现代高科技企业而言，尤为重要。例如，软件产业的发展必须要有完善的知识产权法来保证其发明与创造利益的实现。因此在软件产业的区位选择中，法治化的市场环境就显得格外重要。

三、交通运输和通信条件

交通运输在社会发展中起着重要的作用。生产与消费的空间分离是现代经济活动的一个重要特征。交通是联系地理空间中社会经济活动的纽带，是地区社会化分工成立的根本保证。交通技术与手段决定空间相互作用的深度与广度，交通技术与手段的进步是改变经济活动区位的重要因素之一。

交通运输条件主要通过运费来影响经济活动的区位选择。尽管由于交通运输技术与手段的进步，运费在产品成本结构中的比重不断下降，但交通运输仍是影响经济活动空间结构与组织的重要因素之一。运费主要由线路运行费和站场费两大部分组成：线路运行费同运输距离相关，一般可认为是运输距离的线性函数；站场费则一般同运输距离无关，仅同装卸、站场设施及管理维护费有关。减少站场费和线路运行费均可起到减少运费的作用。

仅从运费角度考虑，应选择总运费最小的区位。

此外，通信条件决定了对内和对外信息交往成本的高低。现代经济活动不仅需要实物传输（这主要由线路交通手段来实现），也需要非实物的信息传输。事实上，后者在现代经济活动领域中更为重要。通信设施越发达，通信效率越高，通信费用越低，表明信息通达性越好，反之则相反。因此，良好的通信条件对经济活动有较强的吸引力。城市完备的信息基础设施增强了对现代经济活动的吸引力，并造成了大部分经济活动集中在城市，特别是大城市。一般来说，信息技术基础设施好、信息化水平高的地方往往成为企业的优势区位。

四、政府政策环境

市场机制是经济活动形成、发展的基础。然而，适当、合理的政府行为及相关政策的制定有利于促进经济活动的发展。第一，政府首先作为一个消费者，政府购买本身就形成了一个庞大的市场。政府作为消费者表现在：①为维系政府管理职能的正常运转必须拥有政府用建筑物、政府办公用设备及其他政府所需求的产品或服务；②政府为维系国家安全及社会治安所产生的设施与装备需求；③政府对外交往行为及对外援助所产生的需求；④政府建设与管理的为公众服务的基础设施（文化教育设施、公用城市基础设施等）的建设与管理需求；⑤政府的其他需求，例如，地震、水灾等灾害发生情况下的需求，以及战争状态下的紧急需求等。在上述需求中，政府对基础设施的投入及军事需求对经济活动区位的选择具有很大影响。政府常常在国内市场需求不足的情况下，通过加大对基础设施的投入，刺激市场的有效需求。在一般消费者市场规模尚小且不成熟的高新技术产业发展的初期阶段，政府订货对于培育新兴产业的发展是至关重要的。美国高科技产业，尤其是电子信息产业的发展就得益于美国政府的军事订货。第二，政府通过规划和政府对特定地区基础设施的投入，引导经济活动在空间上向某一特定的区域集聚。政府对经济活动的影响除上述作为市场的作用外，还有一个重要的作用就是通过制定规划，以及通过对特定地区基础设施的投入，引导、调节经济活动的空间区位。作为政府，不仅有促进经济发展的职能，也要有促进国土与区域经济均衡发展的职能。在促进国土与区域经济均衡发展的过程中，政府制定相应的规划，鼓励经济活动在某一地区发展及限制经济活动在另一地区发展，并在鼓励经济活动发展的地区，率先进行基础设施的投入，促进经济活动向政府鼓励的地区发展。第三，政府通过制定相应的政策、法规规范经济活动行为，保证自由竞争环境的形成。良好的政策环境是经济活动的重要保证，政府以有利于经济活动发展为原则，增加市场开放度，维护市场秩序并加强管理，加强市场的法治环境建设，都将促进经济活动的发展。第四，政府通过税收优惠、财政补贴等经济政策的实施，调节经济活动的区位。地区或场所不同，经济活动有成本上的差异，预期收入也有差异，当预期收入低于成本时，经济活动不会在那里产生与发展。对于那些成本高、预期收入低于成本的地区，如果政府鼓励发展这一地区，政府给予税收优惠以及财政补贴，客观上将起到增加该地区预期收入的作用，当预期收入大于成本时，经济活动就可以在这一地区兴起与发展。

五、自然环境

环境因素是影响经济活动最重要的因素之一。环境因素的重要性被人类重新认识是因为人类经济活动，尤其是工业活动对环境造成极大破坏，环境污染对人类健康和生活产生危害始于20世纪60年代。从那时起，人类就开始反省自身的经济活动行为，开始有意识地，或者通过法律形式规定经济活动。为此，各国相继制定了不同的环境保护法规，以及规定不同区域的环境质量标准，对进驻企业的类型进行限制。

经济活动无论是生产活动还是服务活动都越来越多地依靠与要求良好的环境质量。没有良好的环境质量不仅不能制造出高精密度与高技术含量的产品，而且不能提供一流的服务。同时，由于现代经济活动越来越依赖知识创造与高科技劳动力，为了吸引高素质的人力资源，为了稳定及支持其创造性劳动，必须为其提供良好的居住与生活空间。这种良好的居住与生活空间必须建立在良好的环境质量的基础上。因此，优美的环境成为知识经济时代经济活动最重要的生产要素之一。

六、经济地理位置及其他社会经济条件

现代经济活动越来越多地受制于相关活动及内外部环境条件。能够同外界产生便捷联系的场所越来越成为经济活动区位选择的重点。能否同外界产生便捷的联系，取决于该场所的经济地理位置，并决定了该地区的制度环境和社会文化环境、产业集聚环境。

地理位置包括数理地理位置，指场所在三维地球表面的空间位置，可由经度、纬度和海拔来精确地表示；还包括经济地理位置，指场所与具有经济意义的其他事物的地理空间的相对地理位置关系。例如，武汉位于长江中游和京广线中部。经济地理位置是变化和发展的。再如，在描述九江市的相对地理位置时，在京九铁路开通前，通常说是长江岸边的一个重要城市，现在则一般说是长江与京九铁路上的一个重要城市，这表明了九江在交通上的重要地位的增强。经济地理位置还可以表明场所与其他经济事物的空间关系。例如，与市场中心的距离。市场中心有不同的层次，有全球尺度的市场中心、国家尺度的市场中心，也有区域性的市场中心。接近市场中心或便于接近市场中心，有利于经济活动在该地展开。

地区制度环境表明了地区的基本经济运行机制，决定了该区位对内外生产要素和商品交往的方便程度，一个地区制度越开放、越自由，越有利于新企业发展；反之亦然。我国长期以来实行计划经济体制，市场发育程度还不完善，制度环境还存在着很大的区域差异。一些开放比较早的沿海城市，尤其是经济特区城市，市场化程度高，开放度大。正是较好的制度环境，成为吸引经济活动在此集聚的重要条件。

社会文化环境是由社会因素（包括语言、文化等）所决定的场所开展经济活动和对内外交往的便利程度。在社会文化环境中，语言的作用非常大。我国香港和新加坡发展成为区域性世界城市，世界金融及贸易中心，是同这两个城市普遍使用英语有很大关系的。社会文化环境还反映在文化背景方面的差异。我国沿海，尤其是南方沿海地区，商品经济发达，有经商传统，挑剔性地方市场已经形成，有利于经济活动在该地的发展。反之，一些中西部地区轻视商业，对外来投资者不太友好，不利于经济发展。

产业集聚环境也是区位决策的重要影响因素。经济活动区位是区位决策者在综合权衡成本、收入及其他方面的基础上确定的某项经济活动的空间场所。随着社会化分工的发展，几乎所有的经济活动都离不开其他相关产业或部门的支持，也离不开生产要素，尤其

是高级生产要素的支持，即经济活动区位选择中产业环境至关重要。构成产业环境的要素很多，产业集聚、基础设施、生产服务及其他自然与人文环境等。特定地区原有的产业布局历史基础、基础设施和生产服务等会影响企业的区位选择。此外还有意识形态、决策者个人偏好等其他社会经济条件。

第三节　多部门企业区位决策

企业区位决策必须考虑到企业的性质、规模、产品特征、市场特征，还有企业的成长阶段、企业的战略、企业的竞争对手等诸多因素。区位决策理论是企业投资决策理论的一部分。区域的政治经济关系和社会结构提供了一个基本分析框架，个人和企业的空间行为和区位决策及由此产生的社会经济空间结构，由其特定的生产方式、权力结构、劳资关系、生产关系及资源和财富的分配方式来决定（李小建，1999）。

一、企业空间扩展决策及规律

（一）企业扩张

在企业的生命周期中会出现企业成长阶段，并表现为扩大再生产、企业资本规模扩大和资本使用效率提高。新建、扩建和改建是企业扩张的重要表现。企业扩张的原因如下：①追求规模经济效益。企业经营中存在着两种成本，即固定成本和可变成本。固定成本指在一定阶段内不随产量变化而变化的费用，如管理人员的工资和固定资产投资等；可变成本指一定时期内随产量变化而变化的费用，如原材料、零部件等费用，但该成本变化并不随产量等比例增减。由此，在一定范围内，企业生产规模扩大，可带来单位生产成本的下降。随着规模扩大而带来的效益增加，即规模经济效益。②实现市场交易内部化，降低交易成本。市场不完善导致了企业之间交易成本的增加。为减少市场交易成本，企业可扩大经营范围，实现内部交易。企业进行两个或两个以上相互关联的活动，要比将这些活动分离地由多个企业进行更有效率，从而实现范围经济。范围经济与规模经济不同，它是指由于企业经营范围扩大而获得的效率。实现内部交易的战略意义表现为减少市场风险，提高供应和市场确定性。③发挥技术优势。一方面，一些具有某种技术优势的企业趋于在本领域内扩张，在更大规模内发挥其技术优势。一般来说，由于市场不完善，技术的价值很难在市场交易中充分实现。为此，具有技术优势的企业通过该技术在新并购企业内的使用来获取较大收益。另一方面，进一步的技术开发需要大量投资，这种投资必须有大规模的生产才能支持。④应对来自竞争的压力。企业之间的生存与发展的竞争十分激烈。为实现长期生存这一基本目标，企业必须发展。因为，从积极的角度看，发展企业实力和增加市场地位，可为企业带来竞争优势和行业的支配地位；从防御的角度看，发展是使企业不被竞争对手击败，从而生存下去的有效手段。有时，有的企业为了取得首先行动的优势，可能采取新的扩张行动；而其他企业为了取得竞争均势，交换威胁，可能随之向不同区位、不同部分扩张。

除以上 4 个方面外，企业扩张还与管理者和企业行为有关。企业扩张可为管理者带来成就感。大的公司规模使公司具有较强的实力（势力）和讨价还价的力量，并易于从资本市场和金融系统获取资本以继续增长。企业的扩张行为也影响了企业的持续生存时间（肖兴志等，2014），为减少风险，企业也向多种经营领域扩张。此外，政府支持也促使了企业规模和数量的增长。

企业增长在战略上可分为一体化扩张和多样化扩张。①一体化扩张又可分为横向一体化（水平一体化）和纵向一体化（垂直一体化）。横向一体化指处于价值链同一环节的竞争对手的合并，即企业现有生产活动的扩展，并导致现有产品市场份额的扩大。纵向一体化指上下游厂商实施的并购行为，即企业向原生产活动的上游和下游生产阶段的扩张。该类扩张使企业通过内部的组织和交易方式将不同的生产阶段连接起来，实现交易内部化。纵向一体化包括后向一体化和前向一体化。后向一体化指企业介入原供应商的生产活动；前向一体化指企业控制其原属客户公司的生产经营活动。实现这些扩张的方法包括内部发展和外部发展（合并和合资等）。内部发展是企业（公司）通过新股票发放或自身资金积累，扩大现有生产规模，或建立新厂、新的部门、新的子公司等；合并是指一企业获取另一企业的资源且无人抗争的过程。如果被合并的企业进行抗争，则此过程称为兼并。纵向一体化是公司增长到一定阶段的主要扩张战略。公司通过横向一体化打败竞争对手，处于市场多头垄断地位后，便会进入纵向一体化扩张，以占领其供应和市场领域。一旦公司在某一生产部门占领重要地位之后，向多生产部门扩张便成为其唯一的增长战略。②多样化扩展。多样化是一个意义广泛的概念，它可以涉及相关产品的活动，也可以涉及不相关产品的活动。横向一体化涉及同类产品的多样化，纵向一体化涉及相关但不同生产阶段产品的多样化，所以这里的多样化仅指不相关产品的多样化。但是，严格区分相关与否并不容易。因为在实际中，多数公司多样化扩张的部门都多少与其原有市场营销和技术开发有联系，尤其是研究与开发，多来自于现存生产活动的需求，但可用于其他无关部门的生产之中。多样化扩张是基于对市场风险和环境不确定因素的防范意识。具有多样化经营的公司可以减少某种不可预测因素的冲击。此外，一些原生产产品市场需求的下降，也会促使公司寻求多样化机会，以充分利用其生产能力。而当某一产品出现旺盛的市场需求时，也会诱发新的公司介入此类生产活动。

（二）企业空间扩张决策

企业在扩张过程中会出现企业的地域空间扩展。在众多的中小企业中，只有少部分得到迅速扩张，这些迅速扩张的企业，其原始的优势区位起着一定的作用。企业在这些区位发展到一定程度后，为了追求规模经济和占领更大的市场范围，便向外扩展，寻找新的优势区位。企业空间扩张决策除了受企业经济活动特点和技术经济目标的影响外，还受到竞争力量、市场容量、政府调控和区域政策、特定地点经济状况和文化习俗等因素的影响。不同增长形式的空间扩张有所不同。内部增长带来的空间扩张通常选择就近布局。外部增长通常采取并购原来已经存在的工厂（公司），形成多区位的布局。不少研究强调这种被吞并（合并）企业的区位也具有从其中心区位向外不断扩张的特点。

Dicken（1986）总结多人的研究成果，将企业的空间增长分为3个阶段。①阶段Ⅰ：企业形式十分简单，生产单一产品，具有一个工厂，组织功能单一，仅管理一个工厂的生产，没有战略、管理和日常运作的决策等级划分。该类组织适用于中小企业。②阶段Ⅱ：随着企业生产规模和地理分布范围的扩展，组织产生了劳动分工。一些承担特殊功能的专业化部门建立起来，这些功能的专门化，以及不同区位上工厂的建立，需要更大程度的中央控制。由此，分离出公司总部，其功能是进行公司总体政策规划，并协调其他组织单元的活动。该阶段的企业空间格局特点是不同功能部分在空间上的分工。③阶段Ⅲ：随着企业的增大，企业生产活动走向多样化，这时组织结构也发生着相应的变化，形成多分部结构。与按功能组织的公司结构不同，该类公司以不同的分部为结构的基本框架，每一个分部负责一种产品生产，存在于特定的市场、技术和政策环境条件之中。与此相应，公司组织结构上产生了三个等级：高层管理、战略决策；控制、协调和管理决策；企业日常运作管理。在地理分布上，由于各分部自成生产和销售系统，这种类型的组织结构变得更加分散。许多跨国公司和全球性公司便具有此种结构，其不同分部位于不同国家或不同大洲。这三个阶段较好地概括了企业组织结构逐步复杂、生产功能逐步多样化、地理范围逐步扩张的过程。

（三）企业空间扩张规律

企业空间扩张是一种经济现象，应该遵循社会经济现象地理扩散的一般规律。企业空间扩张又是一个组织行为，这种扩张又受制于组织的决策行为、组织内外部网络和发展战略。这两种作用力共同作用于企业空间扩张过程中，但前者使这一过程呈现某些规律，后者又使其偏离这些规律。

Hagerstrand（1952）的经典研究及以后学者的研究表明，在源地和扩散地的关系上，最为常见的是接触扩散，即地理扩散过程是由近及远进行的。根据这一观点，源于任一源点的地理扩散具有距离衰减效应。另一种扩散规律是等级扩散，即经济或社会现象的扩张是沿着一定等级规模的地理区域进行的。这种扩散过程并不一定（多数情况下完全不是）按地理邻近性，而是按区域（或城市）的重要等级跳跃式扩散的。这两条规律是社会经济现象地理扩散的基本规律。

企业空间扩张基本也遵循以上两条规律。企业的销售区扩大、新建工厂及并购活动发生的区位也具有接触扩散和等级扩散的特点。接触扩散在企业空间扩张中较为常见，尤其在各地社会经济条件差别不大的情况下，企业常常就近扩大市场，并进而建立生产机构。这种扩散在服务企业中表现得更为典型。企业等级扩张常按市场规模，首先进入最大的市场（都市区），接着进入次大市场，并以此类推，并不考虑这些市场的距离是否邻近。实际上，等级扩张是企业对环境（社会经济条件）区域差别所采取的对策。

二、公司组织结构类型及其区位决策

公司组织结构可归纳为以下几种基本类型：职能部结构、产品部结构、区域部结构、顾客部结构、矩阵结构。①职能部结构。即按照专业化功能进行部门划分的公司结构。在该类公司内，各部门具有不同的功能，公司的所有同类功能均集中于一个部门之内。例如，工业公司内，可分为生产制造部、市场营销部、财务部、研究与开发部、人事部等。各部门分工明确、职责分明。一般情况下，生产产品领域相对狭窄的公司，多采用此种类型的组织结构。②产品部结构。该类公司按生产产品的不同来进行部门划分，例如，汽车工业公司中，可按小汽车、卡车、大客车、农用机械等划分为相应的分部。该类公司的管理相对较为分散化。尽管公司总部有一些管理人员负责全公司的管理，并为每一个分部提供一定帮助，但是，每个分部具有自己的功能类管理人员。产品部结构多出现在生产产品涉及领域较广的公司。③区域部结构。即按照区域（生产设施区位或顾客区位）进行部门划分。也就是说该类公司下属分部以区域为单位划分，与功能产品无关。公司内所有在一定区域范围内发生的活动（包括购买、出售或生产的各种货物或劳务）均为相应的该区域公司的分部所管理。该类结构多适应于生产的产品和服务市场区域较小的公司，如石油公司、银行等。④顾客部结构。有一些公司根据其顾客类别进行分部划分，即每一个分部服务一类顾客，并不考虑这些顾客的区位。这类公司的结构即顾客部结构。例如，有的商业银行分为个人信贷部、公司信贷部、信托部，分别处理各类顾客相关事务。⑤矩阵结构。即联合采用以上两种或两种以上的结构类型。由于前四种结构各有一定长处，也有一定弊端，有一些公司将两种以上结构类型合并采用，以分别利用各自的优势。例如，有些公司在区域部结构之下采用功能部结构，也有的公司在区域部结构之下采用产品部结构。

前三种类型公司组织结构的空间特征不同。职能部结构公司空间结构相对比较集中。产品部结构公司明显要比职能部结构公司分散。显然，与产品部结构公司相比，区域部结构公司的空间结构更为分散。另两种类型中，顾客部结构无区域特征；矩阵部结构为其他结构的叠加，空间特征比较复杂。

第四节　跨国公司区位

跨国公司是多区位公司的一种特殊类型。通常将跨国公司定义为在两个以上国家（包括公司母国）具有生产或实际性经营活动的公司。对外直接投资是一种企业（跨国企业）行为。跨国企业对外直接投资中的区位选择可以认为是跨国企业为追求企业战略实现，在全球范围内组织、发展生产与销售等经营行为活动，寻找能够将自身优势同外国的要素投入有机地结合起来的外国地区（点）。

一、跨国直接投资原因

众多学者解释了公司跨国直接投资的原因。主要有资本流动理论的麦克杜格尔（Macdougal）模式，海默（Hymer）的垄断优势理论，弗农（Vernon）的产品生命周期理论，海雷那尔（Helleiner）的企业内国际分工理论，邓宁（Dunning）的国际生产折衷论，巴克利（Backley）和卡森（Casson）提出、拉格曼（Rugman）进一步深化的国际生产内部化理论，以及小岛清（Kiyoshi Kojima）的比较优势理论等。以下主要介绍目前引用较多的几种理论。

（一）海默的垄断优势理论

垄断优势理论是西方最早研究对外投资的独立理论。1960 年，海默的博士论文《民族企业的国际经营：FDI 研究》在理论上开创了以外国直接投资（foreign direct investment，FDI）为研究对象的、崭新的研究领域。他第一个论证了 FDI 不同于一般意义上的对外金融资产投资（间接投资），其论文标志着 FDI 理论的诞生。该理论认为，对外直接投资是市场不完全和寡头垄断的产物，是拥有某些垄断优势的大企业为追求控制不完全市场而采取的一种行为方式。在完全竞争中，所有的企业都能生产同一产品并能同样容易地获得生产要素，但现实中绝大多数市场是不完全的。海默认为，正是这种市场不完全造成的垄断优势构成国际企业对外直接投资的决定因素。如果产品和生产要素市场运行完全有效，对外直接投资就不会发生。对外直接投资的实质乃是培植、拓展和充分利用跨国公司总部所享有的特定垄断优势，以谋取高额利润。这种垄断优势可以分为两类：一是包括生产技术、管理技能、营销能力等所有无形资产在内的知识资产优势；二是企业凭借规模巨大产生的规模经济优势。海默还指出，跨国公司选择对外直接投资而不采用产品出口，是由于贸易关税和运输成本的限制，产品出口在许多情况下不理想。跨国公司之所以不选择特许转让方式出售其知识资产是因为缺乏一个完善的市场来交易此类专门知识。

（二）弗农的产品生命周期理论

美国哈佛大学商学院教授弗农于1966年发表《产品周期中的国际投资和国际贸易》一文，提出了国际产品生命周期理论。弗农认为，垄断优势理论并没有彻底说明跨国公司需要通过FDI而不是通过产品出口和技术转让来获取利润的根本原因。他指出，国际产品生命周期的发展规律决定了企业为占领国外市场而进行对外投资。由于世界各国在科技进步及经济发展水平等方面的差别，同一产品在各国开发生产、销售和消费上存在时间差异，这种时间差异就是国际产品生命周期。弗农把产品发展分为3个阶段：新产品阶段、成熟产品阶段和标准化产品阶段。然后，把这些阶段与企业的区位选择联系起来。在新产品阶段，需要较高的科学技术水平（保证新产品开发）、良好的通信接触条件（联络消费者与生产者）及较高的消费水平（提出对新产品的需求）。这些要求使得新产品的发明和生产出现在主要发达工业国的都市中心。随着市场需求的增加，生产在主要工业国增长的同时，也开始在其他发达国家进行。但生产仍集中于主要工业国，产品通过出口供应他国市场（图2.14）。在成熟产品阶段，产品的设计和生产已经实现部分标准化，无须产生较大变化。这使得用已有技术从事长期生产成为可能。企业开始更多地关注生产成本，会在出口和投资他国生产之间进行利益权衡。当出口商品的边际生产成本加上运输成本大于在当地直接生产的平均生产成本时，企业便会选择直接投资。由于在成熟产品阶段产品的市场主要在发达国家，其直接投资的对象以发达国家为主（图2.14）。在标准化产品阶段，产品完全定型，生产技术标准化，生产区位的选择便以生产成本最低点为准则。此时，产品的市场也扩展至发展中国家。在这种情况下，企业趋于把生产和装配业务转移到劳动力成本很低的发展中国家，并在这些国家进行专业化生产。产品生产区位转移的结果使得初始发明此产品的国家变为该产品的进口国。

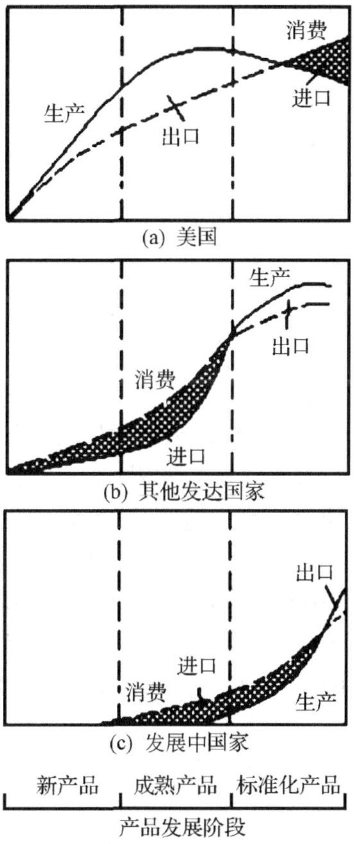

图2.14 产品生命周期模式（Vernon，1996）

弗农的理论综合考虑了在此之前企业的内部交易理

论和企业区位理论，较好地解释了第二次世界大战后初期美国在欧洲的投资扩展。但是，在规划企业未来投资国别，说明跨国公司为其总体利益而实行全球化战略行为时，便不能令人满意了。为此，需要把产品周期理论与企业拥有的特殊优势结合起来考虑。此外，弗农的理论只重视企业最终产品的生产周期，而未考虑这些产品的生产工艺流程可进行国际分工。

（三）邓宁的国际生产折衷论

英国经济学家邓宁于 1977 年在一篇题为《贸易、经济活动的区位与多国企业：折衷方法探索》的论文中提出了国际生产折衷理论（OLI 模式）。其基本观点有：①企业的所有权优势（ownership，O）。相比于其他国家的企业来说，跨国投资企业应该拥有服务特定市场的所有权优势。这些优势主要表现为拥有无形资产、协调或减低风险优势，如跨国公司的技术优势、管理优势、规模或垄断优势、品牌优势、融资能力优势等。在一段时间内，这些优势应为相关跨国公司所独有。②内部化优势（internalization，I）。在已经满足第一个条件的情况下，拥有以上优势的企业还必须自己利用这些优势直接投资，这比把它们出售或租借给外国企业更加有利。这些利益的实现可通过现有的价值链或者建立新的生产经营机构（新的价值链环节）来实现。这种通过公司内部交易而获取的优势，称为内部化优势。③区位优势（location，L）。假若已经满足以上两个条件，那么拥有这两项优势的企业必须从全球利益考虑，将这些优势的利用与国外优势的生产要素投入（包括自然资源）相结合，充分利用世界其他国家的要素优势。实际上，世界各国生产要素（劳动力、自然资源、土地等）的差别显著，各国的政治环境、政策、社会因素、市场等与公司经营有关的条件有很大不同，这些均构成国家的区位优势。按照邓宁的观点，这 3 种优势对于解释跨国投资均具有重要意义。综上所述，当一个企业仅仅拥有所有权优势时，它可将其优势转让给其他企业以获取收益；当一个企业拥有所有权优势并同时具有内部化优势时，它可通过产品出口获取收益；只有当企业内部利用所拥有的所有权优势，并充分利用世界各国的区位优势时，对外直接投资才会发生。

（四）小岛清的比较优势论

日本一桥大学教授小岛清于 1978 年在其代表作《对外直接投资》一书中阐明了他的比较优势论。他在分析和总结垄断优势论的基础上，结合日本具体情况，坚持从宏观经济的角度出发，提出了以比较利益为中心的 FDI 理论。这个理论突出了以下 3 点：①摒弃了“市场不完全竞争”的论点，提出了从日本宏观经济利益出发发展对外直接投资的论点。要求从本国具体情况出发，强调对资本输出国和资本输入国的比较成本（利益），必须给予同等重视，并据以制定对外直接投资的策略，从而使东道国乐于接受日本的投资。②摒弃了“垄断优势”的论点，提出了维护比较优势的论点。③摒弃了“贸易替代型”的论点，提出了与贸易导向并行不悖的 FDI 理论。

二、跨国投资的区位选择

跨国企业的区位选择过程一般由以下 3 个阶段构成（李国平，2000）：第一阶段，选择市场（选择目标市场）阶段。在此阶段，决策者主要考虑将企业配置在世界上的哪一个市场区，如美洲市场、欧洲市场、亚洲市场，或者中国市场，地域面积是大尺度、全球区域性或国家水平。第二阶段，选择区域（在第一阶段选定的市场内，确定有生产或销售竞争力的合理地区范围）阶段。这一区域可以与上述市场区域等同，或者是其中的一部分地域。第三阶段，选择地点（在上述区域范围内选择地点）阶段。落实企业的具体区位。

（一）跨国投资的国别选择

跨国投资的国别选择主要是受利益驱动做出的投资区位选择。具体而言，成本、市场和要素投入在决定其跨国投资国别选择的决策中有重要影响。

根据区位论成本学派的观点，生产成本最低的区位为企业所追求的最佳区位。跨国公司在全球范围内寻找成本最低区位。当他国生产成本明显低于本国时，便会倾向于在这些国家投资，特别是利用他国丰富而廉价的某种生产要素（如自然资源等）降低企业生产成本。企业在综合考虑生产成本、运输费用和市场价格的基础上，当投向他国比在本国可以降低成本和获取更多收益时，自然会选择他国投资。

根据区位论市场学派观点，市场区是企业能否赢利甚至能否存在下去的关键。可以服务较大市场的区位，成为企业追求的最佳区位。这一原则也可用于国际尺度上。当一国具有较大的潜在市场，而公司在国内生产出口这一国家受交通运输成本的影响，或者，受更为重要的国家关税和其他贸易壁垒影响时，公司便会自然地选择在这一国家直接投资。

除了成本和利润目标之外，跨国公司作为一个生产组织系统，为了公司的整体利益，还会从占领市场、获得资源储备及形成企业竞争优势等战略上考虑，有时公司会在战略重点区位投资建立相应的生产或经营机构。这些战略重点区位并不一定符合以上成本最低或者利润最大区位选择原则。

（二）跨国投资的地点选择

跨国公司投资区位与国内企业投资区位有一定差别。跨国公司在区位选择时受区域政策的影响更明显，并出现一定的区位集中。外国直接投资区位，一般集中在经济发达地区、邻国边界地区和文化社会关系密切地区。

1. 经济发达地区

跨国投资与本国投资不同，投资者很难充分了解投资国各地的情况，很难进行十分周全的区位论证。投资国内存在一定的地区差异：经济发达地区，多为信息通畅、基础设施完备、政府管理水平高和各类经济活动集聚区；经济次发达地区则在基础设施、政府管理水平等方面有所不足。跨国投资在寻求当地原材料和服务供应商、确定市场机遇、管理分散设施、招募高水平劳动力等方面均具较高的摸索成本，这便促使投资者为减少因对投资地情况不了解所带来的风险和成本，选择经济发达地区。此外，外商投资区位随着投资时间的延长会发生变化，会出现随着经济次发达地区的基础设施的改善和投资环境的优化，逐步向其他地区转移的趋势。

2. 邻国边界地区

邻国边界地区也会吸引外资集中。在边界地区，历史上相邻两国（地区）的交往较多，随着彼此了解的加深，投资者所掌握的相关信息较多，十分有利于邻国投资者控制风险和降低成本，因此成为投资区位的首选。例如，加拿大投资者趋于在加美边境地区投资。此外，在发展中国家，由于政府在边界地区（或沿海地区）建立“经济特区”“出口加工区”等，并给予较优惠的政策吸引外资，更加强了边界地区的吸引力。例如，墨西哥北部的制造业加工区，从西至东沿着墨美边界建立，吸引了众多美国制造业公司在此投资。

3. 文化社会关系密切地区

密切的社会和亲属联系也对外资区位的选择具重要影响作用。一般来说，语言和文化习惯相同，可以减少信息了解的障碍，加强投资者与当地各有关方面的沟通；了解当地的习惯、法律等，也有利于避免劳资冲突。尤其是当投资者与投资地具有密切的个人关系（如亲属关系）时，这些投资地更易于被投资者所选择。例如，日本与夏威夷的特殊联系密切，这种社会关系网络促进了日本在此地的投资。香港公司在东南亚国家的投资区位选择中，社会关系起着重要作用。中国的海外华人投资区位选择，也在很大程度上考虑了其原有的社会联系。英国对海外的投资中，其原殖民地（如澳大利亚、印度）占有重要地位，西班牙和葡萄牙对拉丁美洲的投资情形也是如此。

同时在跨国投资过程中也会考虑市场因素、人力资源因素、基础设施因素、政治和政府因素、利润留存因素、法律和规章因素和经济因素等（卡瓦斯基尔等，2012）。

三、跨国公司不同组成部分的区位选择

在跨国公司的区位选择中，公司不同部门之间具有较大差异。随着公司内部功能的分工，公司总部、研究与开发（research and development，R&D）机构、生产单位有着不同的区位需求条件。这些组成部分的区位选择与公司性质、规模、发展战略高度相关。

（一）公司总部的区位特征

公司总部是整个公司的中心，其功能是制定影响公司发展方向的战略决策。其中，公司总部最为重要的角色之一就是资金控制。只有总部才能决定公司预算中不同组成单位的资金分配。在全球性公司中，总部的视野是全球，所考虑的时间尺度也较为长远。公司总部还要代表公司与其他公司进行高层协商、谈判，与政府部门交涉，与金融市场接触。

公司总部对区位条件的要求包括：①便利的交通运输，包括与公司内其他分部、子公司之间，与其他主要市场之间，应有方便的交通联系，以便主要决策者与相关人员之间有良好接触，掌握公司运营脉搏，及时发现问题、解决问题。②及时的信息获取。具有丰富信息的区位对总部决策的制定起重要作用。这些信息包括市场变化信息、竞争对手信息、相关国家主要政治决策信息等。③便于与关键人员随时接触。这些关键人员包括国家立法机构和政府有关机构的主要人员、其他大型公司首脑、金融机构（包括证券市场）的决策人员等。通过当面交谈、交流，不仅可获取信息，更为重要的是可以建立人际联系，行游说之便。根据这些条件，公司总部趋于选择大都市区。因为大都市区具有以下 3 种优势：①具有公司之间当面接触的可能性；②提供了金融、法律、广告等方面服务的便捷性；③具有与其他大都市的高度接近性。

公司总部的区位并非固定不变。随着公司的空间扩张及其公司经营环境的变化，公司总部的区位也会发生变化，从一国搬迁到其他国家。但是，这种变化在不同尺度、不同国家的表现有所不同。在宏观尺度上，跨国公司一般很少将其总部从母国移往他国，至多发现有的跨国公司将其总部的一部分迁往他国。在一国之内，公司总部在都市间的迁移则时

有发生。迁移的结果是使公司总部区位趋于分散。在都市内，为了避免市中心的过分拥挤和地价高涨，有些公司的总部由市中心区外移到郊区。此外，由于交通、地价原因以及政府的政策优惠吸引，也有一部分公司将总部从大都市移往相邻的都市。

（二）公司研究与开发机构的区位特征

R&D 是一个复杂的运营过程。该过程可以分为 3 个阶段：第一阶段为研究阶段，通过市场营销，发现新产品（或者对原产品改进）信息；同时，通过应用科学研究，了解生产这种产品的技术可行性。第二阶段为研制阶段，根据第一阶段所获信息，对拟开发产品进行产品设计和产品开发。第三阶段为生产阶段，先对研制的产品进行样品生产，然后根据市场需要进行修改，并进行大规模生产和大规模营销。由于 R&D 活动具有不同的阶段，各阶段对区位的需求不尽相同。总的来说，R&D 机构对区位条件的要求为：①接近科研机构（如大学、科研院所等）和贸易组织，以获取市场需求信息和科技支持；②接近数量充足、高素质的劳动力（科学家、工程师、技工）供应地，以满足研究、开发和试制生产等对劳动力的需求；③接近新产品的使用者，以便及时对样本及新产品的性能、消费者偏好提供反馈意见，并引导消费。

根据以上区位条件，公司的 R&D 机构区位趋于大都市区和大科研集中区（喻世友等，2004）。由于 R&D 机构区位条件与公司总部具有某种相似，R&D 机构在空间上也应倾向于公司总部所在地。对大型跨国公司来说，其母国更具有 R&D 机构区位条件，故这些公司的 R&D 机构多集中于母国，尤其是来自发达国家的跨国公司，更是如此。但对不同类型的跨国公司，其 R&D 机构区位分布也有不同（楚天骄和张志波，2008）。

（三）公司生产单位的区位特征

一般认为，公司生产单位分布远比公司总部和 R&D 机构分散。对公司生产单位的区位格局很难做出一般概括。不同生产活动具有不同的区位条件要求（例如，有的倾向于接近原料地，有的倾向于接近劳动力等）；同一生产部门的公司，由于生产技术和组织方式的不同也会出现不同的区位格局。抛开部门和公司差异，Dicken（1992）从一般工业公司总体生产组织的角度，抽象出 4 种生产单位区位格局特征。

1. 全球集中生产型

这类公司将生产活动集中在一个区位（或一个区域、一个国家），通过销售网络，将产品销往世界各地市场。这种区位类型受国际贸易政策的影响较大。如果国家间的贸易壁垒存在，国外销售便难以拓展。所以，在大型地区性集团（如东南亚联盟、英联邦等）之内，易于形成此种类型的公司生产格局。此外，在公司跨国发展的早期阶段，也会出现此种格局。例如，日本许多跨国公司在第二次世界大战后的一段时间内，一直以日本国内生产为主。

2. 市场地生产型

该类公司在每一个市场地（国家）均建立了其生产厂家。这些生产厂家以服务各自的市场为主，无（或很少有）跨越国界的销售发生，属于典型的进口替代型生产。显然，这些厂家的生产规模受制于当地的市场规模。一般情况下，这些厂家的产品与母国相同。有些情况下，需要根据当地市场的环境进行一些修改。这时常需要在当地建立相应的 R&D 机构。这种生产区位类型的形成，早期与运输成本因素有关。随着科学技术的发展，运输成本大大下降。但是，其他成本（如劳动力成本、土地等）仍有一定的区域差异。除了成本因素外，仍在不断增加的公司市场地生产区位格局，主要受另外两个因素影响：①在市场地建厂，可使产品及时根据当地消费者的偏好改变，还可为当地提供快速的售后服务。实际上，许多跨国公司（甚至包括采取全球战略的跨国公司）均认为产品的地理差异十分重要。②多数国家之间的贸易壁垒仍然存在。关税不同程度地存在，非关税壁垒已成为许多国家贸易政策的主要组成部分。为了跨越这种壁垒，许多跨国公司在潜在市场地建立生产厂家。例如，20 世纪 80 年代以来，日本跨国公司在北美和西欧大量投资建厂就是对非关税贸易限制的反应。

3. 专业化生产型

该类型的公司具有多个生产区位（国家），每个区位集中生产一种产品，服务于区域或世界市场。由于市场巨大，这些专业化生产厂家的一般规模很大，从而生产的规模效益十分突出。与前两种类型相比，该种公司类型是最近三四十年来伴随公司生产合理化调整所出现的一种新类型。这种类型的公司格局易于在贸易壁垒较小的大区域内形成，例如，欧洲共同体和北美自由贸易区等国际性区域内，货物和服务的贸易较为自由；同时，区内各个国家具有不同的技术和生产要素优势。充分利用这些优势，建立大型专业化生产厂家并用其产品覆盖全部区域，不失为公司采用的较佳战略。不过，公司选择此战略与否还要因工业部门而异。在规模经济突出，尤其当规模效益大于成品因运输距离延长而增加费用的工业部门时，更易促成专业化生产格局。

4. 跨国横向一体化生产型

该类型的公司按生产过程在不同区位（国家）进行专业化生产，每一区位只负责最终产品的一个生产过程。公司在一个区位生产的产品，与当地市场毫无关系。一个制造业工厂的产品，只是同一公司内另一个位于其他国家工厂的生产原材料（投入品）。而最终产品，也许要运往第三国市场或跨国公司的母国市场。具有公司生产单位的国家只是为了加工出口，故称为出口平台（export platform）。这些生产单位只是充当跨国公司“国际采购点”的角色。这种公司生产单元空间格局类型是 20 世纪 60 年代中期以来才出现的，最早的是美国电子工业公司在东亚、东南亚、墨西哥建立其生产装配厂家，之后欧洲跨国公司和日本跨国公司也在这些地区建立其生产机构，以利用这里的廉价劳动力优势。60 年代后期和 70 年代，公司的这种区位格局发展十分迅速。80 年代以来，这些国家的跨国公司不断涌入中国建厂。其中也有一些是以出口其他国家（包括美国和欧洲市场）为主要生产目的的。跨国公司横向一体化的跨国生产活动多为发达国家（或新兴工业化国家）的劳动密集型产业，且生产过程已达到较高程度的标准化。此外，这种生产过程还可分离为独立的运营阶段，距离对运输成本影响不大。

第五节　新产业区与产业集群区位

新产业区理论开始于 20 世纪 70 年代中期意大利学者对“第三意大利”生产模式的研究。新产业区和产业集群是世界范围内的重要经济现象。无论是发达国家还是发展中国家，都出现了一些成功的产业集群的范例。市场经济条件下，生产要素自由地向效率较高的优势区域流动，逐步形成产业的区域集中发展，形成了一个具有持续竞争优势的集合体。

产业集群（有时称为产业集聚）是产生聚集经济的表现形式，由相关联的产业为赢得竞争优势，通过协同定位在特定空间集聚形成，集聚的空间为新产业区（丁生喜，2018）。

在社会化大生产的条件下，任何一个企业和产业都不可能孤立地存在于某一个地域中，必须有相关产业的配套发展，必定存在于一定的产业环境中。随着生产力的发展、产业分工的细化，企业间的各种协作关系也越来越密切，而企业空间布局集中所产生的聚集效应在给产业聚群中的企业带来外部收益的同时，也会促进产业的发展。

集群形成的区位选择有两种不同的观点。第一种观点（如杜能、早期的韦伯等）是把特定的工业区位模式看作预先注定的，其决定因素是地理禀赋、运输条件和企业本身的偏好等。韦伯将区位因子分为地方因子和集聚因子，地方因子使工业固定于一定地点，如趋于使运费最小或劳动成本最小的区位，集聚因子使工业趋于集中或分散，如相互分工协作或地价上涨等。韦伯认为合理的工业区位应这样确定：在地方因子决定了工业企业的区位后，相互关联的企业为了节约运费和交易成本做趋于集聚的区位调整。韦伯将产业集聚归因于企业决策者将集聚所得的利益与因迁移追加的运输和劳动成本进行大小比较后的结果。按这种观点，现存的工业区位模式就是以这些决定因素为约束条件的一个工业空间配置问题的唯一的均衡解。所以，那些配置过程中出现的具体事件并不对最终的结果产生影响，即区位的历史不起作用。

第二种观点对产业集群区位的分析，主要集中在一个国家或一个地区产业发展演化历史的角度，这种分析注重制度创新、企业组织变革或历史性事件，把工业的空间配置过程看作路径依赖的过程，即后来的配置依赖于先前的配置状况。这里，地理上的差异仍然是重要的，但决定因素是聚集经济。按这种观点，由于某些偶然因素而最先建立的企业可能会出于地理原因而选择某个区位建厂，但后来的企业选择同一个区位建厂，原因是聚集经济而不是地理禀赋。大量新创立的企业需要与外部企业加强合作，利用外部资源，从而吸引更多企业进入（张敦富，2013）。这个过程的最终结果便是许多企业群集于同一个区位。但是，这种空间配置过程的结果并不是唯一的，可以由于最先建立的企业的区位选择不同，最终形成不同的区位模式。克鲁格曼将最初的产业集聚归因于一种历史的偶然，初始优势因路径依赖而被放大，从而产生锁定效应，所以集聚的产业和集聚的区位都具有历史依赖性。

集群区位的选择具有一定的路径依赖性，即区位的选择对初始条件依赖。Krugman（1991）曾以道尔顿（Dalton）公司的地毯作为例子说明路径依赖对区域发展的作用，如果没有地方大学对地毯技术的研究，也就没有区域的地毯聚集生产与创新。Dalton 成为地毯生产的领先者后，规模经济与外部性又增强了其领先地位。技术是路径依赖的，区域经济发展的轨道也可能是路径依赖的。存在集群经济时，赢得第一次的区位竞争，将使得一个区域对未来企业的进入更具有吸引力，所以，第一个企业可能获得较高的财政激励，而对于后来的企业来说，即使获得的政府补贴较少，但也能够从产业集群的外部经济中获得利益。针对路径依赖，也有学者认为产业集群是经济的循环互促形成的。起初是为了追求区位优势使得各企业集聚在某一特定区域内，并且企业之间和企业与本区经济基础之间形成良性互动，使得企业竞争优势与区域比较优势强化，反过来这种效果又进一步促进该区域内企业之间的协同，使产业集群向更高级别迈进（陈自芳，2011）。

应该说，在集群形成过程中区位选择的问题上，必然性和偶然性同时起作用（于树江和李艳双，2004）。究竟哪个区位会成为产业集群的选择人们无法提前得知，它受制于偶然的历史事件（体现在新生企业类型的随机性上）。不过，这里偶然性不再是唯一的因素，必然性（体现在地理禀赋上）也起着重要的作用。那些在地理上对更多种类型企业有吸引力的区位在初始阶段更可能被选中建厂，从而居于领先地位并最终垄断整个产业。所以，在这种机制下必然性和偶然性同时起作用。

本章课程思政与实践教学设计

<table>
<tr><th>教学环节</th><th>教学过程</th><th>课程思政</th></tr>
<tr><td>问题导入</td><td>纵观历史，人类的一切经济活动都是为了特定目的，在特定时间和空间中进行的，而这一活动空间就是人们所说的“区位”，在区域经济学中，“区位”究竟具有哪些深刻的内涵？</td><td rowspan="2">引导学生从宏观和微观结合的视角分析和解决问题，通过介绍杜能、韦伯等科学家对区域经济学的探索，让学生从中汲取营养，培养学生严谨求实的科学态度和探索未知、崇尚真理的科学精神</td></tr>
<tr><td>知识讲解</td><td>1. 介绍在常规认知下的区位含义，再详细介绍区域经济学中的绝对区位和相对区位
2. 分别从宏观和微观的层面举例阐述区位如何影响人类经济活动
3. 介绍区位论作为研究经济活动区位选择的组合理论的重要意义，再介绍农业产业论、工业产业论及中心地理论的主要内容</td></tr>
<tr><td>启发探究</td><td>经济主体会根据自身需要和外部约束条件进行区位选择，那么，区位决策的影响因素从决策主体和区位内部来看，分别有哪些？</td><td rowspan="2">带领学生深入了解我国不同地区的发展背景，以新中国经济发展脉络为主线，特别是改革开放以来经济建设取得成就，以及当前面临的区域发展不平衡问题，培养学生的民族责任感、自豪感和使命感</td></tr>
<tr><td>知识讲解</td><td>1. 介绍区位条件和区位因子的概念，并且举例说明，让学生更快掌握
2. 从生产要素供应、市场环境、交通运输及通信条件、政策环境、自然条件等多方面分析区位决策的主要影响因素</td></tr>
<tr><td>启发探究</td><td>随着经营范围和规模的扩大，企业发展也更加多样化，对于不同性质的企业，在进行区位决策的时候，需要从哪些方面考虑？</td><td rowspan="2">引导学生用辩证的眼光看待资本主义和社会主义在企业扩张、资本扩张过程中的理念，理解我国改革开放之后市场经济对资源配置和社会经济的促进作用，理解党和政府在各阶段的决策、政治和经济改革</td></tr>
<tr><td>知识讲解</td><td>1. 以多部门（厂）企业为对象，重点讲解企业空间扩张阶段和企业空间扩张规律，介绍公司组织结构类型和其区位决策
2. 以跨国公司为对象，介绍跨国直接投资的相关基础理论、跨国企业区位选择的阶段、跨国公司不同组成部分如何进行区位选择
3. 以产业区和产业集群为对象，铺垫相关产业集群理论，介绍著名经济学家对产业集群区位选择的两种主流观点</td></tr>
</table>

续表

教学环节	教学过程	课程思政
答疑与课程小结	1. 预留一定时间供学生提出课程疑问并进行答疑 2. 总结经济区位的相关基本概念和产业区位理论、区位决策影响因素、多部门企业区位决策、跨国公司区位及新产业区与产业集群区位	培养学生自主学习的能力、提高解决问题的能力、提高课程反思总结意识，重新审视自己，修正自己

主要参考文献

安虎森. 2008. 新区域经济学. 大连：东北财经大学出版社

奥林. 1986. 地区间贸易与国际贸易. 北京：商务印书馆

巴顿. 2001. 运输经济学. 冯宗宪，译. 北京：商务印书馆

陈自芳. 2011. 区域经济学新论. 北京：中国财政经济出版社

楚天骄，张志波. 2008. 跨国公司制造业 R&D 投资国别选择的实证研究——以美国跨国公司为例. 世界经济研究，(3)：68-72，89

丁生喜. 2018. 区域经济学通论. 北京：中国经济出版社

杜能. 1997. 孤立国同农业和国民经济的关系. 吴衡康，译. 北京：商务印书馆

冯宗容，许涛峰. 2001. 城市地产经济学. 成都：四川大学出版社

郝寿义，安虎森. 1999. 区域经济学. 北京：经济科学出版社

郝寿义. 2016. 区域经济学原理 . 2 版. 上海：上海人民出版社

贺正楚，李玉洁，吴艳. 2024. 产业协同集聚、技术创新与制造业产业链韧性. 科学学研究，42（3）：515-527

卡瓦斯基尔，奈特，里森伯格 . 2012. 国际商务：新进展 . 2 版. 马述忠，宋海英，孙华平，等译 . 北京：中国人民大学出版社

克里斯塔勒. 1998. 德国南部中心地原理. 常正文，王兴中，译. 北京：商务印书馆

勒施. 1995. 经济空间秩序：经济财货与地理间的关系. 王宁礼，译 . 北京：商务印书馆

李国平. 2000. 对外直接投资的区位选择与基本分析框架. 北京大学学报（哲学社会科学），1：52-59

李小建. 1999. 经济地理学. 北京：高等教育出版社

梁进社. 2022. 中心地理论中市场原则的再讨论. 地理学报，77（8）：1892-1906

刘安国，杨开忠. 2001. 新经济地理学理论与模型评介. 经济学动态，(12)：67-72

刘再兴. 1996. 区域经济学理论与方法. 北京：中国物价出版社

马歇尔. 1964. 经济学原理（上卷). 朱志泰，译. 北京：商务印书馆

尼茨坎普. 2001. 区域和城市经济学手册第一卷. 郝寿义，徐鑫，孙兵，等译 . 北京：经济科学出版社

石敏俊. 2020. 区域经济学. 北京：中国人民大学出版社

陶良虎，陈为，郝华勇. 2012. 区域经济学. 北京：国家行政学院出版社

王铮，邓候，葛昭攀，等. 2002. 理论经济地理学. 北京：科学出版社

王铮，丁金宏. 1994. 区域科学原理. 北京：科学出版社

韦伯. 1997. 工业区位论. 李刚剑，薛志人，张英保，译. 北京：商务印书馆

向昕，童飞，黄寰. 2021. 产业集聚对重点城市群产业结构升级的影响分析. 区域经济评论，(5)：84-90

肖兴志，何文韬，郭晓丹. 2014. 能力积累、扩张行为与企业持续生存时间——基于我国战略性新兴产业的企业生存研究. 管理世界，(2)：77-89

杨吾扬，梁进社. 1997. 高等经济地理学. 北京：北京大学出版社
杨云彦. 2004. 区域经济学. 北京：中国财政经济出版社
叶依广. 1991. 区域经济学. 北京：中国广播电视出版社
于树江，李艳双. 2004. 产业集群区位选择形成机制分析. 中国软科学，(4)：121-124
喻世友，万欣荣，史卫. 2004. 论跨国公司 R&D 投资的国别选择. 管理世界，(1)：46-54，61
曾菊新. 1996. 空间经济：系统与结构. 武汉：武汉出版社
张敦富. 1999. 区域经济学原理. 北京：中国轻工业出版社
张敦富. 2013. 区域经济学导论. 北京：中国轻工业出版社
张文忠. 2000. 经济区位论. 北京：科学出版社
周起业，刘再兴，祝诚，等. 1989. 区域经济学. 北京：中国人民大学出版社
Hoover E M. 1948. The Location of Economic Activity. New York：McGraw Hill
Hoover E M，Giarratani F. 1992. 区域经济学导论. 郭万清，汪明，孙冠群，等译. 上海：上海远东出版社
Behrman J N，Fisher W A. 1980. Overseas R&D Activities of Transnational Companies. Cambridge：Oelgeschlager，Gunn & Hain
Button K. 2000. New approaches to spatial economics. Growth and Change，31：480-500
Dicken P. 1986. Global Shift：Industrial Change in a Turbulent World. London：Harper and Row
Dicken P. 1992. Global Shift：The Internationalization of Economic Activity. 2nd ed. New York：Guilford Press
Hagerstrand T. 1952. The propagation of innovation waves. Lund Studies in Geography B. Human Geography，4：3-19
Hotelling H. 1929. Stability in competition. Economic，39：41-57
Isard W. 1960. Methods of Regional Analysis. Cambridge：MIT Press
Krugman P. 1991. Increasing return and economic geography. Journal of Political Economy，99，(3)：483-499
Krugman P. 1998. What's new about the new economic geography? Oxford Review of Economic Policy，14 (2)：7-17
Ponsard C. 1983. History of Spatial Economic Theory. Berlin，Heidelberg：Springer-Verlag
Samuelson P. 1983. Thunen at two hundred. Journal of Economic Literature，5：1468-1488
Vernon R. 1996. International investment and international trade in the product cycle. Quarterly Journal of Economics，80：190-207

第三章　区域经济发展的决定因素与动力机制

第一节　区域经济发展的决定因素

区域经济发展与宏观经济发展是同质的，所以两者的机制从总体上看是一致的，受多种因素的推动。传统的经济学分析中，通常更关注影响经济发展的生产要素，包括资本、劳动力、自然资源和技术进步等。区域经济又具有与宏观经济不同的特点，作为有明确边界、高度开放的区域经济体而言，其经济发展不仅受一般宏观经济发展规律的影响，而且区域自身的背景条件也将发挥更为明显的作用。因此，可将区域经济发展的决定因素分为六类：一是自然禀赋，即区域提供自然资源的能力，是一个区域重要的发展环境因素；二是区位条件；三是生产要素投入；四是人力资本；五是制度；六是区域的营商环境。

一、自然禀赋与区域经济发展

自然资源包括自然界中一切能够为人类所利用的物质和能量，包括各种矿产资源、土地资源、水资源等。自然资源是经济发展的物质基础和基本条件，是形成劳动地域分工和地区劳动生产率水平差异的重要原因。虽然不能把区域经济发展的结果简单地归结于自然禀赋，因为这很容易犯“地理环境决定论”宿命思想的错误，但也决不能否认自然禀赋与经济发展之间的密切关系。显然，自然资源的种类和数量一定程度上决定了区域经济活动的规模、结构和效率等。区域自然资源的禀赋条件往往是区域经济取得比较优势的重要影响因素，丰富的自然资源及其良好的组合状况是区域经济发展的重要动力。

自然资源是区域经济发展的基本条件。但是必须明确的是，在考察自然资源对区域经济发展影响的时候，绝不可忽视特定的技术、经济、制度等区域背景。随着技术进步、经济变动及制度的变迁，自然资源对区域经济发展的影响方向、影响力都可能发生相应的变动。之所以做出这样的说明是因为，尽管人们倾向于认为自然资源丰富度一般与区域经济发展呈正相关，很多经验研究也揭示了这种关系的确存在，但是现实中也不乏这样的现象，即许多自然资源丰裕的国家或地区的经济发展速度非常缓慢。

自然资源禀赋与区域经济发展之间相关关系的双重性说明，自然资源最多是区域经济发展的重要条件，并不是决定性的因素。或者严格地说，在一定条件下，丰富的自然资源对区域经济发展是有利的，尤其在农业经济阶段和工业化的早期阶段。如果不具备“一定的条件”，丰富的自然资源未必是区域经济发展的源泉，相反会成为经济发展的限制因素。“一定的条件”包括教育、科技、制度、文化、政府管理、对外开放水平，其中制度是相当重要的（董利红和严太华，2015）。没有相应的制度条件，即使有丰富的自然资源，也未必能够实现经济的快速发展，结果往往可能相反（徐康宁，2006；宋瑛和陈纪平，2014）。因此，自然资源丰富的区域只有改变传统的资源导向型发展模式，依靠科技进步和制度创新使经济增长达到质和量的统一，才能够走出依赖自然禀赋增长的陷阱，发挥自然资源对区域经济发展的推动作用。

二、区位条件与区域经济发展

区位是指区域在地理空间中的位置，一般可以分为自然地理区位与经济地理区位。自然地理区位最通常的表述方式是以经纬度较为确切地标识出地理事物的空间几何位置，它实际上反映的是绝对区位。在其他条件不变的情况下，一个区域所处的自然地理位置通常会对其经济发展结构、规模等带来一定的影响。例如，纬度位置的不同，直接影响温度和降水量，使不同纬度地区的气候产生差异，从而影响区域农业产出规模及产品结构。

社会经济活动空间的相互依存性决定了位于不同区位的区域之间存在着相互联系和相互作用。这种相互联系和作用在一定程度上决定了各区域的相对经济地位，经济地理区位反映的正是区域在整个经济体（或者说是国家）中所处的相对经济地位。与自然地理区位相比，区域经济学更加重视经济地理区位对区域经济发展的影响。大量的经验证据表明，某一区域的发展潜力很大程度上依赖于它的相对位置，而不仅仅是它的自然条件。区域在全国经济发展格局中所处的相对位置不同，得到的外部发展机会也会不同，对区域经济发展的推动作用也会不同。

需要指出的是，绝不能孤立地看待区位条件对区域经济发展的影响，必须将这种分析置于一定的社会经济背景下。随着社会经济发展条件的变化，区域的相对经济地理区位也将改变，从而给区域经济发展、经济空间格局带来更为深刻的影响。我国中部地区经济发展的历史变迁充分说明了发展战略和政策对区位条件的影响，作为区位条件变化的结果，中部地区经济地位的变化则进一步验证了区位条件对区域经济发展的决定性影响。

三、生产要素投入与区域经济发展

区域经济发展的一个重要表现是区域产出的增加，而要素投入是产出增加的基础。正因为要素投入与产出之间的因果关系，通常使用的生产函数反映的是产出与要素投入之间的技术关系。资本、劳动力、土地是生产的最基本要素，而生产要素跨区域流动加深了区域经济一体化的发展程度。

（一）资本

资本一般可以分为实物资本、人力资本和金融资本三种形式。实物资本是指长期存在的生产物资形式，如机器、厂房、建筑物、交通运输设施等，它具有非同质性和相对不流动性的特点。实物资本是投资过程的结果，它代表着本期的生产能力，并与其他互补性生产要素结构共同代表未来时期的生产能力。金融资本是指企业拥有的各种金融资产，主要分为股份资本和借入资本或债券资本，其具有较强的空间流动性。

资本投入是区域生产活动顺利进行的基本保障，资本投入过程本身实际也就是区域生产过程的体现。因此，资本的形成和积累成为决定区域经济发展规模与速度的重要因素。以亚当·斯密为代表的古典经济增长理论认为，资本积累与经济增长成正比，资本积累量的大小是经济增长率（G）高低的关键。这一思想在凯恩斯主义的现代经济增长理论中得到进一步的发展。在哈罗德–多马经济增长模型中，$G=s/C$，其中，资本–产出比 C（为投资效率）假定不变，因而，储蓄率 s 成为经济增长率的唯一决定因素。由于储蓄被认为可以全部转化为投资，储蓄率就是投资率或资本积累率。由此可见，资本积累在哈罗德-多马经济增长模型中被提高到了非常高的地位——资本积累是经济增长的唯一决定因素。

罗斯托（2001）认为一个国家要顺利实现经济“起飞”，必须具备三个条件：一是生产性投资率提高，例如由占国民收入5%或不到5%增加到10%以上；二是有一个或多个重要制造业部门以很高的速度发展；三是有一种政治、社会和制度结构存在，或迅速出现。在这三个条件中，生产性投资率达到10%以上是基本的、先决的条件。由此可见，罗斯托把资本积累和投入看作经济发展的先决条件和重要前提，并认为这是适用于一切国家的、具有历史必然性的普遍规律。

著名发展经济学家刘易斯认为，经济发展的中心问题是资本形成率的提高。他指出：经济发展的中心问题，是要理解一个社会由原先储蓄和投资还不到国民收入的4%~5%转变为资源储蓄达到国民收入12%~15%这个过程。它之所以成为中心问题，是因为经济发展的中心事实是迅速的资本积累（包括运用资本的知识和技术）（Lewis，1954）。

罗斯托、刘易斯等对资本的作用过于强调，因此被冠以“唯资本论”并饱受争议。在20世纪的发达国家，资本积累对经济增长的重要性的确已经下降，但是，就发展中国家而言，资本形成和投入仍是推动区域经济发展的关键因素。一些针对发展中国家经济增长源泉的研究证实了资本投入对发展中国家经济增长的贡献要大于对发达国家经济增长的贡献（谭崇台，2001）。就中国的区域经济发展而言，资本投入的贡献远远大于其他要素。武剑（1999）对我国经济增长的量化研究显示，改革开放以来资本投入对总产出的推动作用超过其他要素的总和，达到了56.3%；沈坤荣（1999）认为新中国成立以来我国的经济增长主要依靠生产要素（尤其是资本要素）的大量投入取得的，1953~1997年，中国经济增长的76.7%是生产要素投入的增加带来的，而资本投入贡献占其中的57.8%；邓翔和李建平（2004）对中国各省份经济增长的研究表明，1978~2003年实物资本是各省份经济增长的主要来源，其贡献份额大约为42.5%，而资本投入的区际差异与区际经济差异高度正相关。

（二）劳动力

劳动力是“人的身体，即活的人体中存在的、每当人生产某种使用价值时就运用的体力和智力的总和”（马克思和恩格斯，1972）。简言之，劳动力就是存在于人体内的劳动能力。在这个界定的基础上，通常又把具有劳动能力的人称为劳动力。劳动力具有的生产能力决定了其对区域经济产出的重要影响，所有的生产投入只有经过劳动力有意识的加工与改造才能生产出具有使用价值的最终产品。

劳动力投入对区域经济发展的决定性影响得到许多经济学家的肯定。美国经济学家舒尔茨指出：“改进穷人福利的关键性生产性要素不是空间、能源和耕地，而是提高人口质量，提高知识水平。”英国哈比森则认为“人力资源……是国民财富的最终基础。资本和自然资源是被动的生产要素；人是积累资本、开发自然资源、建立社会经济和政治组织并推动国家向前发展的主动力量。显而易见，一个国家如果不能发展人民的技能和知识，就不能发展任何别的东西”（谭崇台，2001）。劳动力对区域产出的影响取决于三个方面的因素：一是区域劳动力数量；二是区域劳动力质量；三是劳动力迁移。

丰富的劳动力数量很可能导致区域劳动力成本的降低，这是非常有利于发展劳动密集型产业的；相反，劳动力数量缺乏的区域则更可能发展资本、技术密集型产业。区际产业分工由此形成。

区域劳动力总量及其适度的增长可以满足经济发展对劳动力投入的需求，从而确保区域经济的正常、稳定发展。标准的新古典经济增长模型高度重视劳动力增长率对经济增长的决定作用，其代表是索洛–斯旺（Solow-Swan）经济增长模型。该模型从资本系数的可变性出发，通过可变的资本系数在经济增长率和不变储蓄率之间寻找保证经济均衡增长的条件。索洛和斯旺推导的结果表明，在均衡增长条件下，产出均衡增长率就是外生劳动力的自然增长率。这意味着，如果一个经济体的劳动力增长率为零，其产出的增长率就会趋于零。虽然这个模型存在明显的欠缺，但是劳动力及其增长率一直被作为重要的经济发展影响因素进入各类模型。

（三）技术进步

从广义角度来看，技术进步是指技术所涵盖的各种形式知识的积累与增进；同时知识也表现出依据距离关系流动和并存的多区位互动特征。而从狭义角度而言，它是指一定时期内，社会经济主体所生产的产品或工艺的变化。

一般来说，技术进步对区域经济发展的作用主要表现在以下八个方面：①节约资源、降低能耗和提高资源利用效率；②提高装备和产品的技术水平；③改革工艺，提高产品质量，降低污染；④提高劳动者的质量和素质，增加劳动者人力资本投资，人力资本和物质资本相结合产生较高的综合生产率；⑤优化资源配置，不同产业、部门间技术进步的差异导致边际生产率的产业、部门间的差异，生产要素从生产率低的产业或部门转向生产率高的产业或部门，提高社会生产率；⑥节约劳动时间，新技术、新工艺提高了劳动力生产率，节约了劳动时间，增加了劳动力的闲暇时间，提高了其自由度，有利于提高劳动力再生产的质量，促进人的全面发展；⑦把先进的科学技术运用于管理领域，提高组织管理水平，促进社会生产力的发展；⑧知识进展和扩散效应。知识进步使社会文化教育科技水平提高，劳动力创新能力增强，有利于提高劳动质量和资本使用质量；同时通过有目的地研究与开发，创造新的技术，即管理知识，新知识不断涌现带来新的要素效率；技术进步还会产生外溢和扩散效应，不仅提高创新者的生产效率，而且辐射至整个地区及其他地区，从而推动全社会综合生产率的不断提高（叶飞文，2004）。

四、人力资本与区域经济发展

在新古典增长模型中，资本的边际收益是递减的，长期经济增长完全依赖于外生技术进步率。技术进步被假定为外生决定的，偶然的、不费成本的资源，因此，新古典增长模型在引入外生技术变化后，仍然无法摆脱令人不满意的状况，新古典增长模型也被戏称为“解释一切却不能解释长期增长”的模型。20 世纪 80 年代中后期，以罗默（Romer，1986）的知识溢出模型和卢卡斯（Lucas，1988）的人力资本溢出模型为标志，经济增长理论进入了一个新的发展阶段，他们在各自的模型中都明确地提出：内生技术进步是理解经济增长的关键，人力资本积累是经济持续增长的重要推动力之一。

（一）人力资本及其地区经济发展效应

人力资本一般是指体现在劳动者身上，通过投资形成的，如同物质资本一样，具有增值能力的那部分劳动能力，其具体内容是劳动者的体质（健康）、知识和技能。

人力资本是经济增长的重要推动力，人力资本禀赋的差异往往也成为国家之间经济增长差距的基本决定因素。早在1968年，克鲁格（Krueger）就在一篇著名的论文《要素禀赋与国际人均收入差异》中指明，人力资本差异是导致国家间收入差异的根本因素。以受教育水平、年龄结构及城乡结构衡量的人力资本因素，至少可以解释欠发达国家与美国之间巨大收入差异的一半以上原因。

Romer（1990）指出人力资本存量决定了经济增长率，一个国家人力资本的存量越大，其经济增长率越高，之所以未能观察到欠发达经济体的增长就是因为它们的人力资本水平低。知识的外溢性和知识产生的递增生产力会使资本和劳动力具有递增收益。因此，一国的知识存量与资本存量越高，其投资的收益率就越高，这样不仅吸引发达国家已输出的资本回流，而且会引发发展中国家的资本和人才外流。这种外流造成发达国家与发展中国家之间潜在生产力的差距不断扩大，经济增长的差距也逐渐扩大，而不是缩小。

Lucas（1988，1990）基于对发展中国家的智力外流和“资本反向流动”的解释，说明了长期经济增长趋异的原因。在卢卡斯模型中，由于人力资本正外部效应的作用，具有特定技能水平的劳动力在发达国家的工资要高于在发展中国家的工资。如果允许劳动力自由流动，它就会从发展中国家流向发达国家，而智力就也随之从发展中国家流向发达国家，发达国家与发展中国家之间的经济增长差距由此扩大。至于资本的流向，Lucas（1990）指出，新古典理论关于资本流动的假定是经不起检验的，因为它对20世纪80年代出现的资本从发展中国家流向发达国家的反向流动现象几乎完全没有解释力。正是由于人力资本及其外部效应的存在，新古典模型所预测的发达国家与发展中国家之间资本边际产品的差异几乎消除，在某些情况下甚至出现有利于发达国家的资本边际产品。这样，在资本市场不完全等因素的进一步作用下，资本一般从发展中国家流向发达国家，资本的反向流动导致了经济增长差距的扩大。

此外，不仅国家之间人力资本的差异造成了国家间经济增长差距的逐渐扩大，而且一国内部地区之间人力资本的差距往往也成为地区经济增长差距的重要影响因素。

（二）区域人力资本测度

关于人力资本存量令人满意的测度是颇具争议的问题。有关人力资本度量的方法不胜枚举，不同的测度方法在于研究者对人力资本的不同界定，可以将其分为三类，即基于成本的方法（cost-based approach）、基于收入的方法（income-based approach）和基于教育存量的方法（educational stock-based approach）。

1. 基于成本的方法

基于成本的方法是通过度量人力资本投资的成本测度人力资本存量。教育是人力资本形成的关键因素，所以该方法最常用的成本指标是学校教育成本。公共和私人花费于教育的数据比较容易获取，因此该方法具有较强的可操作性。但是，它也有明显的不足。该方法假设一定的投入必然带来相应的产出质量，所以可以通过测度人力资本投资的成本得到人力资本的价值。但事实上，投入和产出质量之间并没有必然关系，资本的价值取决于对它的需求而不是它的生产成本。另外，基于教育和抚养成本，而不是人一生的劳动力收入评估人力资本，必然低估非市场活动（如教育的外部效应）的价值。在实证研究方面，

Schultz（1961）、Eisner（1985）等采用了基于成本的方法对美国的人力资本进行了测度。

2. 基于收入的方法

基于收入的方法是利用不同人力资本水平工人之间的劳动收入的差异度量人力资本的投入，是近年来普遍使用的方法。该方法衡量人力资本水平的指标主要是受教育水平、年龄（实际上就是工作经历）等，如 Krueger（1999）对美国的研究。

对基于收入的方法的新近贡献是穆里根和萨拉伊马丁（Mulligan and Sala-i-Martin，1997）的工作，他们认为基于劳动力收入的人力资本（labor income-based human capital）等于区域 i 的平均劳动力收入除以该区域接受 0 年学校教育工人的工资。总量劳动力收入通常会在国民账户里报道，而需要计算的仅是非技能劳动力（unskilled persons）的工资率。零技能工人的工资被认为是明瑟工资回归（Mincer wage regression）中的常数（的指数）。

穆里根和萨拉伊马丁方法具有非常突出的优点：首先，消除总量物质资本对劳动力收入的影响，这种方法捕捉到了教育质量随时间和空间的变化；其次，并没有不切实际地要求有同样教育水平的工人有同样的技能；最后，不需要太多的数据。这种方法也有明显不足，最突出的是其严格的假设，即工资差异真实反映生产率差异，事实上工资可能由于其他因素而变化，例如，工资在经济低迷时期下降。该模型还严格依赖于未受教育工人总是完全相同的，不同教育水平的工人完全替代的假设。另外，收入数据并不像投资数据那样具有广泛的可获得性，尤其是在发展中国家，其工资率往往是不可观测到的。即使拥有工资率的数据，不同人力资本水平工人的收入数据也往往无法获取。这也是本书无法利用这种方法度量中国各个省份人力资本的一个重要原因。

3. 基于教育存量的方法

基于教育存量的方法，以受学校教育年限（years of schooling）作为人力资本的替代变量直接度量人力资本，这种方法被 Barro 和 Lee（1993、1996、2001）、Lee 和 Barro（2001）广泛应用于度量，并比较国际人力资本存量。

用平均受教育年限的标准计算人力资本存量的公式可表示为

$$H_t = \sum_{i=1}^{6} E_{it} h_i$$

式中，H_t 为 t 时期的人力资本总存量；E_{it} 为 t 时期第 i 级层次教育的劳动力人数；h_i 为第 i 级层次的教育年限；$i=1$，2，3，4，5，分别为文盲半文盲、小学毕业、初中毕业、高中毕业、大学毕业及以上 5 个受教育程度。根据我国教育体制和统计资料的现状，对应于文盲半文盲、小学毕业、初中毕业、高中毕业、大学毕业及以上 5 个受教育程度，h_i 可分别取值 1，6，9，12，15。

计算出 t 时期人力资本的总存量以后，t 时期劳动力平均受教育年限为

$$h_t = \frac{H_t}{\sum_{i=1}^{5} E_{it}}$$

若采用历年学历指数标准表示教育存量大小，即对不同层次的劳动力赋予不同的学历指数，将学历指数作为权数对劳动力数量加权求和：

$$H_t = \sum_{i=1}^{s} E_{it} h_i W_i$$

式中，W_i 为 i 级教育的指数。考虑到知识的累积效应，一般将学历指数的序列确定为几何增长或指数增长序列，例如，对应小学、初中、高中，将学历指数 W_i 设定为 2^0，2^1，2^2 等。

五、制度与区域经济发展

新制度经济学的重要代表人物诺斯（North）在2003年提出，“制度是一系列被制定出来的规则、守法程序和行为的道德伦理规范，它旨在约束追求主体福利或效用最大化利益的个人行为”；舒尔茨也“将一种制度定义一种行为规则，这些规则涉及社会、政治及经济行为”（舒尔茨，1968）。总之，人们认为，制度是能够对人们的行为构成激励或约束的一系列规则，这种规则既包括经济规则，又包括社会和政治规则。

制度是区域经济增长重要的决定因素。美国经济学家西蒙·库兹涅茨在关于经济增长源泉的分析上强调了制度的重要性。1971年，他在接受诺贝尔经济学奖时的演讲中指出，一个国家的经济增长可以定义为“不断扩大地供应它的人民所需的各种各样的经济商品的生产能力，而生产能力的提高建筑在先进基础之上，并且进行先进技术所需要的制度上和意识形态上的调整”（卢现祥，2004）。Scully（1988）认为制度框架对于经济效率和增长是非常重要的，其实证研究的结果表明，那些遵守法规、私人产权及市场机制的政治开放社会的经济增长率是自由被剥夺社会的3倍，社会效率则是2.5倍。Coase（1992）则指出：“没有适当的制度，任何有意义的市场经济都是不可能的”。制度之所以对经济增长重要，根据诺斯的研究有以下3个方面的原因（卢现祥，2004）：①在没有技术变化的情况下，通过制度创新也能提高生产率和实现经济增长。North（1968）通过历史考察发现，1600～1850年，在世界海洋运输业中并没有发生用轮船代替帆船之类的重大技术变化，但是海洋运输的生产率却有了大幅度的提高，其中的重要原因在于船运制度和市场制度发生了变化，从而降低了海洋运输成本。因此，制度创新减少了交易成本，对个人和组织从事生产性活动产生了明确的激励，最终导致经济增长。②有效率的经济组织是增长的关键因素。诺斯和托马斯从制度的角度论证了西方世界兴起的奥秘，指出“有效率的经济组织是经济增长的关键；一个有效率的经济组织在西欧的发展正是西方兴起的原因所在。有效率的经济组织需要在制度上做出安排和确立，以便造成一种刺激，将个人的经济努力变成私人收益率接近社会收益率的活动”（诺斯和托马斯，1999）。他们认为，那种把欧洲经济高速增长的原因归结为产业革命的传统观点是错误的，产业革命实际上是增长的表现，真正决定性的原因是私有产权的建立。诺斯认为，“制度提供了一种经济的刺激结构，随着该结构的演进，他规划了经济朝着增长、停滞或衰退变化的方向”（North，1991）。③经济增长的原因是有效所有权的出现，从根本上看是交易费用的降低。产权制度中，个人的专有程度越高、明晰程度越高及自由流动性越大，对个人的激励越强，经济增长的动力就越大，而产权制度最为重要的结果在于它保障个人或集体占有、使用、转让、分享他们努力成果方面的专有程度、明晰程度和自由流动性。

六、营商环境与区域经济发展

营商环境是区域经济发展的重要影响和制约因素。区域经济发展归根结底是产业发展，产业集聚和发展靠的是企业的投资，企业投资决策的依据是区域营商环境。区域经济发展从根本上讲靠良好的营商环境。伴随现代科学技术的发展和国际分工的深化，经济和资本的国际化进程加快，营商环境研究和建设显得越来越重要。第二次世界大战结束以来，对营商环境的研究受到各国重视。

对营商环境的理解和界定是分析营商环境与区域经济发展关系的基础。一般认为（邓宏兵，2000a，2020b），营商环境是指“在一定时间内，特定区域或行业所拥有的影响和决定投资运行系统健康成长并取得最优预期效益的各种主客观因素的有机复合体”；是伴随投资活动整个过程的各种周围状况和条件的总和，包括影响投资活动的自然要素、社会要素、经济要素、政治要素和法律要素等要素系统及效益系统。2019 年 10 月国务院出台的全球第一部营商环境专业法律法规《优化营商环境条例》第一章第二条规定：本条例所称营商环境，是指企业等市场主体在市场经济活动中所涉及的体制机制性因素和条件。具体来说，包括了市场主体从“生”（准入）到“死”（退出）过程中涉及的政治环境、经济环境、法治环境、社会人文环境等外部环境的总和。

营商环境评价是分析营商环境与区域经济发展关系的关键。营商环境评价应遵守系统性原则、客观性原则、比较性原则、时效性原则、目的性原则。自 2003 年起，世界银行每年开展营商环境评价并发布《营商环境报告》。世界银行的评价指标体系也在不断地丰富和完善之中。从最初的 5 项一级指标（开办企业、员工聘用与解聘、合同保护、获得信贷和企业倒闭）、20 项二级指标，逐步完善到现在的 12 项一级指标（开办企业、办理施工许可、获得电力、产权登记、获得信贷、保护少数投资者、纳税、跨境贸易、合同执行、办理破产、就业监管、政府采购，其中就业监管和政府采购指标仅作为观察指标，未纳入评价系统）、51 项二级指标。国家发展和改革委员会从三个维度建立中国营商环境评价体系。立足中国国情，按照国际可比、对标世界银行、中国特色的原则，从衡量企业全生命周期、反映投资吸引力、体现监管与服务三个维度，构建包含 18 个一级指标（开办企业、办理建筑许可、获得电力、获得用水用气、登记财产、纳税、跨境贸易、办理破产、获得信贷、保护中小投资者、执行合同、劳动力市场监管、政府采购、招标投标、政务服务、知识产权创造及保护和运用、市场监管、包容普惠创新）和 87 个二级指标的营商环境评价指标体系。

第二节　区域经济发展的动力机制

区域经济发展是自然禀赋、区位、劳动力、资本、技术进步等各种因素共同作用的结果，很难将区域经济发展的动力归结为其中某个因素单独变化的作用。North（1955）从经济史的角度出发，通过对美国区域经济发展的历史分析，认为区域经济增长的动力来自外部需求的拉动，区域外部需求的增加是区域增长最为关键的初始决定因素。North 的思想后经 Tiebout（1956）等的发展逐步完善，成为揭示区域经济增长的“出口基地理论”。

Hoover and Giarratani（1999）非常强调区域供给和需求因素对区域经济发展的推动作用，认为对区域出口产品的外部需求及其劳动力和其他生产要素的供给是区域发展的首要动力。

这些主张与凯恩斯经济学关于经济增长动力的观点具有高度一致性。在凯恩斯经济学的理论框架中，总需求（包括消费、投资、政府购买支出及净出口等）的增长是经济增长的直接动力。在本书看来，区域经济发展与宏观经济发展实际上是同质的。从总体上看，二者的动力机制是一致的，主要包括两个方面：一是需求的拉动，包括区内需求及区外对本区产品和劳务的需求；二是供给的驱动，原料、资本、技术劳动的供给，必然会带动相关产业的发展，并形成新的需求。正是在需求与供给因素的相互作用下，区域经济在不均衡—均衡—不均衡—均衡矛盾运动的推动下，不断向前发展。

一、总需求动力（区域乘数模型）

需求是区域经济发展的重要动力。在凯恩斯经济学的分析框架下，总需求是宏观经济增长的基本推动力。由于宏观经济学与区域经济学具有一定的同质性，这里将凯恩斯的国民收入决定理论引入区域经济分析，揭示总需求拉动区域经济发展的内在动力机制。

（一）区域收入核算

国内生产总值（gross domestic product，GDP）通常用来衡量国家或地区的国民收入（或产出）。如果用支出法核算，区域 GDP 指的就是一定时期内该区域购买最终产品的总支出，即最终产品的总卖价。在现实生活中，最终产品（包括产品和劳务）的使用者，除了居民消费，还有企业投资、政府购买及净出口。因此，GDP 就应该是一定时期内区域消费支出、投资、政府购买支出及净出口这几方面支出的总和，即

$$\text{GDP} = C + I + G + (X - M)$$

式中，C 为区域居民消费支出，包括购买耐用消费品，非耐用消费品和劳务的支出；I 为区域增加或更换资本资产的支出；G 为政府购买物品和劳务的支出；X 为区域出口；M 为区域进口，由于进口意味着收入流出本区域，不是用于购买本区域商品的支出，而出口才是用于购买本区域的支出，只有净出口 $X-M$ 才应计入总支出。GDP 核算揭示了区域的收入构成，以此为基础，可以进一步分析不同环境下区域收入的决定。

（二）两部门经济中区域收入的决定及区域乘数

首先，考察两部门经济中国民收入的决定，此时区域实际上是一个封闭系统，因而没有对外贸易，并且不考虑政府购买活动，总需求只有区内居民消费和企业投资构成。在封闭条件下，把收入恒等式和消费函数结合起来就可以求得均衡收入。

收入恒等式：$Y=C+I$

消费函数：$C=\alpha+\beta Y$

式中，α 为初始消费；β 为居民消费倾向，显然该函数假设区域消费支出仅取决于区域总收入。

求解由收入恒等式和消费函数组成的联立方程，就可得到区域均衡收入：

$$Y = \frac{\alpha + I}{1 - \beta} \tag{3.1}$$

式（3.1）表明，区域投资每增加 1 元，区域总收入将增加 $1/(1-\beta)$ 元。$1/(1-\beta)$ 就是凯恩斯最初的投资乘数（k_i），用来表示区域总收入的变化对引起这种变化的投资变化的比率。投资乘数效应的存在说明投资需求对区域经济发展的拉动作用是非常明显的，区域产出的增量往往是区域投资增量的数倍。一般地，区域投资乘数写为①

$$k_i = \frac{1}{1-\beta} = \frac{1}{1-\text{边际消费倾向}} = \frac{1}{\text{边际储蓄倾向}} \tag{3.2}$$

可见，投资乘数的大小与边际消费倾向有关，边际消费倾向越大，或边际储蓄倾向越小，投资乘数就越大，引发的收入增加的倍数就越大。

实际上，区域总需求的任何变化，如消费的变动、政府支出的变动、净出口的变动等，都会引起区域产出的倍增。区域消费乘数与投资乘数是相等的。

（三）三部门经济中区域收入的决定及区域乘数

三部门经济仍是一个封闭的系统，只是将政府部门引了进来。政府的经济活动表现在：一方面有政府收入（主要是向企业和居民征税）；另一方面有政府支出（包括政府对商品和劳务的购买，以及政府给居民的转移支付等）。此时，从支出的角度看，区域总收入包括消费、投资和政府支出。加入政府部门后，不仅投资需求变动有乘数效应，政府购买、税收和政府转移支付的变动同样有乘数效应，因为政府购买性支出、税收、转移支付都会影响居民消费，从而影响区域总收入的变化。

考虑政府部门之后，区域的收入恒等式就变成

$$Y = C + I + G$$

消费函数为

$$C = \alpha + \beta(Y - T)$$

式中，T 为政府征收的定量税。假设政府从区域总数，如 Y 中，以固定税率 t 征税，则 $T=tY$。此时区域消费函数就成为

$$C = \alpha + \beta(1 - t)Y$$

求解由区域收入恒等式和消费函数组成的联立方程，得到区域均衡收入：

$$Y = \frac{\alpha + I + G}{1 - \beta + \beta t} \tag{3.3}$$

式（3.3）表明，区域投资或政府购买支出每增加 1 元，区域总收入增加 $1/(1-\beta+\beta t)$ 元。

$\frac{1}{1-\beta+\beta t}$ 就是三部门经济中的区域乘数。具体地，又可以计算出区域投资乘数、政府购买支出乘数及政府转移支付乘数等。

① 乘数公式可用简单代数证明。

以 ΔY 和 ΔI 分别代表收入增量和投资增量，则

$$\Delta Y = \Delta I + \beta\Delta I + \beta^2\Delta I + \beta^3\Delta I + \cdots + \beta^{n-1}\Delta I = \Delta I(1 + \beta + \beta^2 + \beta^3 + \cdots + \beta^{n-1})$$

括号中的各项代表一个无穷几何级数，假设 $\beta<1$，则该级数是收敛的，令 $z=1+\beta+\beta^2+\beta^3+\cdots+\beta^{n-1}$，则 $\beta=\beta+\beta^2+\beta^3+\cdots+\beta^n$，于是可以得到 $z(1-\beta)=1-\beta^n$，$0<\beta<1$，且 $n\to\infty$，$\beta^n\to 0$，因此，$z=\frac{1}{1-\beta}=k_i$。

政府购买支出乘数是指区域总收入变动对引起这种变动的政府购买支出变动的比率。以 ΔG 为政府支出变动，ΔY 为区域总收入变动，k_g 为政府（购买）支出乘数，则

$$k_g = \frac{\Delta G}{\Delta Y} = \frac{1}{1-\beta+\beta t}$$

显然，此时区域投资乘数与政府支出乘数是相等的。与两部门经济中的区域乘数相比，三部门经济中的区域乘数较小，这是因为政府征税对区域总收入的增长具有负效应，这就是税收的“漏出效应”。

由于政府支出的项目类型较为复杂，不同类型的支出对区域总收入的影响并不一致。如果政府支出用于转移支付，这将意味着居民收入水平的增加，因而消费会增加，总需求和区域总收入会相应地增加。这就是政府转移支付乘数（k_{t_r}），用来反映区域总收入的变动与引起这种变动的政府转移支付变动的比率。

当存在转移支付时，区域消费函数就成为

$$C = \alpha + \beta[(1-t)Y + t_r]$$

式中，t_r 为政府转移支付量。

通过求解，可以得到政府转移支付乘数：

$$k_{t_r} = \frac{\Delta t_r}{\Delta Y} = \frac{\beta}{1-\beta+\beta t}$$

可见，政府转移支付的增加会引起区域总收入倍增。

（四）四部门经济中区域收入的决定及区域乘数

四部门经济是一个开放的经济系统，将区域外部的需求引入上述的三部门经济。由于考虑了对外贸易，区域总需求就包括四个方面，即居民消费、投资、政府支出和净出口。

此时，考虑了区域的对外贸易，可以推导出对外贸易同样对区域总收入具有乘数效应。正如出口基础理论所主张的，区域外部需求是区域经济发展的根本动力。在宏观经济分析中，对外贸易乘数的存在同样揭示了外部需求对区域方法发展的重要动力作用。

开放经济条件下，区域总收入的恒等式为

$$Y = C + I + G + (X - M)$$

假设区域出口和投资是外生变量，进口取决于收入，则进口函数为 $M=\rho+\gamma Y$，式中，γ 为区域进口倾向。

求解由区域消费函数、进口函数和收入恒等式构成的联立方程，得到区域均衡收入：

$$Y = \frac{\alpha-\rho+I+G+X}{1+(\beta-\gamma)(1-t)} \tag{3.4}$$

式（3.4）表明，区域投资、政府支出或出口每增加 1 元，区域总收入将增加 $1/[1-(\beta-\gamma)(1-t)]$。

$\frac{1}{1+(\beta-\gamma)(1-t)}$就是开放经济条件下，区域总需求对区域总收入的乘数效应。与封闭条件下的区域乘数相比，进口导致“漏出效应”，开放条件下的区域乘数要小得多。

为了具体反映对外贸易对区域经济发展的拉动作用，还可以计算出区域对外贸易乘数（k_x），即总收入变动与引起这种变动的出口变动的比率：

$$k_x = \frac{1}{1 + (\beta - \gamma)(1 - t)}$$

区域总需求变化对区域总收入变化乘数效应的存在说明，不仅区域外部需求是区域经济发展的重要动力，区域内部的消费需求、投资需求及政府购买支出等都是区域经济发展的重要动力。

二、区外需求动力（出口基地理论）

出口基地理论（export base theory）的基本思想是：一个区域的经济增长取决于其输出产业的增长，区域外生需求的扩大是内生增长的主要原动力。在出口基地的理论中，经济被划分为两个部门，即一个出口的基础部门（包括所有的区域外部需求导向的产业活动）和一个自给性部门（包括所有的区域内部需求导向的产业活动）。在这个模型中，通常假定自给性部门不具备自发增长的能力；输出基础部门则随着外部需求的扩大而扩张，当它为地方经济带来额外收入时，其他部门也会随之相应扩张。因此，区域外部需求的扩大是区域经济增长的根本动力。

区域总收入（或总就业）水平的变化可以通过“输出”需求的变化来测定，即通过输出基础部门的扩张与由地方乘数决定的总体经济扩张之间的比例关系进行测定。North（1955）根据对太平洋西北岸的实证研究，得出结论：区外对木材、毛皮、面粉、小麦等产品需求的扩大，不仅会影响到那里的绝对收入水平，而且会影响到辅助性产业的特征、人口的分布、城市化模式、劳动力特征及收入与就业波动范围等。他进一步指出，对区域输出需求的增加能对区域经济产生乘数效应，这不仅会导致输出产业投资的增长，也会导致对其他经济活动投资的增长。因此，按照诺斯的观点，一个区域要求得发展，关键在于能否在该区域建立起输出基础产业，而此产业又取决于它在生产和销售成本等方面对其他区域所拥有的比较优势。

用基础乘数（base multiplier，BM）来反映基础部门的产出，或者就业增加量对区域总产出或就业增加的带动作用，该乘数等于某区域总产出或就业与出口基础部门的产出或就业之比（魏后凯，2006）：

$$\mathrm{BM} = \frac{E}{\mathrm{BE}}$$

式中，E 为区域总产出或就业；BE 为该区域出口基础部门的产出或就业。

出口基地理论认为：一方面，一个区域对外出口的总额越大，其出口部门的收入就越多，这部分收入除了补偿出口部门的生产费用外，还可以用于满足区域内需求的产品的生产和服务业，以及扩大出口；另一方面，出口部门的生产活动需要许多自给性部门的配合和协作，因此，随着出口部门的扩张，自给性部门也会得到相应的发展。总之，出口基础部门的发展成为区域经济总体发展的动力。

尽管出口基础理论由于过度简化了出口基础部门的影响，忽略了区域内部增长因素对区域经济增长的推动力，降低了其理论价值和实际应用性，但是该理论简单、易于理解，因而始终是区域经济学中分析区域经济增长的主要模型（郝寿义和安虎森，2004）。

三、区域供给驱动（区域要素需求与供给）

资本、劳动力、土地、基础设施等的可获得性是区域产出满足区域内外需求的根本保证。如果没有充足的生产要素供给，区域经济的发展也将无以为继。只有区域生产要素供给能够满足区域生产要素需求时，才能实现区域经济发展。这里主要基于微观经济学，探讨区域生产要素的供求机制。

（一）生产要素需求

1. 区域生产要素需求

要素需求与产品需求之间有两个差别。一是要素需求是派生需求，即生产要素的投入需求是由消费者对最终产品的需求间接派生出来的。因为生产要素需求的派生性质，所以，在条件不变的情况下，生产要素需求取决于要素的产出水平及产品需求。二是要素需求是相互依赖的，即生产要素往往不可能单独发挥作用。这个特点意味着，对某个生产要素的需求不仅取决于其本身的价格，而且取决于其他生产要素的价格。

需要明确的是，对各种生产要素的需求，是从各种要素的边际产品（marginal product，MP）所带来的收入中派生出来的（萨缪尔森和诺德豪斯，1999）。边际产品是指，在其他投入要素不变的情况下，增加一单位某种生产要素投入后所带来的产品或所能增加的产品产出。而增加投入要素所获得的收入称为边际产品价值（value of marginal product，VMP），在完全竞争条件下，它等于要素边际产品与既定产品市场价格的乘积，即 $VMP=MP \cdot P$；在不完全竞争条件下，它等于要素边际产品与边际收益的乘积，称为边际收益产品（marginal revenue product，MRP），即 $MRP=MP \cdot MR$。生产要素的边际产出具有递减的特点，即随着生产要素投入量的增加，其边际产品不断下降。而边际价值产品是边际产品的函数，因此，要素的边际价值产品同样是递减的。

区域生产面临着多种要素组合的选择，究竟哪种组合才是最优的呢？显然，在完全竞争条件下，只有当投入要素的边际价值产品等于要素价格时，区域生产利润才能实现最大化，此时的要素组合才是最优的；在不完全竞争条件下，只有当投入要素的边际收益产品等于要素价格时，要素组合才是最优的。总之，为了实现生产利润的最大化，一个区域在选择各种要素的组合时会使每种投入要素的价格等于其边际收益产品。这意味着可以从一种生产要素的边际收益产品与其价格的变化中，推导出生产要素的价格和对该生产要素需求量之间的关系，这种关系就是需求曲线。图 3.1 表示了区域生产要素需求曲线，其中纵轴 W 表示生产要素的价格，横轴 Q 表示生产要素的需求量。显然，在完全竞争条件下，要素的需求曲线与其边际价值产品曲线是重合的；在不完全竞争条件下，由于边际收益小于产品价格，要素的边际收益产品曲线要低于边际价值产品曲线，要素需求曲线低于要素边际价值产品曲线。

2. 要素替代性与生产地区分散

生产要素需求之间存在着相互作用。在标准的新古典框架下，要素之间的相互作用表现在它们之间的替代性，即当一种投入要素的价格上升而其他要素的价格不变时，更多地使用其他要素替代那个价格上升的要素。要素替代性对经济活动地区分布的意义在于，随着区内要素供给稀缺，其价格上升，除非有更多要素由区外输入，否则密集使用这种要素

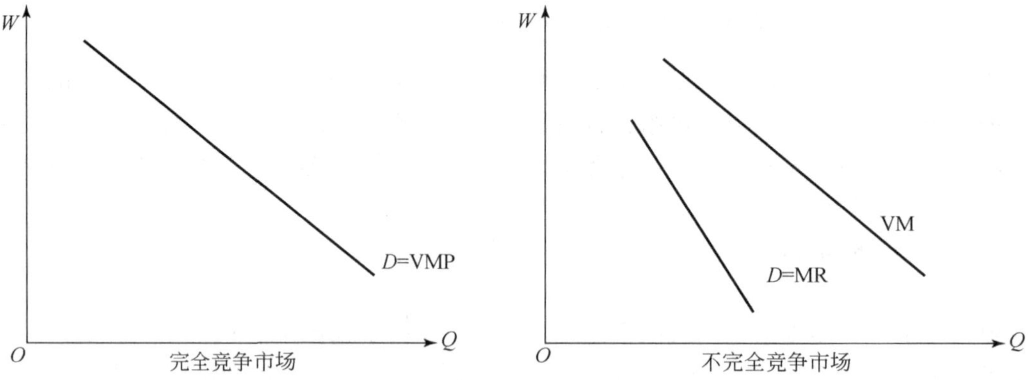

图 3.1　区域生产要素需求曲线

的生产活动会向其他地区（因为该地区的这种生产要素更为丰富，价格较低）转移，最终结果是经济活动地区分布的分散化。

3. 要素互补性与生产地区集中

在垄断竞争的框架下，要素之间不再是简单的替代关系，相反，可能出现互补性关系。这种互补性关系为解释经济活动的地区集中而不是分散（这恰恰是当前经济活动地区分布的常态）提供了非常好的切入点。实际上，生产要素之间的互补性关系是普遍存在的。例如 Giannetti（2001，2003）指出，由于劳动力的异质性，就业于同一区域的劳动力之间是相互补充的，而不是相互替代的；更多的研究（Griliches，1969；Krusell et al.，2000）揭示了资本与技能劳动力之间的互补性关系。这种互补性使得即使技能劳动力的供给量不断扩大，技能劳动力的工资却没有下降，相反却增加了。

标准的新古典范式强调了市场力量的自我调节机制，当不同活动为稀缺资源竞争时，一项活动的扩张只有在损害其他活动的情况下才能实现，这种负反馈倾向于抵消对系统的任何扰动。因此，在标准的新古典范式中，生产要素、生产活动之间更多的是竞争关系，而不是互补关系，因此也就不可能有累积循环现象（累积循环是经济活动地区集中的动态机制）。任何对标准新古典范式的偏离，都会增加产生互补性的机会，从而导致不稳定和累积过程（Matsuyama，1995）。在垄断竞争的框架下，Matsuyama（1995）对互补性在劳动力流动强化生产集聚的累积循环过程中的作用进行了分析。

生产要素、生产活动之间的互补性关系是累积循环这种循环经济活动地区集中的动态机制普遍存在的重要原因。当两个现象（或两个行为，或两个活动）相互加强时，互补性就发生了（Matsuyama，1995）。例如，如果行业 A 的扩张导致了行业 B 的扩张，那么这两个行业就是互相补充的；如果一个新店铺的进入使周围地区成为其他店铺的一个理想场所，那么区位决策中就出现了互补现象；或者，如果一项要素的投入导致了对其他生产要素的更高需求，那么这些生产要素之间就构成了互补性关系。这样的互补性导致了经济系统中的许多循环，这样的循环对于系统的稳定性具有重要含义。要素互补性导致了生产要素在区域之间的同向流动，要素流入与生产集中之间的累积循环由此形成，其结果是经济活动向某些区域的日益集中。

（二）资本供给

区域资本存量增加主要指的是资本品的积累。资本品，包括基础设施、设备、存货，是那些生产出来的耐用品，它们在进一步的生产中被作为生产性投入，既是区域生产活动的基础，又是生产的结果。确保资本品供应的基本因素是区域金融资本的拥有量，即金融资本的供给是区域资本供应的本源。因此，这里所探讨的资本供给主要是金融资本的供给。

不同于土地和劳动力，金融资本具有很强的流动性。在开放的条件下，只有存在合理的投资回报率，本地区的资本需求才不再只是本地区的金融资本供应，还可以由其他地区的金融资本供应。如果一个区域的资本需求量大，但是资本供应量不足，则该地区的投资回报率可能就比较高，寻利的金融资本就会从其他地区流入该地区。外来资本的投入不仅确保了本地区资本品的供应，更为重要的是，新技术、新信息等也将伴随着资本向本地区扩散，成为本地区经济发展的推动力。

新古典增长理论的一个重要假设是资本边际收益递减。如果一个地区资本丰裕（经济发达），那么该地区资本品的边际收益较低，投资的边际收益率较低；而资本稀缺地区（落后地区）恰好相反，拥有较高的投资回报率。金融资本就会由资本丰裕地区流向稀缺地区，资本的流动提高了落后地区的积累，从而促进这些地区的经济发展；与此相反，发达地区的经济发展速度减缓。最终结果不仅是经济发展水平的趋同，而且经济活动的地区分布呈现分散化的特征。

（三）劳动力供给

1. 封闭条件下的劳动力供给

区域劳动力的供给状况对区域经济的发展具有明显影响。一个地区如果劳动力供给充足，那么该地区发展劳动密集型产业的可能性增加；相反，如果劳动力稀缺，那么其发展资金、技术密集型产业的可能性就更大些。

劳动力供给，是指在一定市场工资率的条件下，劳动力供给的主体（家庭或个人）愿意而且能够提供的劳动时间。在劳动力进行供给决策时，决策主体一般面临两种选择：一是劳动参与决策，即是否进入劳动市场寻求有酬工作；二是劳动时间决策，即在个人可支配时间中，闲暇时间与劳动时间的选择。

决策主体关于是否进入劳动力市场的决策，使得区域劳动力供给不仅取决于本地区的人口总量，而且取决于劳动力参与状况。封闭条件下，影响一个区域劳动力参与状况的因素主要有人口的就业意愿、人口的受教育程度、性别结构、民族结构等。简单地说，区域可供劳动力总量等于人口规模与劳动参与率的乘积。

决策主体关于劳动与闲暇的取舍导致了劳动力供给曲线“向后弯曲”，即当工资率增加到一定水平后，劳动力供给量不增反降。在封闭条件下，劳动力供给曲线的这种走势无疑是不利于区域经济发展的。

图 3.2 是封闭条件下的区域劳动力供给曲线。当工资较低时，随着工资的上升，劳动力被较高的工资吸引将减少闲暇，增加劳动力供给；但是工资上涨对劳动力供给的吸引是有限的，当工资涨到 C 处时，劳动力供给出现下降，这是因为此时劳动力更愿意将时间用于闲暇，而不是劳动。

2. 开放条件下的劳动力供给

开放条件下，区域劳动力的供给不仅来自本地区，而且与人口迁移因素也有关系。与封闭条件相比，此时区域劳动力的供给弹性增加。当本地区就业机会和工资水平较高时（这也意味着劳动力供给逐渐稀缺），区外劳动力就会大规模进入，地区劳动力供求矛盾由此缓解，更有利于区域经济的发展。相反，如果本地区就业机会不足或工资水平较低，劳动力就会向外迁移，由此减少本地区劳动力的供应量，这对本地区的长远发展是不利的。由于存在着人口迁移，区域劳动力供给曲线就成为一条向右上方倾斜的曲线，具有弹性。图3.3是开放条件下的区域劳动力供给曲线。

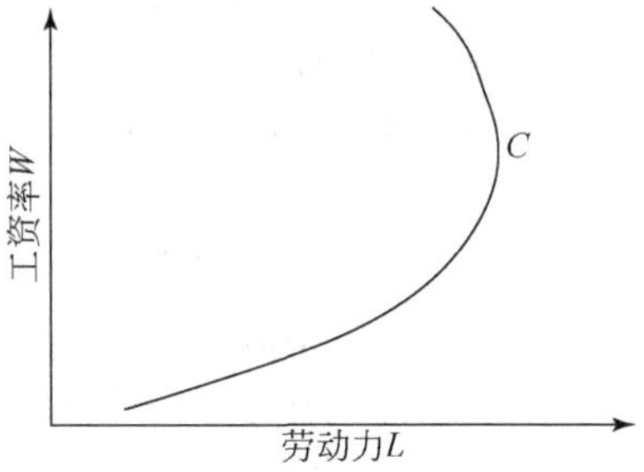

图3.2 封闭条件下的区域劳动力供给曲线

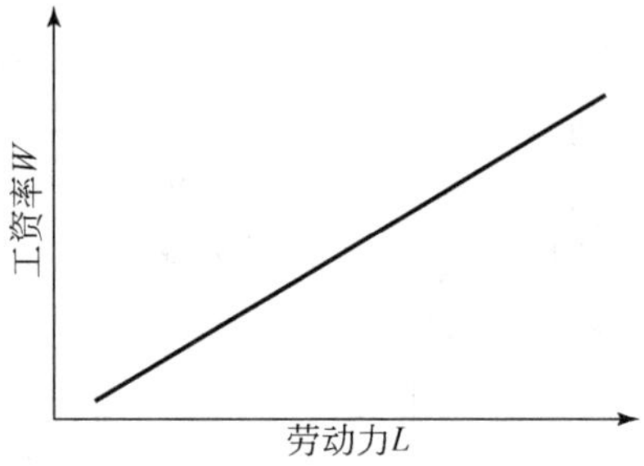

图3.3 开放条件下的区域劳动力供给曲线

3. 迁移与生产地区集中

人口迁移对地区经济发展有深刻影响。例如，以克鲁格曼、藤田、维纳布尔斯等为代表的新经济地理学派视劳动力迁移为强化产业集聚的重要力量。新经济地理学的典型模型——核心-外围（core-periphery）模型预言大部分经济活动最终会集聚在核心区域。一旦核心区域开始形成，产业集聚的过程会自我加强，其中劳动力的流动是这个过程的主要动力（Martin and Sunley，1996；Ottaviano and Puga，1998；Forslid，1999）。

劳动力之所以会从外围区域向核心区域流动，是因为：第一，本地市场效应（home-market effect），即在其他条件相同的情况下，大市场的工资率比较高（Krugman，1980），核心区的市场最大，其提供的工资率远高于外围区域；第二，价格指数效应（price index effect），在人口集中的区域（核心区域），劳动者可以用较低的价格购买到制造产品，由此使工人的真实工资升高。劳动力并不是追求高的名义工资，而是真实工资，所以能给其提供更高真实工资的制造业中心就成为其迁移的目的地。在这两个力量的推动下，劳动力流动导致了人口和产业地区间趋异（Krugman，1991）。由此可见，新经济地理学模型认为，劳动力流动是导致经济活动地理集中累积过程的基本因素，地区间劳动力流动是经济活动集聚的推动力。Fujita 等（1999）指出，集聚被看作劳动力的流动促成的因果循环机制的结果，劳动力的流动和制造业最终部门不完全竞争的性质，可能形成中心-外围结构。

（四）土地供给

1. 土地的自然供给与经济供给

区域土地供给是指区域内可利用土地的供给。区域土地的供给通常分为自然供给和经济供给（魏后凯，2006）。土地的自然供给是指区域目前可利用的土地资源和未来可利用的土地资源即后备土地资源的数量。土地的自然供给是相对稳定的，它不会随土地价格的变化而变化（高鸿业，2006），即它是无弹性的。当然，如果土地价格合适的话，人们可以投入劳动开发土地资源，变沙漠为良田，填滩涂造陆地，从而“创造”出土地，增加人类可直接利用的土地，这就是土地的经济供给。土地的经济供给是个变量，属于有效供给。土地经济供给的增加不仅包括总量的增加，而且包括某种用途的土地随着利用效益的提高在数量上的增长，以及一定面积土地上产出的增长。

土地的自然供给与经济供给是两个既相互联系又相互区别的概念：第一，自然供给是土地经济供给的基础，经济供给只能在自然供给的范围内变动；第二，自然供给是针对人类的生产、生活及动植物的生长而言的，经济供给则主要是针对土地不同的具体用途而言的；第三，自然供给是相对固定的，经济供给是变化的、有弹性的，随着地租的上升，土地的经济供给会出现一定的增加；第四，人类无法增加土地的自然供给，但是可以在自然供给的基础上增加土地的经济供给（魏后凯，2006）。

2. 地租的决定

将土地供给曲线与市场需求曲线结合起来，就可决定使用土地的均衡价格。由于土地自然供给的特殊性，即固定不变，因此其供给曲线是一条垂直曲线，这条垂直曲线与土地需求曲线交点所决定的均衡价格具有特殊意义，它常常被称为“地租”。图 3.4 中的 R 就是地租。由于此时土地的供给曲线垂直且固定不变，地租完全由土地的需求曲线决定，而与土地的供给曲线无关，它随着需求曲线的上升而增加，随着需求曲线的下降而减少，直至需求曲线降至 Q'，地租消失，即等于零。

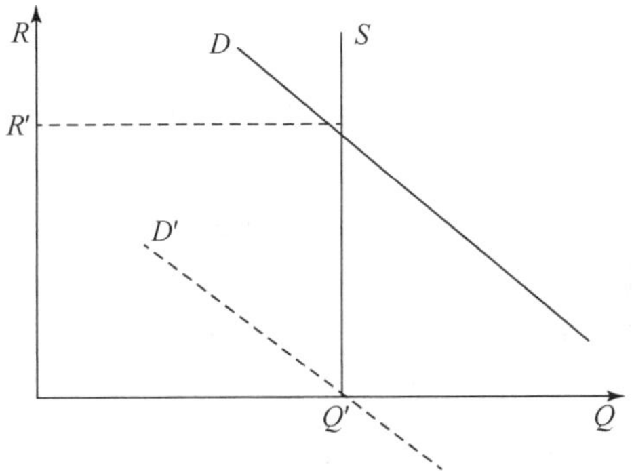

图 3.4　地租的决定示意图

地租产生的根本原因是土地的稀缺，供给不能增加；如果给定不变的土地供给，则地租产生的直接原因是土地需求曲线的右移。土地需求曲线右移是因为土地边际生产力提高和土地产品（如粮食）需求的增加从而导致粮价提高。如果假设技术不变，则地租因土地产品价格的上升而提高，且随着产品价格的上涨不断上涨（高鸿业，2006）。

3. 土地供给的相对固定与经济活动的扩散

新经济地理学认为经济活动是集聚还是分散取决于集聚力和分散力之间的对比关系。经济活动之所以集聚，有三个原因：中间产品的规模经济、劳动力市场的共享和集聚的外部经济性（Krugman，1998）。经济活动地区集中的趋势并不是无止境的，实际上，随着经济活动的日益集中，集聚的不经济性逐渐显现，经济活动空间分布的分散力开始增强，以至于经济活动开始出现空间扩散的趋势。

分散力主要来自三个方面，即非流动的生产要素、土地租金及纯粹的外部不经济性（Krugman，1998）。显然，经济活动的集聚会导致对土地的需求上升。如上所述，土地租金唯一决定于土地需求，随着土地需求的上升，土地租金上升。在其他条件不变的情况下，用地成本的增加必然成为阻止经济活动继续集中的力量，土地租金较为低廉的区域可能成为企业的新选择。

第三节 区域经济发展的微观机制

市场经济条件下，区域经济活动的主体是企业（或厂商）和消费者。市场经济通过价格和市场体系对生产者和消费者的生产和消费进行协调。在市场机制的引导下，消费者和生产者的相互作用，决定了区域的投入和产出，推动着区域产出的增加和经济的发展。

一、价格机制与区域经济运行

经济发展的关键在于社会经济资源的有效配置，而资源配置效率的根本保证是高效运作的市场机制。价格机制在市场机制中居于核心地位。第一，价格是经济信息的传播者，价格的变动情况是反映社会经济活动状况的一面镜子，是市场经济运行的晴雨表。由市场需求和供给共同决定的价格为生产者和消费者提供决策依据，价格波动引发消费与供给的变化，从而对区域投入和产出的总量和结构带来深刻影响。第二，价格是利益分配的调节者，任何价格的变动都会引起生产者和消费者、卖者和买者、供给者和需求者之间利益结构的相应变化。正是价格的这一功能使追求自身利益最大化的市场主体能对价格变动做出敏感反应，主动根据价格变动调整自己的决策，使其行为适应市场的要求。市场经济运行过程中，价格的这两个基本功能是高度统一的，即价格信息既反映资源稀缺程度，又反映市场主体利益变动。这种统一性使得市场主体在谋求自身利益的同时也满足了社会化资源配置的要求，正是在这只“看不见的手”的指挥下，市场主体主观上追求个体利益最大化的行为，客观上导致了社会经济整体的最优发展。

价格的这两个基本功能决定了价格机制能够同时解决经济发展的三大基本问题，即生产什么、如何生产、为谁生产。第一，生产什么商品取决于消费者愿意购买什么商品。市场价格及其变动向企业传播着市场需求的信息，为企业决策提供了直接依据。根据市场信号，在利润最大化动机的驱使下，企业既会因为利润低而离开亏损行业，也会受高利润的吸引转而生产需求较高的产品。第二，如何生产取决于生产要素组合方式、生产技术的成本状况。为了价格竞争和取得最大利润，生产者的最佳方法是采用效率最高的生产技术，将成本降至最低点（萨缪尔森和诺德豪斯，1999）。这里的生产技术既包括技术改进，如完善机器设备性能；也包括改善生产要素投入组合，如资本–劳动比率的改变。生产要素市场提供的要素价格信息是生产者制定最低成本生产技术的重要依据。显然，如果使用资本比使用劳动力成本低，那就提高资本–劳动比率；如果采用一般技术比采用较高技术成本高，那就采用较高技术。第三，为谁生产主要取决于生产要素市场上的供给与需求。要素市场决定了工资、地租、利息和利润等要素的价格水平，根据要素价格信息，可以得出一个人的市场收入。根据这个收入信息，生产者就能做出关于产品如何分配的决策。显然，昂贵商品更可能分配给收入水平高的人，而收入水平低的人更可能购买较便宜的商品。所以，价格能将产品的产量在消费者之间进行分配。

二、空间垄断下的空间定价①

考虑一个企业，其市场在空间上与其他企业的市场相隔开，即空间垄断。在空间上散布着许多企业，且各自的市场区互不接触或重叠的情况下也存在着空间垄断。假设空间垄断，垄断厂商所面临的需求曲线就是市场的需求曲线，面临的供给量就是全行业供给量，所以本节所分析的垄断厂商的定价机制就是整个空间的定价机制。

如果没有空间因素，企业主要基于其生产成本与市场供求状况等因素确定产品价格，实现利润最大化。然而，在空间维度下，企业必须将产品输送至消费市场才能销售给消费者。此时，制定产品价格就必须考虑运输费用了。

（一）垄断厂商的基准定价

基准定价（mill pricing），是指追求利润最大化的企业基于其生产成本，并独立于消费者和其他企业制定产品价格。基准定价实际上是在不考虑空间因素时企业的定价制度。因此，完全可以采用一般的经济学手段来分析垄断厂商的基准定价机制。

为了使利润最大化，垄断厂商必须找到产生最大利润的均衡价格和数量。一个最基本的原则是：垄断厂商的边际收益等于其边际成本时，即实现利润最大化。图 3.5 将垄断厂商的成本曲线和收益曲线结合起来，利润最大化点发生在 MC = MR 的产量上，即两条曲线的交点 *E*。

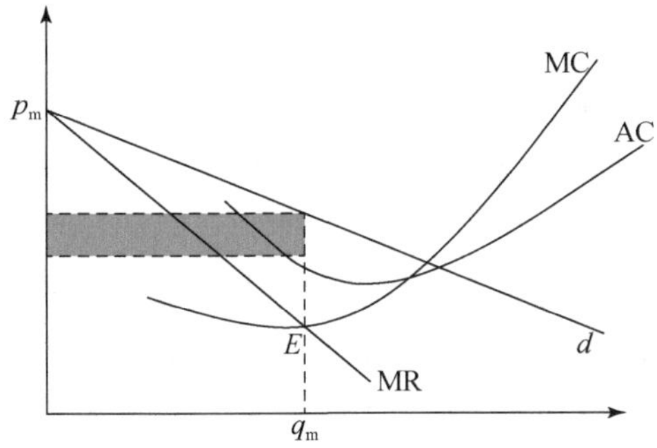

图 3.5　垄断厂商的长期均衡

（二）运输成本与空间定价策略

在空间垄断环境下，垄断厂商的产品定价还必须考虑空间因素。一个基本假设是厂商要把产品运往消费市场，而运输是要花费成本的，因此可以采用运输成本来反映空间因素对垄断厂商定价的影响。受运输成本的影响，垄断厂商的定价策略通常可分为四种：厂方定价、统一定价、基点定价和空间歧视定价。

1. *厂方定价*

当消费者自己把商品从供应商处运回时，这时的价格政策就是厂方定价。这种情况下，在区位 x 处消费者支付的总价格 $p(x)$ 就是基准价格 p_m 加上运输成本 $t(x)$，即 $p(x)=p_m+t(x)$。

运输成本通常是距离的正函数。如果消费者与生产者距离较近，则其承担的运输费用较低；相反，与生产者距离较远的消费者将支付较高的运输费用。正是因为运输成本存在空间差异并由消费者支付，即使生产者索要的基准价格是相等的，消费者实际承担的费用还是会表现出显著的空间差异。图 3.6 表现了厂方定价时，消费者支付产品价格的空间差

① 本节介绍的空间定价仅限于在市场区既定情形下的空间垄断定价机制，关于更为复杂的空间定价问题，如市场区可变情形下的空间垄断定价、需求函数非线性时的垄断空间定价、空间双头垄断情形下的空间定价、空间寡头垄断情形下的空间定价等，请读者参考尼茨坎普（2001）。

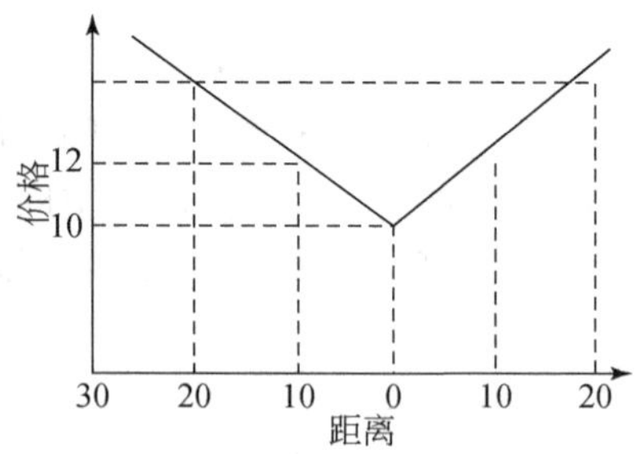

图 3.6　厂方定价时，消费者支付产品价格的空间差异

异。这里假设厂商生产地位于市场区的中心，位于该厂商生产地的消费者支付的产品价格最低，随着与该厂商空间距离越来越远，消费者支付的价格越来越高。总之，在厂方定价时，对消费者而言，产品价格存在显著的空间差异。

2. 统一定价

垄断厂商的统一定价（uniform pricing），是指无论距离厂商多远，消费者都支付同样的交货价格 p_U。此时，厂商对所有消费者索取相同的价格，不随商品到消费者距离的变化而变化，运输成本实际上由厂商负担。统一定价策略实际上是一种对消费者的价格歧视，因为相对于距离厂商较远的消费者，厂商附近的消费者支付了更高的价格。厂商通常对其垄断市场区（即附近的消费市场）采取这种歧视性定价，因为这是它的保护性市场，并且消费者的需求弹性也相对较低（魏后凯，2006）。

3. 基点定价

这实际上是统一定价的一个特例，如果消费者所支付的相同价格取决于某一给定区位消费者支付的价格，此时的定价策略就称为基点定价（basing point pricing），即

$$p(x) = p_U$$

在基点价格系统下，人们遵从一种独特的交货价格模式：任何市场上的价格等于基点处固定出厂价的最低值加上从基点处到该市场的实际运输费用。基点定价策略可能扭曲区位决策和商品流的空间模式，服务于整个市场的大型企业倾向于集中在定价基点的区位，小公司则通常远离基点而服务于附近的小市场。因此，作为基点的地方可能是所售商品的最大供应区域，美国石油价格即为此例。除非政府实行价格管制，人们会发现美国任何一城市中的原油价格都以石油输出国组织（Organization of Petroleum Exporting Countries，OPEC）为波斯湾石油规定的原油价格为基础。在这种情况下，一个把原油从休斯敦运到芝加哥的美国石油生产者可以按运到芝加哥的 OPEC 原油的价格出售（杨云彦，2004）。这种定价策略也可能导致没有必要的交通运输，因为市场区边缘的消费者可能从位于基点的企业购买，而不是从附近的企业购买（魏后凯，2006）。

4. 空间歧视定价

空间歧视价格是指厂商将商品运往不同的消费地，并对各消费地采取不同的销售价格。空间歧视定价是一种更为复杂的价格策略，要求销售者部分或有选择地承担运输费用，不论出厂价还是交货价在对不同市场的销售中都是不同的。

（三）市场区既定时的最优定价

这里主要参考彼得 · 尼茨坎普在 1999 年的研究进一步分析空间垄断环境下各种定价策略的最优价格。假设一个垄断厂商服务于的周围消费者，它拥有一个既定半径为 R 的市场区，且 R 为常量，即 R 对于整个市场而言足够小，不能左右整个市场利润最大解的存在；市场区的消费者密度 $\rho(x)$ 取决于消费者与厂商的距离 x。

消费者的需求函数通过选择适当的价格和计量单位可以标准化为

$$q(x)=1-p(x) \tag{3.5}$$

式中，$p(x)$ 为消费者在区位 x 应支付的总价格。

可以将运输成本简化为距离 x 的线性函数，并且随距离而成比例增加。

$$t(x)=tx \tag{3.6}$$

最后，假设厂商生产的边际成本固定为 c，那么总成本为

$$C(q)=cq \tag{3.7}$$

式中，q 为厂商产出。

作出以上假设后，垄断厂商的利润 G 可以定义为

$$G=\int_0^R [p(x)-c-tx][1-p(x)]\rho(x)\mathrm{d}x \tag{3.8}$$

为了简化式（3.8），设定该厂商服务的消费者总量为 $A=\int_0^R \rho(x)\mathrm{d}x$，平均服务距离为 $\bar{x}=\dfrac{\int_0^R x\rho(x)\mathrm{d}x}{\int_0^R \rho(x)\mathrm{d}x}$。

在厂方定价的情况下，$p(x)=p_{\mathrm{m}}+t(x)$，厂商的利润就可以表示为

$$G_{\mathrm{m}}=(p_{\mathrm{m}}-c)q_{\mathrm{m}} \tag{3.9}$$

式中，$q_{\mathrm{m}}=(1-p_{\mathrm{m}}-t\bar{x})A$ 为总产量。

同样，在统一定价的情况下，$p(x)=p_{\mathrm{U}}$，厂商利润为

$$G_{\mathrm{U}}=(p_{\mathrm{U}}-c-t\bar{x})q_{\mathrm{U}} \tag{3.10}$$

式中，$q_{\mathrm{U}}=(1-p_{\mathrm{U}})A$。

在歧视定价的情况下，$p(x)=P_{\mathrm{D}}(x)$，厂商利润为

$$G_{\mathrm{D}}=\int_0^R [p_{\mathrm{D}}(x)-c-tx][1-p_{\mathrm{D}}(x)]\rho(x)\mathrm{d}x \tag{3.11}$$

通过求导，我们可以确定各种定价策略下的最优空间价格水平分别为

最优厂方价格　$p_{\mathrm{m}}^*=\dfrac{1}{2}(1+c-t\bar{x})$

最优统一价格　$p_{\mathrm{U}}^*=\dfrac{1}{2}(1+c+t\bar{x})$

最优歧视价格　$p_{\mathrm{D}}^*=\dfrac{1}{2}(1+c+t\bar{x})$

比较三个最优价格，可以得到以下结论。

（1）最优统一价格与厂方价格之间的差异恰好等于平均运输成本，即 $p_{\mathrm{U}}^*-p_{\mathrm{m}}^*=t\bar{x}$。这意味着对位于平均距离 $\bar{x}$ 之内（之外）的消费者来说，厂方价格优于（劣于）统一价格。

（2）歧视定价者将承担一半的运输成本。这意味着消费者之间的再交易是无利可图的。

（3）在歧视价格情形下的价格支出等于厂方价格和统一价格支出的平均值，即

$$p_{\mathrm{D}}^*(x)=\frac{1}{2}(p_{\mathrm{m}}^*+tx+p_{\mathrm{U}}^*) \tag{3.12}$$

（4）三种定价策略的平均总价格相等，而且在最优定价情况下，三种定价策略的产出相同，有

$$q_{\mathrm{m}}^{*}=q_{\mathrm{U}}^{*}=q_{\mathrm{D}}^{*}=\frac{1}{2}A(1-c-t\bar{x}) \tag{3.13}$$

此外，最优条件下比较 G_{m} 和 G_{U}，可以发现厂方定价和统一定价的利润相等。由于垄断者控制了每个地方市场利润的最大价格，歧视定价的利润更大。在歧视定价下超过厂方定价或统一定价的利润总额，取决于人口密度 ρ 和市场半径 R。

最后，根据一些社会效率指标，如总运输成本、消费者总支出、单位商品的平均总价格、消费者剩余和社会剩余、利润总和等来评价三种空间定价策略，可以发现厂方定价最好，歧视定价次之，统一定价最糟。

本章课程思政与实践教学设计

<table>
<tr><th>教学环节</th><th>教学过程</th><th>课程思政</th></tr>
<tr><td>问题导入</td><td>区域经济发展与宏观经济发展是同质的，但又具有其独特之处，作为有明确边界、高度开放的区域经济体，区域自身的背景条件也将发挥更为明显的作用。那么，区域经济发展的决定因素具体有哪些呢？</td><td rowspan="2">通过引入中国改革开放前后经济发展的对比，让学生体验到中国特色社会主义制度优越性，感受中国制度自信，提升文化自信，激发民族自豪感和自信心，培育爱国情怀</td></tr>
<tr><td>知识讲解</td><td>1. 介绍并讨论自然资源禀赋与区域经济发展之间相关关系的双重性
2. 讲解自然地理区位与经济地理区位对区域经济发展的影响，以我国改革开放前后区域经济发展战略为例，加强理解
3. 讲解生产要素投入对区域经济发展的促进作用
4. 以罗默的知识溢出模型和卢卡斯的人力资本溢出模型为标志，讲解人力资本的区域经济发展效应，介绍区域人力资本测度的方法
5. 以我国和其他西方国家的区域经济制度为例，讲解制度对区域经济发展的影响
6. 以我国改革开放以来营商环境建设取得的建设经验，讲解营商环境对区域经济发展的影响</td></tr>
<tr><td>启发探究</td><td>区域经济发展是自然资源、区位、劳动、技术等多因素的共同作用，很难将区域经济发展的动力归结为其中某个因素单独变化的结果，那区域经济发展的动力机制究竟是怎样的呢？</td><td rowspan="2">引导学生学会透过现象看本质，区域经济发展受到多种因素的影响，新时代大学生需要具有全局性的广阔视野，养成理性思维，认真分析事物的本质全程</td></tr>
<tr><td>知识讲解</td><td>1. 将凯恩斯的国民收入决定理论引入区域经济分析，揭示总需求拉动区域经济发展的内在动力机制
2. 基于出口基地理论，分析区域外部需求的扩大对区域经济增长的动力机制
3. 从微观经济学角度出发，探讨区域生产要素的供求机制</td></tr>
<tr><td>启发探究</td><td>区域经济活动的主体是企业和消费者，在市场机制的引导下，区域经济的运行与发展又将产生怎样的变化？</td><td rowspan="2">让学生了解到市场机制在推进区域经济发展中的作用，认识到时代责任和历史使命，立志为我国区域协调发展做出贡献</td></tr>
<tr><td>知识讲解</td><td>1. 讲解在价格机制下，市场机制的运作和区域经济的运行
2. 讲解在考虑空间垄断时，厂商的基准定价、运输成本、空间定价策略及最优定价</td></tr>
</table>

续表

教学环节	教学过程	课程思政
答疑与课程小结	1. 预留一定时间供学生提出课程疑问并进行答疑 2. 总结区域经济发展的决定性因素、运行的动力机制和微观机制	巩固理论知识，便于学生拓宽思路，使学生掌握用理论知识解决实际问题的本领

主要参考文献

边雅静，沈利生. 2004. 人力资本对我国东西部经济增长影响的实证分析. 数量经济技术经济研究，(12)：19-24
陈秀山，徐瑛. 2004. 中国区域差距影响因素的实证研究. 中国社会科学，(5)：117-129
程连生. 1995. 中国城市投资环境分析. 地理学报，(3)：240-247
邓宏兵，张振二. 2001. 区域投资环境研究. 武汉：中国地质大学出版社
邓宏兵. 2000a. 投资环境评价原理与方法. 武汉：中国地质大学出版社
邓宏兵. 2000b. 投资环境学. 武汉：中国地质大学出版社
邓宏兵. 2015. 湖北省投资环境竞争力动态监测与分析报告（2005—2014 年）. 武汉：湖北人民出版社
邓宏兵. 2017. 湖北省投资环境竞争力动态监测与分析报告（2015—2017 年）. 武汉：湖北人民出版社
邓宏兵. 2020a. “十四五”时期武汉市投资营商环境创新思路与建议. 决策与信息，(9)：11-13
邓宏兵. 2020b. 湖北省投资环境竞争力动态监测与分析报告（2018—2019 年）. 武汉：湖北人民出版社
邓翔，朱高峰，万春林. 2019. 人力资本对中国经济增长的门槛效应分析——基于人力资本集聚视角. 经济问题探索，(5)：173-181
邓翔，李建平. 2004. 中国地区经济增长的动力分析. 管理世界，(11)：68-76
董利红，严太华. 2015. 技术投入、对外开放程度与“资源诅咒”：从中国省际面板数据看贸易条件. 国际贸易问题，(9)：55-65
杜国明，黎春，何仁伟. 2020. 中国精准扶贫的区域治理思想解析. 资源科学，42（4)：649-660
冯德显，张震宇，荆海军，等. 1993. 河南投资环境研究. 北京：地震出版社
高鸿业. 2005. 西方经济学. 3 版. 北京：中国人民大学出版社
郭文卿. 1994. 大福州地区外向型经济发展与投资环境综合研究. 北京：中国科学技术出版社
郭信昌. 1993. 投资环境分析·评价·优化. 北京：中国物价出版社
郝寿义，安虎森. 2004. 区域经济学 . 2 版. 北京：经济科学出版社
何雄浪，姜泽林. 2016. 自然资源禀赋与经济增长：资源诅咒还是资源福音？——基于劳动力结构的一个理论与实证分析框架. 财经研究，42（12)：27-38
赖明勇，张新，彭水军，等. 2005. 经济增长的源泉：人力资本、研究开发与技术外溢. 中国社会科学，2005，(2)：32-46
李俊杰. 2004. 投资环境研究述评. 人文地理，(5)：34-39
李同升，程叶青. 2002. 我国西部地区大中城市投资环境评价与分析. 人文地理，(8)：80-84
李雪松，伍新木. 2008. 改革开放以来中部地区的发展战略：理论演进与政策思路. 学习与实践，(12)：14-22
李志刚，黄灿，徐文明，等. 2020. 裂变新创企业邻近选址类型划分及其与外部环境的匹配关系——基于扎根理论方法的探索. 管理评论，32（8)：91-105
廖福崇. 2020. 审批制度改革优化了城市营商环境吗？——基于民营企业家“忙里又忙外”的实证分析. 公共管理学报，17（1)：47-58
刘秉镰，朱俊丰，周玉龙. 2020. 中国区域经济理论演进与未来展望 . 管理世界，36（2)：182-194，226
刘娟，唐加福. 2022. 基于文献计量和可视化图谱的营商环境研究述评与展望. 管理评论，34（5)：318-331

刘霆，谭晓萍. 2009. 跨区域流动要素对区域经济发展的影响. 经济地理，29（4）：595-600
刘伟，蔡志洲. 2021. 中国经济发展的突出特征在于增长的稳定性. 管理世界，37（5）：11-23，2
卢现祥. 2004. 新制度经济学. 武汉：武汉大学出版社
鲁明泓. 1997. 外国直接投资区域分布与中国投资环境评估. 经济研究，（12）：37-44
罗浩. 2003. 中国劳动力无限供给与产业区域粘性. 中国工业经济，（4）：53-58
罗斯托. 2001. 经济增长的阶段. 郭熙保，王松茂，译. 北京：中国社会科学出版社
马克思，恩格斯. 1974. 马克思恩格斯全集. 第二十三卷. 中共中央马克思恩格斯列宁斯大林著作编译局，译. 北京：人民出版社
毛汉英. 1994. 粤东沿海地区外向型经济发展与投资环境研究. 北京：中国科学技术出版社
尼茨坎普. 2001. 区域和城市经济学手册（第1卷）区域经济学. 安虎森，译. 北京：经济科学出版社：28-30
诺斯. 1994. 经济史中的结构与变迁. 陈郁，罗华平，译. 上海：上海三联出版社，上海人民出版社
诺斯，托马斯. 1999. 西方世界的兴起. 厉以平，蔡佳，译. 北京：华夏出版社
濮励杰，周生路，彭补拙，等. 1998. 江苏省外向型经济投资环境研究. 经济地理，（3）：99-103
萨缪尔森，诺德豪斯. 1999. 微观经济学. 16版. 萧琛，译. 北京：华夏出版社
沈坤荣. 1999. 1978—1997年中国经济增长因素的实证分析. 经济科学，（4）：14-24
沈玉芳，马淑燕. 1999. 长江沿江主要城市投资环境评价及其产业布局拓展的方向研究. 经济地理，（3）：41-46
石忆邵，洪琳，张洪武. 2003. 中国投资环境评价方法论研究. 同济大学学报（社会科学版），（2）：65-71
世界银行. 1988. 1987年世界发展报告. 北京：中国财政经济出版社
舒尔茨. 1968. 制度与人的经济价值的不断提高//科斯，阿尔茨，塔斯，等. 财产权利与制度变迁. 刘守英，译. 上海：上海三联出版社，上海人民出版社
斯日吉模楞，毛培. 2019. 资源型地区自然资源对经济增长影响的实证分析——基于2000—2016年中国重点煤炭城市样本. 自然资源学报，34（12）：2491-2503
宋瑛，陈纪平. 2014. 政府主导、市场分割与资源诅咒——中国自然资源禀赋对经济增长作用研究. 中国人口·资源与环境，24（9）：156-162
苏亚芳. 1994. 城市投资环境的评价模型及应用. 地理研究，（3）：14-24
锁利铭，李雪. 2018. 区域治理研究中"商品（服务）特征"的应用与影响. 天津社会科学，（6）：82-86
锁利铭. 2020. 制度性集体行动框架下的卫生防疫区域治理：理论、经验与对策. 学海，（2）：53-61
谭崇台. 2001. 发展经济学. 太原：山西经济出版社
王青兰，谷奇峰，曲强. 2019. 区域合作治理的困境与突破——基于区块链物流技术的治理模型. 物流技术，38（11）：113-120
王腾飞. 2023. 区域经济发展的知识动力及其多区位机制. 地理科学进展，（4）：782-795
魏后凯. 2006. 现代区域经济学. 北京：经济管理出版社
魏敏，李国平. 2005. 基于区域要素极化式聚集的梯度推移粘性研究. 财贸研究，（1）：1-5，42
文余源. 2001. 中国主要城市产业对象性投资环境评价——以信息产业为例. 现代城市研究，（3）：23-26
武剑. 1999. 储蓄、投资和经济增长——中国资金供求的动态分析. 经济研究，（11）：29-38
夏后学，谭清美，白俊红. 2019. 营商环境、企业寻租与市场创新——来自中国企业营商环境调查的经验证据. 经济研究，54（4）：84-98
谢丽霜. 2005. 产业梯度转移滞缓原因及西部对策研究. 中央民族大学学报（哲学社会科学版），32（5）：11-16
徐大图，黄东兵，刘尔成. 1993. 开放城市投资环境评价指标及评价方法研究. 中国软科学，（3）：37-41
徐大图，黄东兵. 1993. 投资环境的评价与改善. 天津：天津科学技术出版社
徐辉，周孝华. 2020. 制度环境、产融结合对企业创新绩效的影响研究. 科学学研究，38（1）：158-168
徐康宁，王剑. 2006. 自然资源丰裕程度与经济发展水平关系的研究. 经济研究，（1）：78-89
徐康宁. 2006. 产业聚集形成的源泉. 北京：人民出版社
杨江敏，黄耿志，薛德升. 2022. 西方区域环境治理研究进展及其对粤港澳大湾区的启示. 热带地理，42（2）：293-304

杨云彦，秦尊文. 2004. 论“中部崛起”与武汉城市经济圈建设. 中南财经政法大学学报，(6)：3-8，126
杨云彦. 2004. 区域经济学. 北京：中国财政经济出版社
姚先国，张海峰. 2008. 教育、人力资本与地区经济差异. 经济研究，(5)：47-57
叶飞文. 2004. 要素投入与中国经济增长. 北京：北京大学出版社
余中元. 2020. 基于流域社会生态系统的海南区域治理体系优化调整研究. 海南师范大学学报（自然科学版），33（3）：287-298
张敦富. 1993. 中国投资环境. 北京：化学工业出版社
张国勇，娄成武. 2018. 基于制度嵌入性的营商环境优化研究——以辽宁省为例. 东北大学学报（社会科学版），20（3）：277-283
张培刚. 2001. 发展经济学教程. 北京：经济科学出版社
张衔春，栾晓帆，李志刚. 2020. “城市区域”主义下的中国区域治理模式重构——珠三角城际铁路的实证. 地理研究，39（3）：483-494
Arrow K J. 1962. The economic implications of learning by doing. Review of Economic Studies, 29 (3): 155-173
Barro R J, Lee J. 1993. International comparisons of educational attainment. Journal of Monetary Economics, 32 (3): 363-394
Barro R J, Lee J. 1996. International measures of schooling years and schooling quality. American Economic Review, Papers and Proceedings, 86 (2): 218-223
Barro R J, Lee J. 2001. International data on educational attainment: updates and implications. Oxford Economic Papers, 53 (3): 541-563
Barro R J. 2001. Human capital and growth. American Economic Review. Papers and Proceedings, 91 (2): 12-17
Belas J, Demjan V, Habanik J, et al. 2015. The business environment of small and medium-sized enterprises in selected regions of the Czech republic and Slovakia. E & M Ekonomie a Management, 18 (1): 95-110
Bhatta S D, Lobo J. 2000. Human capital and per capita product: a comparison of US States. Papers in Regional Science, 79 (4): 393-411
Business D W B. 2018. Doing business 2019: training for Reforms. Washington D. C.: World Bank Publication
Castelló A, Doménech R. 2002. Human capital inequality and economic growth: some new evidence. Economic Journal, 112 (478): 187-200
Coase R H. 1992. The institutional structure of production. American Economic Review, 82 (4): 713-719
Eisner R. 1985. The total incomes system of accounts. Survey of Current Business, 65 (1): 24-48
Eling M, Schaper P. 2017. Under pressure: how the business environment affects productivity and efficiency of european life insurance companies. European Journal of Operational Research, 258 (3): 1082-1094
Florida R, Kenney M. 1992. Restructuring in place, Japanese investment, production organization, and the geography of steel. Economic Geography, 68 (2): 174-187
Florida R, Kenney M. 1994. The globalization of Japanese R&D: the economic geography of Japanese R&D investment in the United States. Economic Geography, 70 (4): 344-369
Forslid R. 1999. Agglomeration With human and physical capital: an analytically solvable case. London: CEPR Discussion Papers 2102
Fujita M, Krugman P, Venables A J. 1999. The Spatial Economy: Cities, Regions, and International Trade. Cambridge: MIT Press
Giannetti M. 2001. Skill complementarities and migration decisions. Labour, 15 (1): 1-32
Giannetti M. 2003. On the mechanics of migration decisions, skill complementarities and endogenous price differentials. Journal of Development Economics, 71 (2): 329-349
Griliches Z. 1969. Capital-skill complementarity. Review of Economics & Statistics, 51 (4): 465-468
Gylfason T, Herbertsson T, Zoega G. 1999. A mixed blessing: natural resources and economic growth. Macroeconomic Dynamics, 3: 204-225
Habakkuk H J. 1962. American and British Technology in the Nineteenth Century. Cambridge: Cambridge University Press

Hanson Ⅱ J R. 1996. Human capital and direct investment in poor countries. Explorations in Economic History, 33 (1): 86-106

Herrick B, Kindleberger C P. 1983. Economic Development. 4th ed. New York: McGraw-Hill

Kang D, Lee J, Kim K. 2010. Alignment of business enterprise architectures using fact based on tologies. Expert Systems with Applications, 37 (4): 3274-3283

Krueger A B. 1999. Measuring labor's share. American Economic Review, Papers and Proceedings, 89 (2): 45-51

Krueger A O. 1968. Factor endowment and per capita income difference among countries. Economic Journal, 78: 641-658

Krugman P. 1980. Scale economies, product differentiation, and pattern of trade. American Economic Review, 70 (5): 950-959

Krugman P. 1991. Increasing returns and economic geography. Journal of Political Economy, 99 (3): 483-499

Krugman P. 1998. What's new about the new economic geography. Oxford Review of Economic Policy, 14 (2): 7-17

Krusell P, Ohannian L E, Rios-Rull J, et al. 2000. Capital-skill complementarity and inequality: a macroeconomic analysis. Econometrica, 68 (9): 1029-1053

Kuznets S. 1971. Economic Growth of Nations. Cambridge: Harvard University Press

Lee J, Barro R J. 2001. Schooling quality in a cross-section of countries. Economica, 68 (272): 465-488

Lewis W A. 1954. Economic development with unlimited supplies of labor. Manchester School of Economics and Social Studies, 22 (5): 139-191

Lucas R E Jr. 1988. On the mechanics of economic development. Journal of Monetary Economics, 22 (1): 3-42

Lucas R E Jr. 1990. Why doesn't capital flow from rich to poor countries. American Economic Review, 80 (2): 92-96

Martin M G, Herranz A. 2004. Human capital and economic growth in spanish regions. International Advances in Economic Research, 10 (4): 257-264

Martin R, Sunley P. 1996. Paul Krugman's geographic economics and its implications for regional development: a critical assessment. Economic Geography, 72: 259-292

Masahisa F, Krugman P, Venables A J. 1999. The Spatial Economy: Cities, Regions, and International Trade. Cambridge: MIT Press

Matsuyama K. 1995. Complementarities and cumulative processes in models of monopolistic competition. Journal of Economic Literature, 33 (6): 701-729

Moomaw R L, Mullen J K, Williams M. 2002. Human and knowledge capital: a contribution to the empirics of state economic growth. Atlantic Economic Journal, 30 (1): 48-60

Mulligan C B, Sala-i-Martin X. 1997. A labor income-based measure of the value of human capital: an application to the states of the United States. Japan and the World Economy, 9 (2): 159-191

Noorbakhsh F, Paloni A, Youssef A. 2001. Human capital and FDI inflows to developing countries: new empirical evidence. World Development, 29 (9): 1593-1610

North D C. 1955. Location theory and regional economic growth. Journal of Political Economy, 63 (3): 243-258

North D C. 1968. Sources of productivity change in ocean shipping, 1600－1850. Journal of Political Economy, 76 (5): 953-970

North D C. 1991. Institutions. Journal of Economic Perspectives, 5 (1): 97-112

Ottaviano G, Puga D. 1998. Agglomeration in the global economy: a survey of the "new economic geography". World Economy, 21: 707-731

Papyrakis E, Gerlagh R. 2004. The resource curse hypothesis and its transmission channels. Journal of Comparative Economics, 32 (1): 181-193

Prajogo D. I. 2016. The strategic fit between innovation strategies and business environment in delivering business performance. International Journal of Production Economics, 171 (2): 241-249

Romer P M. 1986. Increasing return and long-run growth. Journal of Political Economy, 94 (5): 1002-1037

Romer P M. 1990. Endogenous technological change. Journal of Political Economy, 98 (5): 71-102

Sachs J D, Warner A M. 1999. The big push, natural resource booms and growth. Journal of Development Economics, 59 (1): 43-76

Sachs J D, Warner A M. 2001. Natural resources and economic development: the curse of natural resources. European Economic Review, 45 (4-6): 827-838

Schultz T W. 1961. Investment in human capital. American Economic Review, 51 (1): 1-17

Scully G W. 1988. The institutional framework and economic development. Journal of Political Economy, 96 (3): 652-662

Stobaugh R B. 1969. How to analyze foreign investment climates. Harvard Business Review, 47 (5): 100-108

Solow R M. 1956. A Contribution to the theory of economic growth. Quarterly Journal of Economics, 70 (2): 65-94

Temple J. 1999. A positive effect of human capital on growth. Economic Letters, 65 (1): 131-134

Tiebout C M. 1956. Exports and regional economic growth. The Journal of Political Economy, 64 (2): 160-164

Wang D, Li Z. 2003. Knowledge disparity and regional inequality in post-reform China. Post-Communist Economies, 15 (3): 383-399

Wanke P, Tan Y, Antunes J, et al. 2020. Business environment drivers and technical efficiency in the chinese energy industry: a robust bayesian stochastic frontier analysis. Computers & Industrial Engineering, 144 (1): 106487

Wheeler D, Mody A. 1992. International investment location decision: the case of U. S. firms. Journal of International Economics, (8): 89-103

第四章　区域经济增长

区域经济从不发达到发达要经历漫长的演变过程，在其不同的发展阶段，要素供给、经济结构等也会呈现不同的特征，对区域经济增长演变过程的研究将有助于推动区域经济的发展和区域经济发展战略的制定。

第一节　区域经济增长阶段

一、一般区域的经济增长阶段

（一）待开发阶段

在这一阶段，传统农业占主导地位，经济发展水平和劳动生产率低下，劳动成果仅能满足生产者基本生存的需要，剩余产品较少，区域资本供给能力不足，同时受传统观念和收入水平的束缚，基础教育落后，劳动者文化素质低下，储蓄能力弱，区域资本形成不足，难以推动第二产业和第三产业的发展，因此区域经济结构落后，经济增长缓慢。

（二）成长阶段

随着区域优势资源的逐步开发和区域资本积累能力的增强，区域工业化的发展速度随之加快，工业逐渐超过农业并成为区域经济的主导部门。由于工业的劳动生产率相对较高，农业劳动力逐渐向工业部门转移，区域平均劳动生产率得到提高，居民收入和储蓄能力随之加强，区域资本的供给能力增强，推动了区域经济的发展，而区域经济的发展又带来经济结构的变化。在农业生产中，随着人们消费水平的提高，农产品的需求结构发生变化，畜牧业在农业中的地位增强，经济作物种植面积扩大；在工业生产中，资本密集型产业的发展速度加快，工业产品不仅满足区内的需求，而且向区外输出。随着区域与外界联系能力的增强，交通、通信等配套基础设施的建设也日趋完善，其他服务业也迅速发展。在这一阶段，劳动生产率不断提高，资本供给能力增强，经济结构明显优化，经济增长速度加快。

（三）成熟阶段

随着区域经济增长速度的加快，区域经济基本实现了现代化，第三产业的发展速度加快，要素配置效率提高，技术创新能力增强，劳动力价格逐步提高，劳动密集型产业逐渐被资本密集型产业所取代，区域产业结构进入高级化阶段。对农业而言，技术进步促进了农业劳动生产率的提高；对工业而言，自动化程度日益提高，向外输出的主要是附加值和技术含量高的中间产品和最终产品，产品在国内外市场竞争能力的增强已成为推动工业增长的主要动力。随着工农业的发展，交通、通信业、金融、保险、咨询、技术服务等产业也得到迅速发展。在这一阶段，技术创新能力增强，产业结构不断升级，区域经济增长速度较成长阶段更快。

（四）高级化阶段

在这一阶段，经济完全实现现代化，技术和组织创新能力的增强已成为推动经济增长的重要因素，大型企业迅速形成并不断扩大，区域经济与外界联系能力增强，向区域输出的不仅是技术含量高的物质产品，还包括技术、资本和其他服务。区域产品国际竞争能力的增强极大地推动了区域经济的增长，区域经济已步入高级化阶段，人们不再仅仅追求物质享受，对高层次精神生活的追求也成为一种时尚，这种需求的变化带动了第三产业的发展，也推动了区域经济的快速增长。

二、罗斯托的经济成长阶段论

美国著名经济学家罗斯托长期致力于经济成长阶段的研究，他在《经济增长的阶段》一书中，将人类社会发展划分为以下六个经济成长阶段（罗斯托，2001）。

（一）传统社会阶段

在这一阶段，社会生产力水平低下，产业结构单一，经济活动主要局限于传统的农业活动，其他产业不发达，区域经济增长缓慢。

（二）为“起飞”创造前提阶段

罗斯托认为，“起飞”指突破经济传统的停滞状态。区域经济要想实现“起飞”，必须具备以下三个条件：①具有较高的资本积累能力，资本积累占国民收入的10%以上。可通过三个途径实现：私人储蓄；政府发行债券、征税和出让公有土地；国外（或区外资本输入）。②建立“起飞”的主导部门。该主导部门发展速度快，既能带动其他部门，又能赚取外汇，以便引进技术和购买外国产品。③要有制度上的改革，即建立一种能保证“起飞”的制度。

以上三个条件之所以是区域经济实现“起飞”的前提，罗斯托认为主要基于以下三个原因：①较高比例的资本积累可确保经济增长的资本需求。②主导部门的建立和发展带来的外汇收入，可用来引进先进技术，同时，实行保障投资利益的制度变革有利于外国直接投资建厂，带来新技术。③主导部门的建立会产生连锁效应，即主导部门的建立可带动其他部门的发展，从而引起区域经济的变化，为经济发展所需要的原料生产、交通运输、劳动力供给提供保证。

（三）“起飞”阶段

罗斯托认为，在人类社会经济成长的六个阶段中，“起飞”阶段相当于工业化初期，即一个具有决定性意义的转折时期。在这一阶段，基本经济结构和生产方式将发生剧烈变化，意味着技术的吸收并产生扩散性结果。

罗斯托认为，在“起飞”阶段，限制经济增长的主要是主导部门的“减速趋势”。引起主导部门减速的原因有多种，如人口增长率的下降、新兴国家或地区的竞争、资本供给的不足、与主导部门配套的其他产业部门发展缓慢、企业家才能的减退、消费倾向的下降等，这些原因都不可忽视，但其中的主要原因是工业部门技术改造的缓慢和停滞（马嫣然等，2023）。罗斯托认为，经济的“起飞”主要是因为主导部门采用了先进技术，扩大了市场，增加了资本积累，从而带动整个国民经济的发展，但经过一段时间后，当初的先进技术及其影响已经扩散到整个经济部门中，必然会导致工业部门技术改造的缓慢，主导部门的“减速趋势”不可避免。因此，一个社会要想保持较高的平均增长率，必须不断地采用新技术，产生新的主导部门。新主导部门通过技术扩散和利润的再投资可带动其他部门的发展，从而实现经济的另一次“起飞”。

（四）成熟阶段

罗斯托认为，经济实现“起飞”后，经过较长时间的持续成长，才能达到成熟阶段。在这一阶段，经济中已经吸收了先进的技术成果并推广到其他部门，工业向多样化发展，主导部门为铁路、钢铁工业、通用机械、电力工业和造船工业等重型工业和制造业综合体系。

从起飞阶段到成熟阶段，经济成长主要依靠对工业设备部门的投资，这种投资虽然能带动工业部门的增长，但也具有一定的局限性。这种局限性主要体现在：以对工业部门投资为基础的这种经济成长，在先进技术已被充分吸收并被应用于大多数生产部门之后，将不可避免地出现“减速趋势”，为了终止这种趋势，必须向更高级的新的成长阶段过渡。罗斯托认为，这种新成长阶段的出现并不是偶然的，在这一过渡过程当中，成熟阶段具有一定的诱导作用：①经济的成熟带来了新型产品——汽车的出现；②经济的成熟引起了劳动力结构的变化，城市居民人数和人们的收入均有所增加；③随着收入的增加，人们对高档消费品的需求也增加，这促使社会必须投入更多的资源满足人们需求的变化。在这些诱导作用的影响下，以汽车为主导部门的“高额群众消费阶段”必然形成。

（五）高额群众消费阶段

在这一阶段，工业高度发达，主导部门为汽车工业部门综合体系。该体系不仅包括汽车本身，还包括与汽车工业具有回顾效应的钢铁工业、橡胶轮胎工业、石油精炼工业等部门，以及与汽车工业具有旁侧效应的私人住宅建筑、高速公路建设等部门。罗斯托认为，在高额群众消费阶段，必须保持相当高的消费者需求水平，否则耐用消费品生产部门和各相关部门将会开工不足，从而缩减投资利益，经济成长将不能得到保证。

（六）追求生活质量阶段

罗斯托认为，由于存在主导部门的减速趋势，高额群众消费阶段同样也会被新的成长阶段所代替，这一新的成长阶段即为追求生活质量阶段。这一阶段的主导部门为教育、卫生保健、住宅建筑、城市和郊区的现代化建设、社会福利等提高人们生活质量的有关部门。

罗斯托认为，并不是只有工业生产部门需要提高劳动生产率，在服务业中引进新技术，也可提高服务业的劳动生产率。因此，主导部门由汽车转向服务部门之后，仍有进一步“创新”的可能性，这种创新不仅包括技术创新，还包括组织创新，即企业为适应市场而采取新的经营方式。

罗斯托还认为，在进入“追求生活质量阶段”之前，满足居民需求的任务往往由私人资本完成，政府作用主要是维持比较充分的就业，在进入“追求生活质量阶段”以后，提高居民生活质量的重任将不仅仅由私人资本实现，政府也会把利用公共支出增加福利作为一项中心任务来完成。随着政府公共支出的日益增加，政府将和私人经济共同合作满足居民的各项需求，提高人们生活质量。

罗斯托关于“起飞”、主导部门及经济成长阶段交替机制的研究，在分析和判断区域成长阶段方面具有一定的合理性，但该理论也存在一定的局限性：罗斯托强调了物质资本累积和确认主导产业部门的重要性，但对资本积累过程中的“贫穷恶性循环”并没有给出解决办法。该理论是在分析发达国家经济演变的过程中实现的，它是否适应于发展中国家，还有待历史的检验（张敦富，2013）；罗斯托理论的基本研究单位是国家，在进行区域经济演变历程的研究时，不能完全照搬，还要根据区域经济发展的特点进行研究。例如，对于基础薄弱的区域而言，虽然其积累率很高，但其发展水平仍可能处于传统阶段；从主导产业来看，由于各区域具体情况存在较大差异，各区域主导产业的更替也会存在较大差异。对区域成长阶段进行判断时，没有统一模式，要根据区域发展的实际情况进行具体分析。

第二节　区域经济增长理论

一、新古典区域经济增长理论

自哈罗德和多马建立了经济增长模型后，许多经济学家投入到经济增长理论的研究中，其中，索洛和斯旺对哈罗德-多马经济增长模型进行了修正，形成了一种新的增长模式，即索洛-斯旺经济增长模型，又称新古典经济增长模式。该模式首先作出如下假设：①资本和劳动之间存在替代关系，即资本-劳动的比率是可变的；②产出的增长由资本和劳动共同决定，且资本与劳动的边际生产力呈递减趋势；③市场是完全竞争的，价格机制起主要作用；④不存在技术进步，或技术进步属于哈罗德中性技术，其变化不影响资本-产出的比率，因而规模收益不变。

在上述假定下，索洛和斯旺建立了方程：

$$Y=f(K,\ L) \tag{4.1}$$

式中，Y为产出；K为资本；L为劳动。式（4.1）表明，产出水平取决于资本和劳动投入量的大小。

如果考察产出增量，式（4.1）可以写为

$$\Delta Y=\Delta K\cdot \mathrm{MP}_K+\Delta L\cdot \mathrm{MP}_L \tag{4.2}$$

式中，ΔK为资本存量的增量；ΔL为劳动的增量；MP_K、MP_L分别为资本边际生产力和劳动边际生产力，它们分别取决于：

$$\Delta K=SY \tag{4.3}$$

$$\Delta L=L_0\mathrm{e}^{nt} \tag{4.4}$$

$$\mathrm{MP}_K=\frac{\Delta Y}{\Delta K} \tag{4.5}$$

$$\mathrm{MP}_L=\frac{\Delta Y}{\Delta L} \tag{4.6}$$

式（4.3）中，资本存量的增量取决于储蓄率（S）与产出水平（Y）。式（4.4）中，L_0为总就业量；n为人口自然增长率；t为时间。式（4.4）表明，劳动力的增加取决于总就业量、人口自然增长率和时间。式（4.5）表明，资本边际生产力等于资本的边际产出。

式（4.6）表明，劳动边际生产力等于劳动的边际产出。

式（4.2）表明，产出的增加取决于资本和劳动的增量，以及资本和劳动的边际生产力。

在式（4.2）的两边分别除以 Y 可得

$$\frac{\Delta Y}{Y}=\frac{\Delta K\cdot \mathrm{MP}_K}{Y}+\frac{\Delta L\cdot \mathrm{MP}_L}{Y}=\frac{\Delta K}{K}\cdot\frac{K\cdot \mathrm{MP}_K}{Y}+\frac{\Delta L}{L}\cdot\frac{L\cdot \mathrm{MP}_L}{Y} \tag{4.7}$$

在式（4.7）中，令

$$\frac{K\cdot \mathrm{MP}_K}{Y}=a,\quad \frac{L\cdot \mathrm{MP}_L}{Y}=b, \tag{4.8}$$

其中，$a+b=1$（由 $Y=K\cdot \mathrm{MP}_K+L\cdot \mathrm{MP}_L$ 可知），则式（4.7）变形为

$$\frac{\Delta Y}{Y}=a\left(\frac{\Delta K}{K}\right)+b\left(\frac{\Delta L}{L}\right) \tag{4.9}$$

式（4.9）为索洛–斯旺经济增长模型。该模型表明，经济增长是由资本和劳动的增长率及边际生产力决定的，通过调节生产要素投入的边际生产力，可对资本–产出的比率进行调节，从而实现理想的均衡增长。

索洛–斯旺经济增长模型以技术不变为前提条件，无法体现技术进步对经济增长的贡献，基于此，索洛和米德在索洛–斯旺经济增长模型中引入技术进步和时间因素，建立了索洛–米德经济增长模型。该模型假定：①生产要素的投入等于它们的边际产品；②总量生产函数的变化是线性的；③技术变化是中性的，即技术进步可以提高产出水平，但不改变资本和劳动的比率（郝寿义和安虎森，1999）。

基于以上假设，索洛和米德建立了方程：

$$Q=A(t)f(K,L) \tag{4.10}$$

式中，Q 为产量；K 和 L 分别为资本和劳动要素投入；$A(t)$ 为生产函数随时间变化的累积效果。

对式（4.10）求导可得

$$\frac{\dot{Q}}{Q}=\frac{\dot{A}}{A}+A\frac{\partial f}{\partial K}\cdot\frac{\dot{K}}{Q}+A\frac{\partial f}{\partial L}\cdot\frac{\dot{L}}{Q} \tag{4.11}$$

式中，字母上的点表示对时间的导数。

假定 $W_K=\frac{\partial Q}{\partial K}\cdot\frac{K}{Q}$ 和 $W_L=\frac{\partial Q}{\partial L}\cdot\frac{L}{Q}$ 分别表示资本和劳动的相对收入份额，并注意到 $\frac{\partial Q}{\partial K}=A\frac{\partial f}{\partial K}$，$\frac{\partial Q}{\partial L}=A\frac{\partial f}{\partial L}$。

则式（4.11）变形为

$$\frac{\dot{Q}}{Q}=\frac{\dot{A}}{A}+\frac{\partial Q}{\partial K}\cdot\frac{K}{Q}\cdot\frac{\dot{K}}{K}+\frac{\partial Q}{\partial L}\cdot\frac{L}{Q}\cdot\frac{\dot{L}}{L}, \text{即} \frac{\dot{Q}}{Q}=\frac{\dot{A}}{A}+W_K\cdot\frac{\dot{K}}{K}+W_L\cdot\frac{\dot{L}}{L} \tag{4.12}$$

令 $\frac{\dot{Q}}{Q}=\frac{\Delta Y}{Y}$，$\frac{\dot{A}}{A}=\frac{\Delta T}{T}$，$W_K=a$，$W_L=b$，$\frac{\dot{K}}{K}=\frac{\Delta K}{K}$，$\frac{\dot{L}}{L}=\frac{\Delta L}{L}$，则式（4.12）可以写为

$$\frac{\Delta Y}{Y}=a\left(\frac{\Delta K}{K}\right)+b\left(\frac{\Delta L}{L}\right)+\frac{\Delta T}{T} \tag{4.13}$$

式（4.13）为索洛-米德经济增长模型。该模型表明，经济增长取决于资本和劳动的增长率、资本和劳动各自相对收入的份额，以及随时间变化的技术变化。该模式的意义如下：①该模式假定资本-劳动比率可以变化，暗含通过调节资本-劳动比率调节经济增长的含义。当资本-劳动的比率增加时，劳动的边际生产力随之提高，而资本的边际生产力随之降低。因此，当区域 i 的资本-劳动比率大于区域 j 时，劳动力将从区域 j 迁入区域 i，资本则从区域 i 流入区域 j，通过资本和劳动力在区域间流动，可以提高要素的配置效率，从而实现区域的平衡增长。②该模式强调了市场机制的调节作用，即通过市场机制而不是国家对资本-产出比率进行调节。在市场机制下，要素可以在区域之间合理流动，从而有利于区域经济均衡增长。③该模式首次强调了技术进步对经济增长的贡献，从而突破了传统经济增长理论中认为资本积累是经济增长重要决定因素的束缚，有利于分析技术进步对经济增长的影响。

除上述重要意义外，新古典经济增长模式也存在一定缺陷：它将所有除劳动和资本要素对经济增长贡献份额之外的全部剩余都归于技术进步，不利于分析技术进步对经济增长的真实贡献。

二、区域经济均衡增长理论

均衡增长，是指在整个工业或国民经济的各部门中，按同一比率或不同比率同时、全面地进行大规模投资，从而使各部门间实现相互配合和支持的全面发展。这一增长模式将经济系统看作不可分的整体，强调各部门之间的均衡发展和产品市场全面形成（安虎森，2008）。根据所强调侧重点的不同，区域经济均衡增长理论可分为 3 种类型（于同申，2002）：极端的区域经济均衡增长理论、温和的区域经济均衡增长理论和完善的区域经济均衡增长理论。

（一）极端的区域经济均衡增长理论

该理论主张对区域各工业部门同时、按同一比率进行大规模投资，从而使整个工业按同一速度实现全面增长，主要代表人物是罗森斯坦·罗丹。1943 年，他在《东欧和东南欧国家的工业化问题》一书中指出，实现工业化是使发展中国家脱贫的最好方式。为实现工业化，必须保证充足的资本供给，资本供给、储蓄和市场需求三者是紧密联系的。因此，小规模、个别部门的投资难以解决问题，必须对工业部门进行大规模投资，即实现“大推进”式的经济发展战略，才能使各工业部门间实现相互依赖、互为市场的均衡发展。同时，罗森斯坦-罗丹还认为，在投资过程中，为了避免某些部门出现过度增长，还必须按同一比率进行，这样才能保证各工业部门按同一增长速度实现均衡增长。

（二）温和的区域经济均衡增长理论

该理论主张对国民经济各部门同时但按不同速率进行大规模投资，从而使各部门按不同比率实现全面发展，代表人物是纳克斯。他在《不发达国家的资本形成》一书中提出了著名的贫困恶性循环理论。他认为，发展中国家收入低下导致储蓄率低下、资本供给不足、需求市场狭小、投资引诱不足，从而使其陷入贫困恶性循环陷阱。为摆脱贫困，发展中国家必须增加投资，扩大市场，从而增加人均收入，产生足够的投资刺激，保证一定水平的经济增长率。值得一提的是，纳克斯特别强调市场容量对经济增长的影响，认为只有同时、全面地对各部门投资，才能打破贫困陷阱，实现整个经济的全面快速增长。

虽然纳克斯主张同时、全面地对各部门进行投资，但他并不认为投资应该按同一比率进行，因为各部门的需求价格弹性和收入弹性存在差异，因此应根据各部门的实际情况选择适当的投资比率。对需求和收入弹性大的部门而言，投资比率应该加大，因为需求和收入弹性大，表明该部门发展不足，生产有扩张的潜力。因此，对该部门加大投资，可以获得极高的回报率，从而保证经济的快速增长。相反，对于需求和收入弹性小的部门而言，投资比率应该缩小，因为该部门已具有较快的发展速度。因此，以较小的速率进行投资可使其与其他部门保持平衡。

（三）完善的区域经济均衡增长理论

该理论综合了前面两种理论的观点，是一种折中的均衡增长理论，代表人物是斯特里顿。斯特里顿一方面强调大规模投资对国民经济各部门实现均衡发展的重要性，另一方面也认为应该根据不同部门需求价格弹性和收入弹性的不同选择不同的投资比率。因此，他的理论综合了罗森斯坦-罗丹和纳克斯理论的观点，把均衡增长作为长期目标，把不均衡增长作为实现均衡增长的手段，是一种比较完善的均衡增长理论。

斯特里顿之所以提出折中的均衡增长理论，主要基于如下考虑：发展中国家普遍存在一种“欲望合成代谢”，即当人们的某些基本欲望解决后，就会产生新的欲望。因此有些部门或产品的需求暂时得到满足后，会因为人们的需求转移引起有效需求不足，而其他部门的有效需求则出现过剩。基于此，对各部门的投资不能按同一比率进行，应该优先对某些主导部门进行投资，这种方式虽然会暂时导致经济增长的不均衡，但从长期来看，它将有利于经济发展各项障碍的消除，从而使各部门最终实现均衡增长。

上述三种形式的均衡增长理论都强调大规模投资对实现全面、均衡增长的重要性，但在发展中国家，由于存在资金短缺和人才不足，加之市场经济体制不完善，不可能筹集大量资金并按一定比例分配到各部门，实现大推进的均衡增长战略显然会遇到很多阻碍，均衡增长理论必然会被非均衡增长理论所代替。

三、区域经济非均衡增长理论

区域经济非均衡增长理论认为，在市场经济体制下，由于存在规模经济和聚集经济效益，经济增长往往倾向于集中在某些地方，区域经济增长是不均衡的。该理论的主要代表人物是佩鲁、缪尔达尔、赫希曼和弗里德曼。

（一）佩鲁的增长极理论

增长极的概念和理论，最初由法国经济学家佩鲁于20世纪50年代初提出，1955年他在《增长极概念的解释》一文中正式提出“增长极”概念，并在1961年出版的《二十世纪的经济》一书中，对增长极理论进行了充分阐述。佩鲁认为增长并非同时出现在所有的地方，它以不同强度首先出现在一些增长点或增长极上，然后通过不同的渠道向外扩散，并对整个经济产生不同的最终影响。佩鲁的增长极理论以支配学说或不平等动力学为基础。他认为社会是一个异质集合体，由于种种原因，社会内部的各个组织与团体之间存在着一种不平等的相互关系，即支配与被支配的关系。支配作用产生于历史的、偶然的原因，或产生于结构、制度方面的因素。支配单位可以是企业、部门，也可以是地区、国家。在经济生活中，支配作用是一种普遍现象，大企业对小企业、工业对农业、新兴产业对传统产业、城市对农村、发达地区对落后地区都存在着支配关系，经济发展是一个支配单位起主导作用的不平等、不平衡的动态过程。

佩鲁在其理论中，从四个方面阐述了增长极的作用机制（佩鲁，1987）：①技术创新与扩散。增长极能不断地进行技术创新，从而使新技术、新产品、新组织和新的生产方法层出不穷。一方面吸引其他地区的最新技术和人才；另一方面又将新技术扩散到其他地区。②资本的聚集与输出。增长极良好的投资环境，能从其所在地区和部门或从其他地区和部门吸引和集聚大量资本。同时，为了满足对原材料、农产品的需求，增长极又向周围地区和部门输出资本。③产生规模经济效益。增长极的企业和行业集中，生产规模庞大，可以形成规模经济，产生内在经济效益。同时，由于完善的基础设施及其他服务部门的建立，显著的外部经济效益得以形成。④产生凝聚经济效果。增长极的形成，将促使产业活动和技术、资本、贸易、人口形成地域上的聚集，从而产生具有多种功能的经济中心，并通过与周围地区的密切联系，利用吸引和扩散作用机制，推动整个区域乃至一个国家的经济发展。

（二）缪尔达尔的循环积累因果理论

佩鲁的增长极理论，主要阐述了以城市为中心的增长极对其自身和其他地区发展的积极作用，忽视了增长极对外围地区的消极影响。缪尔达尔提出了“地理上的二元经济”结构理论，利用扩散效应和回波效应阐释了城市中心区对其边缘和外围的促进作用和不利影响。

缪尔达尔在批判新古典主义经济发展理论所采用的传统静态均衡分析方法的基础上，认为市场机制能自发调节资源配置，从而使各地区的经济得到均衡发展的观点不符合发展中国家的实际。事实上，长期信奉市场机制的发达国家也没有实现地区的均衡发展。因此，缪尔达尔提出，应采用动态非均衡和结构主义分析方法来研究区域空间发展问题。缪尔达尔认为，市场力的作用一般倾向于增加而非减少区域间的不平衡。由于发展不平衡，某些地区发展更快一些，另一些地区发展则相对较慢。作为城市中心的区域由于初始优势超前于别的地区而获得发展，那么这种发展优势将保持下去，因此其发展得更快，而农村将发展得更慢，这就是“循环积累因果原理”。这一原理的作用导致“地理上的二元经济”结构的形成。

缪尔达尔用“循环积累因果关系”解释了“地理上二元经济”的消除问题，他认为，循环积累因果关系将对区域经济发展产生两种效应。一是回波效应，即劳动力、资金、技术等受要素收益差异的影响，由农村向城市流动。回波效应导致经济发展的落后地区始终处于被动地位，导致地区间发展差距的进一步扩大（丁生喜，2018）。二是扩散效应。由于回波效应的作用并不是无节制的，城乡间发展差距的扩大也是有限度的，当城市发展到一定程度后，由于人口稠密、交通拥挤、污染严重、资本过剩、自然资源相对不足等，其生产成本上升，外部经济效益逐渐变小，从而减弱了经济增长的势头。这时，中心城市生产规模的进一步扩大将变得相对不经济，资本、劳动力、技术就自然而然地向落后地区扩散，缪尔达尔把这一过程称为扩散效应，扩散效应有助于落后地区的发展。同时缪尔达尔认为，城市经济增长减速会使社会增加对农村产品的需求，从而刺激这些地区经济的发展，使农村与城市发展的差距缩小（郭熙保，1998）。

（三）赫希曼的空间极化发展理论

美国著名发展经济学家赫希曼在其出版的《经济发展战略》一书中指出："一国经济要提高其国民收入水平，必须首先发展其内部一个或几个地区中心的经济力量"，这些增长点的出现意味着增长不均衡是增长本身不可避免的前提条件。而"某一点的先进会给随后的其他点带来走向增长的压力、拉力与强制力量"。赫希曼认为，核心地区的增长动力主要来源于所产生的聚集经济效益，但核心区的聚集不可能无限地进行下去，因为在区域不均衡发展过程中将产生两种效应：涓滴效应和极化效应。

对于城市和农村所形成的区域中的涓滴效应和极化效应可以理解为：涓滴效应指的是城市地区的成长对农村地区产生的产品购买、投资增加，以及农村地区向城市地区的移民，并由此提高农村地区的边际劳动生产率和人均消费水平；极化效应是指由于城市的发展，其高工资和高利润吸引农村的资本和人才。涓滴效应有利于缩小农村与城市的发展差距，极化效应则趋于扩大城乡间既有的发展差距。这两种效应的大小取决于城市的发展在多大程度上依赖于农村的产品。如果城市的发展必须依靠于农村的产品，那么，"涓滴效应与极化效应相比，终究将会占据优势。反之，如果城市的发展主要依赖于国外产品的供给，那么，涓滴效应的产生将受到抑制，极化效应将占据主导地位"（赫希曼，1991）。

（四）弗里德曼的核心-外围理论

弗里德曼利用熊彼特的创新思想建立了空间极化理论。他认为，发展可以看作一种由基本创新群最终汇成大规模创新系统的不连续的积累过程，而迅速发展的大城市系统通常具备有利于创新活动的条件。创新往往是从大城市向外围地区进行扩散的。基于此，他创建了核心-外围理论。核心区是具有较高创新变革能力的地域社会组织子系统；外围区则是根据与核心区所处的依附关系，由核心区决定的地域社会子系统。核心区与外围区共同组成完整的空间系统，其中核心区在空间系统中居支配地位。弗里德曼非常重视核心区在空间系统中的作用。他认为，核心区位于空间系统的任一网络结构上，空间系统可以支配到边缘广大的外围空间。一个支配外围地区重大决策的核心区的存在决定了该地区空间系统的存在。任何特定的空间系统都可能具有不止一个核心区，特定核心区的地域范围将随相关空间系统的自然规模或范围而变化。

空间系统发展过程中，核心区的作用主要表现在以下几个方面（Friedmann，1966）：①核心区通过供给系统、市场系统、行政系统来组织自己的外围依附区；②核心区系统向它们所支配的外围区传播创新成果；③核心区增长的自我强化特征有助于相关空间系统的发展；④随着空间系统信息交流的增加，创新将超越特定空间系统的承受范围，核心区不断扩展，外围区力量逐渐增强，导致新的核心区在外围区出现，引起核心区等级水平的降低。

第三节　区域经济增长差异与趋同

关于区域经济增长的趋同与趋异，一直是经济增长理论研究的核心问题。区域经济增长趋同，是指地区间收入差距随时间推移存在减少的趋势。而区域经济增长趋异，则是指地区间收入差距随时间推移存在逐步增大的趋势，即出现贫者越贫、富者越富的现象。

一、经济增长趋同与趋异概念的起源

在新古典经济模型中，假定物质资本是收益递减的，因此经济总是向一个均衡增长的路径或稳态收敛，在该路径上，劳动者平均产出的增长率仅由技术进步决定。新古典增长理论中有关技术进步还有以下几个假定：①技术创新或技术进步不需要任何资源的投入；②任何国家或地区都能同等地免费获取最新技术。实际上，新古典增长理论隐含了趋同的含义，如果所有的经济体都平等地分享技术进步，那么它们迟早会以共同的外生技术进步率增长。不仅如此，物质资本的边际报酬递减意味着，落后经济体的物质资本将会有更高的边际回报。从而，在相同的储蓄率条件下，贫穷经济体将增长得更快，最终会赶上富裕国家的人均产出水平。前者意味着增长率趋同，后者则意味着收入水平趋同（刘凤良和高东明，2006）。

与新古典增长理论的趋同论断相反，新增长理论认为区域经济增长是趋异的。在罗默和卢卡斯的知识外溢和报酬递增模型中，实物和人力资本的外部性导致报酬递增，均表明收入差异的存在，即对于实物资本和人力资本水平较高的发达地区而言，报酬递增将进一步增强它们最初的优势，从而使这些地区变得更加富有；相反，对于落后地区而言，人力资本稀缺则可能陷入贫困陷阱。由于外溢效应的存在，随着时间推移，区域经济增长的差异还存在无限扩大的趋势（孙海鸣和张学良，2011）。

同时，从内生技术变化的模型中也不能得出区域经济增长趋同的论断。该模型认为，技术进步是内生的，受企业研发活动、政府有关知识创新和技术发明政策的影响，国家间的技术进步率可能会存在差异，而且增长率的高低与人均产出水平是相互独立的，因此，内生技术变化模型不能显示经济增长率与初始人均收入水平呈负相关的趋同特征。

二、几种趋同的含义及其检验

（一）β趋同的含义及其检验

在对区域经济增长趋同进行研究时，一般用一段时间的增长率对初始收入水平等解释变量做计量回归，得到增长率关于初始收入水平的系数值β。当初始收入水平的回归系数β为负时，就称为存在β趋同。根据增长回归方程中是否包含除初始收入水平以外的解释变量，又可把β趋同分为绝对β趋同和条件β趋同。

当假定各经济区域尽管彼此相互隔绝，但投资率、人口增长率、资本折旧率和生产函数等经济参数都相同时，资本存在边际报酬递减的特征，因此，经济增长率和经济发展水平将存在负相关关系，即初始收入水平越低的区域增长得越快，而那些初始收入水平越高的区域增长将更慢，最终所有的区域将具有完全相同的增长率和人均收入水平，这就是绝对β趋同；相反，条件趋同则强调各国稳态差异的可能性，只有在增长回归方程的右边加入恰当的控制变量才能刻画这种差异。按新古典经济增长理论，每个地区都收敛于自身的稳态，离自身稳态越远，其增长速度越快，在加入了许多控制变量后，这些外生变量对不同的区域将产生不同的作用，当这些外生变量不变时，如果经济增长率和初始收入水平呈负相关关系，则表明存在条件β趋同。

关于β趋同的检验，Baumol（1986）定义了检验方程：

$$g_i = \alpha_i + \beta(y_{i0}) + u_i \tag{4.14}$$

式中，g_i为i区域人均GDP平均增长率；y_{i0}为i区域的初期人均GDP。若经过回归分析后得出的β系数小于零，则说明区域间存在β趋同。

Barro和Sala-i-Martin（1991）在Baumol研究的基础上，构建了新的检验方程：

$$\frac{1}{T-t}\lg\left(\frac{y_{iT}}{y_{it}}\right) = x_i^* + \frac{1-\mathrm{e}^{-\beta(T-t)}}{T-t}\lg\frac{\hat{y}_i^*}{\hat{y}_{it}} + u_{it} \tag{4.15}$$

式中，t和T为期初和期末；$T-t$为时间长度；y_{it}和y_{iT}分别为期初和期末的人均收入或产出；x_i^*为稳态增长率；$\hat{y}_{it}$为每个有效工人的产出；$\hat{y}_i^*$为稳态的每个有效工人的产出；u_{it}为方程的随机误差项；β为趋同速度。β值越高，表示向稳态趋同的速度越快。如果假定x_i^*和$\hat{y}_i^*$保持不变，则式（4.15）可以写为

$$\frac{1}{T-t}\lg\left(\frac{y_{iT}}{y_{it}}\right) = B - \frac{1-\mathrm{e}^{-\beta(T-t)}}{T-t}\lg y_{it} + u_{it} \tag{4.16}$$

式中，B为常数。式（4.16）表明，β值的大小取决于期初的人均收入或产出水平，与其他参数的变化无关。因此，由式（4.16）测算出来的β系数，反映的是绝对趋同速率。

如果考虑其他因素，如资源禀赋、产业结构、要素流动等对经济增长率的影响，则可在式（4.16）的右边加入一些新的变量，那么β系数衡量的实际上就是条件趋同速率。

（二）σ趋同的含义及其检验

在区域经济的增长中，如果区域人均收入水平随着时间的推移趋于减少，则这一增长收敛类型称为σ型趋同。σ型趋同描述的是产出存量水平（潘文卿，2010），如果区域经济增长中存在σ型趋同，则说明区域增长的收敛趋势较强，因此，σ型趋同类型也称为强收敛类型。σ趋同一般用区域间的变异系数、基尼系数或泰尔指数衡量。以变异系数为例，其计算公式为

$$\mathrm{CV} = \frac{1}{\mu}\sqrt{\sum_{i=1}^{N} P_i(y_i - \mu)^2} \tag{4.17}$$

式中，y_i和P_i分别为区域i（$i=1, 2, 3, \cdots, N$）的实际人均GDP和人口权重；μ为所有区域人均GDP的加权平均值；N为区域数。如果计算得出的变异系数随时间的推移减少，则可称区域经济增长过程中存在σ趋同。

（三）俱乐部趋同的含义及其检验

关于“俱乐部趋同”的含义，Galor（1996）认为，“俱乐部趋同”的概念与条件趋同不同，它指的是初期经济发展水平接近的经济集团内部不同的经济系统之间，在具有相似结构特征的前提下存在趋同，即较穷的国家集团和较富的国家集团各自内部存在着条件趋同，而两个集团之间却不存在趋同。换言之，在初期经济发展水平相近的国家或区域内部，其增长速度和发展水平的差异存在缩小的趋势，但国家或地区间的增长差异却无法缩小。同时，覃成林和张伟丽（2008）也从空间维度提出了俱乐部趋同，由于区域经济增长带有明显的空间异质性与相关性，因此在考虑俱乐部趋同的过程中应该考虑到地理因素，认为俱乐部趋同是多个局部稳定的均衡状态。俱乐部趋同的检验方程为

$$Y_{i,t} = \alpha_1 - \alpha_2\ln(y_{i,0}) + \varepsilon_{i,t} \tag{4.18}$$

式中，$Y_{i,t}$为末期第 t 年各区域的人均 GDP 增长率；$y_{i,0}$为基期各区域人均 GDP 水平；α_1 为常数项；α_2 为待估参数；$\varepsilon_{i,t}$为随机扰动项。如果 α_2 值为正，则可称 n 个区域间存在俱乐部趋同。

三、几种趋同之间的联系与区别

（一）β 趋同与 σ 趋同

β 趋同意味着落后区域的经济增长速度快于发达区域，即增长率趋同；σ 趋同则意味着地区间人均收入水平的绝对趋同；β 趋同是 σ 趋同存在的必要条件，因为若不存在 β 趋同，则发达地区将比落后地区增长得更快，区域间的收入差距将会无限地增加，也不会存在地区间人均收入水平的绝对趋同。然而，β 趋同却不是 σ 趋同的充分条件，因为在收入水平差距减少的过程中，常常受到新随机因素的冲击（邓翔，2003）。因此，在研究区域经济增长趋同特征时，除了要考虑总体收入在不同国家和地区之间分配的变动外，还应直接观察跨国收入水平或增长率分布离散化程度的动态特征。

（二）绝对 β 趋同与条件 β 趋同

绝对 β 趋同意味着最初贫穷的地区将增长得更快，直到它们追赶上富裕的地区为止。对于条件 β 趋同而言，各个地区仅收敛于自身稳态，而且随着时间的推移，由于投资率、人口增长率等经济参数的差异，这种稳态也会存在差异，即在长期中，区域间仍然存在不平等，富裕地区将仍然保持富裕，贫困地区也将仍然贫困。

（三）条件 β 趋同与俱乐部趋同

新古典增长模型的一个典型特征就是它具有唯一确定的稳态均衡。如绝对趋同中，所有的经济体都会达到一个共同均衡，而在条件趋同中，虽然各国的均衡可能不一样，但是每个国家都会达到自身的唯一均衡水平。与此相反，俱乐部趋同则是基于多重均衡可能性的增长模型提出的（刘凤良和高东明，2006）。由于经济个体的差异性，往往产生多重均衡增长的路径，即使结构特征相同的区域也不一定收敛于同一稳态。一个经济体具体会达到哪个均衡状态依赖于其初始条件，只有结构特征相同、初始条件近似的国家才会最终收敛于同一稳态，从而形成“趋同俱乐部”。

四、趋同与趋异的影响因素

影响趋同与趋异的因素和机制主要包括以下四个方面（邓翔，2003）。

（一）资本的边际收益递减

趋同存在的第一个必要条件是资本的边际收益递减。该假定表明，随着资本要素积累的增加，资本的边际生产率逐渐减少，储蓄也因此而减少，经济增长趋缓。该因素会导致趋同，是因为随着资本边际收益递减，资本相对稀缺的贫穷国家将更有动力储蓄并获得同等投资率下更快的增长，因此，贫穷国家将比富裕国家增长得更快。在开放经济条件下，由于要素的流动及国际贸易对要素价格和劳动者人均国内产品产生了均等化作用，资本边际收益递减对趋同的作用效应将更强。

相反，如果资本收益随劳动者人均资本存量的增加递增，则富裕的国家将比贫穷的国家增长得更快，因此，地区间经济增长将呈现趋异特征。

（二）技术进步

技术进步既会导致经济增长趋同，也会导致经济增长趋异。一方面，如果区域产生和吸收新技术的能力存在差异，新的创新成本会随生产经验的增加而下降，则技术投资的收益就是积累知识存量的递增函数，国家间技术进步水平将存在差异，且会一直保持下去，国家间经济增长率的差异将会随之产生。也有研究表明区域发展的差异主要来自于技术的差异（魏建国等，2017）。另一方面，技术进步也可能导致经济增长趋同。假使后进国家有能力吸收和采纳国外技术，技术扩散往往会有利于后进国家从先进国家引进技术与设备，并学习先进国家的成功经验，从而形成“赶超”意识和“后发优势”，这将缩小后进国家和先进国家技术水平和经济增长率的差异。孙彪和杨山（2021）发现创新投入要素会导致长三角地区经济增长存在“俱乐部趋同”现象。

（三）国家或地区内的经济结构变动

库兹涅茨认为，随着经济的发展，生产的部门结构和劳动力的部门结构都会发生变化，农业部门产值或劳动力在国民经济中所占的比重将相对下降，而工业部门和服务业部门的产值或劳动力所占的比重将相对上升，结构变动将促使生产要素在部门间重新配置，这将有利于经济增长。通常，贫穷国家或地区农业部门比例较高，而农业中劳动力的人均产出较低，因此，从农业中进行资源转移并从事其他生产活动就会增加平均生产率，随着经济结构的变动和劳动力的转移，区域间劳动生产率的差异将会逐步减少。

（四）经济一体化

经济一体化主要指国家或地区间形成统一市场的过程。它以两种形式产生经济增长的趋同。第一，根据新古典经济增长理论，国家或地区间经济差异是资本–劳动比率的差异造成的。初始资本–劳动比率越高的国家或地区劳动者的生产率也较高，因此这些国家将较为富裕。经济一体化会加快资本和劳动力的流动，贫困国家或地区资本–劳动比率将会有所提高，最终国家或地区间的劳动生产率会呈现趋同特征。第二，经济一体化和商品贸易借助要素价格均等化的作用产生收入趋同。在经济一体化之前，由于要素价格和要素禀赋的比率不同，两地区的收入存在差异。当地区间贸易开放后，由于要素价格的均等化，两地区人均收入的差异主要取决于要素禀赋比率的差异。在经济一体化的条件下，随着要素流动的加快，资本–劳动比率将呈现趋同性质，两地区人均收入也将出现趋同特征。

经济一体化也可能导致趋异。由于知识外溢和人力资本收益递增，实物资本和人力资本较多的发达国家或地区会因资本收益的递增聚集更多的资本，从而形成经济“中心”，而其他国家或地区则成为落后的“边缘”。中央财政支出也会对区域经济趋同与趋异产生影响。积极合理的财政政策通过转移支付和重大基础设施项目投资来促使区域协调发展，从而使得经济趋同；同时中央财政可能导致趋异，财政直接调配资源，导致其集中于某个地区，而其他地区并没有得到同等的资源扶持，趋于落后（郭庆旺和贾俊雪，2006）。

上述四种影响因素的作用机制要分短期和长期分别进行分析。从短期来看，某些导致趋异的因素会占据主导地位。例如，知识外溢和人力资本的外部性将会导致资本收益的递增、新技术的发明和应用会扩大国家间技术水平的差异、空间集聚效应会促使生产要素在发达国家或地区的集聚，这些因素都会加大国家或地区间的收入差距。但从长期来看，随着经济一体化进程的加快，要素价格均等化终将发生作用；新技术扩散的速度加快，后进国家或地区创新能力随之提高；随着生产要素成本的上升，发达国家或地区不可避免地要面对资本收益递减，从而给落后国家或地区的产业结构升级带来机遇。这些因素都将导致经济增长趋同。

五、趋同与趋异的研究方法

（一）传统指数法

传统指数法用多种指标对经济增长和地区差异进行测度和分解，如基尼系数、变异系数、锡尔系数（又称泰尔系数、塞尔指数）等，是用来描述和刻画区域经济差异格局最常用的方法。这种方法虽然操作简单，但由于是单一指数，提供的信息有限，只能对区域差异的现状进行描述，若要更深入地对区域差异进行解析，还需与其他方法进行结合。

（二）结构化模型方法

在早期经济增长趋同的研究中，增长回归方程的设定并非从正式的增长模型中推导出来，而是直接对一些结构化模型进行计量回归。该方法的代表学者是 Baumol（1986），他收集整理了 16 个工业化国家 1870 ~ 1978 年的人均收入数据，进行回归分析后认为，自 1870 年以来，在 16 个较富裕的工业化国家间显示了非常明显的增长趋同性。但也有学者对 Baumol 的研究成果提出了质疑，例如，De Long 于 1988 年指出：第一，Baumol 的实证样本时间跨度太长，一些发达的工业化国家在其间已衰落为不发达国家；第二，Baumol 的选样有偏，实证检验误差太大，对 1870 年有些国家人均收入估计不准确（吴玉鸣，2004）。基于此，De Long 把样本扩展到非工业化国家，重新进行回归分析后发现，扩展样本并不存在显著的趋同趋势，因此，他认为 Baumol 的分析结果不能令人信服。除 Baumol 外，还有其他学者对结构化模型方法进行了尝试。例如，Barro 和 Sala-i-Martin（1991）把人力资本纳入增长趋同分析之中，采用结构化模型方法进行回归分析后发现了人力资本对经济增长的贡献，同时他还在 98 个国家的大样本中发现不存在绝对趋同，从而从某种程度上支持了新增长理论假说。

综上所述，早期采用结构化模型方法进行趋同研究得出了以下结论：第一，在大国家样本中不存在绝对趋同；第二，在经过挑选后的小样本中存在绝对趋同；第三，甚至在大样本中也存在条件趋同。但是，正式的条件趋同概念仍然没有产生。正式的条件趋同概念建立在由增长理论中推导出来的增长回归方程之上（刘凤良和高东明，2006）。

（三）横截面数据分析方法

横截面数据分析方法主要采用跨国或跨地区的横截面数据，在经济增长理论的指导下，建立回归分析模型，对经济增长的趋势进行趋同或趋异检验。

最早采用横截面数据分析方法对趋同问题进行研究的学者是索洛和斯旺。在边际报酬递减的假设下，以索洛为代表的新古典增长模型在对富国和穷国的经济增长进行实证研究后发现，人均收入或产出水平的增长率与其初始人均收入或产出水平负相关。如果经济偏好和技术水平相同，则穷国比富国增长得要快，即长期经济增长存在趋同。但也有学者采用该方法进行分析后发现，在世界范围内并不存在绝对 β 趋同，但确实存在条件 β 趋同，持该观点的代表性学者是 Barro 和 Sala-i-Martin（1992a）以及 Mankiwm 等（1992），他们分别对美国、欧洲各国和日本及国内的地区经济增长进行了统计检验和计量分析，经研究发现人均收入增长率与其初始水平之间呈负相关，即贫穷地区的经济增长要快于富裕地区，地区间的人均收入表现为条件趋同。

该方法也存在一些缺陷，它忽视了参数的非均等性、解释变量的内生性和测量误差，从而无法解决模型的不确定性和误差相关等问题（刘凤良和高东明，2006）。

（四）面板数据方法

为了克服横截面数据分析方法存在的缺陷，一些学者开始尝试使用面板数据方法。例如，Islam（1995）首先用该方法估计了索洛模型，得到的非石油国、中等发达国及经济合作与发展组织（Organization for Economic Cooperation and Development，OECD）国家的趋同速率分别为 0.0434、0.0417、0.0670，而所蕴含的物质资本产出弹性则相应地为 0.4379、0.4245、0.2972。这些结果比采用横截面数据分析方法得出的结论更合理。同时，Islam 也估计了包含人力资本扩展的索洛模型，发现人力资本变量的系数为负而且在统计上不显著。因此他认为人力资本影响产出的方式可能与物质资本影响产出的方式不同。具体而言，人力资本可能主要通过影响总体的技术水平来影响产出（刘凤良和高东明，2006）。

面板数据方法的优点在于，它能抽出更多的截面和面板数据信息，有利于分析收入的动态变动。同时，它还对一些具有非均等特性的参数提出新的规定，从而使一些参数同时反映特定区域和不同时间段的影响。该方法的不足之处在于，它主要考虑了估计参数大样本的渐进性，因此在样本数量太小时可能使结果存在偏误。

（五）时间序列分析方法

利用时间序列分析方法可以对各地区人均收入的差异长期变动趋势进行分析，研究的思路是：分别对各地区人均收入的时间序列数据进行单位根或协整检验，通过验证各地区人均收入的差异是否具有零均值的平稳随机过程特征，分析地区经济增长是否存在趋同。因此，时间序列方法实际是采用另外一种不同的方式研究 β 趋同问题，学者的研究结果较好地支持了 β 趋同假说（刘凤良和高东明，2006）。例如，Bernard 和 Jones（1996）对 OECD 各国各产业劳动生产率的时间序列数据进行分析后发现，这些国家之间不存在趋同，但比利时和荷兰两国却存在趋同；Evans（1996）对世界各国劳动生产率时间序列数据进行了趋同分析。

（六）马尔可夫链方法

Quah（1993、1996a、1996b）认为传统的截面数据分析方法仅仅关注单个国家和地区是否趋近自身的稳态，而不关注所有国家和地区收入分布的动态变化，因此只能对增长和收入的趋同过程提供有限的解释，基于此，他建议采用马尔可夫链（Markov Chain）方法分析整体经济增长的动态变化。1993 年，他利用该方法对欧洲经济发展进行了经验分析，结果表明，收入水平向高收入水平或低收入水平“趋同”，而中等收入水平会消失，即收入分布演变呈现明显的“双峰分布”，国家和地区向不同的峰值集聚，世界经济最后会趋同为一个稳定状态，一些国家保持富裕而另一些国家则处于贫困状态。

但是，Fingleton（1997）研究发现，马尔可夫链方法在经济发展中也存在许多不足：一是该模型没有明显地反映可能影响生产力发展和稳定状态地区之间的内在差异；二是它无法清楚地表明与哪一个理论有关（邹薇和周浩，2007）；三是该模型忽视了地区之间的相互作用及与之相伴随的“黏性活动性”（吴玉鸣，2004）。因此，Fingleton 认为，马尔可夫链模型不是区域经济动态分析的理想模型，他提出了一套分析区域经济增长动态变化的空间计量经济分析方法（Fingleton，2001），从而弥补了马尔可夫链方法存在的缺陷。

（七）空间计量分析方法

除上述传统的经验研究方法外，近年来也有不少学者采用空间统计和空间计量经济学的截面方法模型，对区域经济增长趋同与趋异进行了研究（Anselin，1988；Getis and Griffith，2002；Ying，2003；吴玉鸣，2004；李四维等，2020；魏建国等，2017）。学者认为，在开放经济的条件下，国家和国家、地区和地区之间是相互影响、相互依赖的，传统经济增长理论假设普遍忽视了地理空间效应对增长过程的作用，因此对现实缺乏解释力。基于此，有必要在理论模型的构建过程中，借鉴空间统计和空间计量经济学的基本原理和方法，将空间计量经济模型方法和经典计量经济模型方法相结合，构建时间和截面相关的合成数据模型，对地区经济增长的趋同和趋异进行更深入的研究。

本章课程思政与实践教学设计

<table>
<tr><th>教学环节</th><th>教学过程</th><th>课程思政</th></tr>
<tr><td>问题导入</td><td>区域经济想要达到发达程度，需要经历漫长的演变过程，在不同的发展阶段下，要素供给、经济结构都会呈现不同特征，那区域经济增长需要经历哪些阶段变化，具有哪些发展趋势呢？</td><td rowspan="2">通过区域经济的发展历程，揭示很多事物的发展都存在阶段性的特征，同学们需要把握当下，珍惜学习机会，才能够顺应时代发展的趋势，为社会发展做出贡献</td></tr>
<tr><td>知识讲解</td><td>1. 介绍区域经济增长所经历的待开发阶段、成长阶段、成熟阶段、高级化阶段，以及各阶段的主要内容和特征
2. 介绍罗斯托的六个经济成长阶段论，并说明该理论的局限性</td></tr>
<tr><td>启发探究</td><td>讨论区域经济增长，是基于哪些经典理论呢？区域经济增长的理论体系是怎样的？</td><td rowspan="2">以著名经济学理论为例，其也是在持续的研究和实践中不断地进化和完善，提示各位同学要以批判和发展的眼光看待问题；此外，区域非均衡增长是普遍现象，我国以先富带动后富，进而实现共同富裕，体现了中国共产党领导的正确性，加强学生的民族自信心</td></tr>
<tr><td>知识讲解</td><td>1. 讲解新古典区域经济增长理论的主要内容和局限
2. 讲解极端的区域经济均衡增长理论、温和的区域经济均衡增长理论和完善的区域经济均衡增长理论
3. 铺垫规模经济和聚集经济效益的背景，介绍区域经济非均衡增长理论中佩鲁、缪尔达尔、赫希曼和弗里德曼主张的思想，并解释均衡增长理论被非均衡增长理论替代的原因</td></tr>
<tr><td>启发探究</td><td>在区域发展中，常常见到地区间收入差距随着时间推移存在增大或减少的现象，这就是区域经济学中所说的区域经济增长趋异或趋同的问题</td><td rowspan="2">举例说明我国区域发展不平衡的现实基础，启发学生们作为新时代的青年需要有理想，有信念，积极探索，紧跟中国共产党的步伐，努力学习，成为经济增长的人才资源储备，为区域协调发展做出贡献</td></tr>
<tr><td>知识讲解</td><td>1. 介绍经济增长趋同、趋异的概念，并讲解 β 趋同、σ 趋同、俱乐部趋同的含义与检验、区别与联系
2. 从资本边际收益递减、技术进步、经济结构变动和经济一体化的角度讲解影响经济趋同与趋异的因素
3. 介绍测算区域经济增长趋同与趋异的研究方法有哪些</td></tr>
</table>

续表

教学环节	教学过程	课程思政
答疑与课程小结	1. 预留一定时间供学生提出课程疑问并进行答疑 2. 总结区域经济增长的阶段、区域经济增长的基础理论体系，区域经济增长趋异和趋同的概念、相互关系、影响因素及测度方法	培养学生的科研精神，让学生理解目前我国区域发展现状，激发学生努力学习、为经济发展做出贡献的热情

主要参考文献

安虎森. 2008. 新区域经济学. 大连：东北财经大学出版社

蔡昉，都阳. 2000. 中国地区经济增长的趋同与差异——对西部开发战略的启示. 经济研究，（10）：30-37

陈得文，陶良虎. 2012. 中国区域经济增长趋同及其空间效应分解——基于SUR–空间计量经济学分析. 经济评论，(3)：49-56

陈培阳，朱喜钢. 2013. 中国区域经济趋同：基于县级尺度的空间马尔可夫链分析. 地理科学，33（11）：1302-1308

储祥好. 2006. 我国区域发展差异的收敛性分析. 学术界，(5)：195-199

邓翔. 2003. 经济趋同理论与中国地区经济差距的实证研究. 成都：西南财经大学出版社

丁生喜. 2018. 区域经济学通论. 北京：中国经济出版社

郭庆旺，贾俊雪. 2006. 中国区域经济趋同与差异的因素贡献分析. 财贸经济，(2)：11-17，89，96

郭熙保. 1998. 发展经济学经典论著选. 北京：中国经济出版社

郝寿义，安虎森. 1999. 区域经济学. 北京：经济科学出版社

赫希曼. 1991. 经济发展战略. 曹征海. 潘照东，译. 北京：经济科学出版社

李四维，傅强，刘珂. 2020. 创新驱动空间溢出与区域经济收敛：基于空间计量分析. 管理工程学报，34（6）：191-201

刘凤良，高东明. 2006. "趋同"问题的研究及其为增长理论发展带来的新课题. 当代经济研究，(6)：23-27

刘木平，舒元. 2000. 我国地区经济的收敛与增长决定力量：1978-1997. 中山大学学报（社科版），40（5）：1-16

罗斯托. 2001. 经济增长的阶段. 郭熙保，王松茂，译. 北京：中国社会科学出版社

马嫣然，吕寒，蔡建峰. 2023. 数字经济、技术创新与区域经济增长. 统计与决策，(6)：98-103

潘文卿. 2010. 中国区域经济差异与收敛. 中国社会科学，(1)：72-84，222-223

佩鲁. 1987. 新发展观. 张宁，丰子义，译. 北京：华夏出版社

史修松，赵曙东. 2011. 中国经济增长的地区差异及其收敛机制（1978-2009年）. 数量经济技术经济研究，28（1）：51-62

孙彪，杨山. 2021. 长三角地区城市创新投入要素的经济溢出效应及趋同格局. 地理科学进展，40（1）：147-160

孙海鸣，张学良. 2011. 区域经济学. 上海：上海人民出版社

覃成林，张伟丽. 2008. 区域经济增长俱乐部趋同研究评述. 经济学动态，(3)：101-106

覃成林，潘丹丹. 2018. 粤港澳大湾区产业结构趋同及合意性分析. 经济与管理评论，34（3）：15-25

魏建国，胡绍波，郭晨. 2017. 收入收敛、技术收敛与区域发展差异——基于中国地级市的空间计量分

析. 华中师范大学学报（人文社会科学版），56（5）：57-65
吴玉鸣. 2004. 中国经济增长与收入分配差异的空间统计分析. 上海：华东师范大学博士学位论文
于同申. 2002. 发展经济学——新世纪经济发展的理论与政策. 北京：中国人民大学出版社
张敦富. 2013. 区域经济学导论. 北京：中国轻工业出版社
张晓旭，冯宗宪. 2008. 中国人均 GDP 的空间相关与地区收敛：1978—2003. 经济学（季刊），（2）：399-414
周腰华，王振华，张广胜. 2017. 基于八大经济区视角的中国县域经济增长差异与趋同分析. 当代经济管理，39（2）：55-60
邹薇，周浩. 2007. 经济趋同的计量分析与收入分布动态学研究. 世界经济，(6)：81-96
Anselin L. 1988. Spatial Econometrics：Methods and Models. Dordrecht：Kluwer Academic Publishers
Barro R J，Sala-i-Martin X. 1992a. Convergence. Journal of Political Economy，100（2）：223-251
Barro R J，Sala-i-Martin X. 1992b. Regional growth and migration：A Japan-United States comparision. Journal of the Japanese and International Economy，6（4）：312-346
Barro R J，Sala-i-Martin X. 1991. Convergence across states and regions. Brookings Papers on Economic Activity，(1)：107-182
Baumol W J. 1986. Productivity growth，convergence and welfare：what the long run data show. American Economic Review，(76)：1072-1085
Bernard A，Jones C. 1996. Technology and convergence. The Economic Journal，(106)：1037-1044
Evans P. 1996. Using cross-country variance to evaluate growth theories. Journal of Economics Dynamics and Control，(20)：1027-1049
Fingleton B. 2001. Theoretical economic geography and spatial econometrics：dynamics perspectives. Journal of Economic Geography，(1)：201-225
Fingleton B. 1997. Specification and testing of Markov chain models：an application to convergence in the European Union. Oxford Bulletin of Economics and Statistics，59（3）：385-403
Friedmann J. 1966. Regional Development Policy：A Case Study of Venezuela. Cambridge：MIT Press
Fujita M，Hu D P. 2001. Regional disparity in China 1985-1994：the effects of globalization and liberalization. The Annals of Regional Science，(35)：3-37
Galor O. 1996. Convergence? Inferences from theoretical models. The Economic Journal，(106)：1056-1069
Getis A，Griffith D A. 2002. Comparative spatial filtering in regression analysis. Geographical Analysis，34（2）：130-140
Islam N. 1995. Growth empirics：a panel data approach. Quarterly Journal of Economics，(110)：1127-1170
Mankiwm N，Romer D，Weil D A. 1992. Contribution to the empirics of economics of economic growth. European Economic Review，(43)：281-302
Quah D T. 1996a. Regional convergence clusters across Europe. European Economic Review，(40)：951-958
Quah D T. 1996b. Empirics for economic growth and convergence. European Economic Review，(40)：1353-1375
Quah D T. 1993. Empirical cross section dynamics in economic growth. European Economic Review，(37)：426-434
Ying L G. 2003. Understanding China's recent growth experience：a spatial econometric perspective. The Annals of Regional Science，(37)：613-628

第五章　区域产业结构与组织

第一节　区域产业结构的分类及评价分析

产业是指国民经济各部门、各行业的总称。区域产业结构是指区域经济中各类产业之间的内在联系和比例关系（陈栋生，1993）。

一、区域产业结构的分类法

区域产业结构的分类法大体上可概括为一般分类法和功能分类法两大类。

（一）区域产业结构的一般分类法

1. 基于社会生产活动历史发展顺序的三次产业分类法

三次产业分类法是一种基于社会生产活动历史发展顺序的分类法，是对国民经济产业部门的全面划分。迄今为止，世界各国关于三次产业尚无一个统一的划分标准和界定范围。中国自 1985 年起开始采用三次产业分类法，并于 1984 年首次发布了《国民经济行业分类和代码》，分别于 1994 年、2002 年、2011 年和 2017 年进行了四次修订，目前现行的分类标准《国民经济行业分类》（GB/T 4754—2017）于 2017 年 6 月 30 日发布，于 2017 年 10 月 1 日实施；《〈国民经济行业分类〉国家标准第 1 号修改单》（GB/T 4754—2017/XG1—2019）于 2019 年 3 月 25 日发布，于 2019 年 3 月 29 日实施，其基本内容见表 5.1。三次产业分类法通常用于研究区域产业结构演进规律和演进趋势。

表 5.1　现行中国国民经济行业分类

类别	门类（代码、名称）	大类（代码、名称）
第一产业	A 农、林、牧、渔业	01 农业；02 林业；03 畜牧业；04 渔业；05 农、林、牧、渔服务业
第二产业	B 采矿业	06 煤炭开采和洗选业；07 石油和天然气开采业；08 黑色金属矿采选业；09 有色金属矿采选业；10 非金属矿采选业；11 开采辅助活动；12 其他采矿业
	C 制造业	13 农副食品加工业；14 食品制造业；15 酒、饮料和精制茶制造业；16 烟草制品业；17 纺织业；18 纺织服装、服饰业；19 皮革、毛皮、羽毛及其制品和制鞋业；20 木材加工和木、竹、藤、棕、草制品业；21 家具制造业；22 造纸和纸制品业；23 印刷和记录媒介复制业；24 文教、工美、体育和娱乐用品制造业；25 石油、煤炭及其他燃料加工业；26 化学原料和化学制品制造业；27 医药制造业；28 化学纤维制造业；29 橡胶和塑料制品业；30 非金属矿物制品业；31 黑色金属冶炼和压延加工业；32 有色金属冶炼和压延加工业；33 金属制品业；34 通用设备制造业；35 专用设备制造业；36 汽车制造业；37 铁路、船舶、航空航天和其他运输设备制造业；38 电气机械和器材制造业；39 计算机、通信和其他电子设备制造业；40 仪器仪表制造业；41 其他制造业；42 废弃资源综合利用业；43 金属制品、机械和设备修理业
	D 电力、热力、燃气及水生产和供应业	44 电力、热力生产和供应业；45 燃气生产和供应业；46 水的生产和供应业
	E 建筑业	47 房屋建筑业；48 土木工程建筑业；49 建筑安装业；50 建筑装饰和其他建筑业

续表

类别	门类（代码、名称）	大类（代码、名称）
第三产业	F 批发和零售业	51 批发业；52 零售业
	G 交通运输、仓储和邮政业	53 铁路运输业；54 道路运输业；55 水上运输业；56 航空运输业；57 管道运输业；58 装卸搬运和运输代理业；59 装卸搬运和仓储业；60 邮政业
	H 住宿和餐饮业	61 住宿业；62 餐饮业
	I 信息传输、软件和信息技术服务业	63 电信、广播电视和卫星传输服务；64 互联网和相关服务；65 软件和信息技术服务业
	J 金融业	66 货币金融服务；67 资本市场服务；68 保险业；69 其他金融业
	K 房地产业	70 房地产业
	L 租赁和商务服务业	71 租赁业；72 商务服务业
	M 科学研究和技术服务业	73 研究和试验发展；74 专业技术服务业；75 科技推广和应用服务业
	N 水利、环境和公共设施管理业	76 水利管理业；77 生态保护和环境治理业；78 公共设施管理业；79 土地管理业
	O 居民服务、修理和其他服务业	80 居民服务业；81 机动车、电子产品和日用产品修理业；82 其他服务业
	P 教育	83 教育
	Q 卫生和社会工作	84 卫生；85 社会工作
	R 文化、体育和娱乐业	86 新闻和出版业；87 广播、电视、电影和影视录音制作业；88 文化艺术业；89 体育；90 娱乐业
	S 公共管理、社会保障和社会组织	91 中国共产党机关；92 国家机构；93 人民政协、民主党派；94 社会保障；95 社会团体；96 基层群众自治组织及其他组织
	T 国际组织	97 国际组织

2. 基于生产要素密集程度的产业分类法

根据经济活动各部门对生产要素（资本、劳动力、技术、自然与人文资源等）的依赖程度，将经济活动各部门划分为资源密集型产业、资本密集型产业、劳动密集型产业和技术密集型产业。资源密集型产业通常指在生产过程中需要占用或消耗大量自然资源的生产部门，如农业、采矿业等。资本密集型产业指生产技术装备程度较高、每个劳动力或单位产品所需或占用投资较多的生产部门，如钢铁工业、化学工业等。劳动密集型产业指生产技术装备程度较低，需大量使用劳动力进行生产活动的生产部门，如传统的纺织、服装、食品等轻工业部门。技术密集型产业（又称为知识密集型产业）指需要运用复杂、先进、现代化的科学技术才能进行生产的生产部门，如高新技术产业。基于生产要素密集程度的产业分类法对研究区域生产要素优势及规划区域产业结构具有重要意义，有助于各区域根据自身具体情况选择适宜发展的产业。

3. 基于社会部门性质的标准产业分类法

联合国工业发展组织（United Nations Industrial Development Organization，UNIDO）

1971 年颁布了《全部经济活动的国际标准产业分类索引》，旨在统一世界各国产业分类，推荐各国政府在进行国际统计数据比较时使用。它的颁布实施为各国提供了用于各种经济活动分类比较的基本框架，成为国际统计数据对比和交流的工具。1989 年，该分类标准的第三版将产业类型细分为门类（section）、大类（division）、中类（group）和小类（class）四大层次。

此外，还有其他多种产业分类法。如轻、重工业分类法；轻、重、化工业分类法；传统产业和高新技术产业分类法；夕阳产业和朝阳产业分类法；生产结构产业分类法（消费资料产业、资本品产业、其他产业）；上中下游产业分类法（刘志彪，2020）等。

区域经济是一国国民经济巨系统中的子系统。区域产业结构分析研究所采用的产业分类法均是一般性国民经济产业分类法在区域产业分类中的具体运用。

（二）区域产业结构的功能分类法

根据各产业间的关联程度和方式，以及各产业在区域产业系统中的地位、作用和功能，将区域的全部产业划分为主导产业、辅助产业和基础性产业三类。功能分类法在各种区域产业分类法中居于核心地位（杜肯堂和戴士根，2004）。

主导产业是指在区域经济增长中起组织和带动作用的产业。主导产业有两大显著特点：一是它的生产规模大，产品输出率高且在全国或较大区域范围同类产品中占有较高比重；二是它与区域内其他产业的关联效应强，是区域经济发展的核心，它主导着区域产业结构的发展方向，并带动区域内其他产业的发展。

辅助产业又称为配套产业或关联产业，是指围绕主导产业发展，并服务于主导产业的协作配置产业。根据辅助产业和主导产业的联系方式，可将辅助产业分成前向联系产业、后向联系产业和侧向联系产业。前向联系产业是指对主导产业的产品进行再加工或对其副产品和废料进行综合利用的产业。后向联系产业指为主导产业提供原料、半成品、零部件等生产资料的产业。侧向联系产业指为主导产业提供技术、能源和其他服务的产业。

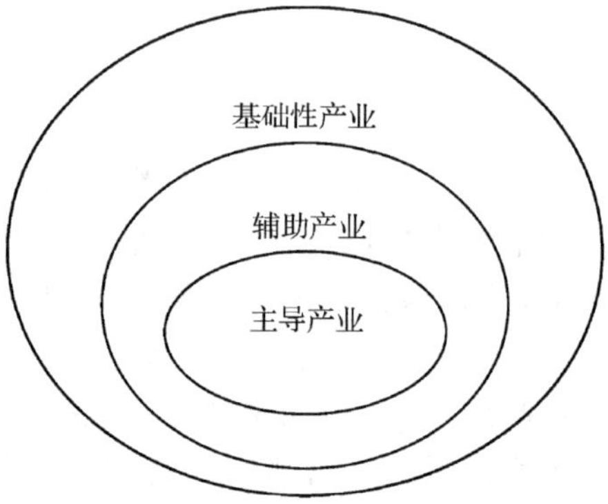

图 5.1　区域三环同心圆产业结构模式图

基础性产业是指为区域经济增长、社会发展、居民生活提供公共服务的产业。基于其作用性质的不同，可进一步细分为生产性基础产业、生活性基础产业和社会性基础产业。

按照功能分类法，任何一个区域的产业结构都可分解组合为主导产业、辅助产业和基础性产业三类，构成以主导产业为核心的区域三环同心圆产业结构模式（陈栋生，1993），如图 5.1 所示。在此类区域产业的结构模式中，主导产业是区域产业的组织核心，辅助产业和基础性产业依据与主导产业的经济技术联系，彼此连接，形成联系紧密有序、相互依存、相互促进或制约的产业系统（李小建等，1999，2006），如图 5.2 所示。

由于功能分类法能较好地体现区域劳动地域分工的要求，能体现区域内各产业的地位、功能和作用，以及相互间联系的密切程度，它是区域产业经济分析中常用的一种区域

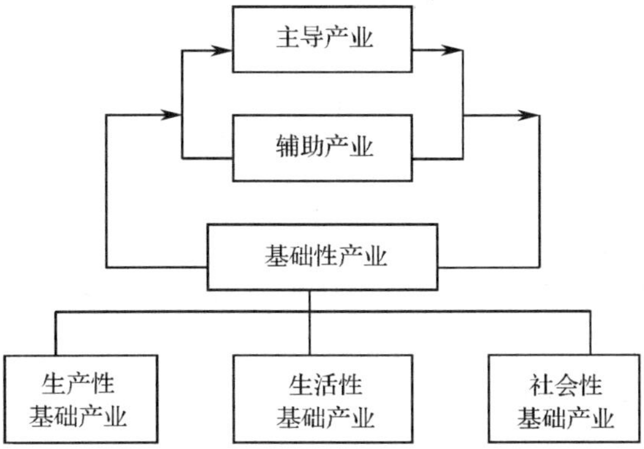

图 5.2　区域产业系统分类关系图

产业分类法，是进行区域产业结构配置、规划的一种理想工具（郝寿义和安虎森，1999，2004）。

二、区域产业结构评价和分析

（一）区域产业结构合理性评价

影响区域产业结构性态、特征及变化的因素主要有生产力增长的潜力和约束因素、需求结构的变化、国际经济关系的变化等（刘志彪，2020）。区域产业结构的形成不仅取决于区域的内部条件，而且受区域外部环境的影响。区域内部条件是决定区域产业结构的内因，区域外部环境是影响区域产业结构的外因（杜肯堂和戴士根，2004）。决定区域产业结构的内部条件包括：区域自然资源状况、人力资源状况、资金供给状况、科学技术水平、原有产业基础和生产传统等。影响区域产业结构的外部环境包括：社会消费（生产消费和生活消费）需求、国家产业布局规划和产业政策、区域经济联系与区际分工、国际经济技术交流等。

合理的区域产业结构对区域经济增长和发展具有极其重要的影响。总体而言，评价区域产业结构的合理性涉及以下六大方面（刘再兴，1993；李小建等，1999，2006；郝寿义和安虎森，1999，2004；安虎森，2004；丁生喜，2018）：

1. 已形成的区域产业结构同区域资源结构是否相适应，能否有效地发挥区域要素禀赋优势

资源结构即生产要素结构，是指自然资源、劳动力、资本和技术之间的相对比例关系。合理的区域产业结构应能充分利用区域内具有优势的资源和要素，形成区域经济增长的优势。在已形成的区域产业结构中，若较多地利用区域优势资源和要素生产适销对路的优势产品，则该产业结构就是比较合理的。区域产业结构必须是资源导向和市场导向的统一。

2. 区域产业系统的功能能否承担起区域在区际或全国地域分工中的重任

合理的区域产业结构应能担负起区域在区际或全国地域分工中的重任，其评价的重点是分析区域产业结构的专业化程度，特别是区域主导产业在区际分工中的作用。大区域系统由若干小区域子系统组成，若各区域子系统都能基于自身优势建立以优势生产要素为专

业部门的产业系统，专业化部门的产品大量对外输出和交换，则区域子系统之间可实现合理的经济分工，从而使各区域子系统乃至整个区域均能获利。若区域的主导产业是发展规模适度的专业化部门，且这些专业化部门能大量向外输出产品，与其他区域进行分工协作，担负起大区域或全国地域分工的重任，对大区域或全国层次产业结构的优化和协调做出自身的独特贡献，那么该区域的产业结构是合理的。

3. 区域内各产业之间是否协调

合理的区域产业结构是区域内各产业之间联系紧密，发展协调，尤其是主导产业与辅助产业、基础性产业之间在数量、规模、时序和空间布局诸方面相互协调。区域内部各产业间的关联度大，区域经济凝聚力强，经济综合实力也强，产业之间可相互促进，取长补短，企业生产成本降低，产品的市场竞争力提高，区域经济发展潜力大，前景好。在区域内产业间的关联中，主导产业和非主导产业之间的关联尤为重要，处于关键地位。一方面，主导产业一般为资金密集、技术先进、规模较大的产业，它与非主导产业关联度大，可将其产业优势辐射到区域内的相关产业，带动相关产业发展，从而促进整体区域经济发展；另一方面，主导产业的发展有赖相关非主导产业的配合和支持，它与非主导产业关联度大，可得到相关产业的扶持而持续健康发展，从而促进整体区域经济系统高效运转。

4. 区域产业结构是否具有较强的转换能力和应变能力

区域产业结构的演化是一个永无止境的动态过程，合理的区域产业结构应具有较强的转换能力和应变能力。随着区域内外环境条件的变化，区域产业结构应能及时应变，充分吸收、消化区域内外的资源和要素，有效地将外来因素转换为输出，形成强大的扩张、输出能力；在外部环境发生重大变化时，通过内部组织机制的调节，减少和消除外部因素的不利影响，保持区域经济持续健康发展；能够在内部结构保持相对稳定有序的情况下，不断实现产业结构的高级化。

5. 区域产业结构是否具有先进性

区域产业结构的先进性体现在区域主导产业先进、新旧产业更替快速及时。区域主导产业越先进，越有能力带动其他产业发展，区域内新旧产业更替快，区域经济充满活力，区域产业经济发展因此越具有推动力。

6. 区域产业结构是否具有高结构性效益

结构性效益是衡量区域产业结构合理与否的最终标准，也是区域经济发展的归宿。合理的区域产业结构必须具有高结构性效益，如果某区域经济效益良好，且良好的经济效益源于其产业结构，那么该产业结构就是合理的；反之，如果某区域经济效益欠佳，且较差的经济效益是由其产业结构引致的，那么该产业结构是不合理的。区域产业结构的结构性效益可采用产业结构效益、偏离-份额分析法等评价指标测度。

（二）区域产业结构分析

1. 区域产业结构的定性分析

对区域产业结构定性分析的描述大体包括以下基本内容：①影响区域产业结构形成、演化的因素分析，包括决定和影响区域产业结构的因素分析；导致区域产业结构变化的成因分析，等等。②区域产业结构演化的历史规律和发展趋势分析。③区域产业结构的多层次分析，包括区域三次产业结构分析、区域农轻重产值结构分析、区域农业行业结构分析、区域工业结构分析、区域服务业结构分析、区域生产要素密集度结构分析、区域功能产业结构分析，等等。

2. 区域产业结构的定量分析

郝寿义（2007，2016）、郝寿义和安虎森（1999，2004）将常用的区域产业结构定量分析指标归纳为12种（表5.2）。

表5.2　常用的区域产业结构定量分析指标

定量分析指标	分析用途
1. 产业比较优势度	反映区域产业结构中具有比较优势的产业部门
2. 工业化结构比重数	反映区域产业结构中工业发展的水平和程度，以及所处的地位
3. 产业专门化率 4. 区位商	反映区域产业结构中的专业化部门及其专业化程度
5. 产业专业化系数 6. 相关系数 7. 相似系数	反映研究区域与对比区域产业结构的异同程度
8. 产业结构变化率	反映区域产业结构随时间的变化程度
9. 产业结构效益（以工业结构为代表） 10. 结构影响指数 11. 效益超越系数 12. 偏离-份额分析	反映区域产业结构的素质和效益的好坏

在目前的区域产业结构定量分析中，采用较多的定量分析指标大致有以下8种。

1）产业比较优势度。衡量一个产业是否具有比较优势，一般可选用比较成本、比较劳动生产率上升率两个指标衡量。

比较成本的测度公式为

$$B_1 = \frac{c_1}{c_2}$$

式中，c_1为研究区域某产业产品的销售成本；c_2为较研究区域层次更高的区域同产业产品的销售成本；B_1为研究区域某产业产品的比较成本。$B_1<1$，说明研究区域该产业产品的成本低于高层次区域的平均值，则该产业产品具有比较优势，B_1小于1越多，该产业的优势度越大；相反，$B_1 \geqslant 1$，说明该产业的成本高于高层次区域的平均水平，不具备比较优势。

比较劳动生产率上升率的测度公式为

$$B_2 = \frac{L_1}{L_2}$$

式中，L_1为研究区域某产业某一时期内的劳动生产率的年增长率；L_2为较高层次区域同产业同一时期内的劳动生产率的年增长率；B_2为研究区域某产业某一时期内的劳动生产率上升率。$B_2>1$，说明研究区域该产业劳动生产率高于较高层次区域的平均水平，说明研究区域该产业具有比较优势；$B_2 \leqslant 1$，说明研究区域该产业不具有比较优势。

比较成本和比较劳动生产率两个指标，第一个从投入角度反映区域产业的比较优势；

第二个从产出角度反映区域产业的比较优势。两个指标配合使用，可较好地达到目的。

2）产业专门化率。其测度公式为

$$Z = \frac{g_1}{g_2} \div \frac{Q_1}{Q_2}$$

式中，g_1 和 g_2 分别为研究区域某产业及其较高层次区域同产业的净产值；Q_1 和 Q_2 分别为研究区域及其较高层次区域全部产业的净产值；Z 为研究区域产业专门化率。$Z>1$，说明该产业是研究区域的专门化部门，Z 值越大，说明该产业在研究区域中的专门化程度，即集中程度越高，该产业的产品输出规模越大；$Z \leqslant 1$，说明该产业不是研究区域的专门化部门。

3）区位商。其测度公式为

$$Q = \frac{j_1}{j_2} \div \frac{b_1}{b_2}$$

式中，j_1 和 j_2 分别为研究区域及其较高层次区域某同一产业部门的就业人数；b_1 和 b_2 分别为研究区域及高层次区域的就业人数；Q 为研究区域某一产业部门的区位商。$Q>1$，则研究区域在某产业部门的集中程度大于其较高层次区域的平均水平，是研究区域的专业化部门和产品输出部门，Q 值越大，研究区域在该产业部门的集中程度越高；反之，$Q \leqslant 1$，则该产业部门不是研究区域的专业化部门。

产业专门化率指标和区位商指标反映的都是区域产业结构中专业化部门及其专业化程度的问题，只是反映问题的角度不同而已。前者用的基础指标是净产值，后者用的基础指标是就业人数。一个区域是否形成了主导产业，一个简要的衡量指标就是产业专门化率或者区位商。但是需要说明的是，产业专门化率和区位商都只能反映区域专业化的相对程度，并不能完全反映区域的实际专业化程度。产业专门化率和区位商大于 1 的产业部门可能总体规模很小，这一产业部门的专业化产品在区内所占的比率将会非常小。同时，产业专门率和区位商只是反映研究区域与其较高层次区域在产业构成上的差异或相似程度。对于经济实力较弱的区域而言，其总体经济规模较小，即使区域内某一产业部门的区位商和专门化率较高，这一产业部门本身在其较高层次区域同一产业部门的总量中只有很小的比重，甚至低于别的区域中产业专门化率和区位商小于 1 的同一部门在全国所占的比重。这种情况下，这一产业部门就难以成为区域的主导产业部门，而真正能成为区域主导部门的专业化部门（Z 和 Q 大于 1）必须具有较大规模，在本区产业部门和全国相应部门中，都占有重要的地位。

4）产业专业化系数。其测度公式为

$$C_1 = \sum (Q_{i1} - Q_{i2})$$

式中，Q_i 为其产业部门 i 在整个产业中所占的百分比；下标 1、2 分别为不同的区域；$\sum$ 为将计算结果具有相同符号（即正或负）的百分数绝对值加在一起；C_1 为区域产业专业化系数。

这个指标反映研究区域与对比区域产业结构的差异程度，用来衡量研究区域产业结构的特色。计算方法是：计算两个区域同一年份各产业部门占各自整个产业的百分比，然后将两个区域相同产业部门的百分比相减，这样既有若干个正值又有若干个负值，对负值逐个取绝对值，将这几个绝对值和前边相减后得到的那几个正值一个个加起来，这个和值就是区域产业专业化系数。

区域产业专业化系数为0～100%，系数数值越大，区域产业结构的特色越明显，说明与对比区域经济互补性越强；反之，系数数值越小，说明研究区域与对比区域的产业结构越是相似和雷同。

5）相关系数。其测度公式为

$$r_{ij} = \frac{\sum_{k=1}^{n}(x_{ik} - \bar{x}_i)(x_{jk} - \bar{x}_j)}{\sqrt{\sum_{k=1}^{n}(x_{ik} - \bar{x}_i)^2 \cdot \sum_{k=1}^{n}(x_{jk} - \bar{x}_j)^2}} \quad -1 \leqslant r_{ij} \leqslant 1$$

式中，x_{ik}和x_{jk}分别为区域i和区域j各自的产业部门k在其产业结构中所占的比重；$\bar{x}_i$和$\bar{x}_j$分别为区域i和区域j各部门在其产业结构中比重的平均值；r_{ij}为区域i和区域j产业结构的相关系数。$r_{ij}=-1$，两区域产业结构截然相反；$r_{ij}=1$，两区域产业结构完全相同；$r_{ij}=0$，两区域产业结构不相关。

6）相似系数。其测度公式为

$$S = \sum(x_{in} \cdot x_{jn}) / \sqrt{(\sum x_{in}^2 \cdot \sum x_{jn}^2)} \quad 0 \leqslant S \leqslant 1$$

式中，x_{in}和x_{jn}分别为区域i和区域j各自的产业部门n在本区产业结构中所占的比重；S为两区域产业结构的相似系数。$S=1$，说明两个区域产业结构完全一致；$S=0$，说明两个区域产业结构完全不一致。通常情况是S介于0～1，S值越大，说明两个区域产业结构越相似；S越小，说明越不相似。

7）产业结构变化率。其测度公式为

$$C_2 = \sum(Q_{j1} - Q_{j2})$$

式中，Q_j为区域某产业部门在整个产业中所占的百分比；下标1、2分别为不同的年份；$\sum$为将计算结果具有相同符号（即正或负）的百分数的绝对值加在一起；C_2为区域产业结构变化率。这个指标反映了随着时间的推移，区域产业结构变化的程度，计算方法与产业专业化系数指标相同。C_2值越大，说明在考察时期内区域产业结构变化幅度越大；反之，C_2值越小，说明结构变化幅度越小。

8）偏离-份额分析。以一定时期内，国民总收入（gross national income，GNI）（评价一、二、三次产业结构），或工农业总产值（评价农轻重结构），或工业总产值（评价工业结构）的年增长率为基准，分别测算区域按全国平均增长率可能形成的假定份额，进而将这一假定份额同区域实际增长额进行比较，分析区域国民总收入增长相对于全国平均水平的偏离状况。这种偏离，主要是区域产业结构因素和区位因素形成的。第一，区域份额因素，以较高层次区域总产出年增长率为基准，假定研究区域按此增长率增长时所应达到的增长水平。第二，产业结构偏离因素，反映研究区域产业结构类型对其经济增长的影响。第三，区位偏离因素，反映了研究区域的区位条件或竞争能力对其经济增长的影响。测度公式为

$$G_j = N_j + P_j + D_j$$

$$N_j = \left(\frac{E_t}{E_o}\right) \cdot e_{jo} - e_{jo}$$

$$P_j = \sum_{i=1}^{n}\left[\left(\frac{E_{it}}{E_{io}}\right) \cdot e_{ijo}\right] - \left(\frac{E_t}{E_o}\right) e_{jo}$$

$$D_j = e_{jt} - \sum_{i=1}^{n}\left[\left(\frac{E_{it}}{E_{io}}\right) \cdot e_{ijo}\right]$$

$$(P + D)_j = P_j + D_j$$

式中，G_j 为 j 区域在计算期内国民总收入的增长总量；N_j 为区域份额偏离分量；p_j 为区域结构偏离分量；D_j 为区域区位偏离分量；$(P+D)_j$ 为区域总偏离量；e_j 为区域国民总收入；E 为高层次区域国民总收入；i 为第 j 个产业；o 为基期（年）；t 为末期（年）。

P_j 值为正值，表示区域产业结构素质较好，促进了区域经济总量，增长较快；相反，P_j 值为负值，说明区域产业结构素质差，影响区域经济总量，增长缓慢。

此外，N_j 是区域 j 按高层次区域（如全国）产业年均增长水平增长时应达到的产业增长水平。如果 N_j 大于零，则区域实际经济增长率高于高层次区域；反之，N_j 小于零，则区域实际经济增长率低于高层次区域。D_j 反映区域的区位条件或区域产业竞争能力对区域经济增长的影响。D_j 为负值，区域处于不利区位，产业竞争力低；反之，D_j 为正值，区域处于有利区位，产业竞争力高。

第二节　区域产业结构配置和优化

一、区域产业结构配置的标准

区域产业结构配置是指为使区域经济效益和社会效益最大化，各种产业循着一定规律和比例的动态空间组合（安虎森，2004）。配置区域产业结构的实质是构筑以区域主导产业为核心的区域三环同心圆产业结构模式。

区域产业结构配置须遵循以下三个标准（刘再兴等，1996）：一是要提高区域经济的增长力度，使区域产业结构按照区域优势的准则不断地进行选择和转换，使区域内各产业都具有不同程度的优势，其重点是主导产业的选择。二是要提高区域产业间的和谐度，使区域产业联系有序化，产业比例合理化。前者指主导产业与非主导产业之间应有极强的正向带动联系和反向配合关系，最具优势的产业对其他产业应有紧密而充分的优势传递联系；后者指流通部门、基础设施和公共事业等与直接生产部门在质量、规模上相适应，具有前后向联系的产业与主导产业在质量、规模上相匹配，保障各产业生产能力的充分发挥和稳步发展。三是要提高区域产业结构的弹性度，使区域产业结构既有吸收区域内外资源与要素或减缓经济波动与外界干扰的素质，又有促进主导产业沿劳动—资本—技术密集型产业的方向逐步更替的潜能。

在上述 3 个标准中，区域主导产业处于核心位置，它不仅决定着区域经济发展的方向、速度、性质和规模，而且决定着整体区域经济发展和产业结构的合理化。因此，配置区域产业结构的实质是通过主导产业的确立，围绕主导产业的产前服务、协作配套和产后深度加工、资源综合利用等发展辅助产业，构筑结构紧凑、各具特色、相互依存、相互促进的高效区域经济有机体（陈栋生，1993）。

二、区域产业结构配置的内容与方法

（一）主导产业选择

并非任何产业都可作为区域主导产业。陈栋生（1993）提出：区域主导产业必须具备高比较优势系数、高产业关联强度、高需求收入弹性、高生产率上升率、高产业创新能力、高产业规模经济等六大条件。这一理论观点被区域经济学同仁广为沿用和拓展（刘再兴等，1996；郝寿义和安虎森，1999，2004；李小建等，1999，2006；安虎森，2004；魏后凯，2006；丁生喜，2018）。区域经济学理论工作者根据上述区域主导产业必备条件设计了一系列主导产业选择的综合指标体系，如表 5.3 所示。

表 5.3　区域主导产业选择的综合指标体系

指标类型	具体指标
1. 产业比较优势度	1. 比较集中率系数 2. 比较输出率系数 3. 比较生产率系数 4. 比较利税率系数 产业比较优势系数＝比较集中率系数×比较输出率系数×比较生产率系数×比较利税率系数
2. 产业规模	1. 产值规模 2. 固定资产规模 3. 就业规模 4. 产业专门化率
3. 产业的市场潜力/市场需求	1. 需求收入弹性系数 2. 市场占有率
4. 产业关联度	1. 产业感应度 2. 产业影响度 3. 波及效果系数＝（产业感应度+产业影响度）/2
5. 生产率上升率	1. 资源生产率 2. 劳动生产率 3. 资金生产率 4. 技术进步率

资料来源：根据陈栋生（1993）、郝寿义和安虎森（1999，2004）、魏后凯（2006）著述成果整理

区域主导产业选择的具体定量评价可从以下四个方面开展（郝寿义和安虎森，1999，2004）。

1. 产业比较优势度

主导产业是在区域比较优势的基础上产生和发展起来的。按照主导产业的特点和功能，主导产业必须同时具有区域内比较优势和区域间比较优势，即不仅与区内其他产业相比具有比较优势，而且与区外同类产业相比也具有比较优势。

产业比较优势度的大小可采用比较劳动生产率衡量。其计算公式为

$$B=(g_1/g_2)/(L_1/L_2)$$

式中，g_1 和 L_1 分别为区域某产业的国民收入和劳动力；g_2 和 L_2 分别为区域国民收入总额和劳动力总数；B 为区域产业的比较劳动生产率。$B>1$，说明该产业的劳动生产率高于全部产业劳动生产率的平均值，该产业具有比较优势，B 值越大，其比较优势越大。

2. 产业的市场潜力

社会需求是推动产业持续发展的强大动力，主导产业的产品不仅存在着巨大的现实市场需求，而且拥有着巨大的潜在市场需求，即主导产业必须是高需求收入弹性的产业。

产业的市场潜力的大小可采用“市场占有率”测度。其计算公式为

$$S=(x_1/x_2)\times(r_1/r_2)$$

式中，x_1 和 x_2 分别为研究区域及其高层次区域某产业的年销售额；r_1 和 r_2 分别为研究区域及其高层次区域同产业的人均年销售额；S 为某产业的市场占有率。S 值越大，则说明区域该产业产品的市场容量越大；S 值越小，则说明其在市场上占有的份额越小，市场潜力小。

3. 产业规模

主导产业必须具有一定的经济规模、雄厚的经济实力和先进的技术装备，才能发挥作为区域经济系统的核心作用。此处的“产业规模”包括四层含义：产业的绝对规模；在区域内的相对规模（即占区域全部产业的比重）；在较高层次区域中相同产业的相对规模（即占较高层次区域相同产业的比重）；产业产品的输出规模。只有上述四层含义的产业规模都较大的产业才能成为区域主导产业。

产业规模的大小可采用“产业专门化率”指标衡量，其计算公式和含义参见本章第一节相关内容。产业专门化率值越大，说明产业的专业化程度越高，其相对规模越大。

4. 产业关联度

主导产业作为区域经济系统的主体和核心，具有火车驱动轮的功能作用。主导产业通过与非主导产业的关联组织，带动它们的发展。主导产业与非主导产业通过两种方式的相互影响发生联系：一是主导产业对非主导产业的影响，其影响的程度称为影响力；二是主导产业受非主导产业的影响，其影响程度称为感应度。

产业影响力系数和感应度系数可借助区域投入–产出逆矩阵系数表进行定量化评价。

产业影响力系数的计算公式为

$$Y=h_1/h_2$$

式中，h_1 为某产业纵列逆阵系数的平均值；h_2 为全部产业纵列逆阵系数的平均值的平均；Y 为某产业的影响力系数。$Y>1$，说明该产业的影响力大于全部产业的平均水平，Y 值越大，说明该产业的影响力越大。

产业感应度系数的计算公式为

$$G=z_1/z_2$$

式中，z_1 为某产业横行逆阵系数的平均值；z_2 为全部产业横行逆阵系数的平均值的平均；G 为某产业的感应度系数。$G>1$，说明该产业的感应度大于全部产业的平均水平，G 值越大，说明该产业的感应度越大。

产业影响力系数和感应度系数可综合为产业波及效果系数。其计算公式为

$$J=(Y+G)/2$$

式中，Y、G、J 分别为某产业的影响力系数、感应度系数和波及效果系数。J 值越大，说明该产业与其他产业的关联性越强，其发展对区域经济发展带动作用越大。

（二）非主导产业配套

1. 辅助产业配套

辅助产业配套，指根据主导产业合理规划，促进其辅助产业的发展，从而使主导产业与辅助产业之间形成紧密的相互联系、相互促进的发展关系。进行辅助产业配套应处理好三大问题（李小建等，1999，2006）：①以主导产业为核心，依据辅助产业与主导产业间的前向、后向和侧向“三维”联系，结合区域具体实情，选择、培育和发展与主导产业配套的各辅助产业，为主导产业发展提供保障。②根据所确定的主导产业发展规模，积极运用市场机制的调节及政府干预（规划、管理、公共政策等）的调控，引导辅助产业适度发展。③根据主导产业的空间布局状况，合理布局辅助产业。既要保证主导产业与辅助产业通过合理的空间布局获得良好的集聚经济效益，又要力避因过度集中、无序布局引致的集聚不经济，防止布局不合理使主导产业与辅助产业之间陷入相互限制的困局。区域主导产业和辅助产业在空间布局上可采用“板块式”“环绕式”等地域组合形式（杜肯堂和戴士根，2004）。“板块式”指区域内一部分地区以发展主导产业为主，另一部分地区以发展辅助产业为主。“环绕式”指以区域主导产业为中心，环绕分布相应的辅助产业，形成大小不等的产业圈。

2. 基础性产业配套

基础性产业是主导产业和辅助产业发展的重要保障。基础性产业配套即指根据主导产业和辅助产业发展的需要，通过市场机制的调节、政府干预的调控，合理引导和组织基础性产业发展，力求为主导产业和辅助产业发展提供必不可少的支撑，创造良好的外部环境。

三、区域产业结构的优化

（一）区域产业结构优化的实质

优化区域产业结构是区域经济发展进程中一个永恒的重要话题。区域产业结构升级是指产业结构在协调、优化的基础上，其内在结构、效率等向更高层次进化的过程（陈自芳，2011）。区域经济协调有助于优化产业结构，从而使得产业结构发展趋于合理化（郭家堂和刘亮，2022）。区域产业结构优化过程的实质表现为四大方面（郝寿义和安虎森，1999，2004；安虎森，2004；孙海鸣和张学良，2011）：①准确选择区域的主导产业，合理确定其发展规模和速度，协调主导产业与非主导产业的关系。②建立以主导产业为核心的、各产业协调配套及高效运转的区域产业体系。③对外突出区域主导产业的发展优势，提高与区外的经济互补性；对内提高区域各产业间的关联度与协调性，形成区内、区外经济发展的良性循环。④把握区域产业结构的内在变化，积极扶持潜在主导产业，促进产业结构顺利适时地转换，使区域产业结构最优化。⑤产业结构优化是一个动态过程，是产业

结构逐步趋于合理、不断升级的过程。

（二）区域产业结构优化的战略和策略

在战略和策略上，区域产业结构优化应从以下三个方面入手（郝寿义和安虎森，1999，2004；安虎森，2004；陈自芳，2011）：①准确选择、优先发展主导产业。区域主导产业选择得准确与否，是事关整个区域经济发展成败的重大决策。主导产业一经确定，即应力保其在投入、政策上得到优先重点发展，使之超前启动，有效地承担起在全国地域分工中的重任，并增强其带动经济发展的辐射力。②协调主导产业与非主导产业的关系。与主导产业关系最密切最直接的辅助产业在发展上应尽可能与主导产业形成配套；在建设时序上应尽可能与主导产业相衔接；在建设规模上应尽可能与主导产业相适应。基础性产业是区域生产、生活和社会正常运行的基本条件，应积极创造条件，力争在区域内达到平衡，以形成对区域主导产业和辅助产业的强有力支持。③积极扶持潜在主导产业，促进区域产业结构及时合理转换。区域产业结构优化是一个动态概念。潜在主导产业（简称为潜导产业）代表了区域产业未来的发展希望。应结合区域的具体经济发展状况与条件，选择有巨大发展前景的新兴产业作为潜导产业，在资金、技术、人才诸方面大力支持，促其壮大发展。例如，相比于文化资源更为丰富的历史文化名城，作为潜导产业的文化产业集聚反而更能够促进本身非历史文化名城的产业结构升级（张苏缘和顾江，2022）。在原有主导产业不合时宜，进入衰退期后，潜导产业要及时接替，成为新的主导产业，建立起新的、合理的区域产业结构。

第三节　区域产业组织

一、区域产业链

（一）产业链的内涵

产业链是在知识经济时代和后工业社会的大背景下，应对全球化挑战的一种新型产业空间组织形式。国内学者对其内涵的界定有多种视角（表 5.4）。

表 5.4　国内学者对产业链内涵界定的主要视角

角度	学者	产业链内涵的界定
核心竞争力	郑学益，2000	产业链是以市场前景比较好、科技含量比较高、产品关联度比较强的优势企业和优势产品为链核，通过这些链核，以产品技术为联系，以资本为纽带，上下连接、向下延伸、前后联系形成链条
形成构造	张铁男和罗晓梅，2005	产业链是以生产相同或近似产品的企业集合所在产业为单位形成的价值链，是承担着不同的价值创造职能相互联系的产业围绕核心产业，通过对信息流、物流、资金流的控制，在采购原材料、制成中间产品及最终产品，并经由销售网络将产品传递给消费者的过程中，形成的由供应商、制造商、分销商、零售商、最终用户构成的一个功能链结构模式

续表

角度	学者	产业链内涵的界定
共生理论	卜庆军等，2006	产业链是指由某一主导企业倡导的通过某种契约达成的能满足最终顾客需求的相互有机融合的企业共生体，它是由供应商价值链、企业价值链、渠道价值链和买方价值链构成的企业共生价值系统
知识联系	芮明杰等，2006	产业链是以知识分工协作为基础的功能网链，通过知识分工和知识共享创造递增报酬，为顾客创造价值，产品的生产联系和由此产生的物质流动只是产业链的外在表现形式
技术经济联系	徐从才和盛朝迅，2012	产业链是产业部门按照技术经济联系形成的链条式组织形式，在产业链中形成产业组织、生产过程和价值实现的统一
供给生产关系	都晓岩和卢宁，2006；陈自芳，2011	产业链是指某一行业中从最初原材料加工生产直至产品到达消费者手中的全部环节

产业链的本质和基础是价值链。Porter（1985）在分析公司行为及竞争优势时，首提价值链（value chain）的概念（图5.3）。他将企业创造价值的过程分解为一系列互不相同又彼此关联的经济活动，或称为“增值活动”，其总和构成价值链。公司职能可分成基本活动和辅助活动两种，分别包含不同的经营管理项目，共同组成价值链上的各个环节，它们彼此关联、相互影响，一个环节运作效率的高低会直接或间接影响到其他环节的成本与收益。由于价值链上各环节所要求的生产要素种类与密度各不相同，任何企业都只能在某些环节拥有比较优势，不可能拥有全部增值环节的绝对优势。

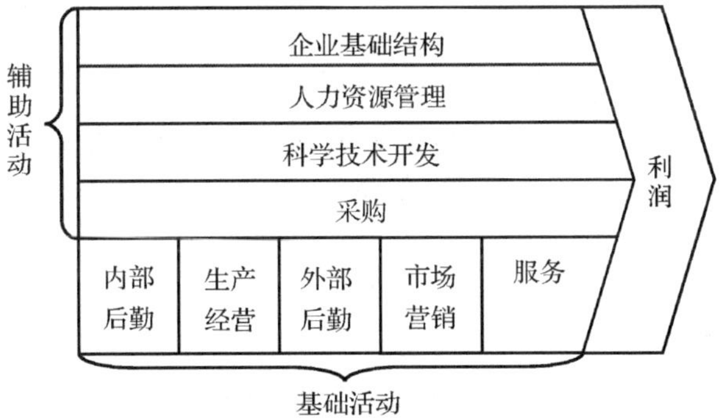

图5.3　基本价值链（Porter，1985）

（二）产业链的主要特性

产业链的特性主要表现在以下方面：①有机协同性。构成产业价值链的各个组成部分是一个有机的整体，处于同一个利益共同体当中，相互关联、彼此制约，共生、共存与共惠。②各环节差异性。产业链的各个环节处于不同的生产阶段，承担不同的经济职能，存在客观差异性。主要表现为对要素条件的需求差异、技术上的层次差异，以及增加值与盈利水平的差异等。③供求关系与价值的传递性。产业链是资源功能传递、功能集中和功能累加的手段，链条上每个环节和节点都对其上游提出需求，又对下游进行供给，出现相向的以产业链为平台的供给与需求传递，和建立在供求机制基础上的使用价值与价值的相向传递。④关键环节与节点的突出性。在经济全球化背景下，产业链中的价值和利润正在向对价值创造起关键作用的环节集中，且转移范围越来越大、方式越来越多、频率越来越快。⑤起讫点的一致性。作为从一种或几种资源通过若干产业层次不断向下游产业转移直至到达消费者路径意义上的产业链，尽管路径多种多样，但不论如何绕行、迂回，其起点仍然是自然资源，终止于最终消费，只是迂回程度存在区别。

（三）产业链的主要类型

按照产业链上中下端企业数量的分布结构形态，可分为五种（黄培和陈俊芳，2003）：①金字塔形产业链。产业链上企业数量分布呈上端少、下端多的态势，关键资源掌握在少数企业手中，形成被上端节点垄断的局面。②倒金字塔形产业链。越到产业链下端企业数量越少，中上端企业较多，形成被顾客或下端企业所控制的局面。③花瓶形产业链。企业数量分布中端少，两端多，呈花瓶形状，中端的产品制造商、产品服务提供商对整个产业链有较大影响力。④纺锤形产业链。上端和下端企业数量较少，中端较有厚度但单个成员的影响力相对有限。⑤不规则形产业链。在现实中，很多产业链复杂而变化多端，呈现出不规则形态。

根据企业间供求的依赖强度，可将产业链划分为（刘大可，2001）：①供应商垄断型。大型企业或企业集团垄断某些关键资源供给所形成的组织形态。下游企业处于竞争性环境，受到供应商控制而缺乏选择权和自主决定权。②目标企业垄断型。众多供应商向处于市场垄断地位的目标企业提供原料或产品，对目标企业有依赖性且彼此间相互竞争。③独立竞争型。供应商与下游企业共同处于激烈竞争的市场环境中，彼此依赖强度低，只是市场状况的被动接受者。④相互依赖型。供应商与下游企业均处于垄断地位，彼此间依赖性强，处于一个利益共同体中。

还有其他多种划分角度。按照要素关联属性，可分为劳动力追加链、资金追加链、技术追加链和附加价值链（龚勤林，2004）；按照适应性，可分为刚性产业链和柔性产业链；按照独立性，可分为依赖型和自主型产业链等（潘成云，2001）。

（四）产业链运动

1. 产业链接通

产业链可能因各种情况出现不连续，如上下游间距离过大、缺乏必要的产业环节，或比例失调、产业供求不配套等。此时通过整合，在原本独立或孤立的链环间建立关联，即产业链接通，是客观必要的。通常有两种途径进行产业链接通：一是直接将区域内已存在的各孤环或断环衔接起来；二是新创造出若干承上启下的产业部门（链环）实现断环接续。其中，后者更为常见。产业链接通有利于加强区域内各产业部门间的经济联系，通过利益和风险的传导机制，有力提升区域抗击市场风险的能力和对外综合竞争力（龚勤林，2004）。

2. 产业链延伸

产业链延伸是指对产业部门追加劳动力、资金、技术等投入，使产业链的后续产业环节得以增加，或是得以增生扩张以获取追加收益的过程。它通常受到一定经济目标的驱动，如追求劳动力吸纳量最大化、产业资金追加量极大化、产业技术含量极大化和产业附加价值最大化等经济偏好（龚勤林，2004）。

3. 产业链迂回

产业链的迂回有两种形式：一是生产活动用更多的加工程序来完成，借助于不同的设备经多道加工程序不断进行功能积累，而非一次性将功能目标实现；二是不在企业内部进行所有的生产活动，而是在社会上进行细致的分工，保证每个阶段的专业化优势，实现高效率生产，由此形成产业链的迂回（吴金明等，2005）。产业链的迂回与延伸有相互交叉的部分。

4. 产业链整合

产业链整合以主导企业和信息共享机制为基础，通过对产业链上的资源与活动进行调整，达到风险、成本和利益共担的协调运作目标，获取协同效益（卜庆军等，2006）。产业链整合表现在五个方面的重构：供需链、价值链、产品链、技术链和空间链（郑大庆等，2011）。它通常需要两个步骤：①对区域内隶属于各个行业部门的产业资源和产业活动进行整合，将在经济技术上存在前后向关联的产业环节合理组织，通过资产重组重新构建产业链；②产业链的进一步整合。以提高产业附加值和区域竞争力为目标，突破行业束缚，在更大范围内或更高的产业层次上，在新的地域空间和产业空间上，重新构建与调整产业链环的连接状态（任保平和洪银兴，2005）。产业链整合存在股权并购型、战略联盟型、产业集群型等多种模式，包括水平整合、垂直整合和混合整合等方向。

（五）产业链的基本功能

产业链的基本功能主要表现在以下方面：①投资引致功能。产业链是建立在产业内部分工和供需关系基础上的产业生态图谱，其发展程度，即产业本身的配套性，以及有效市场半径中产业链的完整性，已成为投资环境最重要的影响因素。产业链所构筑的良好产业生态环境对外地企业和优质资源有巨大的吸附效应。②构筑竞争优势功能。对产业链（产业配套能力规模及质量水平）及其控制能力（对战略环节、关键资源和技术的控制）的竞争已经处于国家或区域间竞争最核心的地位，产业链的培育与优化状况已成为一个地区核心竞争力的集中体现。③稳定经济功能。产业链中集聚的大量企业，所形成的技术替代与配套、市场竞争与结盟关系，能增强产业和区域经济的抗风险能力。上下游关联、产品及功能多方互补的产业链符合可持续发展的要求，有利于稳定区域乃至一国经济的发展。④缓解产业冲突功能。产业链是产业垂直分解和产业水平融合共同作用的结果，各区域按照不同环节、工序乃至模块进行功能专业化分工，弱化和突破了产业边界，有利于消除和缓解区域间在产业发展方面的恶性冲突，最终形成整体优势和良性互动的产业发展格局。

二、区域产业集群

（一）产业集群的内涵

集群是源于生态学的一个概念，原意指各种生物以“共生”关系生活在同一栖所中所形成的结构单元。经济学加以借用，形成了独具特色的产业集群理论。不同学者因研究背景不同，给出的定义也存在差别，其中最具代表性、影响最大的是美国“竞争战略管理之父”迈克尔·波特的定义说。Porter（1990，1998）以竞争优势理论为基础，认为产业集群是某一特定领域内相互联系的企业及机构在地理上的聚集体。它包括一系列相互关联的产业和与竞争相关的实体，如零部件、机器设备、服务等专用性基础设施的供应商，向下游拓展的销售渠道和客户，横向扩展的互补产品的制造商，以及在技术、技能上相关或有着共同投入品的企业等。另外，许多集群还包括政府和提供专业化培训、教育、信息研究和技术支持的其他机构，如大学、标准制定机构、智囊团、职业培训所和贸易联盟等（陈剑锋和唐振鹏，2002）。

产业集群的内涵蕴含着两个基本特性（魏江，2003）：①产业特性。产业集群通常围绕区域内一两个支柱产业的生产与服务展开，基于专业化分工与紧密劳动协作，通过产业链或其他竞合关系联结，共享产业要素，打造产业整体竞争优势，构成产业生态系统。②地域特性。集群成员在地域上相互邻近，共同“锁定”于一个区域，具有显著的地域相关特征。

（二）产业集群的组织特征

1. 弹性生产组织

产业集群的弹性生产组织特征，基于集群成员联系弹性的层面，强调区域性和系统性。集群企业间通过专业分工、垂直分离形成的新型弹性化关系，扩大了区域内各种生产要素的整合能力和协同效应，促进了强实用性和缄默性的知识在地理空间上的扩散传播，有利于实现范围经济效应。同时，产业集群与企业内部弹性生产相互促进。企业的弹性生产驱动着产业集群的形成，而集群的诞生和成长延伸了弹性生产的活动边界，丰富了其内涵，为企业竞争优势的充分发挥创造了条件。

2. 中间性体制组织

产业集群属于在纯市场交易和一体化科层组织之间的一种中间性体制组织：①产业集群比市场稳定。集群内企业所形成的分工不仅因地理集聚比一般的市场更细致，实现了较高的市场交易化程度，而且由于空间接近性和彼此间经常性的正式、非正式交流，有效降低了纯粹市场交易内生的信息搜寻、甄别和监督等成本。②产业集群较科层组织灵活。集群内企业是相互独立的、彼此间没有支配或依附关系的平等市场主体，协作与竞争受价格机制和特定的规则调节，有利于避免科层组织金字塔形控制结构在管理方面的刚性。

3. 网络型组织

从社会经济网络的研究范式考察，产业集群是一种典型的网络组织，由各类具有决策能动性的独立活性网络节点，如企业、大学科研院所、金融机构、中介组织、政府公共部门乃至消费者等，通过各种显性或隐性的关系链条共同编织而成。具体的连接纽带包括资源、产权关系、法律合同、组织文化、价值观念、学习行为等多种因素。根据各节点的连接特征，可分为经济网络、知识网络和社会网络，它们相互嵌套，互相促进，螺旋上升。

4. 创新型组织

产业集群以渐进式创新为主，创新活动与生产、市场紧密联系，突出本地化和集体行为，有效克服了福特制下突破性创新的缺陷，是区域应对全球化竞争的关键所在。产业集群存在三个方面促进创新的动力机制：①激烈的微观竞争和企业对利润的追逐构成创新永恒的驱动力；②中小企业的规模局限引致共性技术创新的需求；③集群环境有利于创新。

（三）产业集群的类型

按照划分标准不同，产业集群有不同的分类方式。按照形成方式，可将产业集群分为诱致性自发型产业集群、强制培育型产业集群和引导培育型产业集群；按照产业集群的竞争优势，可分为创新型（高端道路）产业集群和低成本型（低端道路）产业集群；根据集群的基本结构，可分为市场型产业集群、中卫型产业集群、混合网络型产业集群（仇保兴，1999）等。

借鉴 Markusen（1996）对产业区的研究，产业集群可分为四种：①马歇尔式产业集群。以地方性小企业为主体，规模经济相对较低，区内贸易高于区际贸易，劳动力市场高度灵活，具有独特的地方文化、专业资源和耐心资本（patient capital）。②轮轴式产业集群。以一个或多个大型垂直一体化企业为轴心，有显著区内贸易关系和长期契约合作关系的供应商环绕外围，规模经济较高。核心企业拥有资金、技术和商业服务的控制权，供应商对其有一定的依赖性。③卫星平台式产业集群。它是总部在集群以外的分厂的企业集合，集群与外部企业，特别是母公司保持高度的合作联系，劳动力市场和关键的投资决策在外部，但缺乏区内的贸易网络和与地方供应商的长期承诺，区域内没有耐心资本。④政府依赖型产业集群。此类集群的商业组织结构受大型政府机构支配，供应商和消费者位于外围，规模经济在公共部门相对较高。

（四）产业集群的生命周期

国内外学术界对产业集群生命周期的研究有不同的划分方法。Porter（1998）认为产业集群会经历三个主要阶段：①诞生阶段。产业集群的起源通常要回溯到该地区在特定历史情境下，形成钻石体系的部分条件，如各种充分且易获取的生产要素、不寻常或紧迫的本地需求、原有的供应商团体和相关产业，以及一两家创新能力强的厂商等。②发展阶段。产业集群的发展流程大量依赖于钻石体系中各箭头的效能，或回馈环的功能表现，尤其是本地竞争的密集程度、本地创新环境，以及将集群成员聚合起来的正式或非正式制度的效能三个领域。③衰退阶段。产业集群萎缩和衰亡的原因主要有两种，一是内生的，源于内部僵化，如过度合并和集体思维抑制创新等导致生产力和创造力衰退；二是外来的，外部环境持续发展或中断发展造成的，如技术间断、客户需求变化等。

许多研究机构及学者（Tichy，1998）主张将产业集群的演进划分为四个阶段：①诞生期（the formative phase），也称为前集群阶段（pre-cluster stage），是区域内核心产业启动、集聚开始形成的时期。集群内企业结构零散，专业化分工程度低，彼此间的交互作用和自主创新有限，结网效应差，内部集体学习机制不完善。但少数市场盈利能力良好的企业和创新型企业家推动了集群发展，地方政府和外资能起到主导作用。②成长期（the growth phase），是集聚规模扩大、形成产业链的阶段。集群增长率高，以供应链分解为特征的专业化分工深化，生产的灵活性强，支撑机构和辅助部门逐渐繁荣；区域创新活力得到激发，大量渐进式创新出现，技术进步步入良性循环；集群的社会知名度提升，对外来资本有引致效用，并逐步加入国际生产体系。集群效益的自我强化机制是推动集聚区扩张的主要力量。③成熟期（the maturity phase），是构建区域创新网络、形成核心竞争力的阶段。集群趋于稳定，由配套的企业群构建成完整的产业价值体系，通过强竞争力的集群产品融入全球价值链。供应链兼顾稳定性和灵活性，并实现了最优化分离，集中于战略环节。创新资源丰富，效率更高，成为集聚效益的主要来源。区域内形成特有的文化氛围，集群成员结成坚实、稳定、稠密的本地关系网络，信任成为根植性文化的核心。此时，集群处于最佳状态，具有特色品牌效应，形成了整体的竞争优势。④衰退期（the petrify phase），是集群活力萎缩、丧失竞争优势的阶段。企业经济效益下滑，投资呆滞，出现迁出和转产，产业集群的集体效率优势，因恶性竞争和创新的僵化和惰性等，被不断削弱。

也有学者从可持续发展的角度认为，产业集群衰退期后存在一个蜕变期（潘慧明，2006）或恢复期（鲁开垠，2006），产业集群可能由此消亡，也有可能经过正确引导逐渐复苏，产生新的核心能力。

三、区域产业带

（一）产业带的内涵和特征

产业带在经济活动空间集中的过程中形成，是进行经济空间组织的重要地理单元，是地区、国家乃至国际区域经济发展的轴线和支撑骨架。我国学术界对产业带的研究始于20世纪80年代，主要由地理学者展开。费洪平（1994）认为，产业带是在特定经济空间中，由众多相互配合、协作密切的产业部门，围绕资源富集区、中心城市或交通方便的区位（或节点）集聚，形成的由线状基础设施束连接和由若干大小不等的中心共同组成的，具有内在经济联系的产业集聚区域，是融合产业、人流、物流、信息流、资金流形成经济网络的线状空间地域综合体。

产业带包括以下主要特征。

（1）系统性。产业带由企业、部门或产业、人口、城市、区域、各种基础设施等要素构成系统基质，按一定次序排列组合、彼此联络，构成区域巨系统。各种要素一旦加入，会表现出新的性质，创造出非加和性，要素功能在横纵向联合中通过协调和竞争实现。这种系统具有层次性，往往由若干亚产业带，或“点-轴”系统，或城市群组成。

（2）产业空间集聚性。产业带通常表现为各种规模和专业化不同的中心城市在一定地区的聚集，企业仍然是最基本的微观组成单元，也是产业带形成与演变的重要微观机制。

（3）地域关联性。产业带与周边地区密切联系，内外部经济主体在职能上共同参加区域产业活动，相互提供能源、原材料、半成品、劳动力和销售市场等，彼此作用，形成地域上集中分布、功能上互为关联的产业密集区域。

（4）相对连续性。产业带强调产业活动的连续性、密集性和相互关联性，包括区域公共服务基础设施和统一的交通运输网，并不意味着整个“地带”是一片连绵不断的城市工业集聚区。许多产业活动（尤其是工业、服务业活动）主要集中在各个城市，呈断续相连的状态，其间有大片的农田、森林和空地等，一般沿着生长轴（交通运输干线）呈“点-轴”带状分布，或围绕多核心出现，呈多角形分布。

（5）内部通达性。产业带内部各经济中心之间要求保证通达性，通常由各种交通运输线路贯通，由线状基础设施相连接，组成“点–轴”系统。

（6）动态性。产业带的形成是产业空间运动长期演化的结果，在一定边界内，不断进行生存发展所必需的新陈代谢，乃至变异，包括积极的创新和恶性的病变等。

（二）产业带的主要类型

按照地域范围，可将产业带分为三种：①跨国产业带。即跨越国界、连接几个国家的带状产业集聚区。②跨省产业带。在国土面积较大的国家，跨越几个省区级行政区，内部经济联系相对紧密的带状产业密集区，如我国沿长江干流产业带等。③省内产业带。在一个省级行政区范围内，对区域发展产生重要影响的产业带，如江苏的沿沪宁铁路产业密集带等。

按照形成机制划分，可分为：①资源开发促进型产业带。在资源富集区，由资源开发形成的产业带。②中心城市和城市群集聚型产业带。受中心城市的吸引、产业高度集聚于大城市和大城市群的经济密集地带。③交通轴线引导型产业带。产业在空间上沿交通干线集聚和扩散所形成的经济带。

按照发展轴划分，可分为：①沿江河产业带。以江河干流为发展轴的产业带。②沿海产业带。以沿海港口为增长极、以沿海航线为发展轴的产业带。③沿陆路通道产业带。以铁路、公路干线为发展轴的产业带，如俄罗斯沿西伯利亚铁路产业带、我国的沿陇海—兰新铁路产业带等。④沿综合运输通道产业带。以多种交通方式为依托，多条运输通道为发展轴的产业带，通常拥有高度发达的交通、通信等基础设施，发展优势明显，经济吸引和辐射能力强大。世界著名的日本太平洋沿岸都属于这一类型。

按照产业类型，可分为单一产业带和综合产业带；按照发展水平，可分为发达型产业带和发展型产业带等。

（三）产业带的形成过程

产业带的形成沿袭一条以“点”带“面”的非均衡途径，是区域发展中极化效应与扩散效应此消彼长的力量对比变化，以及极化过程和扩散过程相互作用、相互促进的结果。

在产业带形成的初始阶段，极化过程促使资金流、技术流、人才流、信息流等各种生产要素向一些区位条件较好的地点流动，产业在原料产地、交通枢纽、生产要素集中区和主要市场节点上集聚，通过循环累积过程取得增长动力，积累有利因素，超前发展，形成大小不等的集聚中心。

在产业极化效应发挥到一定程度后，扩散过程（梯度扩散、等级扩散、位移扩散等）进一步强化，产业集聚中心逐渐向外迁移，形成次级中心，并拓展其产业腹地。扩散强度和方向多沿交通干线为主的线状设施束延伸，在空间上形成“点–轴”带状结构，各主中心与次级中心之间通过交通路线等连接，形成传统意义上的产业带。

在区域经济水平提高，特别是生产力飞速发展的前提下，扩散效应逐步占据主导地位，不断缩小产业带内部差异，城乡之间出现空间一元结构，城乡融合体系逐渐形成，传统产业带开始向新型产业带过渡。

本章课程思政与实践教学设计

<table>
<tr><th>教学环节</th><th>教学过程</th><th>课程思政</th></tr>
<tr><td>问题导入</td><td>在一个区域内，随着人类经济活动的不断发展，社会分工会更加明确，因此会形成具有不同分工且利益相互关联的各种行业和部门，这也称为产业。如何区分这些产业，并且描述区域的产业结构呢？</td><td rowspan="2">教师可以通过实例，让学生明白各地产业的特点，例如，东北地区以重工业为主，南方地区以轻工业和服务业为主等，从而了解不同地区的经济和社会状况。同时，更要教给学生如何分析事物本质，如何从实际出发进行判断，只有掌握了这些能力，才能更好地适应社会，更好地为未来打下基础</td></tr>
<tr><td>知识讲解</td><td>1. 介绍区域产业结构的一般分类方法和功能分类法，让学生掌握如何从不同的角度对行业所属的产业大类进行归纳
2. 讲解从哪些维度、如何进行区域产业结构合理性评价，从定性和定量两个方面讲解如何对区域产业结构进行分析</td></tr>
<tr><td>启发探究</td><td>当各种行业和部门不断发展联结形成产业，各类要素就会在社会生产的每个环节中有机衔接，从而实现循环流转，如何使得区域生产要素配置效率最大化？这离不开区域产业结构配置与优化</td><td rowspan="2">各类生产要素在产业链中不断循环流转才使得社会经济一直向前，作为一名新时代的大学生也应当培养良好的人文素养，具备批判性思维、创新精神和团队协作能力，拥有全球视野和文化自信，努力成为具有现代思想和国际竞争力的新时代人才，为祖国的繁荣和人民的幸福做出更大贡献</td></tr>
<tr><td>知识讲解</td><td>1. 认识区域产业结构配置需要遵循的三大标准
2. 介绍选择区域发展的主导产业及非主导产配套的途径与方法
3. 揭示区域产业结构优化的实质，介绍区域产业结构优化的原则和策略</td></tr>
<tr><td>启发探究</td><td>产业是某种同类属性的企业集合，而在一个产业中，各企业之间会有多种市场关系和组织形态，将其称为产业组织，那么在既定区域内，区域产业组织又有哪些形态呢？</td><td rowspan="2">企业要发挥更大的力量、获得更多的收益，只有融入各种形态的产业组织中才能实现。类似地，个人在团队合作中也要学会协商、沟通、分工和协调，充分发挥团队成员的潜力和优势，实现共同的目标</td></tr>
<tr><td>知识讲解</td><td>1. 介绍产业链的内涵、主要特性、主要类型、产业链运动及基本功能
2. 介绍产业集群的内涵、组织特征、类型及生命周期
3. 介绍产业带的内涵和特征、主要类型及形成过程</td></tr>
<tr><td>答疑与课程小结</td><td>1. 预留一定时间供学生提出课程疑问并进行答疑
2. 总结区域产业结构的分类和评价分析、产业结构配置和优化策略、产业组织的各类形态</td><td>帮助学生培养科研精神，了解不同行业的前沿技术和创新思路，激发学生的创新意识和探索精神</td></tr>
</table>

主要参考文献

安虎森. 2004. 区域经济学通论. 北京：经济科学出版社
卜庆军，古赞歌，孙春晓. 2006. 基于企业核心竞争力的产业链整合模式研究. 企业经济，(2)：59-61
陈栋生. 1993. 区域经济学. 郑州：河南人民出版社
陈剑锋，唐振鹏. 2002. 国外产业集群研究综述. 外国经济与管理，(8)：22-27

陈军，陶永宏．2006．产业集群形成模式比较及启示．企业活力，(3)：8-9
陈自芳．2011．区域经济学新论．北京：中国财政经济出版社
崔功豪，魏清泉，刘科伟．2006．区域分析与区域规划．北京：高等教育出版社
丁生喜．2018．区域经济学通论．北京：中国经济出版社
都晓岩，卢宁．2006．论提高我国渔业经济效益的途径——一种产业链视角下的分析，中国海洋大学学报（社会科学版），(3)：10-14
杜肯堂，戴士根．2004．区域经济管理学．北京：高等教育出版社
费洪平．1994．产业带边界划分的理论与方法：胶济沿线产业带实例分析．地理学报，(3)：214-225
符正平．2002．论企业集群的产生条件与形成机制．中国工业经济，(10)：20-26
龚勤林．2004．产业链接通的经济动因与区际效应研究．理论与改革，(3)：105-108
郭家堂，刘亮．2022．区域协调发展、产业结构优化与全要素生产率——以长三角为例．统计与决策，(24)：97-102
郝寿义．2016．区域经济学原理．2 版．上海：上海人民出版社
郝寿义．2007．区域经济学原理．上海：上海人民出版社
郝寿义，安虎森．2004．区域经济学．2 版．北京：经济科学出版社
郝寿义，安虎森．1999．区域经济学．北京：经济科学出版社
黄培，陈俊芳．2003．赢利定律：商业模式的理论、方法与实践．北京：中国标准出版社
蒋国俊，蒋明新．2004．产业链理论及其稳定机制研究．重庆大学学报（社会科学版），10（1）：36-38
克鲁格曼．2000．发展、地理学与经济理论．蔡荣，译．北京：北京大学出版社
李小建，李国平，曾刚，等．2006．经济地理学．2 版．北京：高等教育出版社
李小建，李国平，曾刚，等．1999．经济地理学．北京：高等教育出版社
刘斌．2004．产业集聚竞争优势的经济学分析．北京：中国发展出版社
刘大可．2001．产业链中企业与其供应商的权力关系分析．江苏社会科学，(3)：10-13
刘刚．2005．基于产业链的知识转移与创新结构研究．商业经济与管理，(11)：13-17
孙海鸣，张学良．2011．区域经济学．上海：上海人民出版社
刘林青，谭力文．2004．基于波特理论的产业集群鉴别方法研究．科技进步与对策，(12)：15-17
刘再兴．1993．中国区域经济：数量分析与对比研究．北京：中国物价出版社
刘再兴，蒋清海，侯景新．1996．区域经济理论与方法．北京：中国物价出版社
刘志彪．2020．产业经济学．2 版．北京：机械工业出版社
鲁开垠．2006．增长的新空间：产业集群核心能力研究．北京：经济科学出版社
马歇尔．1997．经济学原理（下卷）．陈良璧，译．北京：商务印书馆
波特．2003．竞争论．高登第，李明轩，译．北京：中信出版社
波特．2002．国家竞争优势．李明轩，邱如美，译．北京：华夏出版社
波特．1997．竞争优势．陈小悦，译．北京：华夏出版社
潘成云．2001．解读产业价值链：兼析我国新兴产业价值链基本特征．当代财经，(9)：7-11
潘慧明．2006．基于可持续发展的产业集群生命周期研究．武汉科技学院学报，19（2）：80-83
仇保兴．1999．小企业集群研究．上海：复旦大学出版社
任保平，洪银兴．2005．新型工业化中经济效益提高的途径：一种产业链视角的分析．西北大学学报（哲学社会科学版），35（1）：47-54
芮明杰，刘明宇，任江波．2006．论产业链整合．上海：复旦大学出版社
汪海．2005．产业带形成与划分．经济师，(11)：72-73
王缉慈．2001．创新的空间：企业集群与区域发展．北京：北京大学出版社
王今．2005．产业集聚的识别理论与方法研究．经济地理，25（1）：9-11
韦伯．1997．工业区位论．李刚剑，陈志人，张英保，译．北京：商务印书馆
魏后凯．2007．大都市区新型产业分工与冲突管理：基于产业链分工的视角．中国工业经济，(2)：28-34
魏后凯．2006．现代区域经济学．北京：经济管理出版社

魏江. 2003. 产业集群：创新系统与技术学习. 北京：科学出版社
吴德进. 2006. 产业集群论. 北京：社会科学文献出版社
吴金明，张磐，赵曾琪. 2005. 产业链、产业配套半径与企业自生能力. 中国工业经济，(2)：44-50
徐从才，盛朝迅. 2012. 大型零售商主导产业链：中国产业转型升级新方向. 财贸经济，(1)：71-77
张敦富. 1999. 区域经济学原理. 北京：中国轻工业出版社
张建华，张淑静. 2006. 产业集群的识别标准研究. 中国软科学，(3)：83-90
张胜涛，杨建梅. 2006. 基于与品牌整合的产业集群的发展策略研究. 科技管理研究，(2)：1-3
张苏缘，顾江. 2022. 文化产业集聚如何赋能区域产业结构升级——基于城市品牌的中介效应分析. 江苏社会科学，(5)：172-181，243-244
张铁男，罗晓梅. 2005. 产业链分析及其战略环节的确定研究. 工业技术经济，24 (6)：77-78
郑大庆，张赞，于俊府. 2011. 产业链整合理论探讨. 科技进步与对策，28 (2)：64-68
郑胜利. 2005. 产业链的全球延展与我国地区产业发展分析. 当代经济科学，27 (1)：87-93
郑胜利，俞珊. 2005. 经济全球化背景下的区域产业链培育. 集美大学学报（哲学社会科学版），8 (9)：40-44
郑学益. 2000. 构筑产业链 形成核心竞争力. 福建改革，(8)：14-15
朱英明. 2006. 中国产业集群分析. 北京：科学出版社
Fujita M，Krugman P，Venables A J. 1999. The Spatial Economy：Cities，Regions and International Trade. Cambrige：MIT Press
Krugman P. 1995. Development，Geography and Economic Theory. Cambrige：MIT Press
Krugman P. 1991. Increasing returns and economic geography. Journal of Political Economy，99 (3)：483-499
Markusen A. 1996. Sticky places in slippery space：a typology of industrial districts. Economic Geography，72 (3)：293-313
Marshall A. 1920. Principles of Economics. London：McMiclan
Porter M E. 1998. Clusters and the new economics of competitiveness. Harvard Business Review，76 (6)：77-90
Porter M E. 1998. On Competition. Boston：Harvard Business School Press
Porter M E. 1990. The Competitive Advantage of Nations. New York：The Free Press
Porter M E. 1985. Competitive Advantage. New York：The Free Press
Tichy G. 1998. Clusters：less dispensable and more risky than ever//Steiner M. Clusters and Regional Specialization. London：Pion Limited
Webber A. 1929. Theory of the Location of Industries. Chicago：The University of Chicago Press

第六章　区域经济空间结构与组织

区域内部存在多种多样的结构，如经济结构、产业结构、社会结构、人口结构、劳动结构等，但空间结构始终是区域各种结构图谱的基础结构。

空间结构由空间上表现为点、线、面、网络的要素组成，并在空间上表现为不同的类型。随着区域经济从低级阶段向高级阶段发展，空间结构也呈现阶段性演进。区域经济的发展在一定程度上取决于开发模式的选择和空间组织。

第一节　空间结构概述

“结构”一词，原指建筑物的内部设置，常用于土木工程方面，其指向对象是实体，引用到社会科学中是指被研究对象具有系统性、持续性及可辨认特点的现象。空间结构中的“空间”并不等于物理学中的“绝对空间”和几何学中静止的“纯空间”，而指经济现象和经济变量在一定地理范围中以分布的位置、形态、规模，以及相互作用为特征的存在形式和客观实体，它反映的是以地理空间为载体的经济事物的区位关系和空间组织形态（曾菊新，1996）。

对空间结构概念的定义和解释较多。魏心镇和林亚真（1989）将空间结构解释为“某区域内自然、生态、经济和社会等结构的空间组合”。该概念包容自然、社会、经济等要素在内的地理结构、资源结构、产业结构、技术结构、基础结构、社会文化结构和管理结构等七个子系统，主要强调人地关系，着重于人类活动对地球表面的作用所引起的空间组织形式的变化。王铮（1993）认为空间结构是“以资源、人群活动场所为载荷、产业区位为中心问题的空间分异和组织关系”。陆大道（1995）将空间结构定义为“社会经济实体在空间相互作用下所形成的空间集聚程度和集聚形态”。该定义突出了整个社会经济客体空间相互作用所引起的空间集聚与扩散效果。曾菊新（1996）和陶良虎等（2012）认为，“空间经济结构”指的是经济现象和经济变量在一定地理范围中以分布的位置、形态、规模和相互作用为特征的存在形式和客观实体，它反映了以地理空间为载体的经济事物的区位关系和空间组织形态，为各种物质实体要素构成某种空间联系和作用关系的总和，它体现了事物的属性和相互关系，是人类经济活动作用于一定地域范围所形成的空间组织形式。陆玉麒（1998）认为，区域经济空间结构是人类经济活动作用于一定地域范围所形成的组织形式，包括的内容有：第一，以资源开发和人类经济活动场所为载荷的经济地域为中心问题的空间分异与组织关系。第二，空间实体构成的某种等级规模关系。第三，各种空间实体之间存在的某种要素流的形式。崔功豪等（1999）认为，区域经济空间结构是指在一定地域范围内经济要素的相对区位关系和分布形式，反映了经济活动的区位特点及在地域空间中的相互关系。陈才（2001）认为区域经济空间结构是人类的经济活动在一定地域上的空间组合关系，是区域经济的中心、外围、网络诸关系的总和。

总的来说，空间结构最本质的理解是人类社会经济活动在地域空间的布局和由此产生的空间分布状态及空间分异的组织形式（李小健等，1999）。因而，可以认为区域经济空间结构有以下两个内涵（樊新生，2005）：一是指一定地域范围内的经济活动及经济客体的空间集聚形态；二是指空间经济客体之间某种性质的联系，强调经济客体之间空间的相互作用和相互关系。

空间结构理论是在区位论基础上产生的，基本沿用了区位论学者考察问题的方法，即区域基础状况的假设—几何图解及简单的公式数学推导—模型的归纳及与实际情况相对照，做有效性分析。但空间结构与区位论的研究目标及着眼点不同。空间结构研究把处于一定范围的各有关事物看作具有一定功能的有机体，从时间变化上加以考察。从这个角度，也可将空间结构理论视为动态的、总体的区位论（陆大道，1995）。并且，区域空间结构理论不是寻求单个经济活动和经济现象的最佳区位，而是要揭示各种客体在空间中的相互作用和相互关系，反映这种关系的空间集聚规模和集聚程度。由于该理论概括的不是单个要素的空间分布规律，而是综合了几乎所有的社会经济客体，又可称为总体区位论（储东涛等，2003）。

一般认为，空间结构理论的基本内容包含以下五个方面（陆大道，1995）：①以城镇型居民点（市场）为中心的土地利用空间结构；②最佳的企业规模、居民点规模、城市规模和中心地等级体系；③社会经济发展各阶段上的空间结构特点及其演变；④社会经济客体空间集中的合理程度；⑤空间相互作用。

对区域社会经济空间结构的研究主要能达到以下具体目标（陆大道，1995）：①判断区域经济发展所处阶段，因为不同发展阶段上的社会经济空间结构有不同特征；②揭示区域经济空间分布特征、聚集与分散的关系及其效益；③预测区域经济空间结构状态的演变趋势；④根据空间结构演变规律和实际趋势，对具体区域空间结构提出调整方向及实施此种方向调整的途径。

第二节　区域经济空间结构的要素和类型

一、区域经济空间结构的要素

空间结构的理论旨在研究各要素的空间组合、关联和演变规律（甄峰，2004）。一般来说，构成空间结构的要素主要包括节点、线、网络和域面等五种（张春勋和陈新力，2021）。

（一）节点及节点体系

节点是人口和产业的集聚地，是经济活动的内聚力极化而成的中心，常为整个空间结构系统的增长极，在空间上表现为各级城镇、独立的工矿区及城市内部的家庭、工作地、公园、商店、饭店、教堂等。可以从集聚规模、主要职能和空间分布等方面来分析和描述节点。

1. 节点的规模等级体系

一定区域范围内的各节点因其控制的腹地范围、人口及财富的不同存在着规模上的差异。不同节点在数量上和规模上的相互关系构成了节点的规模等级体系。可从描述节点规模等级体系的指标和节点规模分布类型两个方面分析节点的规模等级体系。

1）描述节点规模等级体系的指标

可以描述节点规模等级体系的指标有很多，其中，主要的常用指标有规模比、数目比、首位度和等级的完整程度等。

（1）规模比 s。即高一级节点人口规模的下限与低一级节点人口规模的下限之比。

（2）数目比 n。通常为某一级节点数目与其上一级节点数目之比，它反映各级节点的数量关系。

（3）首位度 p。即区域内人口最多的节点与居第二位节点的人口数量之比。首位度大于3的节点体系被视为首位节点体系，首位度为1.25～3的被视为一般节点体系，而首位度小于1.25的被视为双首位节点体系。

（4）等级的完整程度。完整的节点体系一般出现在区域范围较大、城镇较多、经济发展水平较高的地区。

需要指出的是，在全球化和信息化的环境下，节点的规模指标发生了变化。信息时代的节点规模及其重要性更多地取决于流入和流出信息的种类和数量（甄峰，2004）。按照传统方法计算的节点规模的重要性在信息时代可能被弱化，而按照信息时代的标准计算的节点的规模更具实际意义。

2）节点规模分布类型

节点的规模分布是指区域内不同节点间人口规模上的关系。它可以用来揭示一个区域的节点人口是集中在一两个大城市里，还是成比例地分散在不同等级的节点上。区域的城市规模分布可分为序列分布和首位分布两种类型。基于这两种类型又可形成区域城市规模分布的动态模式和贝里城市分布模式。

（1）城市规模序列分布。1913年，德国学者奥尔贝奇（Auerbach）通过对美国和欧洲五国城市规模分布的分析，提出了人口集中的等级-规模法则，认为区域内城市的规模（人口数）与它的等级（所有城市按大小排列）之间存在着一种固定的关系。即

$$P_i = K/R_i$$

式中，P_i 为第 i 等级的城市人口；R_i 为城市等级（1，2，3，…，n）；K 为最大城市即首位城市的人口数。

克里斯塔勒提出城市规模分布的金字塔理论，认为城市规模呈金字塔分布。如果首位城市的人口规模为 P，该区域内其他城镇将按 $P/3$、$P/9$、$P/27$、…等比例排列。1941年，吉夫（Zipf）提出城市规模分布的顺位规模法则，即在某一区域内，从首位城市开始按人口规模大小排列，第 R 位的城市人口 P，相当于首位城市人口的 $1/R$。1925年，罗特卡（Lotka）发现，美国城市的人口规模符合 $P_iR_i^{0.93}=5000000$。现在实际广为使用的是罗特卡模式的一般化：

$$P_i = P_1 \times (R_i)^{-q}$$

式中，P_i 为第 i 等级的城市人口；P_1 为最大城市即首位城市的人口数；R_i 为城市等级（1，2，3，…，n）；q 为常数。

（2）城市规模首位分布。由美国地理学者Jefferson在1939年提出。他分析了世界上

51 个国家的资料，发现各国的城市首位度虽差异很大，但多数国家的城市首位度均在 3 以上，由此提出了首位城市的法则。如果一个国家或区域的城市规模呈首位分布，说明首位城市在该国或区域的社会经济中起着明显的主宰作用，中小城市不发达。

（3）城市规模分布的动态模式。该模式认为城市序列大小分布与经济发展起飞前和发展后所产生的社会均衡发展有联系，城市首位分布是经济发展过程中形成的社会不均衡发展造成的。区域在经济起飞前属均衡状态，呈序列大小分布；在经济发展过程中，由于集中发展几个经过选择的大城市，均衡状态被打破，城市规模呈首位分布。随着时间的推移，经济发展渐渐从大城市转向各小城市，城市系统的均衡状态又逐渐恢复，从而在新的基础上再现序列式分布。

（4）贝里城市分布模式。美国地理学家贝里（Berry）于 1961 年借用熵极大化原理，认为城市序列大小分布是由于各种不同的城市发展因素随机组合的结果，而城市首位分布是由于个别特别强的因素支配了城市的发展，原有的大中小城市不能以相同的增长率扩大。如果特强因素随时间推移消失，各因素随机结合，又导致城市逐步形成序列大小分布。

从以上分析可以看出，城市规模序列分布和首位分布是一种城市规模分布的静态考察，而城市规模分布的动态模式和贝里城市分布模式是对城市规模的动态分析。这两种动态分析模式虽表象各异，但其所表述的规律是一致的，即城市的规模都要经历一个均衡—非均衡—新的均衡的动态调节过程。

2. 节点的职能体系

区域中的节点各有分工，并通过各种形式和渠道协作配合，服务于整个区域。节点的职能体系反映了各个节点在地域社会经济活动中的分工。

1）节点的职能分类

节点的职能分类主要有两种方法，即经验定性描述和定量化的数理统计。

（1）经验定性描述方法。1943 年，美国学者哈里斯（Harris）以城市最主要的活动为分类依据，以从事该活动的人口的比率为分类标准，把美国城市分为制造业城市、零售商业城市、批发商业城市、运输城市、矿业城市、教育城市、游乐休养城市、多职能城市、首府及其他城市。1953 年，新西兰学者波纳尔（Pownall）考虑城市规模等级的因素，首先把城镇的职能分为 7 种：居住职能、制造职能、建筑职能、采掘工业、交通运输、贸易和金融业、旅馆业和私人服务业。然后把千人以上的城镇按规模等级分为七级，分别计算每一级每种职业就业人口（除居住职能）的全国平均值，进而把每个城镇的就业人口与其比较，高于全国平均值的就划为这种职能类型。1955 年，美国学者纳尔逊（Nelson）以每个城市每种职业所占比例与所有城市每种职业平均所占比例的差异（标准差）为标准进行城镇分类，把城市产业分为九类：制造业、零售业、专业服务、运输业、私人服务、公共行政、批发业、金融业和矿业。

（2）定量化的数理统计方法。1965 年，马克斯韦尔（Maxwell）提出以城市的优势职能、专门化指数来测定城市的职能结构，其计算公式为

$$S = \frac{\sum \frac{P_i - M_i}{M_i}}{\frac{\sum P_i - \sum M_i}{\sum M_i}}$$

式中，S 为专门化指数；P_i 为某城市在 i 产业的就业人口比重；M_i 为 i 项活动的最低需求量。

信息时代节点的职能发生了变化。信息和通信技术中的创新，以及新经济及相关的部门增长（如因特网服务和移动通信服务）的出现对城市功能带来深刻的影响。这主要表现为以下三个方面（甄峰，2004）：①功能软化。对信息和知识的分配、使用和消费成为信息时代的城市主要的社会经济活动，城市日益表现为一个巨大的知识库和信息库，成为区域的创新源。因此，城市将可能从传统工业产品的生产和消费中心转向为知识创新与信息处理中心、金融中心、物流中心。②节点的功能趋于多样化。不仅是较小等级的制造业基地围绕着较大规模的制造业中心，而且可能是一个主要的服务性功能节点周围分布着制造业、研究中心、旅游休闲中心等次级节点。③不同节点之间功能互补性的加强。信息时代的城市包括众多的具有互补性的功能，有高技术产业、研究与发展活动；与新的工作、教育和休闲方式相连的成人教育；游乐和休闲活动；文化交流。在新技术和新经济部门的影响下，节点功能的评价标准发生了很大变化，降低了原来节点功能评价标准的适用性。

信息时代，节点的区域地位也发生了变化。在工业化时代，城市，尤其是中心城市，往往是整个区域的交通枢纽和政治经济文化中心。而在信息时代，城市将作为主要的信息节点、服务与管理中心而出现，在区域中承担着重要的信息枢纽功能。许多城市的地方功能在信息技术的影响下正变得非地方化，从一个固定的基于地方的场所空间向一个流动的基于网络的全球空间转型。

信息时代，信息的瞬时流动随着高速公路的出现进一步加强了点与点之间的联系。实行全封闭管理模式的高速公路在强化了主要城市之间联系的同时也在某种程度上忽略了地理的邻近效应，从而使周边地区较低层次的节点出现知识、技术创新的“真空”地带。通信网络的出现更加强了这一趋势。主要的信息服务活动和信息处理业务量仍高度集中在城市，较小的城镇，尤其是乡村地域，可能就处于相对劣势的地位。

2）节点间的相互关系及职能体系

节点之间的相互关系一般大约可分为五种：一是从属关系，体现在低级节点对高级节点社会职能之间的隶属关系；二是互补关系，如甲节点产煤，乙节点产铁矿石，两节点互通有无；三是依附关系，如卫星城与母城的关系；四是松散关系，根据利益需要，或即或离，主要体现在经济职能方面；五是排斥关系，表示为节点间为争原料、市场而发生利益冲突。这些关系随着社会经济环境的变化而不断改变。

区域内的各节点通过以上五种关系建立起整个区域内节点的职能体系。通过从属关系建立起不同等级节点间的等级关系体系；通过互补、排斥和松散关系建立起同级和非同级节点间的经济联系；母城和卫星城间建立起依附的经济关系。

在信息化时代，整个节点体系出现了多级分化的态势，即高级节点不断极化，同时区域性节点和地区中心出现。这在地理上就表现为全球城市、区域性中心城市和地区性增长中心的出现，处于信息边缘的城市则相对落后。信息模式强化了这一在工业化时代业已出现的趋势。

3. 节点空间分布体系

节点空间分布体系是指区域内各节点在地域上的组合形式、相互分布位置的状况。它是职能类型结构和规模等级结构在区域空间组合的结果和表现形式。

1）节点的分布频度

节点的分布频度主要用节点分布密度、城镇间距、离散程度、均匀程度等指标的描述，最常用的是节点分布密度。节点分布密度分为综合节点密度和节点密度。综合节点密度反映区域内所有节点分布的疏密状况；节点密度反映区域内某一等级节点的疏密程度的等级。

2）节点的空间组合形式

以城镇为例，节点的空间组合形式大致可分为两种，即条带状城镇带和块状城镇群。在信息时代，城市空间扩展呈现出多中心组团式发展格局。各节点城市之间的互动加强，城市不再是一个经济竞争的地方化场所，而是连接这些的一系列城市星群。

（二）线

区域经济中的线路主要包括交通线路、通信系统、供排水系统等，其中以交通线路为主。交通线路包括铁路、公路及普通道路、内河航线、海运航线。作为交通线路，必须具有一定的长度、方向、起点及终点，并由此规定它在空间中所处的位置，同时根据线路的自然状况、技术装备状况及经济运量，各种交通线路往往被划分为若干质量等级（丁生喜，2018）。

衡量区域交通线路发达程度的指标主要有线路总长度和线路密度。线路密度可以有几种计算方法，一是区域各类交通运输线路的总长与区域总面积之比；二是各类交通线路的总长与区域总人口之比。综合这两种方法，可以计算出区域交通线路综合密度，即

$$D = \frac{L}{\sqrt{S \times P}}$$

式中，D 为交通线路综合密度；L 为交通线路总长度；S 为区域总面积；P 为区域总人口。

对于区域空间而言，线是将分布在空间中的点联系在一起的重要通道。例如，交通线路将主要城市串在一起，市场流通渠道则发挥着组织区域产品流动的作用。

（三）网络

网络是节点和线路的结合体，不同性质、不同方向的线连接在一起，就形成了网络。节点是网络的核心，线路是构成节点与节点之间、节点与域面之间、域面与域面之间功能联系的通道。区域经济发展中的各种人流、技术流、资金流、信息流、商品流等都是通过相应网络进行传递的。网络是空间结构，是整个系统得以运转的通道和保证。它由有形网络和无形网络组成。前者如立体交通网络、信息网络及其他基础设施网络（如给排水网络、电力网络等）、城镇网络等，这是整个空间结构赖以存在的物质骨架。空间要素的形成和增长都要遵循这些网络骨架的几何形态。后者如公司网络、社会网络、城市间合作网络、政府或其他机构的组织网络等，这是空间结构得以存在和发展的组织保障，是将整个

区域社会经济活动凝聚在一起的内在机制。网络能影响区域经济的稳定性，不同的人才、信息、技术和资金等通过基础设施网络、公司网络、组织网络、社会网络、城镇网络等发生移动，从而产生变化的空间结构。在这些网络中，交通运输网络的影响最大、作用最明显（丁生喜，2018）。

1. 网络结构特征（以交通运输网络为例）

（1）α 指数。它是运网实际连通状况与最大可能连通状况之比，即

$$\alpha = \frac{\text{基本圈数}}{\text{最大可能基本圈数}} = \frac{e - v + p}{2v - 5p}$$

式中，e 为边数；v 为节点数；p 为子图个数。当图是连通的，$p=1$，否则等于连通块的个数。当网上任何两点都有且仅有一条路可走通，即为“树”（不含回路的连通的无向图）时，基本圈数为0；在此基础上，任意两点间增加一条边，就形成一个基本圈；当所有点之间都有边相连时（即点点相通），达到最大可能基本圈数。α 值为 0～1，α 值随着运网结构的复杂程度上升，据此可以根据 α 值判断运输线路网络化水平的高低。

（2）β 指数。它是运网的边数与点数之比，即

$$\beta = e/v$$

该指数随网络连通状况的变化有如下特点：当 $e<v-1$，即当运网尚未达到“树”的水平时，$\beta<1$；当运网只有一个圈时，$\beta=1$；当运网有更多的圈时，$\beta>1$。β 指数既可以用来区别发展初期运网结构的差异，又可以用于不同地区不同大小的网络间的比较。

（3）γ 指数。该指数及其倒数，有时被直接称为连通度指数。

$$\gamma = \frac{e}{3(v - 2p)}$$

分母的含义是具有 v 个点图的最大可能边数，即 v 个点“点点直通”的完全连通图的边数。γ 值为 0～1，可用来比较不同规模的运网，并能区别从完全不连通图到完全连通图各种结构的差异。

这里需要指出的是，上述三个指标都是图形差异的数字转换形式，只适宜用于区际比较，不宜用于描述不同运网或同一运网不同发展阶段的差异。

2. 网络节点特征

（1）可达性指数。可达性指数可用最短路径矩阵方法计算。按最短路径计算，运网上各点到网上某点 i 的总距离为

$$A(i) = \sum_{j}^{n} d(j,\ i),\quad j > 2$$

式中，A 为可达性指数；$d(j,\ i)$ 为运网上点 j 到点 i 的最短路径长度。如果设一个短阵 $D_{n\times n}$，$d(i,\ j)$ 为它的元素，这个矩阵称为最短路径矩阵，则可达性指数 $A(i)$ 就是 i 列元素之和。A 越大，说明点 i 与网上其他点的总距离越大，其可达性越低。

（2）网络中心。仍采用上面的定义，对于每个节点 i，它与各节点之间最短路径的长度为 d_{i1}，d_{i2}，…，d_{in}，这 n 个距离中最大数称为节点 i 的最大服务距离，用 $e(i)$ 表示，网络中心点也就是使 $e(i)$ 具有最小值的点。这对于医院、消防队一类服务点的布置，具有实际意义。

3. 信息时代的网络

信息时代的到来使空间结构的网络要素这一重要内容发生了一些新的变化，主要表现在以下几个方面（甄峰，2004）：①信息技术的进步为区域创造的是一个开放的电子空间，信息流成为经济和社会系统的重要因素。②服务业和制造业部门的信息活动密集增加客观上提高了信息网络的重要性，使得信息网络在整个网络系统中的作用得以凸显。③信息技术在交通网络等有形网络运营及管理中的使用增强了这些网络原有的作用，使得空间要素的流动性和机动性大大提高。④信息技术及信息活动在无形网络中应用的加强使得这些网络的组织模式更加灵活，不同网络之间的互动也得以加强。相比于传统的空间结构分析及空间规划对有形的物质网络的重视，信息时代出于空间管制、协作竞争等目的，对无形网络的要求将会增加，并且在某种程度上，技术、组织和制度创新对当今的区域发展及其空间组织将发挥着日益重要的作用。⑤网络的发展将有形与无形网络的日益结合，这又进一步导致了空间结构的弹性化。以政府、大学及企业为核心，将高技术开发区、大学园等空间实体贯穿在一起的创新网络对推动地域经济发展及其空间组织将起着日益重要的作用。

（四）域面

域面是区域空间结构三大要素的基础，又是节点和网络及它们的作用和影响在地表上的扩展。域面同区域本身存在着差别，虽然两者的空间范围大体一致，但结构大不相同，域面不包括节点和网络，区域则包括节点和网络。在实际应用中，一般把区域中城镇和交通网络之外的广大农村地区称为域面。

域面的发展水平越高、经济规模越大，其节点就越多，网络就越密，空间结构就相对合理，空间结构功能就越完善。所以，域面研究的重要内容是评价域面的经济发展水平和经济规模。

（五）不同时期空间结构的构成要素

在不同时期，空间结构构成要素被赋予了不同的含义（表6.1）。从表6.1可以看出，在信息时代，点、线、面都发生了新的变化，信息节点、智能走廊、智能区域等出现。这些变化的主要原因是各种社会经济活动数字化所带来的高速信息流对其不断作用、重新塑造。

表6.1　不同时期区域空间结构构成要素分析（甄峰，2004）

构成要素	工业化时代	信息时代
点	城镇、工业区	各级信息节点、信息港、高技术区等
线	交通网络（水运、航空、铁路）	信息网络（因特网、广播电视网等）； 创新网络（研究型大学与科研院所）； 机制网络（区域之间组织与协作网络）
面	经济影响区、都市区（群）	智能走廊、智能区域

（六）空间结构构成要素的空间组合模式

在一定的区域空间，由点、线、面及网络之间的不同组合形成多样化的空间结构模式。在工业化时代，经济活动的空间布局主要以矿产能源、资本、土地、劳动力等资源的开发与利用为基础，遵循成本最小原则进行。这些不同的空间组合得以形成的黏合力是产品流、资金流、人流、信息流等各种各样的流，围绕着几个主要的经济增长中心。铁路、公路的货物运输占据主导，资金流动的国际性不强。此时，在港口、铁路、公路枢纽周围出现大量工业增长中心、工业化城市，形成具有一定吸引范围的经济区域或工业走廊。城市往往沿着主要的交通联系方向蔓延式发展，从而在一些工业发达的地域形成了颇具规模的城市带（表6.2）。

表6.2　空间结构要素的组合模式（曾菊新，1996）

区位要素及其组合	空间子系统	空间组合类型
点-点	节点系统	村镇系统、集市系统、城市体系
点-线	经济枢纽系统	交通枢纽、工业枢纽
点-面	城市-区域系统	城镇集聚区、城市经济区
线-线	网络设施系统	交通通信网络、电力网络、给排水网络
线-面	产业区域系统	作物带、工矿带、工业走廊
面-面	宏观经济地域系统	基本经济区、经济地带
点-线-面	空间经济一体化系统	等级规模体系

在信息时代，信息技术的不断进步促使了基于信息和知识发展模式的产生，在为原有的空间结构构成要素赋予了新的含义的基础上，产生了与工业化时代不同的新的空间组合模式（表6.3）。

表6.3　信息时代空间结构要素的组合模式（甄峰，2004）

区位要素及其组合	空间子系统	空间组合类型
点-点	信息节点系统	全球城市体系、区域网络城市
点-线	信息枢纽系统	信息港、信息中枢、创新中心
点-面	城市-区域系统	大都市区、扩展型大都市区
线-线	网络设施系统	信息网络、创新网络、高速交通网络
线-面	产业区域系统	信息产业带、高技术走廊、智能走廊
点-线-面	空间经济、社会统一体	智能区域
面-面	宏观地域系统	功能区域（功能互补性区域组合）

从这些新的组合中可以看出，信息流对空间重组过程起着非常重要的作用，信息产业、知识资源、科技创新为区域发展做出了重要贡献，信息网络对空间结构的塑造作用将会适当地改造原有的由交通区位所决定的空间格局。

二、区域经济空间结构的类型

区域经济空间结构主要有“核心-外围”二元结构、“城市-城乡边缘区-乡村”三元结构和城市空间结构等三种典型类型（孙海鸣和张学良，2011）。

（一）核心-外围二元结构

区域经济非均衡运动在现实中是客观存在的，由于规模经济和聚集经济效益的存在，在市场力量的引导下，经济活动倾向于集中在某些地域。区域非均衡增长理论认为核心-外围的二元结构是区域经济空间最基本的地域结构模式。

核心-外围二元结构的区域空间结构理论认为区域经济的不平衡增长是经济空间结构形成的基本原因。由于创新、支配和推动等活动的出现、强化和消失，经济增长可以视为一个由一系列不平衡机制构成的过程。在这种区域经济非均衡作用下，区域经济空间内形成了由处于支配地位的核心和受核心支配的外围区所组成的地域空间的二元结构。核心是具有较高创新能力的区域社会组织子系统，它的扩散效应成为地域结构变化的主导力量，促进次一级的极化，形成次一级的核心，构成职能等级体系和与此相适应的不同等级的地域结构。

核心-外围二元结构理论具有较强的适应性，可以应用于不同的地域范围中，无论对发达国家还是发展中国家都有很好的适用性。现实中的区域城镇体系的形成，就是这种核心区与外围区相互作用的结果。但是，这种理论也有一定的缺陷。例如，区域经济增长对非均衡的依赖性是否普遍适用于任何发展阶段？是否区域经济差异越大，区域经济的增长速度就越快，从而越有利于区域地域结构的形成？对这些问题，核心-外围二元结构理论并不能给予很好的解释。这种理论只说明了创新等因素对区域功能差异形成的影响，没有说明其他因素的影响；只说明了核心与外围之间的地缘关系，没有说明核心与吸引范围之内的关联在空间上的反映。

（二）城市-城乡边缘区-乡村的三元结构

随着区域经济的进一步发展和城市化过程的展开，城市与乡村之间相互作用、交流与渗透加强，在城市与乡村的相互作用下，核心与外围的中间地带又分化出性质上既不同于传统城市又异于典型农村的城乡边缘区。在城乡边缘区，城乡要素逐渐过渡，城乡彼此相互作用、渗透，功能互补明显。区域空间结构逐渐转化为城市-城乡边缘区-乡村的三元结构。在区域空间三元结构的形成过程中，人们重点探讨的是城乡边缘区的形成及其土地利用的动态演变过程，并形成了各种理论假说与模式。

1. 山鹿诚次的阶段论

日本学者山鹿诚次从商品化的角度，将城乡边缘区的形成和发展演变过程归纳为三个阶段：第一阶段为产品的商品化阶段，该阶段从一般性农业向商品性农业转换，以城市市场导向为主，从经营大田农作物改为经营蔬菜、瓜果、花卉、畜禽等城市生活必需的农副产品及观赏植物，农业生产的商品率提高。第二阶段为劳动的商品化阶段，家庭中的青壮年劳动力在工农及城乡之间强大的比较利益驱动下转向非农产业或进城求职，兼业化现象普遍。第三阶段为土地的商品化阶段，兼业农户的主要劳动力和决策人离开土地转向非农产业或进城就业，不再务农，土地或卖掉或转租给承包商，或进行非农业设施开发。

可见，随着城市化的发展，城市作用于乡村，促使乡村产品及要素的商品化程度不断提高，逐渐形成城乡边缘区。

2. 科曾的周期性增长理论

20 世纪 60 年代，英国地理学者科曾（Conzen）认为城乡边缘区向乡村地区推进在城市经济发展和土地利用等因素的影响下存在加速期、减速期和稳定期三种周期性变化状态。在第一阶段的加速期，城市多沿交通干线呈放射状快速向外扩展，农业用地大规模非农化，城市作用力占主导地位；在第二阶段的减速期，城市扩展呈环状推进，城乡作用力进入交互作用状态；在第三阶段的静止期，乡村作用力占优势，城乡边缘区地域范围较为稳定，进入内部填充阶段。周期性增长，使城乡边缘区形态呈“年轮”状圈层式推进。

3. 埃里克森动态模拟理论

埃里克森（Erickson）认为一个完整的城乡边缘区土地利用演变的动态顺序演替由外溢-专业化阶段、分散-多样化阶段与填充-多核化阶段三个阶段构成。

外溢-专业化阶段，主要发生在20世纪20～40年代的城市边缘。一些专业化的生长点（如单功能工业区、住宅区等）在城市的各种功能向周边地区外溢的过程中形成，对中心城区依赖性较大的扩散主要发生在城市附近地区。

分散-多样化阶段，主要出现在20世纪40～60年代末期。交通运输条件的改善使人口和工业、商业及城市各项基础设施都迅速沿交通轴线向边缘区进行圈层性扩散。农业地位下降，非农产业逐渐上升为主导产业部门。这阶段城区内各类功能区数目明显增加，且结构日趋多样化，功能区相互联系形成一定结构。

填充-多核化阶段，主要出现在20世纪60年代。城市的各项要素和功能迅速向城乡边缘区进行以内部填充为主的扩散，城乡边缘区的地域扩展进入相对静止的稳定阶段。在交通线网的交叉点等优势区位点上，吸引更多的人口和产业活动，形成次一级中心地，使边缘区空间结构出现多核化趋向（图6.1）。

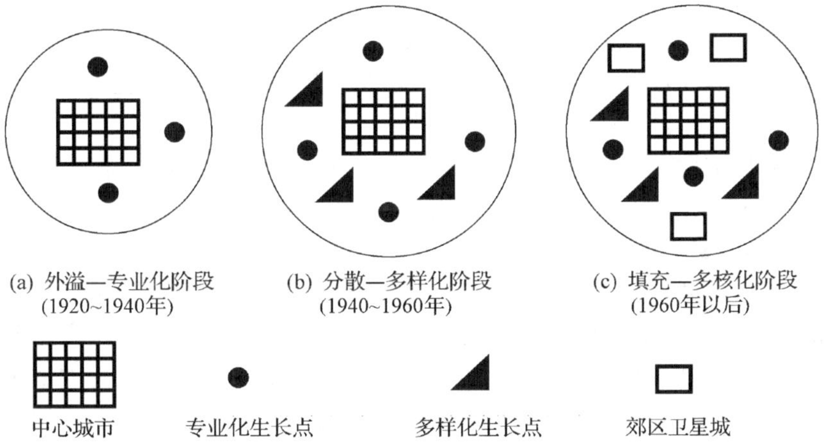

图6.1　城乡边缘区土地利用的埃里克森模型（郝寿义和安虎森，2004）

（三）城市空间结构

1. 城市空间结构释义

从区域空间组织的角度分析，连续分布的资源区与市场区（面状单元）、企业（服务）构成的节点（点状单元）或通道（线状单元）这三种景观单元的结合，构成了这种空间结构。城市空间结构一般指城市内部空间结构，它是城市地域内部各种空间的组合状态，是在城市地域内部，不同功能区在空间上有机联系所表现出来的空间形态。而城市外部空间结构主要指城市与周围地域之间的空间关系，它应该属于区域层面上空间结构研究的范畴。后文所用城市空间结构一般指城市内部空间结构。城市空间结构是一定自然环境条件下城市社会与经济活动的产物，在物质形态上表现为各级城市的中心、开敞空间、商业区、居住区、工业区的分布及相应交通系统的组织布局。

2. 城市空间结构要素

城市空间结构由中心区、外围腹地及空间网络三个部分组成。中心区主要指城市的中央商务区，以商业、金融、旅游和高级行政办公为主要内容，在空间形态上具有高度密集的特征，受自然地理环境、历史传统及交通网络等综合因素的影响，中心区不一定位于该城市的几何中心。外围腹地主要指城市中心区以外的郊区地带，包括广大农村和外围工矿区，它是城市中心区形成和发展的基础，其发展水平受中心区交通发展水平的制约，同时，接受城市中心区强烈的辐射作用。空间网络主要指中心区与外围腹地之间的各类交通、通信线路，是连接中心区与外围腹地的桥梁和纽带，往往也构成城市扩展轴。

3. 城市空间结构类型

城市空间结构类型主要有单核集中块状结构、连片放射状结构、连片带状结构、双城结构和带卫星城的大城市结构等五种类型。

（1）单核集中块状结构类型。这种类型的城市一般形成于平原地形，城市新增功能用地围绕着原有核心区，向周围较为紧凑、均衡、呈圈层扩展形成和发展起来。核心区往往拥有“主宰”城市的影响力，带有强烈的向心和集聚倾向，如北京、沈阳、无锡等。

（2）连片放射状结构类型。这种类型城市的形成机理与单核集中块状结构大体相同，只是受自然条件或交通要素的限制，城市向各个方向上的扩展上表现出不均衡性，有些方向发育，有些方向不发育。在特定情况下，可以与集中块状结构相互转化，如南昌、柳州等。

（3）连片带状结构类型。由于自然条件（如河谷、滨海地带、带状交通线）等的影响，这种类型的城市中心区和外围功能区连片向两侧拉伸，卫星城镇和其他方向的外围功能区均不发育，如兰州、青岛、洛阳等。

（4）双城结构类型。这种类型的城市中心区分置于两个基本独立的地块，各自形成特定的外围功能区，通常有两种情形：一种发育在沿海港口城市，随着城市主要港口从内河向外海推移，港口型城区逐渐脱离原有的城市中心区，发展成一个独立的城区，与原有中心城区形成双城格局，如湛江。另一种发育在内陆城市，依托若干重点建设项目布局或规划因素等影响，跳跃性地开辟新市区，与老城区共同形成的双城结构，如包头。

（5）带卫星城的大城市结构类型。这种类型的城市核心区与外围组团高度集中发育，并在城市周围地区逐渐形成较为发育的卫星城镇。这是在城市规划和政策的引导下将城市中心、市区迁移出来或新建工业项目，在大城市外围集中布置，形成新的城市发展中心，这些发展中心往往具有疏散中心城区人口的功能，并有效抑制了中心区的连片扩大，如上海、南京。

从以上分类中可以看出，城市发展的一个总体趋势是城市空间从紧凑趋于分散。封闭的单中心城市结构已经不适宜城市发展的需要，开敞式、多中心组团式的布局结构正给城市空间增长带来新的生命力。

第三节　区域经济空间结构演化与经济重心

一、区域经济空间结构演进的阶段

由于空间结构是在一定时期和发展条件下，区域内部各种经济组织进行空间分布与组合的结果。随着时间的推移、区域社会生产力的进步，区域空间结构也随之进行演化，由简单到复杂、由混沌到秩序。其演进趋势是从激化导致的二元性增强，变化为核心向外扩散的二元性削弱，最终实现均质化的过程（丁生喜，2018）。

我国学者陆大道（1995）认为不同阶段人们往往以不同的方式解决区位选择问题，即无数个体都以不同的观点、角度确定最佳区位，其结果是使社会经济各客体在大致相同的方向进行集聚或离散，在空间结构方面一般表现出基本相同的形式或框架。陆大道（1995）基于社会经济发展的四个阶段，在忽略社会制度及海陆相对位置等因素影响及区域内自然条件差异的基础上，将区域空间的地域结构演化划分为四个阶段。

（一）低水平平衡阶段——农业经济占绝对优势阶段

该阶段经济以农业为主体，生产力水平低下。在一定的地域范围内，以若干分散孤立的小城镇（或居住地）为中心，形成小地域范围经济活动的封闭式循环。小城镇之间没有从属或等级关系，且规模小、职能单一、影响范围小。小城镇之间缺乏联系，常以小城镇为中心形成若干地域分割，社会经济发展非常缓慢。该阶段导致区域差异和空间结构变化的作用因素尚未出现或作用力度较弱，地域结构状态具有较大的稳定性，即处在“平衡”之中。目前我国西北和西南某些经济落后地区仍处于该阶段。总之，这个阶段社会经济发展稳定而缓慢，城镇没有形成规模等级体系，区域社会经济的空间组织呈原始状态或较原始状态。这个阶段社会经济空间结构的基本特征可归结如下：①没有形成大区域间的经济发展不平衡，即疏密问题；②社会经济空间组织的构架呈原始状态，道路网等级特征不明显，无法形成发展轴的功能；③区域的城镇居民点没有形成等级-规模体系，它们之间的关系，即等级-规模分布呈一平缓倾斜的曲线（图6.2a）。这种结构状态符合杜能农业区位论中所推导的空间结构模型。

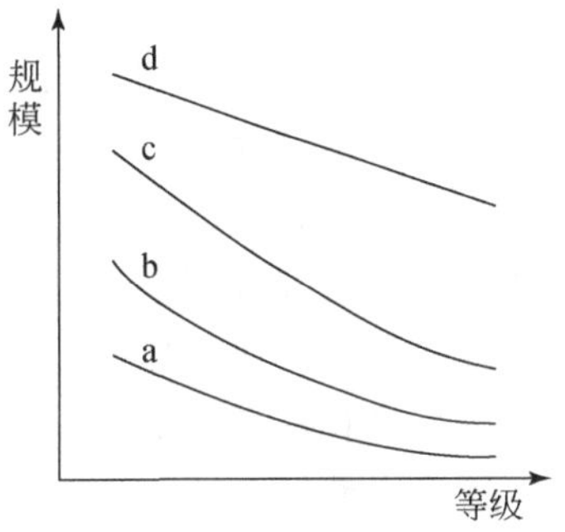

图6.2　区域不同发展阶段的城镇居民点等级-规模曲线（陆大道，1995）

（二）聚集、二元结构形成阶段——由农业经济向工业化过渡阶段

社会内部变革和外部条件的变化，导致社会经济较快发展。社会分工明显起来，农业有了发展，开辟了水上交通，铁路网和公路运输开始出现，工业化过程在少数具有优势区位的经济中心开始聚集，受规模收益递增及聚集经济效益的影响，这些中心进入极化增长阶段，并逐渐成长为核心区，其他地区成为受其支配的外围区，同时形成城镇的初步等级体系。但是，区域经济的基本部门结构和城市经济结构比较简单，城镇之间的联系以不同等级之间的纵向联系为主。目前我国东部、中部广大地区处于该阶段。总之，在该阶段，经济发展在区域之间的不平衡逐渐加剧，区域空间的二元结构已形成，城镇规模等级结构开始出现。但在远离城市（区域）的边缘地带发展仍旧落后，基本上与上个阶段一样。因此，空间结构是不稳定的。由农业经济占统治地位的阶段向工业化初期过渡，在不同的国家延续的时间有很大差别，主要取决于政治稳定与否及政治制度是否先进。这一阶段社会经济空间结构的基本特征可归纳为：①大区间的经济发展不平衡开始出现。也就是说，一些地区开始加速开发，另一些地区仍是原来的农业经济状态，即开始形成一定的空间经济梯度。②社会经济空间组织的构架在先发展起来的地区开始形成点–轴状态，开始具有等级特征。③区域的城镇居民点开始形成等级–规模体系。一般情况下，相邻等级城市之间的规模差越来越明显，等级–规模分布曲线逐步变陡(图 6. 2 b)。这种结构状态符合克里斯塔勒的中心地等级体系模型。

（三）扩散、三元结构形成阶段——工业化中期阶段

该阶段是社会经济发展决定性的转折点。由于前一阶段的准备及社会变革，生产力进一步得到解放。社会和私人投资能力扩大，国民收入大幅度增长。通过输入资本和国民收入再分配，又有 10%~20%，甚至更多的资金用于扩大再生产。因此，国民经济进入强烈动态增长时期。主要发展的部门是钢铁、机械、化工、动力、纺织等。与此同时，科学技术得到较快的发展，第三产业开始大量出现，有稠密的交通网深入到区域各部分，并且有多种运输方式构成综合体系。产业部门之间的前后向关联进一步加深，基本部门体系的层次更加丰富。由于城市产业空间聚集的外部不经济及新的劳动地域分工，高层次的和非标准化的经济活动向大城市集中的同时，大批量、标准化生产方式的企业，以及较低层次的经济活动向城市边缘和外围区扩散，区域的第二、第三级中心地得到迅速发展和加强，上一阶段单纯的“核心–外围”结构逐渐变为多核心的结构，各种核心之间的横向联系日趋密切。例如，我国的珠江三角洲、长江三角洲及辽中南地区处于该阶段。总之，这个阶段区域社会经济发展不平衡加剧，核心区功能提升、扩散和作用加强，地域结构出现了城乡边缘区和不同等级的核心。各核心之间的横向联系密切；城市、城乡边缘区和乡村之间的经济联系日趋密切，形成了三元结构。这时可以看到城市的职能分工和等级体系的初期状态：越是大的城市，一般综合性越强，吸引范围就越大；区域的二级城市处于一级城市的吸引范围之内，服务业的级别和种类必然较上一级城市低。由于经济实力还不是很强大，并不是所有的边缘地带都得到了充分开发，空间结构仍处在变化之中。

工业化中期阶段经济增长速度一般都比较高，社会经济发展变化和人的变化是惊人的，最突出的表现是剧烈的经济工业化和社会城市化。相应地，空间结构的变化也是急速的。这阶段社会经济空间结构的基本特征可归结如下：①大区域间发展（开发）的不平衡程度越来越高，集聚经济原则在社会经济区位决策中占统治地位。这种情况下，区域发展和以消除大区间发展不平衡为目标的区域政策研究普遍受到重视。②社会经济空间组织构架形成，发展轴和城镇居民点形成“点–轴”系统。社会及产业主要集聚于高等级的城市和轴线上。③由于集聚经济因素的强烈作用，大城市越来越发展，规模–等级曲线与横坐标的夹角达到最大(图 6. 2c)。

（四）区域空间一体化阶段——工业化后期及后工业化阶段

该阶段，整个社会进入后工业化阶段，科学技术得到高度发展，社会成员的收入达到很高的水平，出现了现代化的交通和通信系统，计算机的广泛应用，信息产业的高度发达，使社会经济各个领域都受到影响。在这个阶段，社会经济客体区位决策经济原则的作用有所下降，过密过疏问题将得到较大程度的解决，区域间的社会经济发展不平衡基本消失，就业、收入、消费水平和选择机会的差异等都逐渐消失。区域地域结构上，形成各种核心之间的联系网络，并以区域城市体系为核心，实现地域结构的均衡，使各地区的空间和资源得到更充分合理的利用，空间结构各组成部分完全融合为有机整体，相互作用，相互依赖。相应地，城镇居民点、服务设施及其影响范围都形成了区域等级体系。整个空间结构系统重新恢复到“平衡”之中。目前我国还没有出现这一类区域组织形式，美国的波士顿-华盛顿地带、纽约-芝加哥地带、日本东京地区及西欧的一些地区大体处于该阶段的初期。总之，在该阶段，区域发展不平衡消失，地域组织以均衡、网络化、等级规模合理化为特征，整个区域社会经济处于高水平均衡状态。由于产业结构趋于高度化、社会福利水平大为提高，加上人口增长趋缓，经济增长速度变慢。其社会经济空间结构的基本特征可归结为：①由于过疏过密问题逐步解决，欠发达地区和不发达地区得到发展，大区间的不平衡变得越来越不明显。集聚经济在区位决策中的作用下降，而平衡布局、发挥社会效益和生态效益愈加受到重视。②形成完善的“点-轴”空间结构系统，但等级差别越来越小。③由于集聚因素的作用不那么强烈，分散化作用效果越来越重要，区域的城镇居民点等级-规模曲线又重新变得平缓起来(图 6.2d)。

区域地域结构总的演化过程可以概括为：低水平的稳定平衡—二元性出现和增强—三元性出现和二元性减弱、消失—高水平的稳定平衡。

除陆大道先生外，美国学者弗里德曼在 1966 年出版的《区域发展政策》一书中把区域空间结构的演变划分为四个阶段（图 6.3），在不同的阶段空间结构表现出特有的形式(王铮，1993)。

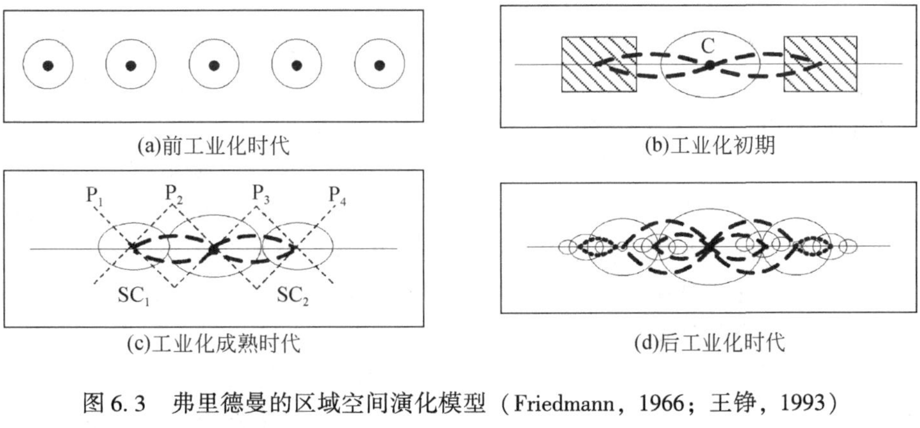

图 6.3　弗里德曼的区域空间演化模型（Friedmann，1966；王铮，1993）

前工业化时代，由于这一时期区域的生产力水平滞后，经济极不发达，总体上处于低水平平衡状态，对应的区域空间结构由一些独立的地方中心与广大农村组成。每个地方的中心都占据一块狭小的地方，它们之间并无等级结构分异。此时，空间的自发生长居次要地位，人为控制的情况较为突出；并且受地理条件和交通技术的制约，空间演变非常缓慢，具有明显的封闭性，区域内部各地区的发展基本是独立的，彼此联系较少。

工业化初期，区域空间结构发展到过渡阶段。在工业化进程中，某个地方经过长期积累或外部刺激获得发展的动力，经济快速增长，并以其经济发展的优势吸引外围地区的要素不断向它集聚，成为具有强大经济实力的区域性经济中心，外围地区则更趋向落后。区域空间的原始均衡状态被打破，空间差异初步显现，产生了一定的空间经济梯度。在这个阶段，区域空间结构由单个相对强大的经济中心和落后的外围地区组成。

工业化成熟时代，随着经济活动范围的扩展，新经济中心在区域的其他地方产生，并与原来的经济中心在发展上和空间上相互联系、组合，从而形成区域的经济中心体系。每个经济中心都有大小不一的外围地区，这样区域内部形成了若干规模不等的中心-外围结构，它们依据各自的中心在经济中心体系中的位置及关系相互组合在一起，构成了更为复杂和有序的区域空间结构，并对区域经济的增长有积极的影响，“点-轴”空间模式开始形成。

后工业化时代，社会经济发展到较高水平，区内与区际的联系日趋紧密，不同层次和规模的经济中心与其外围地区的联系也越来越紧密，它们之间经济发展水平的差异在缩小甚至消失。随着中心与外围地区界线的逐渐消失，逐步形成了功能上一体化的、完善的空间结构体系。

另外，台湾学者唐富藏认为区域空间结构的演变一般要经过早期发展的集中阶段、集中后分散阶段和分散后地方中心成长等三个阶段（王铮，1993）。①早期发展的集中阶段。这个阶段反映的是工业革命前和进入工业革命后区域空间结构的变化情况。在工业革命之前，区域中少数地方由于区位条件（如原料地、交通枢纽，或其他历史原因）比其他地方好，就成了区域内人口的集聚中心，并在工业革命开始后，吸引区域中的人口和产业活动不断地向其集聚，成为区域的中心城市。结果是区域空间结构中的各要素的差异程度扩大。②集中后分散阶段。在不断增强的集聚效应的作用下变得日益强大的中心城市通过产生外部需求和向外部扩散技术知识的途径将工业化、城市化的影响传递到其他空间点，形成区域中的次级中心。这些次级中心又会通过同样的集聚过程，增强自己的集聚力量，同时，向周围扩散影响，从而刺激更低一级中心的兴起。③分散后地方中心成长阶段。由于不断地受到中心城市的影响和刺激，区域中次级中心的发展一旦达到了成长所需的最小规模就将进入快速成长时期。次级中心成长的速度有可能超过中心城市。中心城市扩张到一定的限度后，会出现集聚不经济现象，这是由于市区内距离相对过大，生产和生活时间成本上升，要素价格上涨，环境开始恶化。中心城市的部分要素和经济活动被迫向外迁移，中心城市的成长速度逐步减缓，甚至低于次级中心的成长速度。这时，区域内空间成长的差异将缩小，并趋于空间均衡成长。

当空间结构发展至第三阶段，中心都市的成长速度不一定仍高于其他次级中心。由于中心城市扩张到一定极限，城市拥挤和各种污染等因素造成集聚不经济。这时，资本、劳动力不再流入，住户、厂商不再进入，中心都市的成长速度减缓，甚至低于次级中心的成长速度。在经济发展的后期阶段，区域成长差距将缩小，区域空间均衡成长。

区域空间结构的阶段演进学说和古典区位理论相比，采用的是宏观和均衡的分析手段，对日趋复杂的现代经济活动的把握更为切实可信，是现代区域理论的重要发展。

二、区域聚集空间结构的演进机制

空间结构在经济“力”和社会“力”的作用下从较低级别向较高级别过渡，并由此推动社会经济的持续发展，其中最根本的原因是经济因素。

（一）空间结构机制理论

区域空间结构是社会经济发展在空间上的反映，它决定了社会经济发展的方式和水平，同时，区域空间结构又通过复杂的反馈影响社会经济的发展。这种相互作用和相互影响的关系和机理便是区域空间结构形成和发展的基本机制。空间结构机制理论主要包括区位势能机制理论、极化与扩散机制理论（储东涛等，2003）和空间近邻效应理论（聂华林和王成勇，2006；丁生喜，2018）。

1. 区位势能机制理论

区位势能是指在特定区域内，由于自然条件、资源分布、交通运输、人口状况、技术经济水平、人为政策等因素在不同地点的组合形成的差别程度及其相应能力。

1）各种区位势能的内涵

形成区位势能的因素有很多，主要有以下几种：①自然条件势能。自然条件势能是指气候、地形、地貌、土壤性质、水文、植被等自然因素的地域差异形成的区域经济发展潜力差异。②自然资源势能。自然资源势能是指土地、河流、能源、瀑布、地势、森林、矿山等自然资源的分布组合及其开发价值的地域差异所导致的区域经济发展潜力差异。自然资源具有区域性、有限性和整体关联性三个特点，它们都会对经济发展产生影响。③交通运输势能。交通运输势能是指交通运输水平、运输能力和便捷程度的差异导致的区域经济发展潜力的差异。④人口分布势能。人口分布势能是指人口分布密度和人口素质的差异导致的区域经济发展潜力的差异。⑤技术经济势能。技术经济势能是指技术经济发展基础不同造成的区域经济发展潜力的差异。这是区位势能中最常见、影响力最大的一种，它普遍存在于发达与不发达地区之间和城乡之间。⑥行政和政策势能。行政和政策势能是指行政中心或行政权力与各项优惠政策等特殊因素的差别造成的区域经济发展潜力上的差异。

各种势能在不同发展阶段和不同区域中所起的作用是不同的，共同影响并作用于区域经济社会的发展。

2）区位势能机制的作用

区位势能机制的作用，是指区位内不同势能之间相互联系、相互作用的制约关系及其功能。主要通过以下两个方面表现：①集聚作用和辐射作用。集聚作用是指具有较高区位势能的地区，能够有选择地集聚资源，不仅吸收本地区的劳动力、资源和资金，而且把其他地区的资源、资金和人才吸引到自己区域内来。辐射作用是指具有高区位势能的地区在经济发展过程中向其他地区扩散技术、输送产品、进行投资等经济行为，它是由中心向外围辐射的一种离心活动。集聚作用和辐射作用是相互关联的两个方面，没有高区位势能的吸附和集聚，就不可能形成中心地区的资本、劳动力、技术等方面的优势；同样，没有经济活动及创新从中心向外围的辐射，就不可能有空间上各级经济中心的形成和生产力的合理布局。②增值作用和促进作用。增值作用是指高区位势能的地区对集聚的资源进行合理配置和加工，形成深度加工产品，尤其是加工知识密集型和技术密集型产品，更能使资源增值。一般来说，生产力发达地区的国民劳动强度越大，区位势能越高，其增值作用就越大；生产力不发达地区的国民劳动强度越小，区位势能越低，其增值能力就越小。促进作用是指具有高区位势能的地区在集聚、辐射和增值过程中，也促进和带动了本地区相关产业的经济增长和经济结构、文教卫生、技术水平、环境保护等方面的全面发展。不同势能地区的促进作用的强弱是不完全一样的，高势能地区的自我促进、自我发展的增长速度一般要快于低势能地区。

区位势能是一个动态的概念，它形成之后会随着时间的推移、区域经济空间的发展而演变。区位势能机制运行变化的结果，塑造了区域的空间结构形态。区位势能的“点状”表现为大型矿产地、交通运输枢纽，从而促进节点城市和城镇的兴起；区位势能的“线状”表现为交通线、河流、海岸线、大型矿脉等线型体，促进城镇、人口和经济、技术的相对密集，形成区域经济带。区位势能的“面状”主要表现为大面积的矿产、农产品基地、工业密集区等，它形成了城市带、经济中心区和经济密集区。

这四种作用相互影响、相互关联。集聚作用、增值作用是自强作用的前提，自强作用又反过来加强集聚作用和增值作用。辐射作用是自强作用的结果，也是集聚作用和增值作用的条件。这四种作用是通过具有不同区位势能的地区间的人流、物流、资金流、信息流来实现的。交通和通信是这四种流量的载体，政策和法规是这四种流量的调节器，它可以有选择地调节这些流量的大小、方向。

一般情况下，不同区位势能的区域之间，要素通常是由综合势能低的地区流向综合势能高的地区，产品则相反。在这种要素与产品的流动过程中，不同势能的地区都有速度不同的自强作用，高势能地区的自强作用增长快，低势能地区自强作用增长缓慢。

3）区位势能的演化与区域空间结构

一个地区的综合区位势能不是一成不变的，而是具有动态演化的特征。区位势能的变化常导致一些节点城镇、产业带和经济密集区的兴衰，从而引致区域空间结构的不断变化。

当一个节点因为其产生聚集作用和增值作用的势能发生变化甚至消失时，该节点在区域节点体系中的分工和地位会发生相应的变化。例如，以前因为自然资源势能而成为区域中心的城市，在其资源枯竭时可能衰落成为低级节点；而以前综合势能较低的节点因为某种原因而具有了某种势能，从而成为区域中心，如深圳、浦东。

2. 极化与扩散机制理论

极化与扩散机制是指在区域空间结构演变进程中，通过极核的吸附和扩散运动，带动各经济要素互为影响、互相联系的效应机制。

1）极化效应

极化效应，是指经济资源向某个具有优势的地点集聚，并逐步成为整个区域发展极核的过程。集聚机制的形成源于三个方面的原因：经济活动的区位指向、经济活动的内在联系和经济活动对集聚经济的追求。集聚能够产生集聚引力，从而导致区域出现极化现象，加剧经济发展的空间差异与不平衡，促进发达地区、城市、城市密集区、专业化地区、产业密集带等的形成和发展，引发和加剧经济发达地区与落后地区、城市与农村、专业化地区与一般地区等在发展关系上的“马太效应”。极化效应一经形成，就会形成一个自我积累的正反馈过程，使具有极化效应的发展极核拥有一种自我发展的能力，并为其经济进一步发展创造条件。这时，即使原先赖以发展的优势有所丧失，由于极化释放出的极化作用，该区域仍然可以继续向前发展。这是因为极化效应带来了三个方面的向心力：①极化效应使极核成为具有吸引力的高新技术和相关产业群的最优区位。它必然催生和拉动配套性生产企业和服务性行业的产生和发展，进而促进极核及周围地区经济的发展；②极化效应将各种经济活动集聚到较小范围并产生规模经济，它必然带来生产要素投入上多种费用的节约，从而提高利润率；③极化效应一方面使人才、资金、技术、资源被吸引到极核上来；另一方面行政中心使权利的分配和政策的制定集中于此，从而使国家和区域在权利分配、政策导向等方面作出有利于极核地区的决策选择。

极化效应的产生主要有两个方面的原因：第一，规模经济效应。当推动型产业在某一地点出现后，其快速增长，生产规模不断扩大，导致生产成本逐渐下降，从而使产品价格下降，进而诱导相关产业进一步扩张，并且向核心地区集中，增强核心地区的竞争能力。第二，集聚经济效应。相同产业或是不同类型的产业在同一地点的集聚能产生相当的经济效益，即产生集聚经济效应。这是因为：①生产的集聚，能引起人口的增长及一系列为居民服务的行业的相应发展，从而带动地方经济的增长；②生产的集聚，引发科技人才、信息的汇集，有利于区域产业的创新和发展，从而提高区域竞争能力；③生产的集聚，势必使一系列为它们服务的生产性和非生产性行业也在集聚地区发展，各行业、各部门可以共同使用公共设施，既可以减少各单位的基础设施建设费用，又可以充分利用这些设施，提高其利用效率；④不同产业和组织的集聚，有利于开展专业化协作，发展联合化生产；⑤各种组织、各种产业在同一地区的集聚，有利于劳动力平衡，有利于社会就业和社区建设。

极化是外围向中心的移动过程，形式多种多样。从极化波及和影响的范围来看，可以是全国性的，也可以是地方性的。从增长极的数量和分布来看，一个区域可能只有一个极化中心，为单极吸引方式；也可以出现多个极化中心，形成多极吸引方式。从极化现象的地域空间形态来看，有向心状极化，即周围区域向极化中心的极化过程；有等级式极化，即基层小节点，向区域次级增长极极化，而次级增长极又向首级增长极极化；有波状圈层式极化，即极化现象围绕极化中心向外作波状圈层式展开（图6.4）。在一个区域中，几种极化方式可能同时存在。

当然，极化效应的作用也不是无限的，极化过分了就会导致环境污染、人口拥挤、住房紧张、失业率提高等城市病发生，从而减缓增长速度，这时向外扩散就势在必行。

2）扩散效应

扩散效应是与极化效应对应的另一种效应，指经济活动及各要素从极核向外围扩散的过程，其主要作用是使生产要素逐步由极核区域向外围扩散渗透，形成一种离心运动。扩散机制的形成源于：避免集聚不经济、寻求新的发展机会、部分经济活动区位指向以及政府政策的作用。一般而言，扩散机制主要有就近扩散（传染式扩散）、跳跃式扩散、等级扩散和随机扩散四种表现形式。

扩散的发生是有前提条件的。首先，极核地区大量剩余的生产要素为取得更高效应具有向外扩散的强烈愿望，同时，腹地内具有地理位置和资源、劳动力等方面优势的地区正

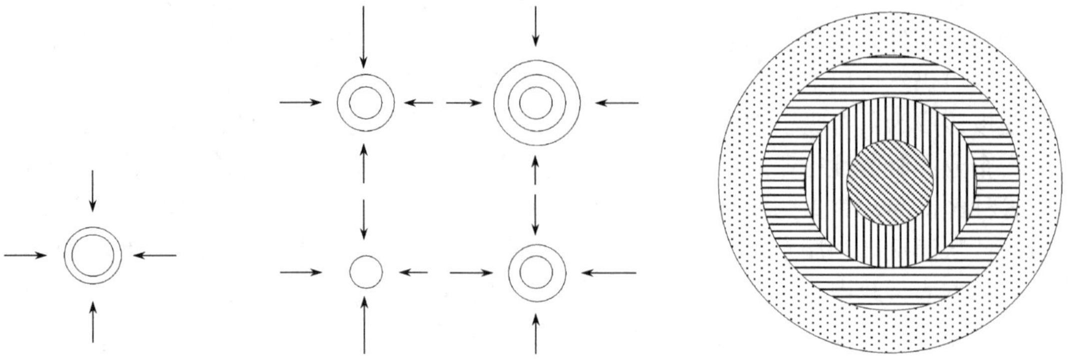

(a) 向心状极化　(b) 等级式极化　(c) 波状圈层式极化

图 6.4　极化方式示意图

好需要这些生产要素并具有投资吸引力，这时才有可能实现极核地区外溢的扩散效应。

扩散效应之所以能够发生，是因为：第一，极化中心的带动和促进作用。极化中心的原料、食品等物资要依赖周围地区的供应，因而极化中心的发展，必然会带动、促进整个区域农业和初级加工工业的发展；极化中心先进的技术装备、科学技术和经营管理经验，不可避免地会影响到周围地区，带动整个区域社会经济的进步和科技水平的提高；极化中心为满足自身需要提高经济效益，势必将一些创新活动，将一些初级加工工业、原料易腐烂变质或者加工后产品不宜长途运输的加工工业设置在外围地区，因而使极化中心以外地区的一些工业生产也得到了发展。第二，极化中心的经济“外溢”作用。扩散效应中的外溢一般有三种方式：①主动外溢。它是指原来的主导产业随着产业结构的不断演化被新兴的主导产业替代后向极核周围地区的主动转移。②被动外溢。它是指随着极核地区产业和人口的不断发展与集聚，环境污染日益严重，污染严重的产业被迫向极核四周城郊或更远的地方转移。③积极外溢。它是指旅游等服务业的崛起和创新精神的传播所带动的极核以外地区的基础设施和第三产业的发展。第三，政府的宏观调节。政府为了平衡地区经济发展，可以通过税收、地价、投资优惠、工业区位等政策、法规对极化过程进行干预，以强化扩散过程，防止和缩小极化中心与周围地区经济发展水平的差距。

扩散的形式也多种多样：从扩散影响的范围来看，可以分为全国性扩散和地方性扩散。从区域扩散中心的数量来看，它与极化中心的数量是对应的。在一个区域中，可能只有一个中心扩散，形成单核辐射方式；也可能有几个扩散中心，存在多极扩散，形成多极辐射方式。从扩散作用的地域空间形态来看，有核心辐射扩散，即由极化中心向四周扩散，主要发生于中心城市向近郊或近邻地区扩散；有等级扩散，即按照增长中心的等级层次，由高等级到低等级逐渐进行辐射，在这种扩散方式中，与极化中心的距离因素将退为次要地位；有波状圈层扩散方式，即由极化中心向外围逐步辐射，此时距离因素将明显发挥作用；有跳跃式扩散，即极化中心的对外辐射不受中心等级层次和距离的影响，直接由高等级中心向低等级的中心或区域辐射。与极化方式相类似，在一个区域内可能同时存在多种扩散方式，既有核心扩散，又有等级扩散、波状圈层式扩散和跳跃式扩散等。

3）极化与扩散的关系

极化与扩散是相互对立和并存的，是制约区域空间结构形成与发展的重要机制，它们之间的关系体现在以下几个方面：①极化和扩散是同时并存的复合过程。极化效应促使区域经济活动的向心运动，导致人口、资金、物资向核心集聚，造成周围地区的经济处于停滞、衰退状态，甚至萎缩。极化将扩大极化中心与周围地区的经济发展水平的差距。扩散是一种离心力作用，会使核心地区的信息、资金、产品、人口向周围地区转移，影响和带动周围地区经济的发展，缩小中心地区与外围地区经济发展水平的差距。扩散效应将使经济在地区间均衡地发展。因此，当增长极的极化效应占主导地位时，中心与外围地区的经济差距会拉大；当增长极的扩散效应占主导地位时，中心与外围地区的经济发展差距会趋于缩小。②在区域空间结构形成与发展的不同阶段，集聚与扩散机制发生作用的强度不同。在区域经济发展的初级阶段，极化效应较扩散效应显著，促使区域经济呈现不平衡发展态势，二元结构明显。在区域经济发展的高级阶段，扩散效应则变得越来越重要，作用越来越广泛，逐步超过极化效应，促使区域间的差距逐步缩小，走向相对均衡的高级有序状态。③集聚机制与扩散机制的作用都存在一定的惯性。在没有人为干预的情况下，只有等到出现集聚不经济（或扩散不经济）时，集聚（或扩散）才会受到遏制，才可能由集聚为主转化为扩散为主（或由扩散为主转化为集聚为主）。④集聚与扩散机制的作用是有限度的。集聚机制的作用超过一定的限度，就会产生集聚不经济，从而遏制集聚的进一步进行。同样，扩散机制的作用达到一定的限度也会产生扩散不经济，从而抑制扩散的继续进行。

极化和扩散效应对区域空间结构的影响在上述各种区域空间结构演进的理论中已经体现，在此不赘述。

3. 空间近邻效应理论

空间近邻效应是指区域内各种经济活动之间或各区域之间的空间位置关系对其相互联系所产生的影响，它描述的是广泛观察到的空间数据方差随距离增加的趋势（刘瑜等，2023）。

1）空间近邻效应产生的原因

各种经济活动为节约社会劳动，倾向于按就近原则组织相关的资源和要素进行生产和经营，也就容易与空间上近邻的相关经济活动或区域发生联系。各种经济活动采取行动的可能性及产生的影响都将随着空间距离的增大而相应减小。

2）空间近邻效应与区域空间结构

空间近邻效应对区域空间结构形成与发展的影响表现在以下几个方面：①促使区域经济活动就近扩张。在满足发展所需条件的前提下，各种经济活动一般会采取由近及远、逐步推进的方式扩大自己的影响空间、建立分支机构、寻求发展合作伙伴等。②影响各种经济活动的竞争。一定时期内可投入到经济发展中的资源和要素相对有限，同时市场的需求也是有限的，那么，位于同一地区或相互靠近的各种经济活动在利用资源、要素，开发市场时势必会产生激烈的竞争。空间上相距较远的经济活动可减小它们之间的竞争。③影响各种经济活动在发展上的相互促进。各种经济活动在空间上相互靠近，使它们之间有更多的机会建立起相互依存的发展关系，彼此开展分工与协作。空间近邻效应的这几个方面的作用都会不同程度地影响区域空间结构的形成和发展。

（二）信息时代空间结构成长的动力机制

甄峰（2004）和甄峰等（2007）认为信息时代空间结构的成长有不一样的动力机制（图 6.5）。其中的全球化与地方化，信息技术的驱动，产业升级与产业转移，城市间多样化、网络化的空间联系，区域经济、社会、文化的空间整合及国家与地方发展政策等动力机制使信息时代的空间结构表现出不同于传统空间结构的结果。在信息时代空间结构成长的动力机制中，信息技术的变化是贯穿其中的一条主线，每个过程之间都是相互联系、密不可分的。

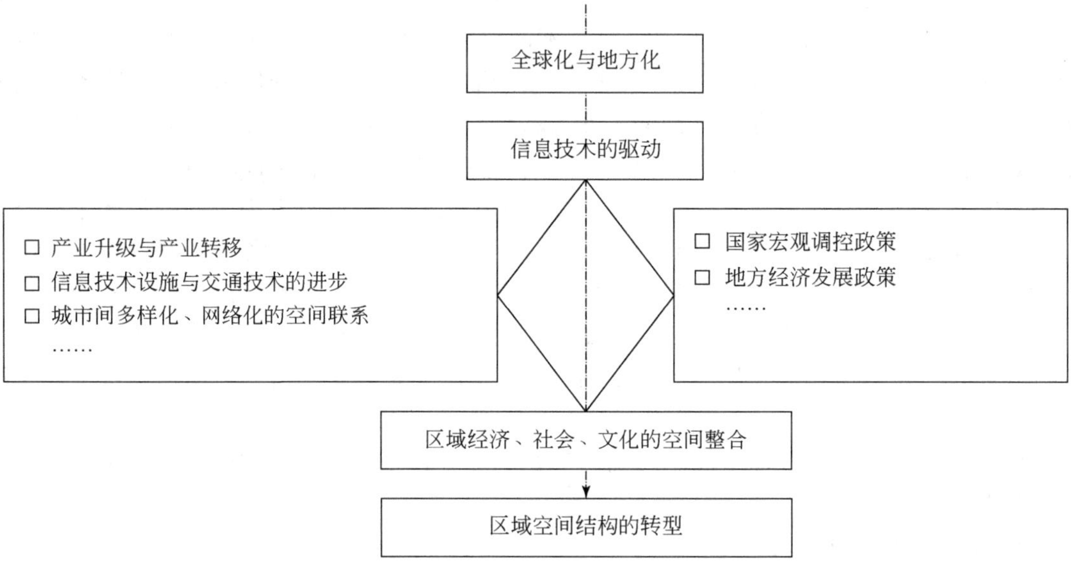

图 6.5　信息时代空间结构的成长机制（甄峰，2004）

1. 全球化与地方化

若忽略其他区域对该区域的影响，则全球化是影响区域发展的主要外动力。在全球化的影响下，中央政府的经济控制与调节力在减弱，区域对外部压力的反应更加强烈，市场扩张很快，其结果是区域内部结构和动力将发生相应变化。城市成为生产服务业的空间，城市经济从货物生产向信息生产，从制造业向服务业积极转型。

全球化对区域空间结构产生了明显的非均衡效应，主要表现在世界层面上，全球城市或国际性城市的成长，以及全球城市等级体系向国家内部的延伸，这使得这些区域成为全球与区域的作用界面，加速了这些区域的国际化进程，那些不能成功转型的传统增长中心可能会趋于衰落。同时，新的增长中心围绕着一些富有活力的区域性城市出现。区域层面极核在全球化的强大拉力作用下形成并强化。

经济全球化的结果是新国际劳动地域分工的出现。跨国公司将其生产功能转移出了欧洲和美国，但仍然在这些国家的传统核心保留其总部，允许一些城市在金融和商业服务方面形成专业化。信息交换和银行制度组织中的变化强化了这种专业化。其结果是生产的分散支持了全球工业化，但控制功能仍然持续地集中在全球范围内的一些关键性的城市。

2. 信息技术的驱动

区域空间结构的成长过程与技术进步密不可分，技术进步及其应用是空间结构变化的根本动力。在工业化社会，这主要表现为交通技术的进步。交通技术进步所带来的交通方式的不断变革驱动着城市与区域空间结构的不断变化。在信息化社会，这主要表现在信息和通信技术的进步方面，信息技术的进步影响着区域与城市的发展，进而改变原有区域与城市的空间结构，给社会经济、交通设施等方面的要素及其组合带来影响。

3. 产业升级与产业转移

产业部门结构及空间结构变化所形成的产业结构转换力会改变社会经济要素在空间的集散状态，进而重塑空间结构。

随着技术进步与生产力的发展，以信息技术为基础的信息产业成为信息时代的推动型产业，使传统经济结构发生本质的改变，使区域产业结构呈现出不断高度化的趋势。开发区已成为城市空间结构调整的主要载体和区域经济增长的主要空间；高新技术产业开发区正成为信息产业发展的主要空间。通过这些新产业空间，产业升级与产业转移推动了空间结构的成长。信息产业主导着当今以中心城市为核心的大都市区的空间发展，而在广大农村及边缘地区，传统制造业及服务业对地区经济发展、就业及生活水平的提高仍然发挥着难以替代的作用。

4. 城市间多样化、网络化的空间联系

农业时代空间的联系是发散的，尺度也很小。工业化时代则以繁荣的工业城市、港口及交通枢纽、城市核心和广大的落后的乡村边缘之间的联系为主要特征。到了信息时代，随着节点网络体系的建立，中心地模式下的等级空间联系将会逐渐被网络模式下的多维空间联系取代，为空间结构的成长提供了一种弹性环境。

在新技术的影响下，区位选择虽更趋于弹性和自由，城市化所带来的集聚动力仍然是当今区域与城市空间结构转型的重要推动力。

在工业化时代，空间结构为了适应扩张的生产规模和人口膨胀的需要，地域不断扩展，主要以外向性扩展为主。而到了信息时代，多样化、网络化空间联系在空间上表现为具有外力影响下的内向性运动特征，从而造成了空间结构的不断柔性化。信息和知识时代的城市更多关注于能否及时地拥有最新的知识、技术和信息，以及是否具备相当的处理能力。在新的经济生活中，区域和城市的竞争力和生产力由其信息能力、生活质量和连接到国家和国际层面的主要都市区中心网络的能力决定。此时，很难以集聚和扩散这两种对立的状态区分空间结构的运动，而需建立起一种新的多样化、网络化的空间联系思维，以全球的视野，用开放的眼光去看待空间结构的变化过程。

5. 区域经济、社会、文化的空间整合

随着市场整合和贸易障碍去除过程的深化，区域一体化进程将创造一个新的制度和政治框架，区域经济、社会、文化的整合成为推动区域发展及其空间结构转型的重要因子。

区域发展要素的空间整合不仅有利于那些地理上紧密联系、文化上有共同渊源的区域形成更加紧密的地理和文化空间实体，而且可以通过区域合作网络将存在较大地理距离的城市紧密地联系在一起。Rylander（1996）描述了由同一性的构建、协调与整合、区域人口对地理和精神距离的态度及其所导致的通信、交通等基础设施所构成的区域整合过程

(图 6.6)。这些变化都必须发生，以便促进地方之间的整合，进而构成一个共同的功能区域。区域经济、社会和文化要素在空间层面的整合，不仅将推动区域传统增长中心的转型和新增长中心出现的进程，而且有利于整个区域空间结构的协调持续发展。

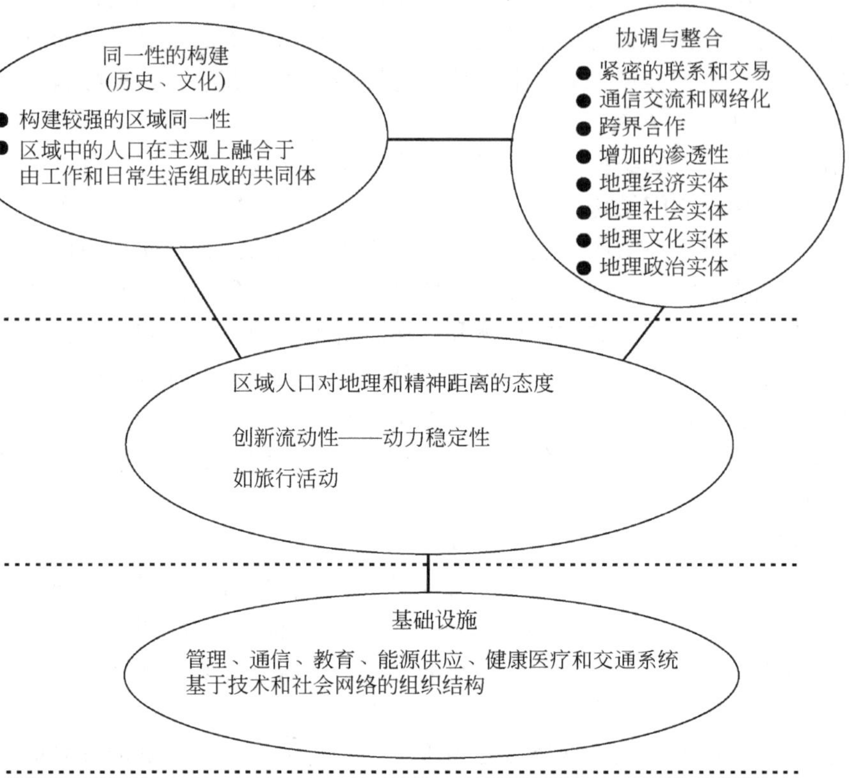

图 6.6　区域整合过程（Rylander，1996；甄峰，2004）

6. 国家与地方发展政策

国家是区域经济的主要调节者。国家作用对区域空间结构的影响是通过国家制定的各项经济、社会政策及大型基础设施项目实现的。

对于中国的区域发展及空间结构而言，无论是改革开放前的全国均衡发展思想，还是改革开放后的非均衡发展战略，国家调控都持续发挥重要作用，并影响着区域空间结构的形成与发展。20 世纪 80 年代以来，地方政府在经济运行中的地位和作用明显加强，并成为具有独立利益和决策权力的经济主体。地方政府在发展经济方面的主动性加强，促使一些区域，如珠江三角洲、长江三角洲迅速崛起。制度、政策的区域整合有利于降低行政边界的重要性，重新整合有关公司、机构和政府的经济空间。

总之，在全球—地方作用及信息化的背景下，区域空间结构的形成与发展将受到越来越多外来因素的影响，从而表现出了更多的弹性与不确定性，其成长在种种确定与不确定的要素之间表现出一些确定性特征。

（三）区域空间结构演化的动力和影响因素

1. 区域空间结构演化的动力

空间结构一旦形成，在一定时期内具有稳定性，但这种稳定性随着区域内各经济要素空间组织关系的变化而被破坏，遂进入区域系统内空间组织关系的演进过程。

当区域内资金流、技术流、信息流和物资流的流量或流通渠道发生变化时，这些经济要素经济空间相互作用的改变将导致新的经济空间结构的出现。这种自经济系统内部引起经济空间结构转变的动力机制可以称为经济空间结构的自组织功能。而促使经济空间结构转变的外力通常是区域经济行政管理部门在遵循客观经济规律的基础上，通过各种手段，对经济主体和经济要素的空间分布进行的人为调控。这种内、外力共同作用下的经济空间结构的转变，就是区域经济空间结构的重组。因此，区域空间结构演化的动力就是自组织。

2. 空间结构演化的影响和制约因素

空间结构演化的影响和制约因素主要包括：①生产力发展水平。空间结构层次的高低、网络系统的发达程度、区域核心与其他城镇及外围地域的发展水平等均受生产力发展水平的直接制约。②地理位置。地理位置对地域空间结构的形式和内容均有重要影响。主要交通枢纽、首都或大区中心的区域核心地位十分显著，网络往往呈密集放射状，外围地域的经济也比较发达。③自然条件与自然资源。首先，自然条件优越的地域，一般开发历史较早，其空间结构的内容较为丰富，结构也较为紧凑；反之，严酷的自然条件限制人类的经济活动，往往形成较大范围上以少数或单一核心为主的稀疏网络空间结构。其次，自然条件组合状况，尤其是地貌与水文状况对空间结构形式影响较大。例如，平原地域的空间结构与山区的空间结构差异明显，大的河流可以成为区域开发的轴带，带动地域发展。最后，自然条件地域组合特点对地域空间结构框架有深刻影响，如我国三大地形单元对东中西三个地带的影响。④社会历史因素。例如，开发历史悠久的地区，长期的历史积累使经济内容丰富，空间结构趋于紧凑，而作为首都或重要的行政中心，往往突出发展地域核心城市作用，同时形成发达的网络系统，以强大的核心带动外围地域的发展，形成城市群（带）。⑤区位条件和交通条件。区域经济的发展总是建立在生产力各要素的流动、集聚、扩散和产品的流动、集聚和扩散过程中，经济越发达，这种集聚和扩散的流动过程就越活跃。而生产力各要素总是首先向区位条件优越的地区流动、聚集，然后依次向较好的地区流动、扩散。因为各种生产要素在区位条件优越的地区可以带来最大的经济效益。经济发展要素在区域间的流动、组合需要借助一定的运载工具实现其空间位移，并产生转移支出，为了节约转移费用、降低生产成本，经济活动在区位选择上往往指向运费最低和运输便捷的地区，具有良好交通条件的地区会对经济空间分布产生影响。因而，区位条件和交通条件是影响经济空间结构的重要因素之一。⑥经济技术基础和社会文化。现有经济的发展水平和经济结构的区域差异、生产技术水平和管理经验的区域差异、市场化程度的区域差异、城市化水平的区域差异、专业化与协作条件的差异、产业结构的区域差异及劳动力资源的数量差异、文化教育程度的差异等，这些都是导致空间结构差异的重要因素。⑦制度安排。政府部门所选择的发展模式、所制定的发展规划及政策也是区域空间结构发生变化的主要动力。例如，改革开放以来，我国由东向西的渐进开放政策和产业结构调整政策促使外商直接投资和加工贸易向东部沿海地区聚集，并进一步影响各地区的外贸空间结构、产业结构和市场开放度。⑧对外贸易。对外贸易是经济空间结构的经济内容，对外贸易的规模、结构、贸易条件对区域空间结构产生直接或间接的影响。对外贸易可以通过影响区域的要素禀赋、资源配置、技术进步、就业扩张及产业结构等影响区域空间结构。

空间结构的形成和演化是区域内部、外部各种力量相互作用的物质空间反映。总的来看，可以分为内生动力、外部推力和区域间相互影响而产生的区域耦合力等三类（张庭伟，2001）：①城市经济发展是区域空间结构演化的内生动力；②人为干预、技术发展与社会因素的影响是区域空间结构演化的外部推力；③区域间的相互影响是区域空间结构演化的耦合动力。

第四节　区域开发的空间模式

一、增长极开发模式

增长极开发模式是增长极理论在地域开发布局实践中的应用。增长极理论自被佩鲁提出以后，经过很多学者的努力进一步得到了完善。

（一）佩鲁的增长极概念

增长极（growth pole）概念最早是由法国经济学家弗朗索瓦·佩鲁（Francois Perroux）于1950年在其著名论文《经济空间：理论与运用》中针对古典经济学家的均衡发展观点提出的。

新古典区域经济增长与发展理论认为经济增长与发展具有内在的均衡倾向，经济政策应限制在保证市场机制运行的能力以内，除此之外，不应干预经济运行过程。按照新古典理论的观点，失业是由于劳动力不愿放弃过高工资的要求，而不是由于工作岗位太少。区域间的收入差别或者是由于收入低的地区人们流动性太小，不愿外出，或者是由于满足于低廉的住宅和房地产价格、较高的生活质量得到平衡而自愿接受这种状况。新古典的经济政策主张被人们视为试图对经济问题推诿责任的借口。在实际经济生活中，不同区域、不同国家或不同经济部门的繁荣与衰退常常并存，这些区域、国家或部门之间形成了巨大的收入差别和价格差别。第三世界发展中国家的发展问题，发达国家存在的农业、重工业及矿产业和造船业的衰落问题，都使新古典均衡论断与经验的不相吻合遭到不断的质疑、批评。

佩鲁针对古典经济学家的均衡发展观点在20世纪50年代发表了一系列论文，论证了现实世界中经济要素的作用完全是在一种非均衡的条件下发生的，经济增长不是遵循均衡路径，而是发源于一个推动型单位。

推动型单位是一个经济部门，它超过平均水平强劲增长并通过同其他部门紧密联系产生影响，并以这样的方式推动整个经济的发展。推动型单位同其他经济部门的区别有以下几点：①它的规模巨大；②它相比于其他部门具有强大优势；③它同其他部门有紧密联系；④它有强劲的经济增长。只有具备这些前提条件，推动型单位才能在可观的规模上产生推动力并通过前后向联系实现其在经济空间中的扩散效应，从而带动区域经济增长。推动型单位的这种推动力主要来源于创新和内外部节约的实现，即积极的内部效应和外部效应。当形成了积极的内部效应和外部效应时，推动型单位的增长就会导致单位成本的降低，因而自动地强化了它们本来已稳固的地位。通过推动型单位的扩张，投入要素和上游产品的需求不断提高，增长刺激扩展到其他经济部门。通过产品创新和生产过程创新，推动型单位保持了相比于其他经济部门的领先地位。反过来，它使得推动型单位很容易为继续创新进行投资。创新过程也以这种方式强化了推动型单位的优势。

除了积极的“推动效应”，推动型单位对其他经济部门也有消极的“制动效应”。推动型单位凭借它们的优势吸引其他经济部门的生产要素，运用它们的市场权力施加负面影响，或者阻碍其他经济部门的创新，所有这些都形成了对其他经济部门的“制动效应”。

（二）对增长极概念的发展

佩鲁增长极概念的原始含义比较模糊。他是从抽象的经济空间出发，强调产业联系，以及推动型企业对区域经济增长的作用。佩鲁的增长极中的“极”，是指推动型的企业及与其相互依赖的产业，是一个纯经济概念，而不是地理空间中的“极”，与地域空间系统无关。他并没有把地域的极化作为增长极的一个内在要素。20 世纪 60 年代以来，Boudeville（1966）、Friedmann（1966，1972）等进一步修正和发展了佩鲁的增长极理论，相继提出了增长核、增长中心等地理空间概念。经过这种修正，增长极同城镇体系相联系，增长极的层次性对应于城镇体系的等级性，并且将这种结构发展成具有可操作性的区域模式。于是形成了一种新的增长极概念——增长极既是经济空间上的某些企业，也是地理空间上产业集聚的城镇。这种对佩鲁增长极概念的修正较大程度地削弱了原始的增长极思想，反映了人们的注意力从主导部门间的相互影响转向空间集聚的利益的空间极化效应。

法国经济学家布代维尔和拉塞（Lasuén）是把区域和空间联系纳入考察范围的先行者。他们把区位论的观点纳入了增长极理论之中。

布代维尔和其他许多学者一起将“极”的概念引入地理空间，并提出了“增长中心”这一空间概念。布代维尔强调经济空间的区域特征，认为“经济空间是经济变量在地理空间之中或之上的运用”。1966 年，布代维尔给增长极下了一个简要的定义：增长极是指在城市区域配置不断扩大的工业综合体，并在其影响范围内引导经济活动的进一步发展。布代维尔把增长极同极化空间和城镇联系起来，认为“增长极概念与推进型产业相关联……总之，增长极将作为拥有推进型产业的复合体的城镇出现”，使增长极有了确定的地理位置，即增长极的“极”位于城镇或其附近的中心区域。这样，增长极包含了部门增长极和空间增长中心的两个明确的内涵。

关于创新的扩散与空间结构之间的关系，拉塞认为，一个国家的经济发展和城市化模式是创新吸收过程在时间上和空间上的轨迹。这主要反映在其提出的两个基本命题中：①在一定时点上观察到的空间结构，特别是中心地体系，是以往的创新推力结果及其在空间上的表现。②在城市化区域，创新的吸收更好、更快，其在这些区域会得到更好的扩散，其结果是形成了一个创新扩散的循环累积过程。城市因其密集的经济活动和已形成的发展优势比外围农业区域容易吸收创新，接受更强烈的发展刺激，并且能巩固和扩展它的优势。发展弱的区域很少能吸收创新，因而未来发展的前提条件变得更糟。因此，极化概念除了在静态意义上意味着在一定时点上的区域之间存在差别，还包含了动态的意义。并且，创新越来越快地形成，还以越来越快的速度扩散。因此，在由城市体系中稳固的等级秩序造成的创新扩散的稳固模式中，除了少数国家（区域）之外，所有国家（区域），特别是发展中国家，其发展政策都面临着两难的选择：①参与全球的发展过程，以最大可能迅速地吸收创新。其结果是，扩大了这些国家发展了的和欠发展的区域之间的极化状态。②在发展了的中心地带推迟吸收创新，直到以往的创新在全国均匀扩散为止。但其也会因此脱离全球的发展过程，在总体上落后。

而以瑞典的缪尔达尔（Myrdal）和美国的赫希曼等为代表的区域极化论则对区域间的差别及导致区域发展极化的机制进行了探讨。

关于在一个空间单位（区域、国家、国家集团）内的经济增长与发展过程问题，缪尔达尔和赫希曼在20世纪50年代后期先后提出了与佩鲁类似的观点。由于规模收益、外部效应和垄断及寡头的市场结构，偶然的增长刺激会改善未来的增长机会，偶然的增长障碍也会使未来的增长机会前景暗淡。通过在投入产出模型意义上部门之间的联系，并通过外部性作用，积极的或消极的刺激将扩展到空间单位内的其他部门。创新作为一种发展刺激具有特别重要的意义，它能够使一个区域超越其他区域优先发展。

新古典理论强调负向反馈，即反馈效应与最初的刺激呈相反作用，经济过程偏离了均衡会重新回到均衡状态。而缪尔达尔看到了正向和负向反馈效应是并存的，强调存在正向反馈的可能性，并提出循环累积因果过程的观点，认为最初偏离产生的影响使这种偏离得到强化，这一过程不会再回到均衡状态，而是强化了非均衡状态。这些朝着积极或消极方向的刺激随着时间推移累积起来，并形成固定的发展差距。按照极化理论的观点，资本的流动方向与新古典描述的方向正好相反。

因为在自由贸易条件下停滞区域的经济在繁荣区域的经济面前毫无竞争力，所以区际贸易的结果是强化了区域间的发展差距。核心大工业在竞争中常常消灭对手进而获得规模收益，停滞区域的一般手工业和加工业很少能够与之抗衡。其结果是，形成了以工业为主导结构的繁荣区域和以农业为主导结构的停滞区域。繁荣区域与停滞区域之间的对立，在理论讨论中常常用一对概念表述，即“中心”和“外围”。

缪尔达尔和赫希曼用两个相对立的效应概括区域之间相互作用的关系。缪氏用的是扩散效应与回流（吸收）效应，赫氏用的是渗透效应与极化效应。他们同佩鲁用的推动效应与制动效应描述的机制类似，并由此引申出来。扩散效应或渗透效应概括和表述的是所有导致发展刺激向空间扩散的机制。它对相邻区域形成积极推动，使发展的刺激在空间上向外扩散。相反，回流（吸收）效应或极化效应指的是积极的发展刺激本身对它的周边施加了消极影响的效应。在一个区域经济体系中，发展的进程是趋向均衡还是极化（非均衡）取决于扩散效应占优势还是回流（吸收）效应占优势。

（三）增长极理论的基本内容

极化理论是在同新古典理论争论的过程中形成的，是随时间的推移形成的、自身带有共同特点的各种论据的综合。新古典理论采用的是从假设公理中演绎出结论的方法，而极化理论采用归纳方法来进行论证。它们是从细节进行的经验研究，是从案例研究或者是研究者有关经验获得的结果，因而在很大程度上反映了现实状况。随后，一些极化理论的论据被拾起来，并且在新增长理论的框架内被纳入新古典经济学的形式之中。总的来说，增长极理论的基本内容可归纳如下（丁四保，1989；陆大道，1995；陈秀山和张可云，2003）。

（1）有一个或几个主导经济部门，它与其他众多经济生产具有经济技术联系，其发展带动其他部门相应发展，所产生的效果往往比它自身发展的效果大。

（2）上述发展的结果是该区域某些生产超过本身的需求，有日益增加的产品输出。在市场经济机制条件下，可能形成市场垄断。随着生产规模的不断扩大，资金积累不断增加，经济需求也随之多样化，不断产生进一步发展的要求，各类相关部门和服务业得到发展，实现更大规模的就业和国民收入的增长。

（3）增长极在两个方向作用于周围地区。一是极化过程，也就是集聚化过程。即增长极以其较强的经济技术实力和优越条件将周围区域的自然及社会经济潜力吸引过来。二是扩散过程，也有人称为“渗漏过程”，即增长极对周围地区投资及其他经济技术支援，形成附属企业或子公司，为周围地区的初级产品提供市场，吸收农业剩余劳动力。在区域开发和发展实践中，在增长极形成初期（一般也就是区域开发的初期），对周围地区的作用以“极化”（集聚）为主，区域内经济发展不平衡程度增加；而在增长极发展演化的中后期，作用以“渗漏”（扩散）为主，区域发展水平趋于均衡。

（4）扩散作用趋于主导过程是增长极理论的关键部分，这意味着增长极的繁衍。一方面，以物质、能量输出和空间扩展来发展自己，使增长极的规模、实力越来越大；另一方面，以渐进式扩散的方式促使新的（下一级别的）增长极形成。

（5）与新古典理论的均衡趋势和趋同倾向论断相对立，极化理论提出了经济发展的非均衡和趋异倾向的观点。这一观点建立的基础是一系列在细节上异中有同的证据，首先，生产要素被视为非同质的，至少一部分是不可流动的。因此，由于生产要素价格阻碍均衡趋向的那些生产要素不能被完全代替。其次，市场并不是以完全竞争为特征的，而是以垄断、寡头和外部性为特征的。最后，信息，特别是有关技术和组织创新的信息，并非随处可自由获得，而是有待开发并通过经济系统传播开来。

（四）增长极对周围地区的作用机理

增长极是由主导产业和有创新能力的企业在某些地区或大城市集聚发展而形成的经济活动中心，这些中心具有生产中心、贸易中心、金融中心、信息中心、交通运输中心、服务中心、决策中心（如政府所在地）等多种功能，恰似一个“磁场极”，能够产生吸引和辐射作用，促进自身并推动其他产业和地区的经济增长。增长极对周围地区的作用机理主要表现为四个方面：支配效应、乘数效应、极化效应、扩散效应。

1. 支配效应

增长极上的产业具有技术、经济方面的先进性，能够通过与周围地区的要素流动关系和商品供求关系对周围地区的经济活动产生支配作用。周围地区的经济活动随着增长极的变化发生相应的变动。

2. 乘数效应

受循环积累因果机制的影响，通过投入产出意义上的产业关联和地区关联，增长极对周围地区经济发展的示范、组织和带动作用会不断地得到强化和放大，影响范围和程度也随之增大。

3. *极化效应*

增长极主导产业的发展，具有相对利益，产生吸引力和向心力，使周围区域的劳动力、资金、技术等要素转移到核心地区，剥夺了周围区域的发展机会，使核心地区与周围区域的经济发展差距扩大，这就是极化效应。缪尔达尔称其为“回流效应”。这一过程是通过资本、货物和服务等的流动实现的。

4. *扩散效应*

扩散效应表现为经济要素从核心地区向外围扩散、延展，从而带动整个区域经济的发展。

总之，增长极通过支配效应、乘数效应、极化效应与扩散效应对区域经济活动产生影响，这种影响既有正面的又有负面的。在产业发展上，增长极通过与周围地区的经济技术联系成为区域产业发展的组织核心；在空间上，增长极通过与周围地区的空间关系成为支配经济活动空间分布与组合的重心；在物质形态上，增长极就是区域中的中心城市。

（五）极化理论的经济政策主张及其评价

极化理论的经济政策主张主要有以下几个方面的内容（陈秀山和张可云，2003）：①因为市场机制的作用不是导致均衡，而是导致发展差距的强化，所以按照极化理论代表人物的观点，主张通过国家经济政策实现区域经济发展的均衡，至少是不能使区域间（或国家间）发展的差距过大。②外部性、垄断和公共产品的存在使新古典理论追求的帕累托最优状态的目标无法实现，所以极化理论主张政府可以干预市场机制运行过程。缪尔达尔建议发展中国家至少在一定时期内制定经济发展规划，通过这些规划稳固积极的循环累积过程，摆脱不发展状态。③按照极化理论的观点，区域经济政策的目标是强调平衡区域间收入分配的差别，而把效率问题放在次要地位。因此，必须阻止极化力量，努力克服和消除区域发展差距。一方面要强化均衡效应，削弱吸收效应；另一方面要阻断消极的循环累积过程。为此可以采取如促进资本向落后区域转移、直接向落后区域投资或者限制这些区域资本流出等措施；通过有选择的贸易壁垒防止自由贸易带来的消极影响。由于极化理论和新古典理论在市场作用和经济政策任务观点上的不同，他们的经济政策是根本不同的，其中，相当一部分是相互对立的。

极化理论的不足之处主要表现在以下几个方面（陈秀山和张可云，2003）：①极化理论是研究区域发展相关内容引申而来的各种论证的集合。理论本身并不完全一致，有些甚至是相互矛盾的。概念术语不统一，并且常常不够清晰。缺乏精确明晰的表述，更没有一个严密的理论体系。②极化理论没有成功地提出一个与新古典一般均衡模型相对立的、自己的基本模型。③按照极化理论的论证，一个空间单位的发展路径必然是越来越趋向于两极分化，一直到经济、政治、社会崩溃为止。然而这种灾难迄今为止并未发生，肯定存在一种相反的力量。极化理论虽然提出了扩散效应这样一种力量，但他们没有精确地说明，什么时候这种力量占优势，什么时候其他力量占优势。极化理论在这些问题上没有明确的阐述。

极化理论的积极影响主要表现在以下几个方面：①增长极理论承认经济发展在地理空间上的不平衡性（极化）和各个不同节点（城市，即不同等级的增长极）的空间作用，以及增长极潜力的差异，这对欠发达地区的增长极确定、城市发展有一定的指导意义。②增长极的提出为当时各国解决中心都市区过于集中，边缘区贫困加剧的难题开创了新局面。增长极具有较强的空间扩散功能，因而对带动落后地区的发展有积极的意义。增长极理论出现后，曾一度成为许多国家或地区，特别是发展中国家和欠发达地区，实施发展战略的一种理论依据和区域规划的构想框架。

（六）基于增长极理论的区域开发与规划

增长极理论强调极点开发、集中开发、集中投资、重点建设、集聚发展、政府干预、注重扩散等，使其具有广泛的应用性。增长极理论强调经济结构的优化，着重发展启动型工业，也强调经济地域空间结构的优化，以发展中心带动整个区域。增长极理论对区域开发和区域规划有重要的指导意义。

我国今后在发展区域经济中应用增长极理论时需要特别注意以下几点（聂华林和王成勇，2006）：①不能把增长极与城镇等同起来。②增长极类型与规模的选择。要根据当地的资源、对外经济联系条件和社会经济基础及市场的变动趋势，选择启动型工业，创立产业联系和地区联系体系，确定适合本区域发展的主导部门；落后地区要求的是真正在现有体系中顺利发挥增长极作用的企业。③选择适宜的地点培植增长极。增长极应布置在原有城镇的附近或边缘，在不发达的较低层次的发展轴上。④充分发挥增长极的功能。大力培育启动型工业，建设满足区域发展多种社会职能的服务设施。⑤从城镇体系发展的要求出发，建立包含国家、省、市、县等层次的增长极体系。⑥对增长极要集中投资。完善增长中心各项基础设施的建设，建立相应的经济体制，创造有利于增长极发育成长的软环境，产生较高的投资效果。⑦不断提升增长极的层次，强化增长极的带动功能。

然而，实施增长极策略，有可能造成地区经济发展水平差距的扩大，加剧地区之间发展机会的不平等。增长极一般以现代工业为目标，技术装备和管理方法较为先进，培育增长极并不能解决很多的就业问题。增长极只有在适当的周围环境的配合下才能形成。增长极一般以城镇为依托，又常不在已有的建成区，投资者往往不愿在这种新区投资，给增长极策略的实施带来困难。

二、“点-轴”开发模式

在区域规划中，采用据点与轴线相结合的模式，最初由波兰的萨伦巴和马利士提出。陆大道（1995）在深入研究宏观区域发展战略的基础上，吸收据点开发和轴线开发理论的有益思想，结合我国区域发展实践，创造性地提出了“点-轴”理论，即“点-轴”渐进式扩散模式。该理论从经济增长与平衡发展间的倒“U”形相关规律出发，认为我国目前仍处于不平衡发展阶段，而“点-轴”开发模式则是一种最有效的空间组织形式。该理论的核心是：社会经济客体大都在点上集聚，通过线状基础设施连成一个有机的空间结构体系。

（一）社会经济“点-轴”空间结构系统的形成

社会经济“点-轴”空间结构系统的形成有四个主要阶段。阶段的划分与产业结构和空间结构中平衡关系发展的四个阶段是吻合的（表6.4和图6.7）。第一阶段是“点-轴”

形成前的均衡阶段，地表是均质的空间，社会经济客体虽说呈“有序”状态分布，但却是无组织状态，这种空间无组织状态具有极端的低效率。如图 6.7（a）所示，在生产力水平低下、社会经济发展极端缓慢的农业经济占绝对优势阶段，生产力是均匀分布的，空间结构处于低水平的平衡状态，没有形成“轴”，增长点也没有等级规模体系。第二阶段，点、轴同时开始形成，区域局部开始有组织状态，区域资源开发和经济进入动态增长时期。如图 6.7（b）所示，在农业经济向工业化过渡的阶段，随着矿产资源的开发和商品经济的发展，首先在 *A*，*B* 两点出现工矿居民点或城镇，并适应社会经济联系的需要，在 *A*，*B* 之间建设了交通线，空间结构的不平衡性开始出现，城镇等级规模体系和“点-轴”状态开始形成。第三阶段，主要的“点-轴”系统框架形成，社会经济演变迅速，空间结构变动幅度大。如图 6.7（c）所示，在工业化中期阶段，由于集聚效果因素的作用，资源和经济设施继续在 *A*，*B* 两点集中，在这两点建立了若干大企业，交通线变成了交通线、能源供应线、电信线的线状基础设施束。在沿线有一些经济设施建立，同时，在 *C*，*D*，*E*，*F*，*G* 等点开始出现新的集聚，交通线得到相应延伸，空间结构的不平衡程度增大，“点-轴”系统形成。第四阶段，“点-轴”空间结构系统形成，区域进入全面有组织状态。从宏观角度考察，空间结构重新恢复到“均衡”阶段，“点-轴”系统完善。在这个阶段，社会组织、经济组织虽然有高效率，但作为社会发展标志的人口增长和经济却不是高速度。

表 6.4　不同发展阶段空间结构特征表（陆大道，1995）

发展阶段	聚集程度	聚集形态
农业经济占绝对优势阶段	区域经济平衡、分散、无疏密问题	点状为主，无发展轴，居民点等级规模尚未形成
农业经济向工业化过渡的阶段	区域经济不平衡出现，有一定空间经济梯度、聚集程度加强	“点-轴”状态出现，克里斯塔勒中心地等级特征
工业化中期阶段	区域不平衡加剧，聚集占主导地位	“点-轴”系统形成，大城市增多
工业化后期及后工业化阶段	平衡布局再次出现：由聚集向分散	完善的“点-轴”空间系统

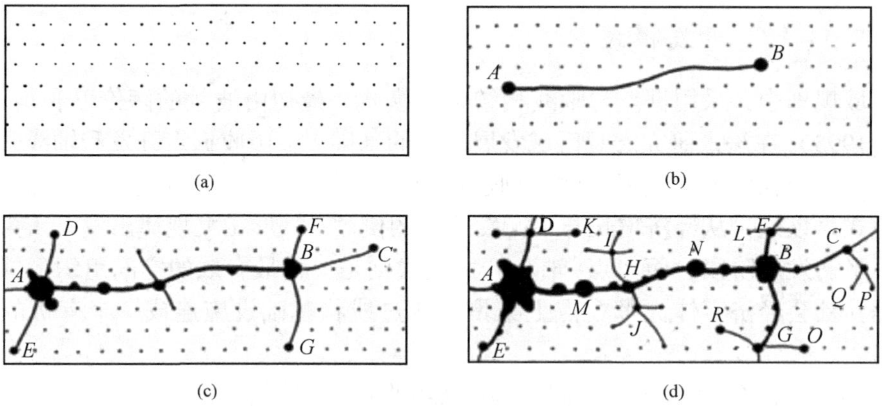

图 6.7　“点-轴”空间结构系统的形成过程模式（陆大道，1995）

如图6.7（d）所示，$A—H—B—C$ 沿线成为发展条件好、效益水平高、人口和经济技术集中的发展轴：A，B 点形成更大程度的集聚，C，D，E，F，G，M，N 成为新的集聚中心，大量的人口和经济单位往沿线集中，成为一个大的密集产业带，不仅如此，通过 A，B，H 三点还各出现一个另一方向的第二级发展轴，通过 D，I，F 等点形成第三级发展轴。

（二）“点-轴”开发模式的内涵

“点-轴”系统中的“点”是各级中心地，也即各级中心城（镇），是各级区域的集聚点，也是指具有较强的创新能力和增长能力、能带动区域经济发展的各类区域增长极。“点-轴”系统中的“轴”，是指连接各增长极的线状基础设施束，包括水陆交通干线、动力供应线、水源供应线及其沿线地带，是在一定的方向上连接若干不同级别的中心城镇形成的相对密集的人口和产业带；由于轴线及其附近地区已经具有较强的经济实力和较大的潜力，又可以称为“开发轴线”或“发展轴线”。开发轴线不是单纯几个中心城镇之间的联络线，而是一个社会经济密集带。这是因为：①轴线是区域经济设施、社会设施的集中地带。轴线对附近区域的社会经济有集聚或凝集作用，通过影响范围内的客体带动区域的发展。②轴线上集中的社会经济设施通过产品、信息、技术、人员、财政等，对附近区域能产生扩散作用。扩散的物质和非物质要素作用于附近区域，与区域的要素相结合，可以形成新的生产力，推动社会经济的发展。

作为“点-轴”开发体系中的“点”应具有下列特点：①科技水平相对较高，是所在区域的创新中心；②是主导产业明确、与周围地区产业关联度大的产业综合体；③在某一方面或几个方面具有突出的优势，在区域竞争中具有明显的比较优势；④基础设施条件优越，交通、能源、水资源等供应体系完善。轴实质上是产业带，其特点有：①资源开发、产品和劳务生产流通的基地，这些生产流通基地可能是同一种类、同一层次的，也可能是不同种类、不同层次的；②必须处在水、陆、空交通干线上，即要有相对发达而稠密的运输网，把这些流通基地连成线，缩短空间距离并节省时间。

“点-轴”理论强调，第一，在重视“点”增长极作用的同时，还需要强调“点”与“点”之间的“轴”，即交通干线的作用。因为单一的增长极理论不能很好地反映出“点”与“点”之间的关系和相互作用性，所以“点-轴”理论比增长极理论更能反映区域发展的空间结构规律（段进军等，2022）。第二，从区域经济发展的空间过程看，随着区域工业化进程的加深，以制造业为代表的非农产业，先在少数点，即增长极得到发展；随着经济发展水平的提高，工业点不断增多，点与点之间由于经济联系的加强，重要交通干线（如铁路、公路、河流航线）的建立，连接地区的人流和物流迅速增加，生产和运输成本降低，形成了有利的区位条件和投资环境；产业和人口向交通干线聚集，使交通干线连接地区成为经济增长点，沿线成为经济增长轴。第三，在国家或区域发展过程中，大部分生产要素在“点”上集聚，并由线状基础设施联系在一起而形成“轴”。

点轴开发理论这一模式的基本思路可以归纳为以下几点：首先，在一定区域范围内，选择若干资源较好、具有开发潜力的重要交通干线经过的地带，作为发展轴予以重点开发。其次，在各发展轴上以中心城市为基础确定为重点发展的增长极，确定其发展方向和功能。最后，确定增长极和发展轴的等级体系，集中力量重点开发较高增长极的中心城市和发展轴，随着区域经济实力的增强，开发重点逐渐扩散到级别较低的发展轴和中心城市。在宏观区域开发战略上，点轴开发论认为沿海地带和长江流域构成的“T”形地域具有地理位置优越、经济技术基础雄厚、交通便捷等多项优势，应当作为全国一级重点开发轴线重点建设、重点布局，逐渐向其他低等级轴线地区扩散，即“T”形开发战略。

（三）发展轴的结构

发展轴一般是指重要线状基础设施经过、附近有较强的社会经济实力和开发潜力的地带，这个地带的宽度因轴线的等级、长度和对区域的作用不同有异。

在平面上，发展轴可以解剖为以下三个部分：①线状基础设施。一般情况下，都是由两种或两种以上线状基础设施组成“束”，且以交通干线为主体。在少数情况下，也可能以其他线状基础设施（如大型长距离调水工程）为主。线状基础设施多数情况下是分离的、基本平行的。②发展轴的主体部分。一般说来，直接处于线状基础设施或其交叉点上的城市、工矿区、港口、郊区农业及其他机械化农业设施等是“点-轴”系统的组成部分，这里轴线的宽度一般就是城市区域（相当于城区与近郊区）和工矿区的直径。③发展轴的直接吸引范围，即发展轴上的所有城镇、港站的直接吸引范围。

（四）各类发展轴

根据发展轴线状基础设施种类的不同，发展轴可以分为海岸型（包括大型湖泊沿岸）、大河河岸型、铁路干线沿线型和复合型（陆大道，1995）。在社会经济发展和产业结构的不同阶段，这几种发展轴起的作用不一样，不同类型的发展轴，其产业特点、产业结构关联性及对区域发展的意义有明显差别。

1. 海岸发展轴

海岸发展轴指自潮间带深入陆上约50km的带状范围。这一区域的土地、矿产、海洋资源丰富，是工业化和社会经济现代化的最主要地带。随着国际经济技术协作的加强，海岸发展轴成为许多国家经济起飞或振兴的主要地带。

海岸带能成为区域开发建设的重心需要以下基础条件（陆大道，1995）：①优良港湾及河口地段，是建设连接陆上腹地和沿海城市的枢纽——港口的前提；②位于陆地和海洋的界面，易于参加大区域范围的社会经济活动，易接受其他地区、其他国家先进技术和文化的影响；③具有很大潜力的土地和空间资源，环境问题较易得到合理解决；④可以充分利用海水代替日益稀缺的淡水。

海岸发展轴的产业一般有以下特点：①新技术、新产业的发源地和扩散源。海岸地带由于特殊的地理位置，最易于接受其他地区的新思想、新技术；也由于长期经济技术的积累，许多创新也往往产生在海岸地带。在科学技术转化为生产力的过程中，海岸地带的新技术和新产业发展迅速，并逐渐向其腹地范围扩散。②产业的关联性不强。海岸地带产业的主要协作关系：一是对“外”，一是对“内”（各岸段和港口区域的腹地），互补性不明显。

2. 大河河岸发展轴

大河河岸发展轴的形成也需要一定的基础条件：①巨大的运输通道；②水资源和水能资源的开发利用是带动发展轴及整个流域经济的强大促进因素；③大江大河的中下游一般都有广阔肥沃的平原，农业发达，为建设强大的密集产业带提供基础。此外，大河河岸一般具有多种地层地质条件，因而，矿产资源丰富。这为形成强大的产业带提供了良好的条件。

就大河河岸发展轴产业而言，在大河干支流吸引的范围内，往往具备多种矿产资源、农林牧渔资源及水能资源。经过长期开发形成能源工业、金属矿的开发与冶炼、化学工业、建材工业，农业中的种植业、渔业等多种产业群体。建立在这些资源型产业基础之上或为这些行业服务的机械、电子、食品、纺织等行业，主要分布在干流发展轴上。大河河岸发展轴的产业群体中，能源工业往往是主体。特别是一些大河的上中游产业带，水电及高耗电的金属工业占重要地位。大河河岸发展轴产业关联度强，往往成为流域经济区的主干和脊梁。这种产业特征互补性的形成基础有以下几个方面：一是流域内资源的多样性及建立在资源开发利用上的产业多样性。二是由于沿河各地的运出物资都要经过同一航道，这个航道是流域内各地区之间经济联系的天然纽带。

就大河河岸发展轴产业布局的特点而言，一般情况下，在上游，资源型产业占的比重较大；到下游，就变为深加工制成品产业占的比重较大。大河河岸发展轴自上游至下游直到河口，产业技术层次由低变高，干支流之间，一般支流范围的产业层次低于干流。因而，大河下游干流往往是最繁荣的发展轴线段。

3. 铁路干线沿线发展轴

铁路干线沿线是各国区域发展空间组织的框架，即轴线。完成货物与旅客的运输任务和作为国土开发的轴线是铁路及铁路运输业两个最主要的功能。

铁路干线沿线发展轴的基础条件主要有：①巨大的陆上运输通道；②资源和经济基础的固有优势。

铁路干线沿线发展轴产业发展具有以下特点：①产业结构偏重型；②促进地区产业规模和产业结构的急剧发展。此外，轴线附近往往成为发展耗能工业、原材料工业、农产品加工工业的集聚地带。铁路沿线产业技术和产业结构的转换升级一般比海岸发展轴迟缓一些。

4. 复合型发展轴

在国土开发和区域经济发展的实践中，往往有两种或两种以上类型的运输通道彼此结合在一起，共同起着运输通道和带动地区发展的作用，这就是复合型发展轴。这些运输方式都有自己的适应对象，它们并在一起，能为地区各种类型的社会经济客体提供便捷服务，从而带动社会经济的多元化发展，把社会经济更深层次的潜力发挥出来。

复合型发展轴中，铁路与公路的结合是常有的事。需要着重强调的是水运与铁路之间的结合。建设铁路在争夺水运运量的同时，在更大程度上是为水运开发运量，而且铁路建设带来了大河沿岸社会经济的繁荣和社会经济交流的增加，同时也增加客货运量。

（五）重点发展轴和重点发展点的选择

1. 重点发展轴的选择

重点发展轴的选择通常要考虑以下几个方面：①最好由经济核心区域和发达的城市工业带组成。②有水陆交通运输干线为依托。③自然条件优越，建设用地条件好，农业生产发展水平较高。④矿产资源和水资源丰富，特别是水资源丰富，或者是水源可供给性良好。

2. 重点发展点的选择

发展轴上各个“点”的确定通常需考虑以下几个方面：①城镇发展的条件及其在区域

中的地位。②城镇的发展规模。③城镇空间分布的现状。与中心城市适宜的距离是选择重点发展城镇的依据之一。

（六）“点–轴”在区域开发和发展中的意义

按“点–轴”空间结构系统进行区域开发可以产生以下实践效果。

（1）“点–轴”开发顺应了社会经济发展必须在空间上集聚成点、发挥集聚效果的客观要求。在工业地区、工业城市、工业区三种不同地域范围内，当确定了合理的工业结构，并且工业与区域性基础设施之间有机结合，便会产生巨大的空间集聚效果。只有以“点–轴”形式发展才能充分利用这种效果。

（2）“点–轴”开发可以充分发挥各级中心城市的作用。城市是区域的核心和统帅，城市在区域经济发展中产生，依靠所影响区域提供的原料、能源、食品、劳动力等发展，城市以工业品、信息、技术、政策等供给和统帅它的区域。要把广大区域发展起来，必须把各级中心城市作为不同等级的开发重点。

（3）“点–轴”开发可实现生产布局与线状基础设施之间最佳的空间结合，使各级范围内重点的交通干线、能源、水源建设线路与重点建设的城镇、工矿区一致。避免其以往实践中出现的空间上、时间上的相互脱离。

（4）“点–轴”开发有利于城市之间、区域之间、城乡之间便捷的联系。有利于实现地区间、城市间的专业化与协作，形成有机的地域经济网络。

（5）全国各级区域重点发展轴的确定，可使全国战略和地区战略较好地结合起来，使区内各地区、各部门有明确统一的地域开发方向，有利于提高基建投资效果和管理组织水平。

（七）对“点–轴”开发模式的评价

“点–轴”开发模型既重视发挥中心城市的作用，又注重经济布局与线状基础设施之间的最佳组合，是一种有效的经济空间组织形式。“点–轴”开发模式提出后，立刻为理论界所接受，并广为引用。沿海和长江沿岸形成的“T”形地域，也成为我国经济发展最重要的两条主动脉。

“点–轴”开发模式的缺点在于它忽视了轴线地带经济发展的不均衡性，经济发展水平不同的地区，应采用不同的发展形式、不同的产业类型，其空间发展的形式也不同。在幅员辽阔的中国，仅靠沿海和沿长江两条轴线带动，很难取得预期效果。“点–轴”开发模式比较适用于开发程度低、尚未奠定经济布局框架的国家和地区，对于那些经济已经呈面状发展的地区，综合开发或网络开发更能体现其布局要求。另外，发展轴和发展点的等级划分，尚未有明确的标准和原则，因而带有一定的主观随意性。

三、双核开发模式

双核结构是双核型空间结构的简称，是陆玉麒教授在对皖赣沿江地区进行实证分析的基础上提炼出的一个空间结构理论模式。该模式的原生形态是区域中心城市与港口城市的组合，在此基础上拓展至区域中心城市与边缘城市的组合。双核结构中的“双核”指的是两个端点城市，其中一个是区域中心城市，另一个原意是港口城市，后来拓展至边境城市、边界城市等边缘城市，这两个端点城市之间的关系从广义看是一种空间尺度更大、区域效应更强烈的港城关系，它们及其连线组成了区域发展中的双核型空间结构模式。从应用前景看，该模式无论在我国还是在其他国家或地区，均有广泛的应用前景。

在其他因素相同的条件下，中心城市对区位最基本的要求是趋中性，即它尽可能位于所在区域的中心，这样它与区域内其他各点联系的便捷程度最高，最能发挥区域中心的效应，相比于其他位置上的城市更有利于带动整个区域的发展。港口城市位于区域的边缘，它的繁荣得益于区域交往的需要，这里既是各类水陆自然生态系统的交接处，也是各类人工生态系统通过水陆交通网络及政治、文化关系连接起来的边缘地带，具有一般城市所没有的发展优势，从而得到快速发展；但它与区域内各点的交通便捷程度不如中心城市高。因而，从作用机制看，双核空间结构兼顾了上述两个方面的需要，实现了区域中心城市趋中性与港口城市边缘性的有机结合，是一种高效的区域发展空间结构形式。

由于区域中心城市的空间组合及其连线成为主导该区域发展最有影响力的发展轴，对发展轴的空间走向进行了内在的界定，因此保证了发展轴确定的客观性，避免了随意性。

四、网络开发模式

（一）网络开发模式的一般内涵

“点-轴”开发是空间一体化过程中前期的必然要求，而网络开发是空间一体化过程后期区域开发的必然选择，是区域经济发展走向成熟阶段的标志。

空间一体化中的网络已不完全是交通网络，而是指在“点”与“轴”的辐射范围（有时也称为腹地或“域面”）内由产品资金、技术、信息、劳动力等生产要素组成的流动网及交通与通信等基础设施等组成的综合网。

网络开发理论的基本含义是：依据空间一体化的一般规律，在增长极和发展轴影响范围不断扩大和区域“点-轴”体系完善后，开发重点应放在“点-轴”与其腹地之间综合网的建设上。区域产业布局根据区内城镇体系和交通通信网络系统逐次展开，把网络的中心城市和主要城市作为高层次的区域增长极，把网络中的主轴线作为一级轴线，布局和发展区域中高层次的产业。

这时，要明确主要节点之间，即主要城市之间的分工协作关系，充分发挥各城市的优势，建立具有特色的产业结构；提高区域各节点之间、各域面之间，特别是节点与域面之间生产要素交流的广度和深度，加强生产要素交流的广度和密度，促进地区经济一体化，特别是城乡一体化；同时，通过网络的外延，将发展机会传播到更多的地区，加强与区外其他区域经济网络的联系，在更大的空间范围内，将更多的生产要素进行合理配置，使空间结构与产业结构更趋合理，促进经济全面发展。

（二）信息时代的网络开发模式

甄峰（2004）研究了信息时代的网络开发模式，认为区域网络结构还可以通过核心边缘空间结构的发展形成，但很多方面存在相异之处。

1. 新空间极化过程

随着由资源经济向信息经济和知识经济的转变，核心与边缘区之间原有的社会经济联系都发生了很大的变化，从而带来核心与边缘区的空间重构。传统模式下核心与边缘区的空间关系（图 6. 8）和信息发展模式下的核心与边缘关系的互动模式（图 6. 9）存在很大差异。

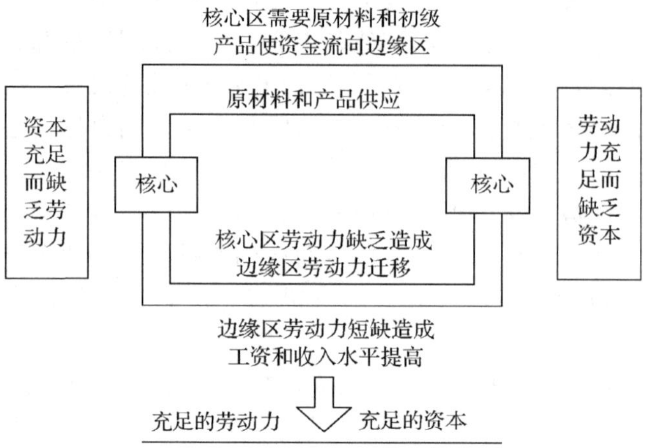

图 6. 8　传统模式下核心和边缘区的空间关系（甄峰，2004）

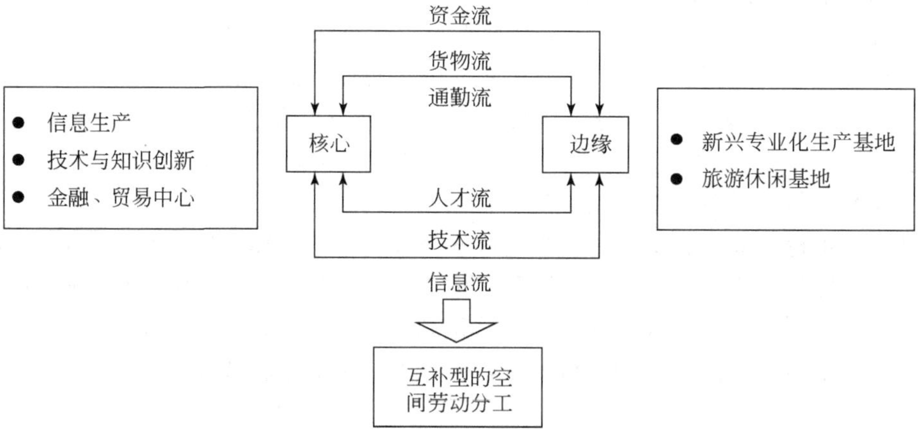

图 6. 9　信息发展模式下核心与边缘关系的互动模式（甄峰，2004）

在传统工业化发展模式下，边缘为核心提供原材料和劳动力，而核心的工业产品不断流向边缘。核心与边缘之间渐进的平衡关系依靠原材料、成品、工资及劳动力来维持。

在国际化和信息化的影响下，分布式的通信网络结构有利于信息的多方占有，核心不再高度垄断信息，信息的严重不对称得到缓解或改善；传统的要素通过等级扩散的形式进行空间流动时需损耗较多能量，而网络化的要素流动在信息技术的支撑下将损耗降到最低，便于要素的自由流动。同时，基于信息节点的组织结构有利于核心与边缘的协调与关系重构；网络化的互动能最大限度地调动企业、政府与研究机构及个人的参与性。因此，这时极化的基础和形式及其所带来的效应都将发生变化。

2. *多层次极化模型*

在信息经济条件下，信息节点开始出现并成长为区域空间新的增长极，进而，信息首都出现，高级城市功能不断集中，这样就创造了新的基于信息的城市等级结构。边缘区因技术不足而进一步边缘化，次级核心因边缘区一些功能的空间不断集中而不断出现，而边缘区也因此出现空间分化。最终，在特定的社会经济背景下，整个区域形成一个与外界环境相适应的、多层次的、开放的空间极化格局(图6.10)。不同等级的空间极化核心是该层面要素流动与社会经济发展的枢纽。边缘区因其某些专业化职能方面的优势与核心区形成互补、协作的发展格局。

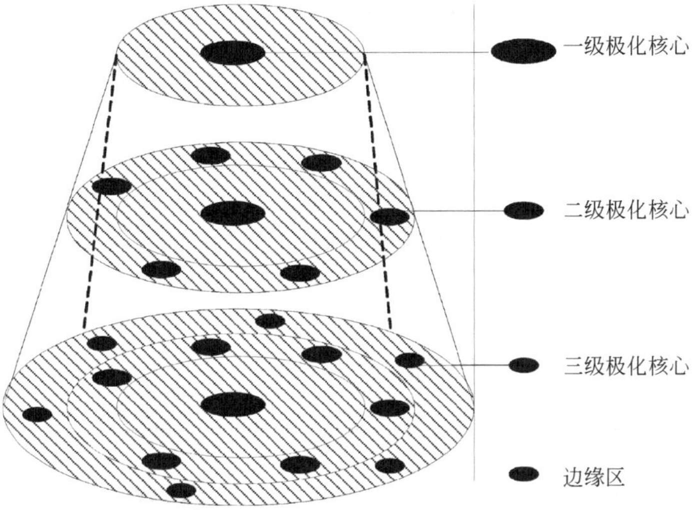

图6.10　信息时代下的多层次多极空间极化格局（甄峰，2004）

3. 从金字塔形的等级结构走向多中心网络结构

在信息经济时代，随着区域间不同等级城市横向联系的增强和新增长中心的出现及节点性质和功能变化所导致的功能联系的日趋复杂，空间结构将会出现多中心、扁平化和网络化的趋势（图6.11）。

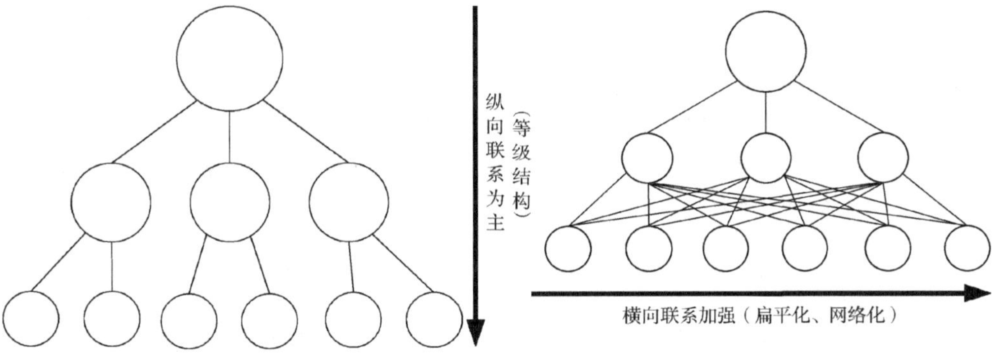

(a) 传统的等级结构　　(b) 信息时代的网络结构

图6.11　区域空间的等级结构与网络结构的比较（甄峰，2004）

4. 区域网络化空间结构的理论模式

传统的中心地理论强调中心地规模对整个地域空间组织的重要性，各级城镇的功能与其规模紧密联系在一起。增长极理论与核心边缘理论都是起源于非均衡的极化发展思想。信息技术革命产生了新的区域发展模式，这也使建立于工业化时代严格等级基础之上的区域空间结构模型发生了转型。Batten（1995）对中心地系统与网络系统的差异进行了比较（表6.5）。

表6.5　中心地系统与网络系统的差异（Batten，1995）

比较项	中心地系统	网络系统
结构特征	中心性	节点性
规模特征	规模依赖	规模中性
趋向性	趋向于首位和从属	趋向于弹性和互补
货物与服务	同质货物和服务	异质货物和服务
接近方式	垂直接近	水平接近
流动方式	单向流动	双向流动
主要成本	交通成本	信息成本
市场结构	完全的市场竞争	价格差别上的不完全竞争

Douglass（1999）从城乡关系的角度，提出了与增长极概念相对应的区域网络战略。它主要包括以下内容：①承认区域资源禀赋和已有活动的作用；②网络的每个集聚区各有其专业化和地方化的腹地关系；③利用现存的省或地区边界的概念对规划进行协调和整合；④承认扩展乡村及城市基础设施的需要，也强调区域内主要中心、乡村和城镇间地方公路和交通的联系（表6.6）。Douglass强调区域网络方法，并倡导一个更分散的规划体系。

表6.6　增长极和区域网络模型比较（Douglass，1999）

成　分	增长极/中心模型	区域簇/网络模型
基本部门	基于城市的制造业；一般集中于大规模“推进性”产业和自由生产单位	所有部门，依赖于地方区域禀赋和条件；强调基于区域的中小规模地方企业
城市体系	等级的，围绕单个主导中心，根据人口规模和中心地理论	水平的，由许多中心及其腹地构成，每个都有其自身的专业性和比较优势
城乡关系	向下扩散，从城镇到其乡村边缘的等级扩散，乡村是城市滴流效应的被动接受者	复杂的城乡活动，增长动力来自城乡区域
规划风格	自上而下经由部门规划机构。区域有着经济互动所决定的模糊边界	隐含着分散化规划体制的需要，整合与协调了地方层面的多部门和城乡活动
主要政策	产业分散化动力：税收、工业区、国家交通干线系统	农业多样化，农业产业、基于资源的制造业、城市服务业、人力培训、地方住区交通网络

在当前复杂的时代背景下，在传统核心边缘结构由于边缘区新增长中心的出现而日趋均衡化、网络化的同时，新的基于信息的活动又促使了高级信息节点的不断极化，点对点的作用在超越时空的尺度中进行。这样，最终可能会形成多层次极化的网络结构（图6.12)。它是一个在相对开放的区域系统中基于网络的、由各级极化核心及极化区域构成的、相互嵌套的空间结构。位于不同层面网络节点的城镇在整个网络体系中既有分工又有协作，并以为城镇创造机会、促进节点繁荣为其功能目标。一级节点是整个区域乃至国际层面的金融、信息、经济和文化中心，吸引跨国公司总部成为其重要的发展动力。次级节点因其大量熟练的技术人员和高素质的劳动力成为一级节点的技术创新与生产基地。三级节点则是与前两级节点功能相配套的制造业和服务业基地。整个网络结构将由信息城市、分散化的电子村庄和中小企业的专业化地域构成，这改变了工业化时代所形成的集中的中心地模式。

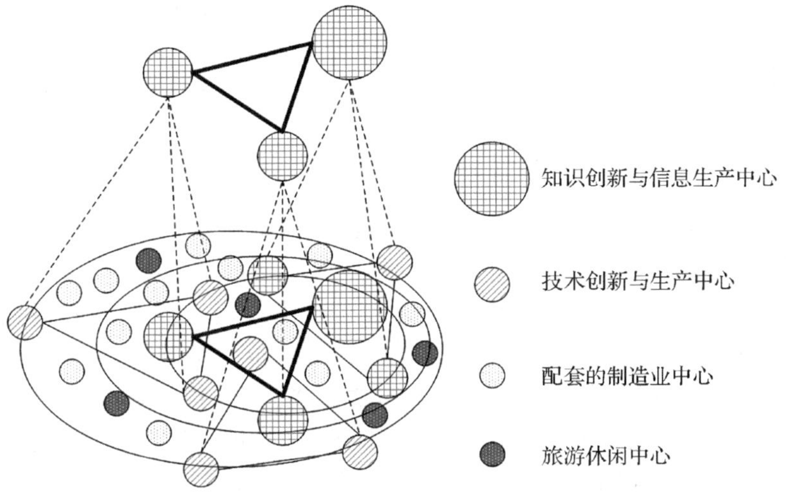

图6.12　区域空间结构的多层次极化的网络结构（甄峰，2004）

区域网络化空间结构理论的本质内涵也就是它与中心地理论、核心-外围理论的差别之处。网络结构强调基于网络联系的外部经济性和网络成员间的专业化联系。决定网络成员地位的不再是其规模，而是它在整个网络节点系统中功能的重要性。克里斯塔勒关于城市规模与城市功能的联系将被打破。传统的等级原则强调规则和秩序，而网络则强调活力和竞争。

由于网络节点之间社会经济活动的高级化与复杂化，产业、人口、资金、技术、景观等要素之间围绕信息和知识创新活动形成很强的相互依赖关系，整个空间结构也呈现出较强的黏合度。在这一结构中，单纯的极化与扩散逐渐被网络化的空间关系和空间联系所取代。各个区域核心在功能上更多的是互补关系，而非恶性竞争。

在这个网络关系中，虚空间的出现是一个重要的前提条件和支撑，它们共同构成了一个互动的空间体系。因此，传统的距离衰减规律将可能面临着改变。

5. *网络结构的构成*

随着信息化进程的加速，区域中的城市、居民、公司、社会和文化教育机构，甚至市政设施、政治决策等正在进入一个网络关系中。从理论上讲，网络组织是一个由活性节点组成的网络连接构成的有机组织系统。它不仅仅是信息网络、交通网络、产业网络、组织网络等，而且是由以上网络所承载的各项社会经济活动的网络化。

可以将网络分为物质及技术网络和组织支撑网络（图 6.13）。前者是由各种各样的技术设施构成的网络结构的重要骨架，协同作用在其中是最重要的。后者则是非物质的组织支撑网络，也就是整个网络结构得以运转的社会组织保证。这些网络基本上是无形的，但往往以契约、文件或口头协议等形式存在于一个社会制度、组织和人际关系的框架之中。

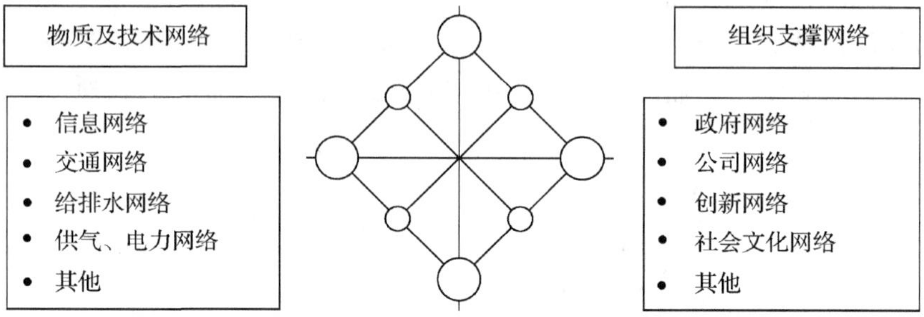

图 6.13　网络化空间结构的构成（甄峰，2004）

根据对网络组成的划分，网络化空间结构的存在有赖于以下网络基础：①高效运转与高度整合的行政组织网络；②企业组织网络；③完善的产业链条；④充满活力的创新网络；⑤健全的市场网络（如资本、劳动力和技术市场，生产资料及商品流通市场等）；⑥复杂的社会关系网络；⑦统一规划、协调运转的基础设施网络（交通、邮政、电信、能源等）；⑧城镇网络。每一部分都非常重要，它们共同保证了整个区域空间系统的高效网络化运行。值得强调的仍然是信息网络，它的实时联系与互动，不仅有效组织了相邻城市之间的空间网络关系，而且将网络节点和整个网络纳入到了更高层次乃至全球系统中，从而使网络组织的密度、复杂性、连通性等方面都处于不断的变化与发展中，网络弹性也得到不断的强化。

第五节　区域经济空间组织

由于资源要素和经济活动主体之间受制于其相互间的空间关系，其运行必然体现一定的空间特色，任何区域的资源要素和经济活动都必然具有特定的空间组织形式。

一、区域空间组织的概念

区域经济空间组织是指在一定的约束条件下，对区域内或区域之间经济发展的资源要素进行空间优化配置的过程，是区域经济的一种重要的组织形式（覃成林等，1996）。区域经济空间组织演变过程中，出现了空间极化和空间经济网络发展并存的情况，从而形成一种新的多极网络空间组织（胡军和覃成林，2014）。

二、区域经济空间组织的构成

（一）企业的空间组织

从企业的角度进行经济的空间组织就是根据企业的生产或经营特点，以及一定的技术关系，把相关的资源要素组织在一起，形成一个适合本区域特点的空间组织结构。

（二）经济部门的空间组织

从经济部门的角度进行经济的空间组织是将具有密切经济和技术联系的企业在空间上组织在一起，进行系列产品生产或提供较为完备的服务，形成一个相对完整的生产体系或经营体系。这种组织能充分发挥聚集规模效应，为企业带来外部经济性。

（三）区域经济系统的空间结构

区域经济系统是区域内所有经济部门间相互联系形成的有机整体。从区域经济系统的角度进行经济的空间组织是将系统内各个经济部门的全部企业在空间上按照相互间的经济、技术联系和空间关系组织在一起。这种空间结构能够形成任何一个微观经济单位都不具备的区域经济的整体优势。

（四）区际联合中的空间结构

这里所指的区际联合既包括区域内各地之间的经济联系，也包括各区域之间的经济合作。从区际联合的角度进行经济的空间组织则是通过良好的区域协作关系和合理的地域分工，充分发挥各区域的经济优势发展经济。这样能提高全社会的效率，创造出更多的物质财富。

三、区域经济空间组织的属性

区域经济空间组织具有以下属性（孙久文，2006）：①目的性。区域经济空间组织具有目的性，而且，不同区域的具体目的不同，并具有明显的阶段性。②协同性。区域经济空间组织中各经济主体之间存在着经济、技术、管理等方面复杂的竞争和依附关系。③可控性。即可以通过调节其中的经济主体控制区域经济的空间组织，以更有效地组织区域经济的发展。④渐进性。区域经济空间组织的演进遵循一定的轨迹，其目标是分阶段、渐进实现的。⑤不完全确定性。区域经济空间组织中各种因素的组合与相互作用的结果，对区域经济发展在哪些时段上有利，或者在哪些方面有利，对哪些主体有利，都是难以完全确定的。

本章课程思政与实践教学设计

教学环节	教学过程	课程思政
问题导入	区域内部存在着多种多样的结构，如经济结构、产业结构、社会结构、人口结构、劳动结构等，但空间结构始终是区域各种结构图谱的基础结构，那么，区域空间结构的具体含义是什么，其又是由哪些要素构成的呢？	以中国新型城镇化的实践为例，引导学生认识城镇化对国家经济和社会发展的重要性，了解当前中国城镇化进程中存在的问题，如城市规划不合理、城市管理不到位等，让学生深刻认识推进城镇化所面临的挑战和机遇，引导他们从自身出发，探讨如何用实际行动为城镇化进程做出贡献
知识讲解	1. 介绍空间结构的概念、空间结构理论的基本内容 2. 讲解空间结构的要素，包括节点、线、网络和域面四种 3. 介绍区域经济空间结构的类型，并结合中国新型城镇化的进行举例分析	

续表

教学环节	教学过程	课程思政
启发探究	空间结构是在一定时期和发展条件下，区域内部各种经济组织进行空间分布与组合的结果，那随着时间的推移，区域空间结构是怎样演化而来的呢？	通过分析我国区域空间结构演化阶段，可以看出我国区域间的发展差距较大，作为新时代的青年，更应该熟悉我国区域空间结构演化的进程，并为缩小区域发展差距做出自己的贡献，将个人的人生与祖国及人民的事业紧紧相连
知识讲解	1. 基于社会经济发展的四个阶段，讲解区域空间的地域结构演化进程，举例说明我国不同区域所处的阶段 2. 介绍空间结构机制理论，这是区域聚集空间结构不断演进的理论基础，在此基础上介绍信息时代空间结构成长的动力机制、区域空间结构演化的动力和影响因素	
启发探究	在既定区域内，如何安排不同的经济和社会活动空间布局以实现发展目标，这需要开发适宜的空间模式，有哪些空间模式的种类和空间组织形式呢？	不同区域发展需要结合自身资源禀赋特征，制定适宜的发展模式，引导学生们根据自身情况，选择适合自身发展的道路，不断追求进步
知识讲解	1. 讲解并要求学生掌握增长极开发模式、“点–轴”开发模式、双核开发模式、网络开发模式的基础概念和特征，并以我国典型的地区为例，解释说明不同空间模式的具体表现 2. 介绍区域空间组织的概念、构成和属性	
答疑与课程小结	1. 预留一定时间供学生提出课程疑问并进行答疑 2. 总结区域经济空间结构的概念、要素和类型，梳理区域经济空间结构演化过程，总结区域开发的空间模式、区域经济空间组织形态	帮助学生总结课程内容，深入了解区域经发展的规律和趋势，更好地掌握经济学相关知识

主要参考文献

柴彦威. 2000. 城市空间. 北京：科学出版社
陈才. 2001. 区域经济地理学. 北京：科学出版社
陈秀山，张可云. 2003. 区域经济理论. 北京：商务印书馆
储东涛，孔陆泉，范恒林，等. 2003. 区域经济学通论. 北京：人民出版社
崔功豪，魏清泉，刘科伟，等. 1999. 区域分析与区域规划. 北京：高等教育出版社
丁生喜. 2018. 区域经济学通论. 北京：中国经济出版社
丁四保. 1989. “增长极”模式与不发达地区经济发展. 经济地理，9（4）：297-301
段进军，李雪，玄泽源. 2022. “点–轴系统”理论及“T”字型空间格局的科学性思考. 区域经济评论，（3）：30-36
樊新生. 2005. 20世纪80年代以来河南省经济空间结构演变研究. 郑州：河南大学研究生博士学位论文
郝寿义，安虎森. 2004. 区域经济学. 北京：经济科学出版社
赫希曼. 1991. 经济发展战略. 曹征海，潘照东，译. 北京：经济科学出版社
胡军，覃成林. 2014. 中国区域协调发展机制体系研究. 北京：中国社会科学出版社
李小健，李国平，曾刚，等. 1999. 经济地理学. 北京：高等教育出版社
刘瑜，汪林丽，邢潇月，等. 2023. 地理分析中的空间效应. 地理学报，（3）：517-531

陆大道. 1995. 区域发展及其空间结构. 北京：科学出版社
陆玉麒. 1998. 区域发展中的空间结构研究. 南京：南京师范大学出版社
聂华林，王成勇. 2006. 区域经济学通论. 北京：中国社会科学出版社
孙海鸣，张学良. 2011. 区域经济学. 上海：上海人民出版社
孙久文. 2006. 区域经济学. 北京：首都经济贸易大学出版社
覃成林，黄丹. 2022. 区域经济多极网络空间组织识别方法及应用——以广东为例. 经济经纬，39（2）：3-11
覃成林，金学良，冯天才，等. 1996. 区域经济空间组织原理. 武汉：湖北教育出版社
陶良虎，陈为，郝华勇. 2012. 区域经济学. 北京：国家行政学院出版社
王铮. 1993. 地理科学导论. 北京：高等教育出版社
魏心镇，林亚真. 1989. 国土规划的理论开拓——关于地域结构的研究. 地理学报，44（3）：262-271
吴殿廷，宋金平，孙久文，等. 2003. 区域经济学. 北京：科学出版社
曾菊新. 1996. 空间经济：系统与结构. 武汉：武汉出版社
张春勋，陈新力. 2021. 区域经济学理论与应用教程. 北京：科学出版社
张庭伟. 2001. 1990 年代中国城市空间结构的变化及其动力机制. 城市规划，25（7）：7-14
甄峰. 2004. 信息时代的区域空间结构. 北京：商务印书馆
甄峰，刘晓霞，刘慧. 2007. 信息技术影响下的区域城市网络：城市研究的新方向. 人文地理，(2)：76-80，71
Batten D F. 1995. Network cities. Creative urban agglomerations for the 21st Century. Urban Studies，32（2）：313-327D
Boudeviue J R. 1966. Problems of Regional Economic Planning. Edinburgh：Edinburgh University Press
Douglass M. 1999. A regional network strategy for reciprocal rural-urban linkages：an agenda for policy research with reference to Indonesia. Third World Planning Research，20（1）：1-33
Friedmann J R. 1972. A general theory of polarized development//Hansen N M. Growth Centers in Regional Economic Development. New York：The Free Press
Friedmann J R. 1966. Regional Development Policy：A Case Study of Venezuela. Cambridge：MIT Press
Rylander D. 1996. Transnational communications：impact in East-Central Europe. Working Paper. Dept. of Human and Economic Geography. Goteborg University

第七章　城市与乡村经济发展

城市是人类进步与文明在空间上的集中体现，是一个国家和地区的经济、政治、文化中心和交通枢纽。城市发展与人类进步同步，并站在人类发展的最前沿。但是，作为区域经济的核心，城市是不能孤立、单独存在的，它以受其影响的广大农村地区作为其腹地而存在，这两者之间建立了密不可分的联系。这种城乡联系的主要内容，包括经济、人口、政治、社会、技术、观念等。只有统筹城乡经济发展，全面繁荣农村经济，加快城市化进程，加快农村现代化与城乡一体化进程，才能促进区域经济结构的优化、升级，才能为城市经济的发展提供坚实的物质基础，才能推动区域经济的稳定增长和持续发展。

第一节　城市经济与区域发展

城市是区域的核心，区域是城市的腹地。城市与区域之间有着密不可分的关系，这是因为城市与区域之间存在着空间相互作用的机制，这种相互作用的机制是通过空间集聚与空间扩散来完成的，由此形成了城市的聚集效应与扩散效应，进而在工业化基础上展开了城市化进程。城市化不仅改变了城市发展的条件、动因和模式，而且也对区域经济的空间活动过程产生了极大的影响，使城市在区域社会经济发展中发挥着更为重要的作用。城市与区域之间的相互作用，城市化的发展与演进，形成了以中心城市为依托、城市与区域紧密结合的经济区。大城市集群是城市经济区的典型形式。

一、城市——区域经济中心

（一）城市的内涵与特征

城市是具有一定规模及密度的非农业人口聚居区和具有一定层级地域的经济、政治、社会和文化中心，是人们享受现代物质文明和精神文明的基地，是地理、经济、社会、政治、生态、文化等多种要素构成的综合性地理区域。城市是相对于乡村的一个概念，与乡村地域相比具有以下三个基本特征。

1. 空间上的集聚性

集聚性是城市的空间特征，也是城市区别于乡村的最重要的地理特征（孙海鸣和张学良，2011）。其中，地理也是决定城市位置的最主要因素，是区域人口、经济、信息、技术、活动、智力、金融的集中地，且集中程度随着区域经济实力的增强而提高。城市集中了人类社会的大部分物资和基础设施，是第二产业、第三产业活动的高度集中地。城市人口多，密度大，建筑物密集，高楼大厦林立，道路四通八达，形成特有的城市景观。城市不仅是高效率生产的基地，而且是人们享受物质文明和精神文明的重要基地。在城市化的过程中，城市的居民收入和生活质量要高于乡村地区。同时，城市的公共服务种类和质量也比乡村地区要好很多，城市几乎集中了所有的高等院校和科研院所、国家的主要行政机关、文化设施、体育设施和大中型医疗机构，城市成为创造和传播文明的主体。正因为如此，城市对乡村居民有着巨大的吸引力，这是促进城市化进程的重要动力。城市化的过程就是要让更多的国民参与到现代经济社会过程中来，享受到国民经济发展的成果。

2. 经济上的非农性

非农性是城市的经济特征。城市是工业、商业、运输业、服务业等非农产业的集聚地，它与乡村的农业经济形成专业与地域上的分工。

3. 区域经济社会活动中心

这意味着城市的经济社会发展水平一定高于周边地区，是区域内经济贸易交通信息交换的主要场所，城市通过其强大的集聚功能，将周边区域的各种先进生产要素吸引到城市，同时又通过扩散功能对周边地区形成强烈的辐射，使周边区域经济依附于城市经济。

（二）城市在区域经济发展中的作用

城市与区域是一个相互联系、相互依赖、相互促进的整体，两者互为前提和条件。城市能够更好地实现人力资本累积并且提高人力资本的回报率，城市通过分享、匹配和学习机制实现促进区域经济增长的作用（陆铭，2017）。城市在区域经济发展中的作用主要有聚集功能、辐射功能、创新功能和协调功能（丁生喜，2018）。

1. 聚集功能

城市之所以成为区域聚集中心，其根本原因在于城市具有农村难以比拟的聚集经济效益。聚集经济，是指“因社会经济活动及其相关因素在空间集中而引起的资源利用效率的提高，即由此而产生的成本节约、收入或效用增加”（吕玉印，2000），聚集经济是城市经济所具有的独特的经济效果，是其他经济活动所不具备的。城市的集聚作用使得多种类型的企业集聚在一个区域，就可以形成比较完整的产业结构、技术结构和产品结构体系，彼此之间互为对方的原料供应商和产品使用者。对于企业之间来说，大大地缩短了运输距离，减少了运输费用，节约了交易成本和时间，提高了彼此共同的收益。除此之外，还可以协调各种不安定的因素，克服偶然性、季节性等导致的经济波动。对于企业与消费者来说，这样可以满足消费者对商品的多样化需求，使企业吸引更多的客源，开拓更大的市场。

正是企业的聚集，为城市的发展奠定了经济基础，提供了就业岗位，成为人口聚集的前提，进而产生对城市设施的需求。随着新的就业机会、生活设施的出现，原来在农村居住的居民开始向城镇地区迁居，这些迁居主要是以就业和居住条件的改善为出发点，迁居的人数以投资者提供的就业机会和城区为居民提供的生活设施数量和质量决定。人口的迁居也是随之而来的非农产业发展和产业进一步集聚的基础。

美国区域经济学家哈里斯（Harris）和乌尔曼（Ullman）认为，经济活动实际上是各种行业以自身利益为前提的区位过程，也是一个生产聚集利益的区位过程，其结果是各种经济活动布局的边际效益提高，生产成本下降。经济活动聚集，使城市成为社会分工和生产专业化发展的基地。大量的生产和经济活动部门，彼此互为市场，相互提供和利用燃料、原材料、半成品、成品，甚至可以有效地利用废料，扩大了企业的市场规模，增强了企业之间的互补性和协作性。城市的分工效益也是聚集经济效益的一种具体体现。专业化协作是先进的企业组织形式，城市企业集中、分工发达，为企业生产和管理提供了便利的条件。分工越细，协作越紧密，效率就越高。

2. 辐射功能

辐射功能是城市对区域经济发展的重要作用之一。城市的发展，必然要对周围区域产生辐射与扩散效应。扩散效应是指以城市为经济发展基点，通过其较强的经济、文化、科技和教育等资源优势，带动周围乡村的经济、文化、科技和教育等的进一步发展。扩散效应是增长极理论中的一部分，由法国经济学家佩鲁首先提出。他认为"增长极"是由主导部门和有创新能力的企业在某些地区或大城市聚集发展而形成的经济活动中心，恰似一个"磁场极"，能产生吸引或辐射作用，促进自身并推动其他部门和地区的经济增长。

扩散有两种基本形式：一是无形扩散，如智能、信息、服务的扩散等。智能扩散表现为城市教育文化、科学技术、思想观念向农村传播；信息扩散着重表现为城市向农村提供及时、准确、适用的各种信息；服务扩散则表现为城市为农村提供更广泛意义上的方便、高效的无形支援。二是有形扩散，人才流动、资金信贷、生产设备转移、商品提供等都属于有形扩散的范畴。

城市辐射功能的两种扩散形式是同时进行的，但在扩散初期以有形扩散为主，随着扩散的加速和区域整体经济水平的提高，无形扩散则逐步居于主导地位。城市辐射功能的强化与发展，最终会促使城市与其影响区域的空间一体化（图 7.1）。

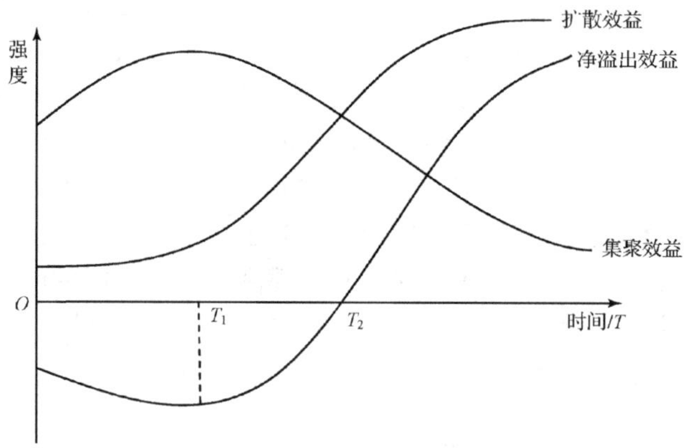

图 7.1　聚集与扩散效益随时间的变化

3. 创新功能

城市是新技术、新观念的创新地，是带动区域进步的驱动器。科学的发展、技术的进步是区域经济水平提高的动力和源泉。区域实力的强弱及发展速度的高低关键在于该区域有无创新能力。它不仅能使区域生产力产生巨大飞跃，而且对区域社会、文化及人们的生活具有深刻的影响。

科学的发展与技术的创新需要一定的基础和环境条件。先进的技术设备，丰富的图书情报资料，雄厚的人力、物力、财力是创新的基本前提。在当今世界，劳动者的生产能力除表现为体力之外，更重要的取决于其智力高低。智力在劳动者能力构成中的比重越来越大，劳动者如果没有较高的专业知识和技能，其生产能力将会越来越弱。城市是高素质人口，尤其是高素质劳动者的集中地，劳动者的文化知识、技术水平、思想道德水平越高，越能适应经济、技术迅速发展的需要。城市中发达的高等教育、科学研究、文化出版、电信、交通设施，可以使人们很容易地进行信息的检测、变换、存储、处理、显示、识别、提取、控制和利用。城市除了自身在不断创新外，还能将国内外先进技术及时引进、消化和吸收。城市中金融机构众多，能为创新活动筹措和管理资金。

城市创新的另一个原因是人口、经济的高度集中，客观上使人们产生一种竞争激励，促使人们提高工作和学习效率。市场经济是竞争经济。强大的竞争压力迫使生产经营者改进技术，以便在剧烈的市场竞争中求生存、求发展。竞争也容易使人们产生新观念，使企业家更富有创造精神。

4. 协调功能

城市对区域经济增长具有显著的“棘轮作用”，即允许区域经济的“车轮”向前，而能有效地阻止“车轮”后退下滑。原因在于城市以其强大的技术、资金和人才实力，充分发挥主导产业的作用，不断培育潜导产业。城市经济具有多样性，对市场需求的应变能力强，在区域经济发展过程中，能增强整个区域经济发展的稳定性。

在一个区域内部，城市与城市、城市与区域、区域与区域之间不可避免地会产生矛盾与摩擦。这些矛盾集中表现为城市与区域之间经济发展不平衡、二元结构突出。然而矛盾的主导方是城市，协调发展的关键也在于城市。城市可以主动地与区域建立合理的横向和纵向分工，将初级、中级产品向区域内部转移，在区域腹地大力发展劳动密集型及相应知识、技术密集型产业，而城市则应集中力量发展高技术、强带动型的产业。城市与区域在协调发展中，可以相互利用各自的优势，优势互补、资源共享，实现区域范围内资源的合理利用与优化配置，组建跨所有制、跨行业的区域企业集团。城市的协调功能还表现为城市对区域的支援，城市通过人才培养、教育培训、技术转让、资金与物质的支持，可以尽快提高区域经济发展活力。

二、城市经济增长

Jacobs（1969）将城市定义为“从自身的经济（系统）内持续产生经济增长的聚居地”。因此，理解与把握城市经济的最佳切入点就是城市经济增长。城市经济增长是指城市经济的动态演化过程，是城市经济作为一个整体的规模扩张与质量提高。Houston 和 Reuschke（2017）提出城市中的微型企业也是城市经济演变和增长的重要组成部分。

关于城市经济增长的分析，主要是通过城市部门分析来进行的。一般而言，城市经济增长模型有需求指向型（经济基础理论）和供给指向型两类。

（一）经济基础理论

经济基础理论（the economic base theory）基于城市规模取决于其向区外提供的产品和服务的数量这一假设，认为城市随着外部需求的增长而增长。该理论将城市经济活动分为基础活动和非基础活动。前者主要为区外提供产品和服务，后者则主要为区内居民的消费提供产品和服务。经济基础理论认为，城市的增长取决于基础活动的增长，基础活动的增长能增加对劳动力的需求，将新的劳动力吸引到城市，基础活动收入的增长能刺激非基础部分的增长，也可能引起进口增长，于是总就业就会增长。

以就业为度量时，总就业变动取决于基础部门就业变动与就业乘数之积，即

总就业变动＝（1＋非基础部门就业/基础部门就业）×基础部门就业变动

式中，（1＋非基础部门就业/基础部门就业）为就业乘数。

把经济活动的度量单位从就业变为收入，便产生了一种类似于著名的凯恩斯收入决定分析的理论体系。这种出口基础模型的推理过程如下：在区外销售的生产中获得的收入，一部分以工资、薪水、股息等形式付给了区内居民。从非地方销售中获得收入的居民的总支出又依赖于居民的收入水平。这些居民对当地生产的商品和服务所花费的那部分支出，为地方部门中工作的居民带来收入，而这些收入又进一步引起许多轮支出与收入产生。

这种过程可以概括为社区基础乘数或经济基础乘数，表明地区收入对非地方部门收入的依赖。这种乘数的定义是地区总收入与非地方部门（出口部门）收入的比率。乘数的大小表示收入在影响出口水平的外部经济条件的变化中的“敏感性”。出口基础模型的收入公式可以推广到不同于消费与出口的各种支出效应，如投资与政府支出效应。

具体而言，城市基础模型认为城市经济的增长源于需求的变动，而这种变动完全是由域外对城市基础部门出口产品的需求变动所引起的。换句话说，只有当域外对城市出口产品的需求增长时城市经济的增长才可能发生，而这种域外需求的增长通过乘数作用最终决定了城市经济的增长幅度。在供给决定论的批评者眼中，这种城市经济的命运完全掌握在城市域外的决定论手中，至少有两个方面是错误的：第一，城市政府完全可以通过政策调整来降低基础部门和非基础部门的生产成本，从而刺激并引致城市经济的增长。第二，城市经济的增长并不一定单纯依赖出口的增长。从本质上看，经济增长源于技术进步导致的劳动生产率提高和人均收入增加。

伴随着这类批评，很多“供给主义”者也提出了他们自己对城市经济增长机制的解释。这类解释形成了另一类城市经济的供给方面的模型。

（二）供给指向型模型

大部分城市增长的模型集中在对都市产出的需求上，但是从较长期的观点来看，供给方面的考虑日益重要。假定生产要素和原材料的本地供给有相当大的弹性时，城市经济往往可以在短时期内获得迅速增长，但是当经济增长持续下去而供给消耗殆尽时，城市进一步扩展的能力就会受到越来越大的限制。因此，以需求为指向的模型能对短期或中期的城市增长作出十分恰当的解释，但是要说明长期增长的模式，就需要采用把供求两面结合起来的研究方法。

应该指出，城市经济增长机制与国家层次的宏观经济的增长机制是不同的。经济增长实质是两个方面相互作用的结果：投入的增加和生产率的提高。在国家层次的宏观经济中，基础的决定力量是储蓄率和资本产出比率，即

$$G = S/C \tag{7.1}$$

式中，G 为产出增长率；S 为储蓄率；C 为资本产出比率。

由于 S、C 都是全国范围内决定的，而并非某一城市所能确定的，因此在城市经济系统中，这些因素是不能直接作用的。

从城市经济的供求分析来看，总产出取决于总供给和总需求曲线的均衡点的位置。城市经济中总产出的增长不单纯取决于需求曲线的右移，供给曲线的右移同样也会引起总产出的增长（图 7.2）。

从城市经济系统来看，供给曲线的右移主要取决于两个方面：当企业和居民在城市间的迁移达到均衡时，它取决于企业生产成本的下降；而当这种均衡被打破时，它取决于企业和居民的迁入。因为企业的迁入自然会增加城市的生产能力，而居民的迁入又将降低企业的劳动力成本并增加城市的域内需求。

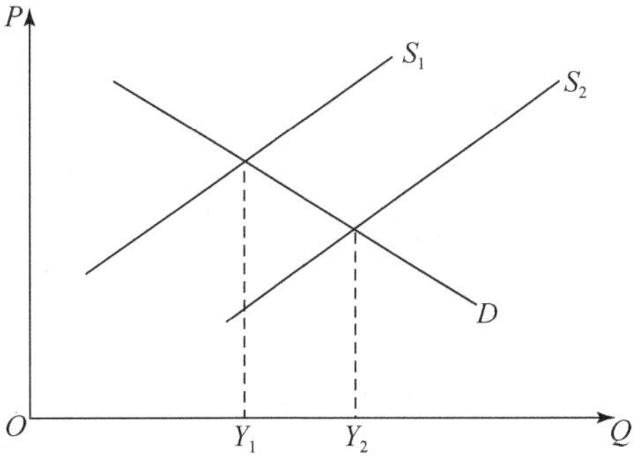

图 7.2　城市经济的供求分析

无论是从供给能力增长两个方面的哪一个方面看，最重要的因素都是城市经济系统中的聚集经济效益。聚集经济效益对城市经济增长的作用是多方面的。在城市经济中，经济活动在空间上高度聚集，它使许多行业可以实现规模经济，使公共服务（如教育、交通、通信等）成本降低，使第三产业发达，使城市的劳动力市场更加稳定。所有这些方面的综合作用使得企业的生产成本下降、生产率提高，并最终引致供给能力增长。

应该说，城市增长是供给和需求两方面的相互作用决定的。需求的力量创造了城市增长的最初刺激，而供给的因素则决定城市扩展的速度和持续时间。因此，研究城市经济增长，应该把以供给为指向的研究方法和以需求为基础的模型结合起来，只集中在城市经济的一个方面来研究城市经济增长是不妥当的。

三、城市化与新型城镇化

工业革命后，城市经济在整个国民经济中的地位日益重要。城市在数量上、规模上和形态、内容、作用上得到空前扩展，并继续向深度和广度推进，城市化过程是城市的成长过程与人口的增长过程，是一个国家或地区由传统的农业社会向现代城市社会发展的自然历史过程，是社会经济结构发生根本性变革并获得巨大发展的空间表现。城市化是各国经济发展，特别是工业化发展的共同规律，也是我国经济社会发展的必由之路。城市化水平反映了国家和地区的生产力水平、工业化程度和物质生活状况。

（一）城市化的内涵

城市化意味着从农村生活方式向城市生活方式发展、质变的全部过程。城市生活方式，不仅指有别于农村的日常生活习俗、习惯等，还包含着制度、规划、方法等结构方面的内容。城市化不仅表现在农村人口向城市集中，还表现在城市生活方式的扩散，即人们不仅是在城市中居住或者工作，城市也通过交通、信息等手段对居住在城市中的人们造成影响而出现具有城市特色的生活方式变化。

美国学者艾尔德里奇系统地将众多的定义归为三种：第一，城市化是扩散过程。城市化是指城市的某些品质和特征向非城市地区逐渐扩散的过程。这些品质和特征主要包括城市道德规范、价值观念、信仰、发明和创新。第二，城市化是强化过程。城市化是指各种城市行为和素质因不同人群的频繁接触交往而日益增强的过程。第三，城市化是人口集中的过程。城市化是指人口的集中，这种集中有两种方式，一是人口集中地点数量的增加；二是城市人口数量的增加。这种过程实质上反映的是城市之间和城乡之间人口的再分布过程。

综上所述，城市化并不仅仅是城市人口数量和城市数量的增加，它还包括人们的道德意识、行为方式、生活方式等各方面向城市的逐渐转变。城市化的过程是全方位的改变，是经济、政治和文化进一步发展的催化剂，也是人类文明不断进步的重要标志。

（二）城市化的衡量指标

城市化是一个复杂的社会经济现象和过程，对城市化的测度主要有水平指标和速度指标。

1. 城市化水平的测度

衡量城市化水平的指标一般是对区域或国家而言的，很少对单个城市而言。虽然劳动力构成、产值构成、收入水平、消费水平、教育水平等都可以在一定程度上反映城市化水平，但普遍接受的指标却是人口统计学指标。其中，最简明、资料最容易得到因而也是最常用的指标是城市人口占总人口的比重。

$$\mathrm{PU} = \frac{U}{P} \times 100\% \tag{7.2}$$

式中，U 为城市人口；P 为总人口。

2. 城市化速度的测度

衡量城市化速度的指标，与城市化水平指标有关，最常用的是城市化水平百分点的年变化。

$$\mathrm{TA} = \frac{1}{n}(\mathrm{PU}_{t+n} - \mathrm{PU}_t) \tag{7.3}$$

式中，TA 为城市化速度；n 为两时刻间的年数；PU_{t+n}、PU_t 为在 $t+n$ 年和 t 年的城市人口百分比。

（三）城市化规律

城市化的演进具有一定的规律性。1979 年，美国地理学家诺瑟姆发现，各地城市化过程经历的轨迹可以概括为一条被拉平的“S”形曲线（图 7.3）。当然，并不是任何国家的城市化水平在时间轴上都表现为一条光滑的“S”形曲线，但大部分国家的数据基本上都支持了这一结论。

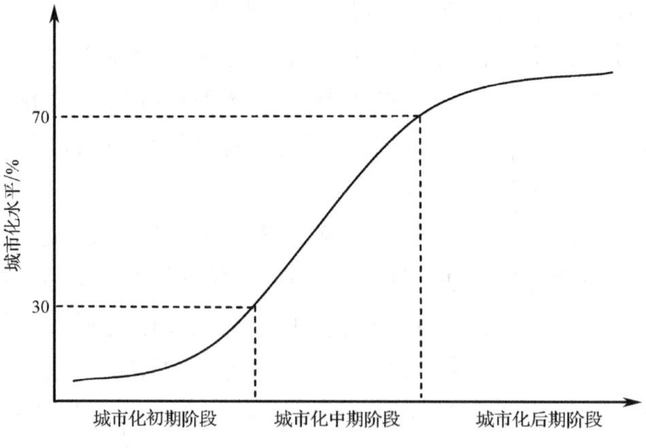

图 7.3 城市化发展的“S”形曲线

从图7.3可以看出，城市化在时间维度上的演进大致可以分为三个阶段：城市化初期阶段、城市化中期阶段和城市化后期阶段，其中城市化中期阶段是城市化速度最快的阶段。第一阶段为初始阶段，城市化水平呈现出缓慢上升之势，持续的时间比较长，城市人口占总人口的比重低于30%。在这个阶段，城市发展缓慢，农业和农村在国民经济中处于主导地位。第二阶段为加速阶段，当城市人口占总人口的比重达到30%左右时，城市化开始加速，主要表现为农村人口大量持续地向城市迁移，城市人口快速增长，城市的数量增多，城市的规模迅速扩张。在这个阶段，城市在国民经济发展中占据着主导地位，城市化与工业化并存且相互促进。城市化的加速阶段持续的时间相对较短，当城市人口占总人口的比重达到约60%时，加速阶段即告结束。第三阶段为终极阶段，农村人口向城市迁移的趋势大幅度下降，城市人口的自然增长也趋缓，从而导致城市化水平的增幅减缓。在这个阶段，人口绝大多数生活在城市，城市经济成为国民经济的主体，城市在经济和社会发展中居于绝对优势的地位，无论是经济还是社会发展都表现出"城市化"。

上述城市化的演进规律是在市场经济环境里表现出来的，需要在一个比较长的时间序列上才可以观察其全部过程。然而，由于国家之间、区域之间经济社会发展的体制、背景、战略、政策等方面的差异，其城市化的具体进程并不完全与上述城市化规律相符。但是，从长期的趋势来看，任何国家或区域的城市化演进都是沿着上述规律进行的，即使出现了偏离，也会在市场的强制性干预下或者政府政策的有意识引导下向着城市化规律所规定的路径回归。

关于城市化的演进，有不少学者研究了一种称为逆城市化的现象。逆城市化是指城市市区的人口向郊区迁移和大城市人口向周边卫星城市迁移的现象。本书认为，将这种现象称为逆城市化是不科学的。显然，这个过程属于城市化空间演进中的近域推进。从时间上看，在城市化的加速阶段和终极阶段都存在，只不过在终极阶段表现得比较明显。它是城市化的组成部分，并不是指城市化进程发生了逆转。

（四）城市化与区域经济发展

城市化对区域发展的带动主要表现在城市化的推力机制和拉力机制上。城市化的推力机制是指随着技术进步和劳动生产率提高，越来越多的劳动力不再为农业所需要，被游离或者"推"出去，流向收益更高的地方，成为城市发展的重要力量。城市化的拉力机制是指城市聚集了一定地域范围内的物质、资金和技术等，具有大量的就业机会、较高的经济收入、良好的社会环境和丰富多彩的物质文化生活条件，这些所表现出的巨大吸引力和辐射力，不仅拉动着周边地区的经济发展，而且刺激了农村劳动力大规模流向城市和非农产业。

1. 城市化的推力机制

预期收入理论认为，发展中国家的经济不是仅由农业、工业这两个部门构成，还存在"城市传统部门"。尽管城市普遍存在失业现象，外来农民还是可以做出合理的流动决策。农民会大批地流向城市，推进城市化的进程。

第一，农业生产要素和人口向城市转移是城乡经济发展的必然。尽管农村和城市构成一个完整的经济系统，但这两个子系统在结构上存在着非同质性，在发展程度和要素报酬上存在着明显差异。原本落后的农业受到耕地资源的约束，受劳动生产率提高的影响，劳动力大量富余。这些劳动力滞留于农村，不仅是一种资源浪费，不利于农业劳动生产率和农业劳动力报酬的提高，影响城乡经济系统的协调发展，而且还会导致许多社会问题。因此，要素流动和农村人口向城市转移，不仅是生产要素支配者追求报酬收益最大化的必然要求，同时也是实现城乡整个区域共同发展的需要。

第二，土地产出率和农业劳动生产率不断提高为农业生产要素和农村人口向城市转移提供了可能。随着生产经验和生产技术的长期积累与发展，农业生产力在不断提高，土地产出率和农业劳动生产率也在不断提高。产业革命以后，科学技术和农业生产更是以前所未有的速度发展，不仅使农业富余产品增加，而且还在某些区域、某种程度上导致农产品过剩，这使得农业要素和农村人口向城市转移成为可能。

从长期看，农村人口向城市转移会受到各种条件的阻碍，各种阻碍要素合理流动的机制性因素也必将得到修正，部分农村劳动力必然会抱着追求更高要素报酬和更高生活质量的美好愿望流向城市，从而在更大程度上推进更大范围的区域发展。

2. 城市化的拉力机制

城市化的拉力机制对区域发展的影响主要表现为城市的聚集效应和扩散效应。聚集效应使城市化具有源源不断的动力；扩散效应主要通过推进农村经济的发展，进一步加快城市化的进程。

聚集效应对区域经济发展的影响，主要表现为城市规模经济与城市空间效应对区域发展的影响。规模经济是指生产厂商生产规模扩大而导致的长期平均成本的下降。从单个企业的角度看，规模过小则单个产品的固定成本过高，利润就小；从一个城市的角度看，规模过小则城市基础设施和公共设施的利用率就低，城市的经济效益也就难以提高。一般来说，随着城市化水平的提高和城市化规模的扩大，城市的各项指标（如人均国内生产总值、地均国内生产总值、职工人均创造工业总产值和每百元工业资金创造利税等）也在不断提高，而围绕城市存在的区域，其经济也将得到较快的发展。

城市在空间上的相对集中和相互靠拢可以产生三个效果：近邻效应、分工效应、结构效应。近邻效应是经济活动集中于城市地区时所带来的经济性，表现为共享经济利益、劳动力市场经济利益和信息经济利益。分工效应是指企业单位聚集在一起都能享受专业化分工的好处。结构效应是指聚集要素的聚集方式及其要素间的聚合程度对城市聚集的作用，包括结构关联效应、结构成长效应、结构开放效应。形成这种效应的原因是城市拥有发达的基础设施，并且具有更高的运转效率和效益。

扩散效应对区域经济发展的影响，主要表现在区域经济的发展都是由增长极——城市来带动的，城市化的发展必然促使各种资源向城市聚集，加速城市化的发展；城市化的发展又将现代化的城市文明向农村扩散，使农村居民的生活水平逐步提高，生活方式、生产方式逐步现代化。

四、城市化与新型城镇化

我国在2012年的中央经济工作会议上首次正式提出，把生态文明理念和原则全面融入城镇化全过程，走集约、智能、绿色、低碳的新型城镇化道路。之后，社会各行各业越来越关注“新型城镇化”。

准确把握新型城镇化的内涵是推动中国城市发展行稳致远的关键。随着城镇化在我国经济社会中的地位提升、作用凸显以及快速发展，我国城镇化也出现了一些亟待解决的问题。党的十八大对我国推进城镇化提出了新要求。十八大报告提出，要坚持走中国特色新型工业化、信息化、城镇化、农业现代化道路。此后，新型城镇化成为一个热词。2013 年召开的党的十八届三中全会指出：坚持走中国特色新型城镇化道路。2013 年召开的中央城镇化工作会议进一步强调，走中国特色、科学发展的新型城镇化道路。新型城镇化，是以民生、可持续发展和质量为内涵，以实现区域统筹与协调一体、生态文明与集约高效、制度改革与体制创新、产业升级与低碳转型为重点内容的崭新城镇化过程（单卓然和黄亚平，2013）。面对国内外复杂多变的政治、经济形势，积极稳妥地推进新型城镇化，是将改革开放成果最大限度地惠及广大人民，发展中国特色社会主义事业的重要战略和基本途径之一。

党的十八大以来，我国把城镇化作为实现经济发展方式转变的重点，走出了一条以人为本、四化同步、优化布局、生态文明、文化传承的新型城镇化道路。新型城镇化取得重大进展，逐步构建了以城市群、都市圈为主体形态，大中小城市和小城镇协调发展的城镇化空间格局，从而有效地避免了其他一些发展中国家出现的严重社会分化和大规模贫民窟问题（胡鞍钢和鄢一龙，2016）。在新的历史发展阶段，新型城镇化可以概括为具有以下特征（王素斋，2013）：

第一，发展理念的科学性。在推进新型城镇化过程中，要坚持“以人为本”的发展理念。坚持以人民为中心，促进人的全面发展，促进社会公平正义。即把城镇化作为不断满足人民对美好生活向往的手段，不能把城镇化本身作为目的，不能把“物”作为工作的出发点和落脚点。只有坚持以人为本，因势利导，稳步推进，才能实现城镇化的科学发展。

第二，发展过程的协调性。在推进新型城镇化过程中，要体现发展过程的协调性。在遵循城镇化发展一般规律的前提下，通过统筹城乡发展与区域发展，构建促进大中小城市和小城镇协调发展的体系，促进城镇化水平和质量提升。一方面，要在城乡关系上做文章，改变众多因素导致的城乡长期二元割裂的局面。另一方面，要在区域上下功夫，应认识到城市既是区域的，区域也是城市的。只有依托城镇体系乃至区域网络体系，全面推进区域统筹与协调一体，在区域中谋发展、在发展中求协调，构建优势互补、高质量发展的区域经济布局，才能实现城镇化的科学发展。

第三，发展方式的集约性。集约是科学总结中国特色社会主义发展的宝贵经验。在推进新型城镇化过程中，面对国内人地紧张关系、区域需求与供给不均的现状，只有改变粗放型发展模式，走集约型发展模式，构筑资源节约、环境友好的绿色发展体系，转方式、优布局、强产业、控污染、高效益，才能实现城镇化的健康发展。

五、城市经济区

城市与区域之间相互作用，城市化的发展与演进形成了以中心城市为依托、城市与区域紧密结合的经济区。城市经济区是以大中城市为核心，与其紧密相连的广大地区共同组成的经济上紧密联系、生产上互相协作、在社会地域分工过程中形成的城市地域综合体（许学强等，2019）。城市经济区包括中心城市和以中心城市为核心的城市体系。

（一）中心城市

中心城市是指在一定区域社会经济活动中处于重要地位、具有综合功能或多种主导功能的城市。中心城市是区域经济发展的增长极，是城市经济区的核心与枢纽。一般而言中心城市必然是经济中心，但经济中心不一定是中心城市。中心城市与一般城市的重要区别在于一般城市只在一个或几个方面起中心作用，而不具备综合的功能。

从中心城市的一般特点出发，中心城市一般都具有以下几个经济特征。

第一，中心城市是其区域内商品生产与交换最集中的地方。对于企业来说，只要在合理的范围之内，空间集聚度越高，其获得的聚集经济效益也越高。由于中心城市能够为从事商品生产的企业提供提高空间集聚度的有利条件，商品生产企业逐渐地集中到了中心城市。中心城市是工业生产与工业协作的中心，客观上要求城市成为流通的中心。而且，中心城市流通中心的作用，不仅仅体现在组织城市内部的商品生产和商品流通上，同时中心城市作为商品的集散地，也是以城市为中心的一定范围经济区内的商品流通中心。这一特征是中心城市的重要特征。

第二，中心城市具有较强的综合经济功能。与广大的经济腹地相比，中心城市不仅是其经济区域内的商品生产中心和商品交换中心，而且往往还是金融中心、信息中心和科研中心。一般来说，银行及非银行金融机构将其办事机构集中设立在商品经济活动较为集中的中心城市地区。这样，中心城市的工业企业、商业企业及商品消费者就可更加便利地增加融资途径，从而增加生产投资、商品资金或商品实际消费量。由于人口、商品经济活动及科学文化活动在中心城市的集中，中心城市往往成为其经济区域内的信息枢纽和科研基地。中心城市不仅设有种种公立和私立的信息资料中心、信息咨询中心、信息咨询公司，为需求者提供大量的经济及科技信息，而且往往拥有其经济区域内最高水平的科研单位、高等院校、实验中心等，可以在科研成果、科技人才、管理人才等方面保证对广大经济腹地的供给。此外，由于经济和行政的双重作用，绝大多数经济区域基础设施建设的投资重点都落在了客观上充当经济中心（也许同时也是该经济区域内的行政中心）的中心城市上。这样，在公共基础设施较为完善的中心城市地区，经济活动可以获得较多的外部经济效益，因而拥有更高的经济效率、更便利的条件。随着第三产业在城市中迅速发展，中心城市的综合服务功能也就越来越完善，并以此为独特优势，吸引更多的工、商经济活动从经济腹地向中心城市集聚而来。

第三，中心城市都拥有发达的交通、通信条件。从经济区域的组成结构来看，中心城市往往是交通、通信联系网线的节点；交通、通信线路则是中心城市与广大经济腹地相联络的“脉管系统”。在各因素所组成的经济区域之内，中心城市要想起到区域内商流、物流、信息流集聚中心和辐射中心的作用，对经济腹地切实起到经济带动作用，就必须拥有一个较为发达的交通、通信体系。否则，即使中心城市内部的经济有所发展，生产要素和商品因交通、通信等物质技术条件的缺乏或滞后而不能在城乡之间有效流动，中心城市的经济发展也无法带动整个区域的经济进步。而且，从长期发展的角度来看，没有程度相当的交通、通信条件相配套，城乡之间的动态经济联系就会受阻或者中断。这样，中心城市的经济发展也会由于缺少必要的腹地基础而放慢发展速度。正由于交通、通信条件与中心城市经济职能间的这种重要关联，中心城市的物质技术条件就在经济发展的客观要求和经济建设中的人为重视的双重作用之下，普遍达到了较高水平，为中心城市带动整个区域经济发展奠定了必要的物质基础。

中心城市作为其经济区域内的组织中心、聚集中心和辐射中心，依靠多种物质技术手段与经济腹地进行着商流、物流、信息流的交换，推动开放创新平台联动共建和培育重点合作对接领域与机制（覃剑等，2022），并在此动态联系过程中带动经济腹地逐步发展。这也是人们常说的正外部性。但在区域集聚的过程中也需要注意中心城市的虹吸效应，通过虹吸效应将资源集中至中心城市，从而使得周边城市越来越落后，加大城市间的差距（丁任重等，2021）。

（二）城市体系

区域中的任何城市都不是孤立的，城市之间的空间相互作用将彼此分离的城市结合为具有一定结构和功能的有机整体，由此形成了城市体系。城市体系是在一定地域范围内以中心城市为核心，由一组规模不同、特点各异而又相互关联的城市组成的空间系统。因此，城市体系是城市空间相互作用的结果，是城市经济区经济网络的依托。

20 世纪以来，经济、社会、地理、统计等领域的众多学者都从各自的角度探讨了城市体系的规模分布规律，并提出许多模式，主要有等级-规模法则（the rank-size rule）、城市首位律、城市指数等。

1. 等级-规模法则

城市体系的一个显著特征就是其具有等级-规模结构。克里斯塔勒在其中心地理论中将中心地按照规模划分成不同的等级，发现不同等级的中心地之间在数量和市场区规模上存在着有规律的变化。按照等级由高到低的顺序，在市场原则下，中心地数量的关系是 1，2，6，18，…；相应地，市场区规模关系是 1，3，9，27，…。在交通原则下，中心地的数量关系是 1，3，12，48，…；相应地，市场区的规模关系是 1，4，16，64，…。在行政原则下，中心地的数量关系是 1，6，42，294，…；相应地，市场区的规模关系是 1，7，49，343，…。尽管现实中城市体系的等级-规模结构要复杂得多，但是，克里斯塔勒的理论一方面证实了城市体系具有等级-规模结构的特征，另一方面也揭示了城市体系等级-规模结构的变化是有规律可循的。

1949 年，美国学者齐普夫（Zipf）在其著名的论著《人类行为和最小努力原则》中提出了城市体系的等级-规模法则。即在城市体系中，一个城市的人口规模是其等级的函数。

$$P_r = P_1 / r^q \tag{7.4}$$

式中，P_r 为第 r 等级的城市的人口规模；P_1 为第一等级的城市人口数；r 为城市的等级；q 为指数，根据国家或者区域的情况而定。

$q=1$ 是等级-规模法则的特例，即齐普夫定律。齐普夫定律显示了城市等级与城市规模之间的经验关系。如果城市规模用人口来测度，区内第二级城市人口为最大城市人口的 1/2，第三级城市人口为最大城市的 1/3，其他以此类推，最大的城市（等级为 1）的人口是第 i 大城市（等级为 i）的人口的 i 倍。因此，齐普夫定律的图形为一条直角双曲线（图 7.4）。

当 $q>1$ 时，则为城市首位分布，即首位城市的规模比其他城市大得多。当 $q<1$ 时，则为中间序列比较发达型城市分布。

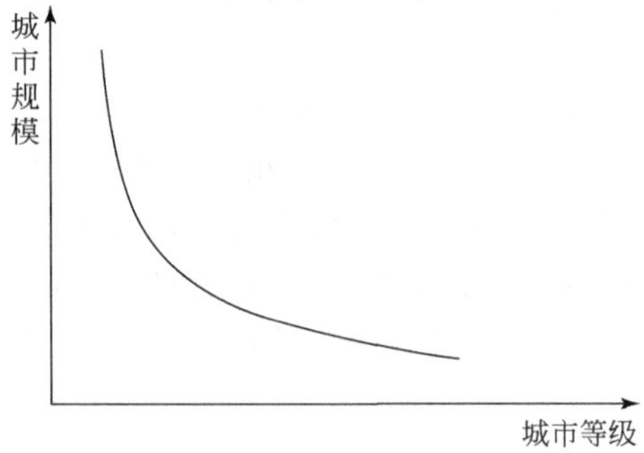

图 7.4　齐普夫城市规模等级定律

尽管仍然缺少令人信服的理论框架证明这一规律存在，但这一规律却与大多数后工业化国家的城市规模分布惊人地相似。Krugman（1996）将其称为“经济学中最不可忽视的实证性规律之一”，并认为齐普夫定律非常契合美国的城市规模分布。

1961 年，美国地理学家贝里（Berry）在齐普夫等级-规模法则的基础上，实证分析了世界上 38 个国家的城市等级-规模分布情况。贝里研究发现，经济发达国家大部分符合齐普夫等级-规模法则；城市发展历史悠久、经济水平不高的国家（如中国、印度）也基本符合这一法则；大多数发展中国家由于中等规模的城市少而不符合齐普夫定律，而呈城市首位分布。

2. 城市首位律

1939 年，Jefferson 在《地理评论》（*Geographical Review*）杂志上发表了论文《首位城市规律》（*The law of primate city*），提出了著名的首位城市和城市首位度的概念。首位城市是指一个国家或地区内人口规模与第二位城市保持巨大差距的最大城市，同时也是在国家的政治、经济、社会、文化生活中占据明显优势的领导城市。Jefferson 在分析了 51 个国家城市人口规模的分布之后，认为首位城市不仅仅表现在人口规模大，而且常常体现了一个国家和民族的智慧和情感，在国家城市以至整个经济、社会、文化生活中占据举足轻重的地位。多数国家的首位城市是首都，非首都的首位城市在经济方面通常占有最为突出的地位。

城市体系内部各城市之间的联系、产业分工，以及空间分布格局等主要是以首位城市为中心来进行的。所以，城市体系的发展水平与首位城市的发展有着很大关系。这种关系可以用首位度来衡量。城市体系的首位度计算式为

$$P = P_1/P_2 \tag{7.5}$$

式中，P 为首位度；P_1 为首位城市的人口规模；P_2 为第二大城市的人口规模。

首位度大的城市规模分布，称为首位分布。城市首位分布与等级-规模法则是两种不同的城市规模分布现象。如果按照等级-规模法则，城市规模与等级之间自上而下均匀变化，而城市首位分布则体现为首位城市在国家或地区城市中居于绝对优势地位，经济、人口、活动、物质在首位城市高度聚集。

3. 城市指数

为了更全面地反映城市规模与顺序关系，学者还提出了四城市指数和十一城市指数。四城市指数和十一城市指数的表达式分别为

$$S_4 = P_1/(P_2 + P_3 + P_4) \tag{7.6}$$

$$S_{11} = 2P_1/(P_2 + P_3 + P_4 + \cdots + P_{11}) \tag{7.7}$$

式中，S_4 和 S_{11} 分别为四城市指数和十一城市指数；P_1，P_2，…，P_{11} 为城市体系中城市人口规模自大而小排序第 1，2…，11 位城市的人口数量。

按照等级-规模法则，P_2、P_3、P_4 三城市人口总量与 P_1 城市人口总量基本相同，也即 S_4 值约为 1。同理，S_{11} 值也约为 1。

六、城市群与都市圈

（一）城市群的概念和内涵

城市群是城镇化发展高级阶段的空间呈现，是经济增长重心在空间形式上的集中表现。城市群是在特定的广域空间中，由数量相当、规模不同、类型不同的城市组成的集合体。有别于单个城市，城市群往往由多个城市区域聚合而成，存在着至少一个大型都市区（圈）和众多的中小城市，不同城市之间基于空间邻近与发达的交通通信网络而彼此相互作用。城市群的人口和经济密度较高，要素在城市群内部流动性较强，城市之间具有较强的分工效应、集聚效应、规模效应、溢出效应等（申现杰和袁朱，2021）。

城市群是连接国内市场与国际市场的枢纽，是带动本国经济发展和塑造国家全球竞争优势的核心载体（蔡来兴，1995）。党的十九大明确要求“建立更加有效的区域协调发展新机制。以城市群为主体构建大中小城市和小城镇协调发展的城镇格局，加快农业转移人口市民化”。2017 年 12 月召开的中央经济工作会议进一步提出“提高城市群质量，推进大中小城市网络化建设”。

（二）都市圈的概念和构成

1. 都市圈的概念

作为我国城镇人口空间分布的重要载体，都市圈的发展遵循了世界城市化发展进程中的一般规律。都市圈是推进城镇化的有效手段，属于城市和区域演化发展不可逾越的必经阶段。2019 年，《国家发展改革委关于培育发展现代化都市圈的指导意见》明确定义都市圈，指出都市圈是“城市群内部以超大特大城市或辐射带动功能强的大城市为中心、以 1 小时通勤圈为基本范围的城镇化空间形态”。从这个定义可以看出，确立核心城市（姚永玲和朱甜，2020）和界定城市网络（刘世锦，2020）是存在都市圈的必要条件。都市圈既是各空间形态的节点，更是高度协同的空间地理单元（韩刚和袁家冬，2014；安树伟和孙文迁，2019）。近年来，都市圈已经成为多个学科探索城市发展规律、分析城市群成长机制、寻找我国新型城镇化发展抓手的重要议题（赵鹏军等，2019）。都市圈的界定标准主要包括两大类，第一类是中心城市的界定标准，主要包括人口规模（或人口密度）及城市化水平，第二类是外围地区的界定标准，主要包括到中心城市的通勤率、人口及城市化水平。这两类标准的本质是一致的，均认为都市圈是一个超越城市行政、景观地区的区域概念（李剑锋，2017），都市圈是当城市发挥其职能时，因其与周边地区建立的各种密切联系所波及的空间范围（傅娟等，2020）。

2. 都市圈的构成

都市圈的构成三要素如下。一是增长极核。在都市圈内部，往往存在一至两个甚至三个核心城市，增长极核包含了这些核心城市和周边中小城市、小城镇、特色小镇，在集聚力、辐射力、创新力、竞争力上形成梯级、层次关系。二是伸展轴。都市圈的伸展轴的主要表现形式为连接都市圈内外的基础设施密集带，以及以此为依托的产业发展带。伸展轴对都市圈扩展的方向和速度，以及都市圈内部城镇和乡村的互动演化起着决定作用。三是广域腹地。都市圈广域腹地框定了增长极核发挥集聚作用和辐射作用的地域范围，主要表现形式是与增长极核有联系的经济社会或生态空间（姜长云，2019），核心城市对广域腹地的辐射带动力随着交通便利度等因素的变化而向外逐渐减弱，呈现出鲜明的圈层结构的发展特征。

（三）城市群与都市圈的区别与联系

1. 城市群与都市圈的区别

1）概念引入来源不同

从时序来看，城市群早于都市圈出现。法国地理学家琼·戈特曼（Jean Gottmann）开启了对城市群的研究。“megalopolis”是一个希腊词汇，解释为“巨大城邦”。之后，戈特曼对“megalopolis”的概念进行了概括（Gottmann，1957），并进一步深入研究了位于美国东北海岸的城市分布密集区域。自 20 世纪 80 年代起，“megalopolis”现象和戈特曼的有关研究在我国开始受到关注，“megalopolis”被翻译为“巨大都市带”（于洪俊和宁越敏，1983），“metropolis interlocking regions”被翻译为“都市连绵区”（周一星，1995）。城市群的概念由姚士谋（1992）引入中国，当时的概念内涵更侧重于城镇体系，接近于 megalopolis。后来，概念重点逐步转向都市区经济关联和产业集群，对应 urban cluster。2009 年，联合国人类住区规划署提出以 urban agglomeration 来指由城市（或城镇）的中心地区及其近郊（外围边缘地区）组成的城市集合，一个大城市群包含着若干城市及其郊区。相比城市而言，城市群存在城市群经济（Au and Henderson，2006），即在城市群内部人口自由流动的假设下，在城市群内自然形成的一个基于人口规模的城市等级体系。等级越高的城市，其产业服务化水平越高，市场腹地也越大。因此，城市群本质上是各级市场的嵌套，等级化特征明显（宋准等，2020）。

都市圈概念从日本引入。1951 年，日本学者木内信藏研究日本城市后，提出了“三地带学说”，即大城市的圈层由中心地域、周边地域和边缘广阔腹地三部分构成（刘庆林和白洁，2005）。木内信藏关于“都市圈”的理念得到了日本政府部门的认可。1954 年，日本行政管理厅明确了“都市圈”的概念，将其界定为“以人口规模 10 万以上的中心城市为核心，以一日为周期，可以接受该中心城市某一方面功能服务的区域范围”（马燕坤和肖金成，2020）。20 世纪 60 年代，日本又提出了“大都市圈”的概念，还制定了《大都市圈建设基本规划》。1995 年，日本总务厅国势调查中提出“大都市圈”空间范围的基准定义为：作为核心城市的都市及其周围的 15 岁以上常住人口中有 1.5% 以上到该都市通勤（上下班）或通学（上下学）且与该都市在地域上相连的市町村（富田和晓和藤井正，2015）。这段话可以理解为官方表述。由此可见，日本主要用通勤指标来界定都市圈和大都市圈。20 世纪 80 年代后期，都市圈概念及其相关问题在我国经济、地理等领域被学者广泛研究。

综上，城市群出现于中国，都市圈多出现于日本，这种差异主要是人文历史背景不同而形成的经济空间组织之间的差异，差异主要体现在资源禀赋、产业偏好、劳动关系与要素制度、生活居住与社会治理等方面。值得一提的是，城市群和都市圈是当前中国城镇化推进过程中的两种主要形态。

2）空间范围不同

城市群的空间范围比都市圈大得多，除了包括至少一个都市圈，还包括与都市圈实现空间耦合的城市圈。都市圈则由都市区及其周边地区和城市组成。都市圈的空间范围取决于核心城市的辐射半径，而核心城市的辐射半径取决于人口规模和与周边地区、城市联通的基础设施。

3）人口规模不同

城市群包括更多人口和城市。据推算，我国城市群的人口规模可达到 1 亿人以上。而都市圈除大都市外，圈内不乏人口规模超过 100 万的大城市，我国都市圈的人口规模可达到 5000 万人以上。

4）动力源泉不同

城市群是一个动态发展的开放系统，它是以一体化为目标，由多个多级城市构成且具有分工和扩容特征的经济区域。具体而言，城市群服从自上而下的政府规划，是基于要素集聚的一种多样化区域，具有治理的属性。由于城市群具有弹性边界，因此其不可避免地产生扩容性和同质化，即人口被动匹配经济社会，体现了“产业导向”。

都市圈与外界的经济社会联系往往以吸入为主，是城市群中相对稳定的区域，它是以同城化为目标，由都市区及其周边区域组成且具有稳定和全域流动特征的经济区域。具体而言，都市圈服从自下而上的市场自育，是基于技术效率的一种专业化区域，具有发展属性。都市圈的空间结构呈扁平化，范围较为固定，要素制度是其制度边界。在都市圈内，劳动力要素可以不受户籍的影响自由迁移，从而形成稳定的居住与通勤空间。都市圈内部的生产、消费、社会、文化等活动联系紧密，个体间具有稳定的经济联系和社会文化渊源，即经济社会主动匹配人口，体现了“以人为本”。

2. 都市圈和城市群的联系

1）城市群和都市圈都属于一个国家或地区的较发达区域

城市群和都市圈都以大都市为核心城市。大都市是指超大城市、特大城市和辐射带动功能强的大城市。只有在一个区域发展出了大都市，才可能产生广泛、频繁、密切的经济社会联系。

2）都市圈是城市群发展的战略基础和空间组成

一方面，都市圈是城市群一体化发展的先行区。都市圈率先出现在地理、区位、交通等条件较好的地区，是城市群中人口密度最高、经济和社会活动最为密集的区域，在引领经济发展、产业升级、消费升级的过程中发挥了重要的引擎作用（陈建军等，2018）。一般来说，都市圈是连接全国各地乃至世界各国的节点区域，是经济、政治、文化、国际交往、科技创新等活动的枢纽所在。在都市圈内部，产业体系比较完善，城市间形成较为合理的产业分工。其中，大都市以高新技术制造业、生产性服务业为主，其他大中小城市和小城镇则以传统工业为主。依托于发达的交通、通信等基础设施，都市圈在基础设施互通、产业分工协作、就业与公共服务共享、体制机制创新等方面的先行先试对城市群一体化发展起到了示范和带动作用，再通过梯级增长极核和都市圈伸展轴，都市圈逐步向外扩展。

另一方面，城市群是由都市圈与其周边的都市圈耦合而成。随着区域经济社会不断发展和城镇化水平不断提高，当某一个都市圈的空间范围与其他都市圈连在一起实现了空间耦合时，就意味着城市群的出现。城市群是都市圈之间有机联系和竞合关系深化的表现。

城市群是都市圈发展的高级阶段，都市圈的集聚有助于促使共享、匹配和学习机制的产生，将有利于区域内的生产要素展开竞争和合作，实现了生产要素在极其广阔的区域内的优化配置，使得区域的生产、就业与消费需求的规模更大，进一步提高了生产要素的利用效率。随着区域经济社会进一步发展，以成熟、发达的都市圈作为基础，可能会有更多的都市圈实现空间耦合，城市群的空间范围随之拓展，这不仅有利于传导城市群和都市圈的辐射带动效应，也有利于强化广域腹地对城镇网络体系的支撑作用。

第二节　乡村经济与区域发展

乡村是相对于城市而言独立的空间组织单元，它同城市共同组成了区域空间。城市经济和乡村经济共同构成了完整的区域经济。因此，研究乡村经济在区域经济中的地位和作用，分析乡村经济的特征并探讨乡村经济的发展趋势，显得必要而又迫切。

一、乡村经济在区域发展中的地位与作用

乡村经济是乡村中经济关系和经济活动的总称，包括乡村中的农业、工业、商业、金融业、交通运输业、服务业等部门的经济关系和经济活动。乡村经济的特点是：农业是主体，从事农业生产活动的人较多，其他部门的经济活动大都或多或少同农业生产有联系，人口密度小，经济发展水平较低。

乡村经济是国民经济的基础。乡村人口在中国总人口中占的比重很大。乡村劳动力的充分就业是国民经济发展的重要条件。一方面，它形成乡村经济及国民经济的人力资源。另一方面，它又是影响乡村经济和国民经济发展的重要因素。只有乡村劳动力得到充分的利用，乡村经济才能得到发展，国民经济才能有不断发展的基础。乡村经济的发展程度直接制约着国民经济的发展程度（陈耀邦，1998）。发展中国家有25亿以上的人口以农业为主要职业。数量众多的农业与农村人口本身就说明农业与乡村经济发展的重要性。这种情形也就决定了经济发展应该从农业与乡村经济发展起步。不难理解，当绝大多数最穷的人生活在乡村地区，靠仅能维持生存的农业过活的时候，作为发展中国家，为了经济发展，并力求经济持续发展下去，首要是发展农业，依靠农业的发展使整个经济发展起来。随着农业生产力的提高，农产品产量将不断增加，农民的收入也将随之增加。这样，除了维持农业人口生存并使之较大程度地提高生活水平之外，尚要积累一部分农业剩余。增加农业剩余的结果，是乡村购买力的提高，这对工业发展是一个重大的激励。随着农产品运往城市，工业制成品输送到农村地区，交通和通信也将得到发展。伴随着农业生产力的提高和农产品产量的增加，向国外出口农产品赚取外汇收入的能力也将增强。外汇收入会用于建设其他有效率的工业部门，并有助于通过进口稀有原料、机器、资本设备和技术知识，建立新的工业部门。因此，任何忽视或延缓乡村经济发展的做法都将严重有害于国民经济的发展。

二、传统乡村经济的特征

乡村生产领域的一个最基本的特点，就是农业是其基础性产业部门，乡村经济社会的

其他特点都是从这一基本特点派生出来的。但是作为乡村主要产业部门，农业的发展水平总是明显地落后于其他产业部门。资本的积聚与集中，以及农民的分化，也都进行得比较缓慢，从而导致农业的发展没有达到加工业的程度。这是国民经济发展规律在农业部门的特殊表现形式。农业之所以会落后于其他产业部门，在相当程度上是由于农业比较利益低和资金积累能力弱。农业的比较利益低、生产周期长、资金周转慢，决定了农业部门积累能力比较弱，同时农业生产的季节性、地域性、分散性、综合性，决定了农业现代化所需要的资金量大、占用周期长、利用率低。一方面是积累速度慢，积累数量少；另一方面是资金需求量大，利用率、生产率低，这就必然延缓农业现代化进程。不仅如此，在一个以农立国的国家，工业化建设所需要的资金，在一定时间和程度上，又依靠农业部门所提供的社会积累。一个国家原有的经济发展水平和生产力水平越低，工业化速度越快，农业部门所承受的资金积累任务就越繁重。这也是农业落后于工业乃至其他产业的重要原因。

作为农村主要生产部门的农业，其生产和再生产的一个重要特点，就是农业生产物的一部分是直接作为再生产的基本条件重新进入再生产过程。农业生产与再生产同其他产业生产与再生产一样，一方面需要具备一定量的消费资料，另一方面需要具备一定量的生产资料，才能实现劳动力的再生产和物质产品的再生产。但农业生产与再生产不同于其他产业生产与再生产，其生产和再生产所需要的一部分生产资料（如种子、种畜、饲料、有机肥等）和生活资料（粮、菜、果、猪、禽、蛋、鱼等）是直接来源于农业部门本身，而不可能由其他产业部门提供，这是由农业部门的特殊性质所决定的。而在农业劳动生产率、农业专业化、社会化程度还很低的情况下，就必然会在很大程度上表现为自给性产品生产。这就使得农业生产与再生产具有鲜明的独立性、落后性和封闭性。

当然，任何一种生产方式不可能是固定不变的。随着农业劳动生产率及农业生产专业化、社会化程度的提高，农业生产与再生产所必需的一部分最基本的消费资料和生产资料随着农业内部社会分工的发展，以及农业与其他产业部门社会分工的发展，逐步地由自给性产品生产向商品性产品生产转化，从而使得整个生产方式的性质也发生相应的转变，即逐渐失去其曾经具有的独立性、封闭性，逐渐强化其开放性、依赖性。

三、乡村经济发展趋势

随着城乡经济社会的发展，以及农村工业化、城市非农产业向农村扩散，必然逐步改变以往农村经济社会所固有的分离性、封闭性。随着城乡经济社会的不断发展，不仅城乡之间的联系加强了，农村内部联系及现有结构也会发生变化。具体而言，乡村经济发展的基本趋势是农业产业化、农业现代化、农村城市化与城乡一体化。

（一）农业产业化

农业产业化，是以国内外市场为导向，以效益为中心，依靠龙头带动和科技进步，对农业和农村经济实行区域化布局、专业化生产、一体化经营、社会化服务和企业化管理，形成贸工农一体化、产加销一条龙的农村经济的经营方式和产业组织形式。也就是改造传统的自给半自给的农业和农村经济，使之和市场接轨，在家庭经营的基础上，逐步实现农业生产的专业化、商品化和社会化。

1. 农业产业化的内涵

1）农业的市场化

农业产业体系无论是其构成，还是其运营，究竟采取什么形式，都由所处的市场结构来决定；农业产业体系面临的加工与销售、专业化与一体化、全球化与区域化、劳动密集与高科技等重大关系问题的具体处理，也要根据产业体系所处的市场情况来具体决定；产业体系的内部与外部的利益关系，更是由特定时点的市场交换关系来决定的。

2）农业的社会化

社会化概念在经济学意义上有两层意思：社会化生产的规模比个体生产规模大；要把生产和再生产环节内在地、有机地结合起来。建立社会化的农业，就是要求逐步扩大农业生产经营规模，实行农业生产专业化的分工，把农业的生产、加工和流通结合为一体（田向利，2004）。

3）农业的集约化

农业的集约化是指增加农业的资金和科技投入，通过结构优化、技术进步和实施科学管理，提高农业的经济效益。农业产业化的生产经营方式，与中央提出的由计划经济向市场经济体制转变、由粗放的增长方式向集约增长方式转变是完全一致的。也就是说，农业产业化是实现“两个转变”的一个恰当的经营组织形式。农业产业化构建了连接小农户经营与社会化大市场的桥梁，创造了提高农民组织化程度和生产聚合规模经济的有效形式，并为农业的宏观管理体制改革提供了科学依据，可以实现农业由传统的生产部门向现代产业转变；以家庭联产承包责任制为基础，由生产型组织结构向多元主体自由联合的新型产业组织结构转变；由传统的技术、投入要素结构向现代的技术、投入要素结构转变。

2. 农业产业化的组织形式

近年来，我国各地农业产业化实践的具体形态虽然迥异，但其基本形式并没有超越纵向一体化和横向一体化两种类别。

纵向一体化经营，是指农业生产者同其产前、产后部门中的相关企业在经济上和组织上结为一体，实现某种形式的联合与协作。

横向一体化经营则是指分散的众多小规模农业生产（农户、农场等）在保持各自独立性的基础上直接结为一体，共同协调原料供应、产品销售加工等（靳相木和胡继连，2000）。

另外，在具体的实践过程当中，由于农业，尤其是大农业的内部产业多，性质各异，要实行农业产业化，必须将农业分成公益性农业和经营性农业。对公益性农业，如生态林的保护、大型农田水利工程建设、水土保持等，国家要加大投入，并引导和组织农村集体和农民投工投劳，使其发挥出全民受益的社会效益和生态效益。对经营性农业，如种植业、养殖业、加工业、农用工业、农产品运销等，应与工商企业联成一体。牵头单位应是那些有自我积累能力、技术创新能力和市场开拓能力的企业和经济实体，可以采取“公司+基地+农户”、“市场+基地+农户”或“协会+基地+农户”的形式，并建立相互结合和联系的机制。但是在农业产业化的过程中也要注意农户和产业链上其他主体企业之间的异质性。由于目标不一致形成较为松散的利益联结的关系，传统的农业产业化模式存在上述弊端，为此需要进一步从完善利益连接的层面加强产业链合作，形成紧密型利益连接形式，从而能够推动农业产业化进程（钟真等，2021）。

（二）农业现代化

1. 农业现代化的概念

农业现代化的过程就是由传统农业向现代农业转变的过程。不同国家的农业现代化模式不尽相同，其根本区别在于所拥有的资源禀赋的差异（杨雍哲，2004）。农业现代化是一个综合性、历史性、世界性的概念，是指用现代工业装备农业，用现代科学技术改造农业，用现代管理方法管理农业，用现代社会化服务体系服务农业，用现代科学文化知识提高农民素质的过程；是建立高产优质高效农业生产体系，把农业建成具有显著经济效益、社会效益和生态效益的可持续发展的产业的过程；也是大幅度提高农业生产能力、不断增加农产品有效供给和农民收入的过程。

2. 农业现代化的内涵

罗吉斯和伯德格在《乡村社会变迁》中把美国乡村社会的现代化发展概括为七种主要变迁：农业生产能力提高和农民数量减少；农业和非农产业联系的加强；农业生产趋向专业化；价值观趋向同一化；社会关系更加开放；乡村制度中的集权化趋势；各种关系的地位发生变化。

邓小平对我国的农业现代化作出了深刻的阐述，形成了独特的见解。邓小平强调农业现代化要走自己的路，有自己的模式，但是，他也反对搞封闭式的农业现代化，重视借鉴其他国家农业现代化历程中所积累的有益经验。邓小平指出："农业现代化不单单是机械化，还包括应用和发展科学技术等"（邓小平，1983）。现代化的农业是用现代工业和现代科学技术武装起来的农业，也是用与科学技术联系起来的现代经济管理的方法组织和管理的农业。邓小平把现代科学技术和现代经济管理方法注入农业生产中，赋予农业现代化新的内容。

（三）农村城市化

低水平城市化约束了农村剩余劳动力的转移，造成了城市与农村之间的分割。美国经济学家刘易斯（Lewis）提出的著名二元经济理论，为发展中国家设计了一条通过发展城市工业化吸收农村剩余劳动力，解决发展问题的途径。

第一，农村城市化首先会带来城市周边的农田地价快速升值，带动了一批第三产业的发展，带动了房地产业，推进城市化进程，投资的力度也会随之加大，工商资本、外国资本和民间资本都会集聚起来。

第二，农村城市化将会以其逐步增强的经济辐射力和带动力，促进农村产业结构的调整，繁荣农村经济。广大的发展中国家应当抓住机遇，充分利用世界资源、资金和人才等，加快农村城市化的步伐，加速城乡一体化进程，利用国际产业结构调整的时机，进行城乡产业结构调整和产业升级换代，促进综合国力的不断提高和经济、社会的可持续发展。

第三，推进农村城市化不仅需要投资，还牵涉各方面的改革创新和一系列部门利益的重新分配，如土地权属划分、统一规划调整集中、投资体制、金融体制、公共设施建设等多方面的相关政策制度改革，以及政府管理体制的改革。

在我国，要把城乡作为一个整体，搞好城乡布局规划和建设规划，着力形成中心城市、中心镇、中心村一体化规划体系。充分发挥城市的集聚、带动和辐射作用，加强城市建设，整合各种资源，加强农村基础设施建设，促进城市基础设施向农村延伸，着力改变农村建设滞后于城市的状况。建立政府主导、市场运作的多元化投资机制，优先发展社会共享型基础设施，扩大基础设施的服务范围、服务领域和受益对象，让农民也能分享城市基础设施，分享整个社会科技进步的优秀成果。

（四）城乡一体化

城乡一体化的发展趋势，是把城市与农村的经济社会发展看作统一的经济社会系统的建立过程。而这个统一的经济社会系统，在生产、流通、消费、社会、文化、居民点分布等方面，把城市与农村紧密地联系在一起。它是一个不同于城市与农村各自独立的结构系统的新型结构系统，也就是在城乡一体化基础上形成的新型结构系统。当城乡经济社会发展到这个阶段，农村的内部联系及农村与城市之间的外部联系，将逐步地让位于城市与农村的各一体化要素范围内的联系。从而逐步形成了把城市和农村联结起来的统一的、完整的系统范围内的联系。这就是城乡一体化的特定含义。

城乡一体化，包括城乡空间、市场、产业结构和经济社会发展四个方面。

第一，城乡空间一体化。实现城乡空间一体化，主要从两个层面的工作着手：首先，加强城乡空间布局的总体规划。将城市中心与周围乡镇及乡村居民点作为一个整体，统一编制城乡产业发展、土地利用、城市人口、基础设施、生态环境等专项规划，最终建立一个城乡相互配套、衔接、管理有序、落实到位的规划体系。其次，空间一体化的实现有赖于快捷畅通的联系渠道和联建共享的基础设施。因此，城乡交通、通信等区域性基础设施必须先行规划和建设，尽快形成内外衔接、城乡互通、方便快捷的交通通信网络，从而保证城乡生产活动联系的密切性、城乡居民远距离就业及乡村居民生活消费行为的便利性。

第二，城乡市场一体化。市场是生产要素、中间产品和最终消费品流通、配置、交换的主要途径和载体。打破城乡二元体制，实现城乡“经济自由”，重要的一条就是废除旧有的城乡二元化的市场管理手段，统一乡村市场与城市市场，协同运作，自由流通，构建既包括要素市场又包括产品市场的、类型齐全、功能完备的市场体系（安虎森，2008）。重点是消除要素在城乡之间自由流动的各种体制性政策性障碍，营造城乡一体化的要素市场。

第三，城乡产业结构一体化。根据城市和农村的不同特质要求和发展优势，合理分工，互促共进。从分工角度解决城乡之间产业同构和过度竞争的问题，使城乡之间形成一种相互支撑的经济技术联系。中心城市作为区域的发展极，重点应发展金融、贸易、信息、服务、文化和教育等第三产业；中小城市以生产性功能为主，充当中心城市向农村扩散经济技术能量的中介和农村向城市集聚各种要素的节点；农村以规模化种植的农业生产支撑大中小城市对资源和要素的需求，获取农业经营的规模效益和城市化发展的整体效益。

第四，城乡经济社会发展一体化。调整国民收入分配格局，在财政、金融、税收体制上采取突破性大举措，努力缩小城乡差距、农民与市民的差距。在农村财政政策方面，增加农村财政资金总量，转换运行机制，对农产品和农业生产者给予一定的税收优惠。在农村金融政策方面，通过增加贴息等措施，鼓励金融机构向农民和农业生产经营组织提供贷款。

四、乡村振兴与共同富裕

（一）乡村振兴与共同富裕的内涵

1. 乡村振兴的内涵

乡村振兴是以农村经济发展为基础的全面振兴（高云才，2018）。实施乡村振兴战略，是党的十九大作出的重大决策部署，十九大报告用“产业兴旺、生态宜居、乡风文明、治理有效、生活富裕”这二十个字高度概括了党对乡村振兴的总体要求，是对乡村振兴基本内涵的科学定位，展现我国从城乡统筹、城乡一体化到乡村振兴的清晰发展脉络（叶兴庆，2018）。随后，在2018年，《中共中央 国务院关于实施乡村振兴战略的意见》发布，强调了新时代实施乡村振兴战略的重大意义、实施乡村振兴战略的总体要求等内容。党的二十大报告进一步提出，要全面推进乡村振兴，坚持农业农村优先发展。

2. 共同富裕的内涵

共同富裕是中国特色社会主义的根本原则。改革开放和社会主义现代化建设新时期，邓小平同志将实现共同富裕确定为社会主义的根本目标和优越性的充分体现。共同富裕是中国式现代化的重要特征，是中国共产党人为之而奋斗的初心和使命。共同富裕是一个相对概念，是一个不断发展的状态，既不是同步富裕，也不是同等富裕。实现共同富裕是一项系统工程，具有长期性、艰巨性、复杂性。是否坚持共同富裕，成为区分中国式现代化新道路与西方现代化道路的一个重要标志。

（二）乡村振兴与共同富裕的辩证关系

乡村振兴是实现共同富裕的必经之路。乡村振兴代表了新时代农村发展的新方向、新目标，是实现共同富裕的必然要求和根本保证，要把握好两者的辩证统一关系。

1. 乡村振兴是实现共同富裕的必然要求

要实现共同富裕，必先实现乡村振兴。党的十八大以来，党中央审时度势，采取有力措施保障和改善民生，把逐步实现全体人民共同富裕摆在更加重要的位置上，完成了脱贫攻坚、全面建成小康社会的历史任务，困扰中华民族几千年的绝对贫困问题得以历史性解决，实现了第一个百年奋斗目标，为促进共同富裕奠定了坚实的基础。然而，发展不平衡、不充分问题仍然存在，缩小城乡发展差距、实现全体人民共同富裕依然任重道远。共同富裕离不开乡村的富裕。作为脱贫攻坚的延续和发展，乡村振兴承载了缩小区域、群体、城乡发展差距和促进社会公平正义的使命，顺应了新时代亿万农民对美好生活的期盼。实施乡村振兴战略的总目标是农业农村现代化，而共同富裕是农业农村现代化要达到的目标。因此，乡村振兴战略作为解决“三农”问题的重要战略部署，是实现“两个一百年”奋斗目标的必然要求，也是实现全体人民共同富裕的必然要求。要全面推进乡村振兴，巩固拓展脱贫攻坚成果，扎实推动乡村产业、人才、文化、生态、组织振兴，推进共同富裕，特别是推进农民农村共同富裕。

2. 乡村振兴是实现共同富裕的根本保证

党的十八大以来，中国特色社会主义进入了新的发展阶段，我国站到了新的历史起点，“共同富裕”理念在价值意蕴上也有了新的重构。除了经济层面的要求，政治、精神文化、社会和生态层面的共享也至关重要。乡村振兴和共同富裕的政策内涵体现了高度统一。

产业兴旺是我国乡村振兴的重点，是实现共同富裕的物质基础。因地制宜发展优势、特色农业产业，以产业之旺补齐城乡收入差距短板，可拉动就业、促农增收。

生态宜居是我国乡村振兴的关键，是实现共同富裕的重要体现。不断提升农村人居环境水平，建设美丽乡村，打造宜居村落，激活乡村内生动能，是实现农民高品质生活的共同富裕的表现形式。

乡风文明是我国乡村振兴的保障，是实现共同富裕的文化支撑。良好的乡风是乡村、宗族绵延不绝、繁衍生息的精神内核，推进乡风文明的建设，弘扬良好乡风文化，是乡村振兴的精神支撑和内在要义，而符合社会主义核心价值观的乡风文明，又为共同富裕的实现搭起了文化架构和人文内核。

治理有效是我国乡村振兴的基础，是实现共同富裕的社会保障。善治有法的乡村构建起乡村全面振兴大引擎的基础稳压器，公平正义又为推进共同富裕提供了稳定的社会保障。

生活富裕是我国乡村振兴的根本，是实现共同富裕的核心要义。现阶段下的贫富差距，在大部分地区、人群中多表现为经济收入上的不均。要实现乡村百姓生活富裕，则要缩小城乡收入差距（赵戊辰，2021）。

因此，以“产业兴旺、生态宜居、乡风文明、治理有效、生活富裕”二十字为总要求的乡村振兴战略，充分体现了实现共同富裕的根本保证。

（三）乡村振兴与共同富裕的驱动机制

1. 中国特色社会主义制度优势驱动

实施乡村振兴实现共同富裕不仅是一个经济和社会发展问题，更是一个重要的制度公平正义性问题。党的十八届三中全会将“三农”问题摆在了更加突出的位置。随后一系列相关政策也付诸实践，农业农村发展的落后局面得到了极大改善。实施乡村振兴战略、走共同富裕道路，是准确把握新发展阶段、深入贯彻新发展理念、加快构建新发展格局的关键所在。

2. 城乡一体化发展目标驱动

城乡融合发展的终极目标是城乡一体化。当前，我国城市与乡村之间的发展差距在逐渐缩小，但这与理想的城乡一体化发展状态还存在差距，城乡之间在经济、社会、人文生态等方面还没有完全实现真正的协调发展。因此，实施乡村振兴战略，促进城乡全面融合，从而达到人口与产业在城市和乡村之间的均衡，实现城市与乡村居民收入水平和生活质量接近是共同富裕道路上城乡一体化发展目标推力的重要体现。

3. 社会结构优化目标驱动

中等收入群体规模关乎社会稳定发展。中等收入群体的比例越大，收入分配的公平性越高，社会就越稳定。脱贫攻坚的胜利与全面小康社会的建成，绝对贫困问题被彻底解决，但城乡收入差距过大引起的相对贫困问题依然存在。应扩大中等收入群体规模，进而形成橄榄型社会，为共同富裕奠定坚实的物质基础和有效的社会基础。而扩大中等收入群体规模，缩小城乡收入差距关键要瞄准农村农民，加强农村社会保障制度建设，提升农民就业质量，促进农民共同富裕，促进社会结构优化。

4. 农村资源配置势能驱动

在城乡二元体制长期束缚下，我国农业农村资源配置扭曲和农业综合生产效率提升问题依旧存在。提升农业综合生产效率，实现农业部门与非农部门的劳动生产率趋同，巩固农业在国民经济可持续发展中的基础地位显得更加迫切。使城市的资本、信息和技术与农村的劳动力、土地要素加快对接，使农业农村要素配置巨大势能释放成为推进乡村振兴战略、实现共同富裕的重要推动力。

第三节　统筹城乡发展与城乡融合发展

城市与乡村本来是经济社会系统的两个有机统一的子系统，城乡发展是一个有机统一体。但是，从20世纪50年代开始，与高度集中的计划经济体制相适应，我国实行了城乡经济社会分割发展的制度和政策，进一步强化了固有的城乡二元结构。在这种制度背景下，经济增长与社会发展呈现出不平衡的特征。

因此，打破城乡二元结构，统筹城乡发展，形成新的城乡经济社会发展战略思路和格局，势在必行。

一、统筹城乡发展的动因和内涵

发展经济学认为，在工业化初期，工业通过依靠农业的积累和剥夺农业的利润来加速发展，城市逐步繁荣，农业开始萎缩，城乡差距一般呈持续扩大趋势；在工业化中期阶段，农业对工业的基础性制约作用显现出来，同时，经过高速发展的工业及所带来的先进的生产技术和管理手段，对农业发展已具备了较强的促进作用。这就为工业与农业、城市与乡村协调发展奠定了基础，城乡差距保持相对稳定；工业化后期差距将逐渐缩小，直至达到城乡经济和社会发展的一体化。目前，我国已经处于工业化中期阶段，实现工业与农业、城市与农村协调发展的条件基本具备。

统筹城乡经济社会发展，是相对于传统经济体制下工农分割、城乡分治的二元经济社会结构而言的（朱玉春等，2023），它要求把农村经济与社会发展纳入国民经济与社会发展全局之中，与城市发展进行统一规划、综合考虑，改变重工轻农的城市偏向，以工农协调发展和城乡一体化为目标，统筹解决城市和农村发展中的各种问题。统筹城乡发展的核心是要能够使得城乡要素得到自由流通，以此来减少不平等的分割方式。统筹城乡发展的关键是进行制度创新，通过颁布合理的制度，打破制约农村发展的约束条件，这样才能真正实现城乡协调发展（张秋，2019）。

之所以要实行城乡统筹，是因为农村和城市是相互联系、相互依赖、相互补充、相互促进的，农村发展离不开城市的辐射和带动，城市发展也离不开农村的促进和支持。因此，必须统筹城乡经济社会发展，充分发挥城市对农村的带动作用和农村对城市的促进作用，才能实现城乡经济社会一体化发展。长期以来形成的城乡二元社会结构，使我国城市和农村的经济社会发展都处于相对封闭的自我循环之中，这种计划经济体制下形成的社会经济结构在历史上起到了一定的积极作用，但却是制约新时期经济发展的一个瓶颈。缩小城乡差距、工农差距，对于解决“三农”问题，提高农民收入，促进经济社会全面发展，实现农业现代化具有重要意义。

二、城乡统筹的依据

美国经济学家刘易斯在20世纪50年代提出了一个颇具影响力的二元经济理论。他认为，农业剩余对工业部门的扩张和劳动力向城市转移具有决定性的意义。发展只能在城市工业部门优先增长的基础上进行，经济发展是城市现代工业部门不断扩张的过程，新的就业机会是由城市工业部门的不断扩张创造出来的。在两种不同经济中就业的相对人口的比例取决于高工资经济中能提供就业机会的资本数量，也取决于高工资经济中的工资水平。剩余劳动力由边际生产力低的农村向边际生产力高的城市转移，必然推动经济增长，而城市化带来的人力资源在城市和农村间的重新配置是实现经济发展的根本途径。

20世纪60年代末70年代初，美国经济学家托达罗（Todalo）从发展中国家城乡普遍存在失业的前提出发，认为以前的经济理论将农村劳动力向生产力较高的工业部门的转移视为一步到位的过程的观点是不实际的，其没有考虑到那些缺乏技术的农村移民是否有可能真正在高报酬的城市工业部门中得到就业机会，由此，他提出了城乡人口流动模型。托达罗提出了与刘易斯相反的政策含义：第一，城市就业机会的创造无助于解决城市的失业问题。城市就业机会越多，就越会诱导人们对收入趋涨的预期，以致城市失业水平也越高。第二，改变政府干预城市工资水平形成的政策。政府干预城市工资水平，特别是制定最低工资线，并对城市失业人口给予最低生活补贴，会导致要素价格的扭曲，带来更多农村劳动力进入城市，使城市失业率更高。第三，调整教育投资结构。农村人口受教育的程度越高，其向城市转移的预期收入就越高，不加区别地发展教育事业，会加剧劳动力的迁移和城市失业。因而应当减少教育事业方面的过度投资，特别是在高等教育方面更应如此。第四，重视农村与农业的发展，消除城乡经济机会的不均等，增加农村的就业机会。超出城市就业机会供给的农村劳动力的迁移，既是发展中国家不发达的标志之一，又是加剧不发达的一个因素。并且，由于现代工业部门的大多数职位需要大量的补充资源的投入，城市的职位创造远比农村的职位创造困难，代价也更为昂贵。要解决城市失业问题，最重要的就是加快农村和农业的发展，恢复城市和乡村在实际收入方面的适当平衡。

三、城乡统筹的主要内容

城乡统筹的发展就是通过加快推进农村城市化、农业现代化和农民市民化，实现经济、社会结构的全面转换。

城乡统筹的主要内容包括以下三个方面。

（一）统筹城乡经济资源，实现城乡经济协调增长和良性互动

在市场经济条件下，土地、资金、技术、劳动力是支撑经济主体发展的重要经济要素，平等的市场主体应该享有平等地接近和享用这些经济要素的权利。但较长时期以来城乡经济主体在利用经济资源方面一直处于不平等地位，甚至在政策偏向的支持下，农民经

济资源的收益还被无偿剥夺以支撑城市经济的发展。例如，农村集体征用土地的补偿办法仍停留在行政划拨年代，土地出让价格远远高于对农民的补偿，这已成为农民利益流失的一条主要渠道；农村资金外流严重，农民获得资金支持较为困难，农民融资权得不到保证；由于城乡二元的户籍制度及其相应的限制政策的存在，农村劳动力不能在城乡之间自由流动，不能平等就业、公平竞争，过多的农村剩余劳动力被限制在经济资源匮乏的农村，劳动力资源得不到有效配置；农技投资不足、农技推广体系不完善，使科学技术对农业和农村经济的支持得不到充分的发挥等。这些资源收益权享用的不平等，是制约城乡二元结构问题解决的关键因素。统筹城乡经济资源，保证农民平等地享用经济资源，是统筹城乡经济社会发展的关键。必须建立有效机制，保证农民的土地收益权、平等融资权、平等劳动就业权和技术享用权。

（二）统筹城乡政治资源，实现城乡政治文明共同发展

长期以来，城乡居民不能平等地接近政治资源，农民获取政治资源的能力过低，缺乏真正意义上的农民利益的政治表达，导致农民在同其他市场主体或利益集团的博弈中处于劣势。农村主体对政治资源的享用主要体现在农民自组织的政治权利和平等获得权能信息[①]的权利，二者是相辅相成的。只有建立健全农民的自组织，才能保证获得各项政治权利，才能提高农民的合作意愿，在市场交易和社会生活中，农民的权利才能得到有效维护；只有平等地获得权能信息，才能保证各项政治权利的落实，如果权能信息，尤其是一些有利于农民的政策、法规没有顺利传播，农民就很难获知和掌握权利的具体内容，也就不会很好地行使那些权利。因此必须统筹城乡政治资源，使农民具有与城市居民平等的政治地位，使其真正地参与国家、社会事务的管理，体现和维护自身利益（宣迅，2004）。

统筹城乡政治资源最为重要的是体制和政策的转换问题，只有体制和政策问题解决了，才能真正培育出适应市场经济要求的主体，才能真正形成自适应的调整和创新机制，实现统筹城乡经济发展。因此，统筹城乡体制改革，尤其是统筹城乡政治体制改革，是统筹城乡经济社会发展的应有之义。村民自治、与税费改革密切相关的县乡机构改革、培育农民自己的生产经营组织等，都不仅仅是经济和社会问题，它们的成败也同样取决于政治体制改革的方向和力度。

（三）统筹城乡社会资源，实现城乡精神文明共同繁荣

文化、教育、卫生、社会保障、环境等社会资源的匮乏已成为制约农村经济社会发展的重要瓶颈。一方面，社会资源的匮乏致使农民受教育程度、文化素质过低，其获取接受经济、政治资源的能力难以提高；另一方面，社会资源的匮乏致使农村的生产生活环境、生活质量与城市的差距过大，不仅农村区域以外的资金、技术、劳动力等生产要素不愿向农村转移，就连农村本身的优秀劳动力、资金技术等关键生产要素也会迅速流失，大大降低了农村的可持续发展能力。因此，统筹城乡经济社会发展，从根本上扭转城乡二元结构，必须充分重视农村社会事业的发展。努力实现城乡社会资源的统筹安排、有序使用，促进城乡精神文明的共同繁荣。这也是统筹城乡经济社会发展战略的重要内容。

---

① 权能信息即由社会中的各种权力机构产生的政治信息，包括一些决议、意识形态领域的指导思想、法律条文、指示精神等，具有权威性、不可挑战性。

四、统筹城乡发展的领域与措施

根据中国城乡发展过程中的矛盾与问题，中国未来时期统筹城乡发展有五大重点领域。

（一）统筹城乡经济社会发展

全面建成小康社会，最艰巨、最繁重的任务在农村。加速推进现代化，必须妥善处理工农城乡关系。构建社会主义和谐社会，必须促进农村经济社会全面进步。农村人口众多是我国的国情，只有发展好农村经济，建设好农民的家园，让农民过上宽裕的生活，才能保障全体人民共享经济社会发展成果，才能不断扩大内需和促进国民经济持续发展。当前，我国总体上已进入以工促农、以城带乡的发展阶段，初步具备了加大力度扶持“三农”的能力和条件。在今后的若干年里，必须抓住机遇，加快改变农村经济社会发展滞后的局面，扎实稳步推进社会主义新农村建设。

（二）统筹发展基础教育

基础教育统筹是中国城乡统筹的主要任务之一，也是实现城乡统筹的根本依托，是解决城乡统筹其他问题的基础。

统筹基础教育是新型工业化发展的需要。中国是在工业化与城市化过程中实现城乡统筹，大量的农村人口要进入城市，参与现代城市经济发展。如果农村基础教育缺乏，农村劳动力在市场上就会缺乏竞争和就业的能力，他们或者长期停留于低层次就业领域，不仅不能成为新型工业化的有效力量，还会带来一系列社会矛盾，由城市化的积极因素变为消极因素。统筹基础教育是农业现代化的需要。工业化和城市化不仅是工业与城市的发展问题，也同时是农业和农村的发展问题，当大量的农村人口进入城市之后，农业的规模化和技术进步进程将大大加快，农业劳动力也必须由小生产者转变为现代农业技术产业工人，或者农业企业家。换言之，如果农村基础教育缺乏，将来农民不仅在城市做不好工人，在农村也做不好农民，中国的农业竞争力就难以保证。

（三）统筹城乡居民迁徙权

统筹城乡居民迁徙权是城乡统筹的又一重要领域。要实现统筹城乡发展，必须建立相互开放的城乡发展机制。任何形式的封闭，都只能并且必然导致城乡差距拉大、城乡矛盾激化。

中国处于城市化的高速发展时期，大量的人口在流动、迁移，是非常正常和不可避免的社会现象。中国正在进入移民时代。随着城市化水平的提高，流动人口还将不断增加，流动性还会加大，直至中国进入城市社会。

在这一自然历史过程中，如果社会和政府对流动人口采取宽容和接纳的态度，允许人口自由迁徙，这些流动人口就可以在相对较短的时间内寻找到新的发展空间，基本稳定下来，融入正常的城市运行轨道。相反，如果政策是封闭的，或者是半封闭的，或者是举棋不定的，对流动人口采取歧视、排斥和不欢迎的态度，那么，社会的不稳定性将加剧，不稳定期将延长，甚至由积极的不稳定因素演变为消极的不稳定因素，整个国家将为城市化付出极其沉重的代价。

（四）统筹城乡就业

就业统筹是城乡统筹的第四人领域。统筹城乡就业，最根本的举措是建立城乡统一的劳动力市场；其次是客观认识、梳理扩大城镇就业思路，并据此调整就业政策。

1. 深化就业与户籍制度改革，建立城乡一体化的劳动就业体系

要打破城乡分割的就业制度和户籍制度，建立城乡平等的就业制度和户籍制度，扩大农民就业渠道。坚持以就地城镇化和就地就业为主的方针，充分发挥区域块状经济对吸纳农村劳动力就业的巨大作用，发挥县域与中心镇吸纳农村人口门槛低的优势，把工业园区与城镇新区建设结合起来，把产业集聚与人口集聚结合起来，增强区域块状经济和城镇吸纳农村劳动力的能力，促进农民进城务工经商和安居乐业。以提高农村劳动力就业率为重点，按照“公平对待，合理引导，完善管理，搞好服务”的方针，打造统一、开放、竞争、有序的劳动力市场，建立城乡一体的劳动力就业体制，完善就业服务体系及劳动就业政策，实现城乡劳动力平等就业。采取“政府买单、市场运作”的方法，加强农村劳动力就业培训，引导农业劳动力向第二、第三产业转移，使农村居民劳动就业者能享有城镇居民劳动就业者同等的权利和义务，加快推进城乡劳动就业一体化。

2. 统筹城乡就业政策，加快农村劳动力的流动和转移

一要统筹城乡就业政策，将农村劳动力就业纳入国家整体就业规划，把积极的财政政策与积极的就业政策结合起来。二要积极调整产业布局，重视劳动密集型制造业的发展，积极扶持乡镇企业，努力创造就业机会，再创农村非农产业辉煌。三要大力开展对农村劳动力的职业技术培训，增强农村劳动力自就业能力。

（五）统筹社会保障

进入城镇的农村居民的相对稳定的工作与生活，有赖于统筹城乡社会保障制度（陶良虎等，2012）。

社会保障是保障和改善民生、维护社会公平、增进人民福祉的基本制度保障，是促进经济社会发展、实现广大人民群众共享改革发展成果的重要制度安排。要健全覆盖全民、统筹城乡、公平统一、可持续的多层次社会保障体系，进一步织密社会保障安全网，促进社会保障事业高质量发展、可持续发展。

五、城乡融合发展的实现路径

城乡融合发展的实现路径存在区域差异，要立足当代中国生产力发展水平，基于中国的时代特色、人本特色，以制度转型和创新为突破口，有机结合城市与乡村发展，使城乡社会相互协调、共同繁荣，使城乡经济互相支持、共同发展，推动城乡在要素配置、产业发展、公共服务、基础设施、居民收入等方面的融合，形成资源共享、产业互补、交通一体的经济圈或经济带，最终实现城乡生产、生活及生态融合。

（一）要素配置合理化

第一，构建城乡统一的要素市场，促进城乡要素自由对流。要充分发挥市场配置资源的决定性作用，完善市场价格形成机制，让价格机制引导要素有序流动。一方面，清除农村要素进入市场的壁垒，保障农民的要素收益权（许彩玲和李建建，2019）；另一方面，吸引城市里的人才、土地、资本、技术、信息等先进生产要素快速下乡进村，在乡村形成人才、土地、资本、技术、信息汇聚的良性循环。

第二，转变政府职能，解决要素市场配置效率的问题。要为要素在城乡之间有序流动

建立便利化的创新服务机制。由于信息等因素的存在，要素市场扭曲或错配在短期内无法得到缓解。政府作为资源的配置手段，弥补市场失灵才是政府职能的本质，应优化政府和市场之间资源配置决策权的分配，优先尊重市场自我调节机制，一旦超出临界点，政府将由被动补充地位转为主动配置地位，引导资源配置优化，以有效提高要素市场配置效率。要更好地发挥各级政府，尤其是中央政府的宏观调控作用，以财政政策、税收政策、农村土地产权制度、户籍制度、金融制度改革为突破口，根据要素市场非效率的结构状况，动态优化财政收支结构，通过强化制度供给打破城乡二元结构，建立健全的、有利于城乡要素有序流动的体制机制，实现城乡融合发展。

第三，充分发挥科技创新，缩减城乡要素对接的交易成本。科技创新作为经济高质量发展的核心手段，是推动农业高质量发展的重要源泉（周清香和何爱平，2022）。科技创新与要素配置互为因果、相互促进、彼此依靠，要通过现代科技改造传统农业，通过科技创新与应用推进农业绿色增产、节本降耗、提质增效，利用“互联网+”等信息技术加速产业深度融合，缩减城乡要素对接的交易成本，推动城乡要素跨域配置和产业有机融合。

（二）产业发展融合化

第一，加快推进城市产业转型升级，促进城市产业合理布局。中心城市要构建现代化开放型产业体系，延伸产业链、提升价值链和优化供应链，提升在全球产业分工体系中的参与层次，积极参与全球范围内的资源配置。同时，要加强城乡劳动分工，深化城乡产业融合，推动资源型产业、劳动密集型加工业、传统服务业、涉农产业向周边乡镇和农村转移，尤其是乡镇企业要面向“三农”，着眼于更好地服务乡村的生产和生活，对市场结构、产业结构和产品结构加以调整。还要推动基础设施和公共服务向周边乡镇和农村延伸。

第二，培育和发展农业农村新产业、新业态、新模式，完善农村产业体系。在稳定农村土地承包关系和坚持农民家庭经营为主体的前提下，紧密农企利益联结机制，鼓励土地经营权规范流转。发展多种形式的适度规模经营，实现乡村经济多元化和农业全产业链发展；着重发展农产品精深加工业，促进农产品及加工副产物综合利用和农业经营效益的提升；要扩展和发挥农村生态、休闲、文化、体验等多种功能，推动农村产业多样化发展，促进农业农村现代化。着力推进生态农业、绿色制造业、现代服务业、观光旅游业等绿色环保产业发展，限制高耗能、高排放、高污染产业扩张，大力淘汰落后产能，运用现代科技开发利用乡村生态资源，提高农村产业的附加值和可持续性，构建彰显地域特色和乡村价值的产业体系，为消费者提供更多更好的绿色生态产品。要大力发展农村金融、保险、物流、旅游、电子商务等涉农服务业，推动农村一、二、三产业融合发展，增强供给结构对城乡居民需求的适应性和灵活性。

第三，建立适应新产业、新业态、新模式发展特点的政府引导和管理机制。产业融合发展主要依靠市场，但离不开政府推动。产业融合需要建立适应新产业、新业态、新模式发展特点的政府引导和管理机制。围绕解决好“用地难”“融资难”等痛点问题，创设有利于产业融合发展的政策支持和配套服务体系。通过税费改革与财政支持，引导农民依据资源禀赋优势，发展低碳环保节能产业，促进农村资源整合，加速实现农业农村现代化。

（三）公共服务均等化

第一，深化公共服务体制改革。打破城乡之间的公共服务和社会保障等二元体制，针对人口结构、社会需求等新变化，以实现实质性公平为导向，健全有利于城乡基本公共服务实现普惠共享的体制机制，推进城乡基本公共服务标准统一和制定并轨，实现社会保障的城乡一体化。充分利用大数据、人工智能等新技术，使固定设施和流动服务相结合，扩大公共服务覆盖的广度和深度。建立城乡教育资源均衡机制，促进优质教育资源城乡共建共享。进一步改善乡镇医疗卫生条件，加强乡村医疗卫生人才队伍建设。统筹城乡公共文化设施布局，推动文化资源城乡覆盖。建立和完善城乡居民基本养老和社会保险制度，推动城乡社会保障差距逐步收敛。

第二，扩大城镇基本公共服务的覆盖范围。进一步改革户籍制度，健全农业转移人口市民化机制。鼓励各地区进一步放宽落户条件，完善和落实农业转移人口市民化的财政支持政策，保障农民工与城镇居民平等享有公共服务，破解城市社会新型二元结构问题。深入挖掘小城镇的生态涵养、旅游观光、健康养生、文化传承等多种价值，重点发展一批经济实力强、发展机制活的特色小城镇，加强特色小城镇公共服务设施的完善，使特色小城镇成为担负农村公共服务的载体。

第三，优先安排农村公共服务。继续加大公共财政对农村基本公共服务的投入力度，加快补齐乡村公共服务和社会保障短板，进一步扩大农村公共服务的范围，提升基本公共服务的质量和效率，加大对基础教育、医疗卫生、就业培训、“三留守”关爱服务等基本公共服务的资金投入，支持地方政府发行债券投资乡村振兴公益性项目，着力提升村容村貌，提供完善的公共服务设施 。

第四，探索和建立公共服务多元参与机制。通过财政转移支付、税费减免等多种手段，完善激励机制，积极引导和鼓励社会力量参与公共事业，形成扩大供给合力。通过招标采购、政府参股等形式增加公共服务供给，形成政府、市场和社会力量多元供给模式，推进精细化公共服务供给。

（四）基础设施联通化

第一，建立健全有利于城乡基础设施一体化发展的体制机制。城乡基础设施为城乡融合发展提供不可或缺的硬环境，为了实现基础设施高效率的联通，要遵循城乡体系结构和人口流动变化的规律，加快实现城乡基础设施的规划、建设、管护的统一性。要充分利用规模经济和外部经济的优势，促进城乡交通同网、信息同享、互联互通，避免基础设施重复建设，提升基础设施利用效率。加快补齐基础设施短板，加大新产业、新业态发展的基础设施投入，形成面向未来、相互衔接、适度超前的功能体系，提高基础设施的建设水平、运营标准和管理质量。

第二，完善农村基础设施建设。在城乡融合发展过程中，加强乡村公共基础设施建设是重要一环。要科学制定农村基础设施建设规划，坚持先建机制、后建工程。加快建设适应农村新产业、新业态、新模式发展的现代基础设施，加大政府对乡村供水、供电、网络和物流等薄弱环节的基础设施的投入力度，促进乡村基础设施改造和提档升级。发挥政府投资的引导作用，带动社会力量参与农村基础设施建设，构建农村基础设施建设多元化投融资格局，补齐农村基础设施短板。

（五）居民收入均衡化

促进居民收入均衡，难点在农民收入增长。要落实以人民为中心的发展思想，着眼缩小城乡收入差距，加快消除就业歧视，改变“取之于农、用之于城”的局面，改变城乡不平等的就业环境，保障农民工与城镇居民享有平等的就业机会，实现农民工与城镇职工同工同酬。在增收新动能方面，要进一步拓展城乡居民收入渠道，形成更加紧密的产业化利益联结机制、合理的增值收益分配机制，健全农村集体经营性建设用地入市配套制度，通过盘活土地资源，推动土地等资源变资产、资产资本化，切实增加农民财产性收入，让利益更多地留在农村、留给农民。

本章课程思政与实践教学设计

教学环节	教学过程	课程思政
问题导入	城市是人类进步与文明在空间上的集中体现，也是一个国家和地区的经济、政治、文化中心和交通枢纽，它对于区域经济发展的具有导向性作用	正如城市对区域经济发展具有的辐射功能那样，学生更应该将自己的能力和创新精神辐射到周围的社会和经济领域，注重自身素质和技能的提升，增强自身的竞争力和适应力，发挥自己的影响力和示范作用，与他人共同解决社会经济领域面临的问题
知识讲解	1. 介绍城市在区域经济发展中的聚集、辐射、创新和协调作用 2. 讲解城市经济增长的基础理论与供给指向的模型 3. 介绍城市化和新型城镇化的内涵，以及新型城镇化的衡量方法与指标 4. 介绍城市经济区中的中心城市和城市体系，以及如何划分城市体系等级和计算城市指数等 5. 介绍城市群、都市圈的概念，以及二者的联系和区别	
实践环节	1. 利用学生在校期间的各类小假期，适时安排相关新型城镇化的学习、志愿者服务等活动，加深学生对课堂理论知识和实践技能的理解 2. 利用学生寒暑假的时间，由专门的指导老师带队，组织学生去实习单位从事专业相关工作，深入挖掘新型城镇化中的自然、人文、经济、资源、生态、社会等方面的典型案例，了解新型城镇化的现实问题与需求，把课堂知识和课外实践相结合	参加实践与志愿者活动，能够增强学生的团队合作能力、沟通能力、问题解决能力等，能让学生深入了解推进新型城镇化的现实问题与需求，进而培养社会责任感和使命感
第二课堂	1. 开展丰富多彩的与新型城镇化相关的第二课堂活动，如新型城镇化的相关学术报告 2. 强化创新实践训练。通过鼓励和激励学生参与大学生创新创业训练计划、参与新型城镇化的科研项目设计，举办各类新型城镇化主题设计竞赛，参与教师科研项目，深入探讨新型城镇化问题，培养学生的创新实践能力	参与创新项目和科研设计将让学生面临各种实际问题和挑战，从中学习如何分析问题、制定解决方案、实施计划等，不断培养问题识别、信息收集、分析判断、决策执行等能力

续表

<table>
<tr><th>教学环节</th><th>教学过程</th><th>课程思政</th></tr>
<tr><td>启发探究</td><td>乡村同样也是国家经济社会发展的重要组成部分，那乡村经济在区域发展中扮演怎样的角色呢？</td><td rowspan="2">随着社会的不断发展，现代化已经成为各类企业、行业的发展方向，因此，学生应该及时调整自己的目标，适应时代的变迁和大环境的改变，不断磨砺自己，才能更好地适应市场需求、应对未来的挑战</td></tr>
<tr><td>知识讲解</td><td>1. 介绍乡村经济在区域发展中的地位与作用
2. 以农业特征为基础，揭示传统乡村经济的特征
3. 介绍乡村经济发展趋势，举例说明农业产业化、农业现代化、农村城市化与城乡一体化必然是未来发展的趋势
4. 理解乡村振兴与共同富裕之间的辩证关系、驱动机制，以及推进乡村振兴实现共同富裕的基本路径
5. 根据政策更新（如每年的中央一号文件），及时向学生传播党中央关于乡村振兴的最新指导意见，达到知识传授、技能提高和价值引领等综合目标的融合</td></tr>
<tr><td>实践环节</td><td>1. 协同高校、政府、村镇等主体，构建服务乡村发展的智库平台。在乡村建立实践教学平台基地，带领学生开展下乡调研、驻村实践活动，为项目咨询提供人才支撑，同时可将乡村实践项目开发成教学案例融入课堂教学、实操训练环节，编写实操手册
2. 借助短视频平台、公众号等媒介，将线上与线下教学有机结合，实施微课、网课、翻转课堂等教学，提高教学的趣味性、丰富性；以乡土中国发展演进为切入点，结合乡村振兴战略、“三农”政策，主动将乡村振兴元素融入教学，引发学生情感共鸣</td><td>在教学中融入中国传统文化、红色文化、农耕文化、乡土文化，引导学生建立文化自信和文化自觉。在行动层面上，培育学生形成心系国家、扎根乡村的情怀，引导学生以强农兴农为己任，自觉投身到乡村振兴的生动实践中</td></tr>
<tr><td>启发探究</td><td>城市和乡村两者之间具有密不可分的联系，乡村不仅提供城市所需的粮食、蔬菜、肉类和其他生活必需品，还是城市中不可或缺的人才来源。此外，城市和乡村还有许多其他的联系</td><td rowspan="2">在统筹城乡发展的过程中，我国仍然面临许多挑战，作为新时代的青年，可以通过积极参与乡村振兴战略的实施，加入城乡交流互动，加强城乡教育合作等，为实现中华民族伟大复兴的中国梦贡献力量</td></tr>
<tr><td>知识讲解</td><td>1. 以我国城乡经济的发展经历及新时期经济发展瓶颈为例，解释统筹城乡发展的动因和内涵
2. 基于美国经济学家刘易斯、托达罗所提出来的相关理论，说明城乡统筹的依据
3. 介绍城乡统筹的主要内容，基于我国城乡发展过程中的矛盾与问题，说明中国未来时期城乡统筹发展的重点领域和措施
4. 从要素配置合理化、产业发展融合化、公共服务均等化、基础设施联通化、居民收入均衡化等多方面介绍城乡融合发展的实现路径</td></tr>
<tr><td>答疑与课程小结</td><td>1. 预留一定时间供学生提出课程疑问并进行答疑
2. 总结城市经济与区域发展的关系、乡村经济与去发展的关系，以及在中国新时期背景下，如何统筹实现城乡发展和城乡融合发展
3. 通过布置相关课程设计（论文），让学生能在完成课程设计（论文）的同时，对自己的课程学习掌握程度进行全面的检查</td><td>通过课程的提问和互动，可以巩固知识的掌握，不断激发学生的好奇心和求知欲，培养探索精神和创新能力</td></tr>
</table>

主要参考文献

安虎森. 1993. 区域经济学通论. 北京：经济科学出版社
安虎森. 2008. 新区域经济学. 大连 ：东北财经大学出版社
安树伟，孙文迁. 2019. 都市圈内中小城市功能及其提升策略. 改革，(5)：48-59
蔡继明，李蒙蒙. 2019. 中国城乡融合发展的制度障碍及政策建议. 河北学刊，39（4）：139-145
蔡来兴. 1995. 国际经济中心城市的崛起. 上海：上海人民出版社
陈栋生. 1993. 区域经济学. 郑州：河南人民出版社
陈建军，陈晶晶，陈怀锦. 2018. 我国大都市群产业——城市协同治理研究. 浙江大学学报（人文社会科学版)，48（5）：166-176
陈秀山，孙久文. 2005. 中国区域经济问题研究. 北京：商务印书馆
陈耀邦. 1998. 正确认识农业面临的形势与任务. 求是，(12)：2-6
程红. 1994. 城市经济. 北京：人民出版社
邓小平. 1983. 邓小平文选（第二卷). 北京：人民出版社
丁任重，许渤胤，张航. 2021. 城市群能带动区域经济增长吗？——基于 7 个国家级城市群的实证分析. 经济地理，(5)：37-45
丁生喜. 2018. 区域经济学通论. 北京：中国经济出版社
傅娟，耿道伟，杨道玲. 2020. 中国五大都市圈同城化的发展审视及对策研究. 区域经济评论，(6)：101-110
富田和晓，藤井正. 2015. 新版图说大都市圈. 王雷，译. 北京：中国建筑工业出版社
高云才. 2018-2-5. 新时代乡村振兴的政策蓝图. 人民日报，第 004 版
郭建军. 2007. 我国城乡统筹发展的现状、问题和政策建议. 经济研究参考，(1)：24-44
韩刚，袁家冬. 2014. 论长春都市圈的地域范围与空间结构. 地理科学，34（10)：1202-1209
郝寿义，安虎森. 1999. 区域经济学. 北京：经济科学出版社
贺艳华，周国华，唐承丽，等. 2017. 城市群地区城乡一体化空间组织理论初探. 地理研究，36（2)：241-252
洪银兴，陈雯. 2000. 城市化模式的新发展——以江苏为例的分析. 经济研究，(12)：66-71
胡鞍钢，鄢一龙. 2016. 中国国情与发展. 北京：中国人民大学出版社
霍松涛. 2023. 中国乡村经济韧性测度及时空演变特征研究. 云南财经大学学报，(6)：1-17
姜长云. 2019. 关于实施乡村振兴战略的若干重大战略问题探讨. 经济纵横，(1)：10-18
靳相木，胡继连. 2000. 有中国特色的农业产业化理论. 调研世界，(5)：7-13
李剑锋. 2017. 基于大数据分析的南京都市圈出行特征研究. 科技创新与应用，(34)：1–3
林凌. 1992. 中心城市综合改革论. 北京：经济科学出版社
刘家强. 2004. 人口经济学新论. 成都：西南财经大学出版社
刘庆林，白洁. 2005. 日本都市圈理论及对我国的启示. 山东社会科学，(12)：72-74
刘世锦. 2020. 中国经济增长十年展望（2020–2029)：战疫增长模式. 北京：中信出版集团
刘星光. 2016. 生态城乡系统研究. 兰州：兰州大学博士学位论文
陆铭. 2017. 城市、区域和国家发展——空间政治经济学的现在与未来. 经济学（季刊)，(4)：1499-1532
吕玉印. 2000. 城市发展的经济学分析. 上海：上海三联书店
马克思，恩格斯. 1974. 马克思恩格斯全集（第二十五卷). 中共中央马克思恩格斯列宁斯大林著作编译局，译. 北京：人民出版社
马燕坤，肖金成. 2020. 都市区、都市圈与城市群的概念界定及其比较分析. 经济与管理，34（1)：

18-26
孟庆红. 2003. 区域经济学概论. 北京：经济科学出版社
农业部软科学委员会办公室. 2001. 农业现代化与可持续发展. 北京：中国农业出版社
欧名豪，李武艳，刘向南，等. 2004. 区域城市化水平的综合测度研究——以江苏省为例. 长江流域资源与环境，13（5）：408-412
戚晓旭，杨雅维，杨智尤. 2014. 新型城镇化评价指标体系研究. 宏观经济管理，(2)：51-54
覃剑，赵蓓蕾，巫细波. 2022. 中心城市对接服务国家重大区域发展战略研究. 区域经济评论，(3)：99-106
单卓然，黄亚平. 2013. 新型城镇化概念内涵、目标、规划策略及认知误区解析. 城市规划学刊，(2)：16-22
申现杰，袁朱. 2021. 城市群高质量发展的理论逻辑与路径选择. 开放导报，(4)：24-31
宋准，孙久文，夏添 . 2020. 城市群战略下都市圈的尺度、机制与制度. 学术研究，(9)：92-99
孙海鸣，张学良. 2011. 区域经济学. 上海 ：上海人民出版社
孙久文. 2006. 区域经济学. 北京：首都经济贸易大学出版社
陶良虎 ，陈为，郝华勇. 2012. 区域经济学. 北京 ：国家行政学院出版社
田向利. 2004. 我国农村经济社会协调发展研究，天津：天津大学博士学位论文
涂圣伟. 2020. 城乡融合发展的战略导向与实现路径. 宏观经济研究，(4)：103-116
王博，王亚华. 2022. 县域乡村振兴与共同富裕：内在逻辑、驱动机制和路径. 农业经济问题，1-7
王博宇，谢奉军，黄新建. 2013. 新型城镇化评价指标体系构建——以江西为例. 江西社会科学，33(8)：72-76
王素斋. 2013. 新型城镇化科学发展的内涵、目标与路径. 理论月刊，(4)：165-168
赫希. 1990. 城市经济学. 刘世庆，等译. 北京：中国社会科学出版社
习近平. 2021. 扎实推动共同富裕. 求是，(11)：4-8
许彩玲，李建建. 2019. 城乡融合发展的科学内涵与实现路径——基于马克思主义城乡关系理论的思考. 经济学家，(1)：96-103
许经勇. 2006. 用发展、变化的观点认识农村和农村经济——建设社会主义新农村的经济学理论思考. 北京行政学院学报，(5)：45-49
许学强，周一星，宁敏越. 2019. 城市地理学. 2 版 . 北京：高等教育出版社
宣迅. 2004. 城乡统筹论. 成都：西南财经大学博士学位论文
杨戈. 2003. 走向现代化农业——农业现代化与创新. 北京：中国经济出版社
杨吾扬，梁进社. 1997. 高等经济地理学. 北京：北京大学出版社
杨雍哲. 2004. 论城乡统筹发展与政策调整. 北京：中国农业出版社
姚士谋. 1992. 中国的城市群 . 合肥：中国科学技术大学出版社
姚永玲，朱甜. 2020. 都市圈多维界定及其空间匹配关系研究——以京津冀地区为例. 城市发展研究，27(7)：113-120
叶兴庆. 2018. 新时代中国乡村振兴战略论纲. 改革，(1)：65-73
于洪俊，宁越敏. 1983. 城市地理概论. 合肥：安徽科学技术出版社
张博胜，杨子生. 2020. 中国城乡协调发展与农村贫困治理的耦合关系. 资源科学，(7)：1384-1394
张敦富. 1999. 区域经济学原理. 北京：中国轻工业出版社
张敦富. 2005. 城市经济学原理. 北京：中国轻工业出版社
张秋. 2019. 中国经城乡统筹发展的制度安排和路径选择. 北京 ：中国经济出版社
赵鹏军，胡昊宇，海晓东，等. 2019. 基于手机信令数据的城市群地区都市圈空间范围多维识别——以京

津冀为例. 城市发展研究, 26 (9): 69-79, 2

赵戊辰. 2021-9-16. 五个维度看乡村振兴与共同富裕的辩证关系. 绍兴日报, 第003版

中国科学院. 2005. 2005年中国可持续发展战略报告. 北京: 科学出版社

钟真, 涂圣伟, 张照新. 2021. 紧密型农业产业化利益联结机制的构建. 改革, (4): 107-120

周国华, 张汉娇, 贺艳华, 等. 2020. 论乡村聚落优化与乡村相对贫困治理. 地理科学进展, 39 (6): 902-912

周清香, 何爱平. 2022. 中国城乡融合发展的历史演进及其实现路径——马克思主义城乡关系理论的视角. 西安财经大学学报, 35 (2): 29-38

周一星. 1995. 城市地理学. 北京: 商务印书馆

朱慕唐, 张海宁, 王伯言. 1988. 西方城市经济学. 北京: 中国财政经济出版社

朱舜. 2001. 县域经济学通论——中国行政区域经济研究. 北京: 人民出版社

朱玉春, 胡乃元, 马鹏超, 等. 2023. 统筹推进县域城乡融合发展: 理论内涵、实践路径与政策建议. 农业经济问题: 1-11

Au C C, Henderson J V. 2006. Are Chinese Cities Too Small? Review of Economic Studies, 73 (3): 549-576

Bosker M . 2022. City origins. Regional Science and Urban Economics, (3): 103677

Gottmann J. 1957. Megalopolis or the urbanization of the northeastern seaboard. Economic Geography, 33 (3): 189-200

Houston D, Reuschke D. 2017. City economies and microbusiness growth. Urban Studies, (14): 3199-3217

Jacobs J. 1969. The Economy of Cities. New York: Random House

Krugman P. 1996. Confronting the mystery of urban hierarchy. Journal of the Japanese and International Economies, 10 (4): 399-418

Wilson C. The Dictionary of Demography. Oxford: Basil Blackwell Ltd

第八章　区际经济关系

区际经济关系是不同区域间形成的相互依存、相互促进、相互制约的经济关系。区际经济关系是区域经济学研究的两个核心问题之一，区域经济能否持续、稳定发展，在很大程度上取决于区际经济关系是否协调。

第一节　区域要素流动与分工和贸易

区域分工与贸易是区际经济关系的一种重要表现形式。区域分工的实现途径是区际贸易，同时，区际贸易也是促进区域分工产生的前提条件。而区域贸易的发展必然伴随着生产要素的流动。

一、区域要素流动

区域分工产生的重要前提条件是区域之间的要素禀赋差异及要素的不完全流动性，它决定了一个区域发展某个产业、生产某个产品的可能性和优越性。同时，要素在区际的流动能够供给区域发展某种产业所缺乏的要素，促进区域分工产生和发展。

（一）区域要素流动概述

区域要素流动是指可流动的区域经济发展要素在区域内和区际的地域空间的位移。对于作为开放系统的区域而言，只要存在经济发展上的差异，就会产生区域生产要素的流动。而要素流动也是经济活动一体化发展的体现，是为了寻找要素的最优配置（周加来和李刚，2008）。在市场经济条件下，区域要素的优化配置是通过市场来实现的，区域要素流动也主要是在区域市场和区际贸易中实现的。

区域要素流动分为区域内要素流动和区际要素流动。因为区域并非均质，一个完整的区域总是由中心、次中心和腹地等多级分层有机组合，区域各个层次和部分因区位和发展水平不同，其要素的拥有量差异较大，所以一个区域的经济和社会发展伴随着要素在区域内部流动。在区域的不同发展阶段，区域内部各要素的极化、扩散、回流和涓滴作用始终存在。应该说，区域内各要素为了追求效率而产生了流动，要素流动促进了区域经济和社会的发展，分散了经济波动对区域发展的冲击（刘霆和谭晓萍，2009），这种发展又促进了区域内部分工和贸易，进一步加速了要素的流动。

区际要素的流动可以用对流、传导和辐射三种作用来表示（郝寿义和安虎森，1999）。其中，对流是指人口和物质的流动，如原材料和产品的运输、劳动力的迁移等；传导是指区际的各种交易过程，这个过程不是通过具体的物质流动来实现，而是通过簿记程序（价值量的交易）即财政、金融上的往来联系来完成；辐射可以理解为信息的流动和新政策、新思想、新技术的扩散等，这种扩散过程一般由较高等级上的中心城市向周围低一级直至区域内广大的农村聚落传播，即“等级扩散”。

（二）区域劳动力要素流动

1. 劳动力要素流动的分类和特点

劳动力要素是区域诸发展要素中最为活跃的要素。从时间上看，区域劳动力要素流动可以分为短期流动和长期流动；从流动的地域空间范围上看，区域劳动力要素流动可以分为区域内部流动和跨区域流动。

区域劳动力要素流动显示出向心和离心的趋势。向心趋势是指劳动者由人口稀少、经济不发达的地区流向人口密集、经济较发达的地区，而离心趋势则是劳动者由人口密集、经济较发达的地区流向人口稀少、经济不发达的地区，即劳动者离开旧的经济中心，迁往正在形成的新的经济中心。

除非有其他因素影响，劳动力流动总是由近及远逐渐进行的。准备流动的劳动者也往往依靠各种渠道获得经济信息，特别是区域间的工资差异和就业机会，在一次成功的流动后，紧接着会有若干次类似的流动，而不成功的流动则对后续流动起着阻碍和抑制作用。

2. 影响劳动力要素流动的主要因素

1）工资水平

英国经济学家希克斯在 1932 年指出：区域间的经济利益差异，主要是工资差异，这也是劳动力迁移的首要动因。事实上，在不考虑流动的空间障碍的假定下，工资水平或提供的工作岗位往往是劳动力做出空间流动决策的决定因素。工资有名义工资和实际工资之分，影响劳动力流动的是区域间实际工资水平的差异。劳动力从工资水平低的区域向工资水平高的区域流动，或者是从劳动力过剩的区域向劳动力稀缺的区域流动；区域间实际工资水平差异越大，流动性程度也就越高。

2）劳动力受教育程度

托达罗在《第三世界的经济发展》一书中指出，教育与迁移的关系比教育与出生率的关系更为密切。一个人的受教育程度与他（她）要从农村迁移到城市的动机或倾向之间存在着明显的正相关关系。劳动力所受教育越多，思维相对开阔，越易于接受新事物，具有更强的自信、更高的收入预期和社会预期，以及更多的创新意识和冒险精神，获得现代部门工作的机会也较多，所以教育具有促进迁移的作用。并且劳动力受教育程度是决定其转移距离和转移质量的重要因素。统计表明，转向发达地区劳动力的文化程度高于转向落后地区的劳动力，这是因为文化水平低的劳动力，没有专长，期望收入也就较低，不敢轻易远走外出。而且，他们较低的文化水平又决定了他们相对保守的思想意识，往往对自己转移到城市缺乏信心，难以对城市产生认同感，他们更多地留恋故乡，难以走向远方的城镇。

3）预期收益和风险

劳动力做出是否流动的决定时总是要将预期收益与可能的风险、成本相比较的，一旦他们对风险和成本的预估结果超过了预期收益，便会放弃流动打算。风险衡量的是收益前景的不确定性，包括不能就业的可能性及就业的不确定性。成本就是流动的代价，包括乘载费用、信息费用、机会成本、时间成本等多方面。可以用一个简单的公式来阐述劳动力迁移与预期收益、风险、成本的关系：（流动获得的预期收益－流动前收益）>迁移成本（包括风险）时，劳动力才会选择流动。

影响劳动力流动的因素是多种多样、错综复杂的，除了上面这些原因外，激励因素、经济波动、区域政策，乃至劳动力性别、年龄、婚姻状况、产业结构的变化、流动成本等，都会在一定程度上影响劳动力流动（张樨樨等，2015）。

3. 劳动力流动对区域经济发展的影响

劳动力流动产生的福利增加首先会使经济总量增加，还能通过改变地区的要素禀赋差异、要素结构、贸易的构成及贸易量，最终使地区间人均收入均衡化。对流入地而言，大量廉价劳动力和熟练技工的流入，有利于降低成本，增强产品的竞争力，吸引外商在该地区的投资和发展；同时解决城镇苦、脏、累、险、收入低行业的劳动力短缺问题，促进商品的生产和消费，带动第三产业的发展，最终促进整个地区经济的发展。对流出地而言，劳动力在区域间的流动，促使了流动人口更新观念，增强发展意识；流动人口可以把先进的生产技术和管理经验从高梯度地区带到低梯度地区，加快了技术的扩散、资金的流通和信息的传播，有利于劳动力输出地经济的迅速发展。

劳动力流动也会导致一些不利的影响。劳动力的区域间流动与区域经济发展的要求有时不适应，如果不加以引导，就会加大区域经济的发展差距。落后地区的高级技术和专门人才大量流向发达地区，在促进发达地区经济发展的同时，会加剧落后地区人才的紧缺，制约落后地区的发展，使得流出地的经济竞争力降低，而流入地的就业、教育、社会、治安的压力也会加大。

（三）区域资本要素流动

在经济学和区域经济研究中，资本要素占有中心位置，因为资本形成被视为经济增长的发动机，而且资本的空间分布决定了工作岗位的供给，从而也影响着迁移结构。

1. 资本要素的分类和流动特点

资本有两种存在形式：实物形式和货币形式。实物资本是生产出来的生产资料，如厂房、机器设备等；货币资本是为转为实物资本所准备的资金。资本流动从时间角度看可以分为长期资本流动与短期资本流动；从流动方向看可分为资本流入与资本流出；从投资角度看可分为直接投资和间接投资。

2. 资本要素流动的原因

在经济理论中通常假设，投资者追求的是利润最大化，区域之间的利润率差别是资本空间流动的决定性因素。资本总是从利润率低的区域流向利润率高的区域，资本的预期回报率是资本要素流动的一个重要动因。在追求资本回报率的同时，分散风险、保证稳定的利润来源也是投资者考虑的因素。

国内外许多学者对此进行的研究表明，区域之间的资本流动从根本上说是同企业创建（新建企业、新建分厂）和企业迁移联系在一起的（陈秀山和张可云，2003）。所以，对资本要素流动原因问题的回答，牵扯到企业区位选择理论方面的研究成果。

3. 资本要素流动的影响

区域之间资本流动和区域内资本积累对区域经济增长和人均收入的作用，可以用两区域模型来阐述。假定资本从区域 1 流向区域 2，那么区域 2 资本存量增加，区域 1 资本存量减少，因而两个区域的生产潜力也随之增大或减小。在新古典模型建立的假定条件下，目标区域的扩张效应正好等于来源区域的收缩效应，实现了新的均衡。其前提条件是，区域之间资本流动的结果是目标区域利润率下降，来源区域利润率提高。这一结果同极化理论的观点是矛盾的。实际发生的情况是，如果迁移到区域 2 的企业实现了聚集优势，就必须考虑到资本流入的目标区域利润率会提高，并因此提高了该区域的投资吸引力。所观察到的企业行为强化了这种一旦进入便不断累积的发展过程，例如，企业本身在预期利润低的情况下，其投资决策就会有利于发达区域（中心），而避开落后区域（边缘）。结果是进一步加大了区域之间在人均收入和经济增长方面的发展差距。

研究中人们更深入地认识到，资本要素流动的影响不仅取决于资本流动的量，而且取决于资本的使用。除了数量之外，还应看到资本流动质量的状况。在投资评价中，除了要考虑与投资额度相关的投资的就业效应、区域内形成的前向联系效应和后向联系效应之外，还应考虑由企业迁移所引起的社会成本和环境负担。

二、区域分工与贸易

区域分工的前提和结果是区域空间分异。一方面，区域空间分异导致了区域间产品生产条件的差异，使得不同区域间有了进行产品区际交换和贸易的可能性和必要性；另一方面，区域分工强化了区域空间分异，在合理分工基础上形成的各区域产业布局和产业结构都呈现出一定的差异性。

（一）区域分工含义和分类

1. 区域分工的概念和内涵

区域分工，也称为区际分工、地域分工，是指“一个国家内部各区域在充分利用区域内优势的基础上实行区域专门化生产，并通过区际交换实现其专门化部门生产的产品价值，满足自身对本区域不能生产或生产不利的产品的需求，从而扩大区域的生产能力，增进区域利益”（张敦富，1999；2013）。区域分工是生产力发展到一定阶段的产物，是社会分工的空间表现形式。第一个提出区域分工概念的是经济学家托伦斯，他认为地区分工是与不同的生产增长相适应的不同的土地和气候所引致的，从而导致了产品的地区专业化生产。在这里，产品与它“不同的土地和气候”最相适应，把地区分工的优势用于地区之间贸易，就像制造业分工那样，可以扩大劳动生产力，并且增加国家的财富。传统的区域分工从产业在空间上分布的角度进行研究，现代也有学者从产业链角度研究区域分工，认为区域分工是产业链上价值增值环节的衔接过程（余振和顾浩，2016）。

2. 区域分工的形式

区域分工的表现形式是经济区体系及不同经济区域同一层次经济区之间的联系。从区域分工的发展历史角度来看，区域分工分为三类：水平型分工、垂直型分工及混合型分工。

1）水平型分工

区域水平型分工是指各区域发展不同产业部门、生产不同种类的产品或者生产具有差异的同类产品所形成的分工。它包括两种主要形式：区域之间选择不同的产业部门进行不同种类商品的专业化生产，以及区域之间选择相同的产业部门进行有差异的同种商品的生产。这种差异可能出现在产品的品种、功能、品牌甚至服务等方面。

2）垂直型分工

区域垂直型分工是指不同区域在初级产品、中间产品与最终产品的不同生产阶段进行专业化生产而产生的分工。这三个不同的生产阶段之间就形成了一种垂直联系。区域垂直分工常见于发展水平差距较大的区域之间。

3）混合型分工

区域之间有可能同时存在水平型分工和垂直型分工，这种分工方式就称为混合型分工。

（二）区域贸易含义和分类

与区域分工一样，区域贸易也是区域经济关系的重要体现。一方面，产品的区际交换和贸易是区域分工的必要前提，区域分工的规模随着产品交换和贸易的扩大而扩张、由低级形态向高级形态发展；另一方面，区域贸易是区域分工的必然结果，并随着分工的深化而日益频繁。区域贸易的流通是实现国内循环的重要标志（刘慧等，2023）。

1. 区域贸易概念

区域贸易也称为区际贸易，广义的区域贸易是指不同区域间商品和劳务的交换活动。

2. 区域贸易分类

从不同的角度看，区域贸易有不同的分类：

1）进口贸易、出口贸易和过境贸易

甲区域生产和加工的商品，经过乙区域境内，运往丙区域的市场销售，对甲区域来说称为出口贸易，对丙区域来说称为进口贸易，对乙区域来说称为过境贸易。输入丙区域的商品再输出到其他区域称为复出口；反之，输出到区外的货物再输入到本区域称为复进口。

2）有形商品贸易和无形商品贸易

可以看得见的商品贸易称为有形贸易。无形的劳务交换，如运输、保险、旅游、技术等劳务的提供与接受，称为无形贸易，它是伴随着有形贸易发展起来的。

3）直接贸易、间接贸易和转口贸易

两个区域不通过第三个地区参与进行的商品交换，称为直接贸易；通过第三个地区进行的交易，对于商品进口地域和出口地域都称为间接贸易，而对于第三个地区来说则称为转口贸易。

4）陆路贸易、海路贸易、空运贸易和邮购贸易

以火车和卡车为主要运输工具的贸易称为陆路贸易，多适用于陆地毗邻国家之间；通过海上运输，使用各类船舶工具的贸易称为海路贸易；以航空为运输工具的贸易称为空运贸易，多适用于单位价值量高或数量较少的货物；采用邮政包裹方式寄送货物的贸易称为邮购贸易。

5）货币结算贸易和易货贸易

以货币作为结算方式的贸易称为货币结算贸易；以货换货方式支付结算的贸易称为易货贸易（张敦富，2013）。

（三）区域分工与贸易的基本理论

区域经济学中的分工与贸易理论最早是来源于经济学中的国际分工与贸易理论，并在此基础上发展起来的。

1. 绝对优势理论

绝对优势理论（absolute advantage theory）来源于西方经济学之父、英国古典经济学

家亚当·斯密的地域分工学说。斯密之前的重商主义基于的信念是“零和博弈”，一国之所得必为另一国之所失。只有从贸易顺差中增加货币流入量，才能增加国民财富，在竞争中获益。亚当·斯密严厉批评了重商主义的这种思想，在着重论证分工的提高和完善可以促进劳动生产率的提高和增加社会财富的基础上，论证了地域分工理论。他指出，每个国家都有其绝对有利的、适宜于某些特定产品的生产条件，如果每个国家都按照其绝对有利的生产条件去进行专业化生产，然后彼此交换，各国的资源就能得到正确的分配和有效的利用，从而提高劳动生产率，降低成本，增加国民财富，社会分工就是这样形成的。

斯密将不同国家的同种产品的成本进行直接比较，认为在某种产品上所花成本绝对地低，就称为具有“绝对优势”。只要占有这种绝对成本优势，就应该发展这种产品的专业生产，并出口换回自己在生产上不占绝对优势的产品，贸易双方都从交易中获益。按照绝对优势理论，一个没有任何绝对优势产品的地区就不能从贸易中获益，然而现实的地域分工与贸易并非如此。这暴露了绝对优势理论的不足。

2. 比较优势理论

比较优势理论（comparative advantage theory）来源于英国著名古典经济学家大卫·李嘉图的国际分工理论。在《政治经济学及赋税原理》一书中，李嘉图发展了斯密的绝对优势理论，通过分析两个国家在单一生产要素禀赋上的差异，从理论上证明了比较优势的存在和贸易的互利性，奠定了比较优势学说的基础。

比较优势理论的基础是商品生产所费劳动的相对差异。任何国家，即使在生产上没有绝对优势的国家，由于它同其他国家在生产上的相对成本不同，均可以利用其相对有利的生产条件，更加专门化生产其相对成本较低、具有比较优势的商品，以换取自己所需要的、相对成本较高的商品。相互贸易使各国资源得到最有效的利用，并使贸易双方获得比较利益。这是最有利和最合理的地域分工原则。

比较优势理论的积极意义在于：①指出了区域贸易的广泛基础。不论一个地区处在哪一个经济发展阶段，也不论其资源的贫富或经济实力的强弱，都有参与区际贸易的可能。只要利用相对成本优势，发展区际贸易，就能以较少的劳动耗费取得较多的使用价值。②提出了区域交换的特殊规则。比较成本是一种独特的选择方法，选择标准不是绝对值的高低，而是相对值的异同，即“优中选优，两利相权取其重；劣中选优，两弊相衡取其轻”。

3. 要素禀赋理论

新古典贸易理论中最具有代表性的区域分工理论是赫克歇尔（Heckscher）和俄林（Ohlin）的要素禀赋理论（theory of factor endowment），简称为H-O模型。

瑞典经济学家赫克歇尔曾以李嘉图的比较优势理论的各项假定为前提，于1919年提出了要素禀赋理论的基本观点。赫克歇尔的学生、瑞典著名经济学家俄林又作了清楚而全面的解释，发展了赫克歇尔的理论。他在1933年出版的《地区间贸易和国际贸易》一书中，阐述了比较全面的要素禀赋理论。

俄林的要素禀赋理论解释了产品比较成本区域差异的关键原因在于要素比例的不同。他认为，相对成本差异是区域间生产要素禀赋差异导致生产要素相对价格差异，从而引起的。在同种商品不同区域的生产函数相同的假设前提下，同一区域生产不同产品的各部门所使用的技术不同，因此在不同产品的生产中所投入的生产要素的比例也不同。使用劳动较多的，为劳动密集型产品；使用资本较多的，为资本密集型产品。同时，不同区域的各种生产要素禀赋不同，供给量较丰裕的要素，其相对价格较低，密集使用这一要素的产品的相对成本必然也低；而供给量稀缺的生产要素，其相对价格较高，密集使用这一要素的产品的相对成本也必然较高。正是由于各个区域的相对要素禀赋不同，及不同产品的要素使用密集度不同，因此不同区域生产相同产品的相对成本不同。而影响商品成本高低的是生产资源的相对丰裕度。俄林以此来说明各区域在密集使用拥有量丰裕的要素的产品生产中具有比较优势。

每个地区专门生产密集使用量相对丰裕要素而较少使用本地稀缺要素的商品，以换回其要素比例正好相反的商品，即通常所说的“扬长避短，发挥优势”，就是要素禀赋理论所阐述的地域分工理论。

H-O 模型在李嘉图模型的基础上增加了资本要素，论证了比较优势产生的原因，从而更深刻、更科学地完善了李嘉图的比较优势论，并立足于要素配置合理化，在解释现代区际贸易方面有更强的说服力。但是，H-O 模型忽视了要素替代、运输、规模经济、聚集经济等对区域分工与合作的影响，特别是把经济活动中最具活力的技术进步视为无差别的、相对静止的既定因素，置于假设前提之下，使 H-O 模型显得过于抽象，也有悖于客观事实。

尽管如此，H-O 模型仍然相当有效，并为进一步的理论研究与实践探索提供了坚实基础。

4. 区域分工理论的进一步发展

20 世纪 30 年代后，特别是 50 年代后，区域经济成为一门独立的新学科。区域经济学思想取得革命性发展以来，区域分工理论得到进一步完善和发展。这一发展基本上遵循两条轨迹：一是放宽古典区域分工理论的假设；二是更广泛地考虑除资本与劳动力以外的其他影响区域分工的因素。前者有要素替代理论等，后者有技术差距理论与产品生命周期理论等。

1）要素替代理论

要素替代理论是采用经济学的替代原则对区位理论进行综合与发展而形成的一种区位决策理论。1965 年，艾萨德出版了《区位与空间经济》一书，在该书中详细阐述了要素替代对企业区位决策的影响。古典分工理论与古典区位理论都只强调了相同因素的区际分析比较，而忽视了有些生产要素是可相互替代的。因此在分析区域生产优势时不能单纯地、简单地按统一的成本项目进行比较，而必须按各区域最有利的投入组合方式下计算出的成本进行比较。在要素可替代条件下，比较优势要由要素边际替代率和各种要素在不同地区的价格共同决定。

2）技术差距理论

技术差距理论与产品生命周期理论都相当重视技术要素对区域分工的影响。一个技术要素丰富的区域总是在技术创新和技术产业化方面处于领先地位，在技术密集型产品生产方面具有比较优势。

技术差距理论由波斯勒于 1961 年提出。该理论认为能产生大量创新并生产新产品的区域会获得在这些产品生产方面的优势。这种优势不是恒久的，但在其他区域能生产这些产品前存在一个仿造滞后期。由于有专利法等限制，仿造等途径的传播也并非完全，技术高的区域往往能保持越来越大的新产品创新能力。

3）产品生命周期理论

产品生命周期理论是由弗农于 1966 年提出。该理论认为任何产品都有一个生命周期，这一周期可分为创新初期（技术创新阶段）、发展期（技术扩散阶段）、成熟期（技术停滞阶段）三个阶段，处于不同阶段的商品，生产的优势区域不同。

在创新初期，最有能力提供大量研究与开发投入和高技术素质劳动力的区域将垄断生产。在这一阶段企业一般分布在技术力量强大、协作条件优良的大城市高梯度地区。在发展期，产品生产逐渐标准化，大生产方式开始引入，技术开始传播。随着产品逐渐走向成熟，销量增大，生产由个别点向面上转移，出现“波浪扩散效应”。新建厂主要向低梯度区域扩散。这些产业在其发源地开始衰败。在成熟期，经过长期的生产和普及后，技术更易于掌握，产品完全不存在垄断价格，市场对产品的需求趋于饱和，原来的技术密集型产业已完全沦落为劳动密集型产业，那些拥有丰富的廉价劳动力的低工资地区在已高度标准化的产品生产方面取得优势。产品生命周期理论揭示了技术水平差异对区域分工和技术传播的影响，深化与发展了区域分工和贸易理论。

第二节　区域经济差异及其测度

区域差异是每个国家在经济发展过程中都会出现的一个普遍现象，在现代区域经济学发展中，区域差异问题因其普遍性和重要性，一直是区域经济学研究的核心问题之一。

一、区域差异概述

（一）区域差异的定义

区域差异是区域在发展过程中出现的一种必然现象。区域经济学对区域差异的定义有两种。第一种，从狭义上讲，区域差异主要是指不同地域经济发展水平的差异。而狭义的区域差异定义又分为两种：①区域差异是区域之间经济增长总量的差异，如国内生产总值、国民总收入（GNI）、国民收入、工农业生产总值方面的差异；②区域差异既包括区域之间经济总量的差异，又包括经济增长速度的差异。第二种，从广义上讲，区域差异是指不同地域空间的自然地理条件、资源禀赋、历史文化及发展结构与水平的不同。这种定义试图全面反映区域之间在经济发展中存在的各方面不相同的现象（陶良虎等，2012）。

比较上面两种认识，第一种观点侧重于从经济发展的总体上去考察相关区域之间经济上的差异，而后一种观点则侧重对区域之间各方面不同的考察。一般认为，比较区域差异应该考察它们总体上的差异，即经济总量增长的差异。而经济结构、发展条件只是经济差异出现的原因，只有在分析它们经济发展总水平时比较这些方面的差异才更有意义。同时，为避免各区域人口对经济总量的影响，从人均经济总量的角度来考察区域差异则更科学、更准确（吴殿廷，2003）。

（二）区域差异的特点

区域差异呈现出客观性、长期性和动态性的特点，原因如下：区位条件、资源禀赋、外部条件等因素在不同区域的差异决定了区域差异的产生是客观存在的，是不以人的意志为转移的；区位条件、资源禀赋、外部条件等因素对同一个地区来说很难在短期内彻底改变，所以区域差异将长期存在；影响区域经济发展的资本、劳动力、人力资本等因素处于变化之中，而且随着技术进步，区域经济发展对要素的依赖性会发生改变，所以，区域差异又处于动态变化之中。

尽管区域差异存在客观性和长期性，但是区域差异应在一个合理的区间之内，一旦超过这个区间，区域差异长期拉大或是拉得过大，就会对一国或地区的经济、政治和社会生活等各方面产生严重的负面影响。

（三）区域差异的影响

区域经济差异的存在和变化对一国或地区的区域经济发展决策、区际经济关系、国家经济整体运行乃至社会发展等都会产生直接或间接的影响。

1. *经济影响*

区域差异在经济方面的影响既有积极的一面，又有消极的一面。其中，积极影响表现在：区域差异对经济主体的经济行为模式转换起了诱导和推动作用，成为区域经济主体调整自己经济行为的指示器。如果区域经济差异是适度的，那么这个差异不仅是经济社会发展的动力源泉，而且是区域经济合作和竞争的基础，会强化区域之间的竞争意识，给各个地方调整资源配置带来压力和动力，加速要素在不同区域间流动的速度，以实现最优的配置。对于一国的经济、社会发展有明显的积极意义。

当这种差异达到一定程度，尤其存在一种加剧的趋势时，就会对区域经济主体的行为产生一定的误导和明显的负面效应。主要表现为：区域差异的扩大打破了原先的利益分配格局，强化了各区域的自我中心意识，激发和诱导了各区域的利己主义；直接或间接地助长了地方主义的流行，使得区域经济发展中的短期行为、地方保护主义现象增多；区域之间经济发展不协调，市场分割和区域之间经济的无序竞争加剧，从而引起国民经济发展波动，降低了全国经济的整体效率，不利于整个国家的全面、协调和可持续发展。从经济学上分析，地区之间如果存在较大的经济水平发展差异，则从一个完整的经济体系（国家）来看，社会中就是存在一种宏观的经济垄断，而相比于竞争，垄断所产生的社会福利更小，经济产出也更小。

2. *社会影响*

区域差异的存在和扩大，对社会发展方面的影响更不容忽视。区域差异不仅会影响经济发展，而且会影响民族团结、社会稳定。由于一个国家的少数民族一般都生活在不发达地区，区域问题通常和民族问题纠缠在一起，不发达的民族地区经济长期处于落后状态，民族间的经济差距加大，容易引发民族矛盾，影响国家的长治久安。

区域的社会发展水平与区域经济之间具有较高的相关关系，并相互影响，构成一个循环过程。区域差异导致了人员流动，这为区域之间加强交流和融合起到了显著的推动作用，但也导致了落后地区优势人力资源的流失，使欠发达区域处于一种被动和依附状态，无法摆脱落后处境。同时，这也加大了发达地区的社会压力。如果一个地区已经实现了现代化，而另一个地区还在贫困线上，落后地区人民会产生失落感和对中央政府的不满，而各种形式的转移支付也会导致发达地区的反对，这样一来，地区冲突很容易产生，地区的冲突又会破坏国家统一和民族团结。

二、区域差异的测度

（一）区域经济发展水平的度量指标

研究区域经济差异，必须选择相应的测度经济发展水平的指标，作为衡量各区域差异的标准和依据。根据上述对区域差异的定义，测度指标一般选取的是人均经济总量指标。就国内外研究成果来看，目前使用比较普遍的度量指标主要有以下几种。

一是人均 GDP。GDP 是指一个国家（或地区）所有常住单位在一定时期内生产活动的最终成果。

GDP 可以反映整个国民经济发展的总规模、总水平，是宏观经济中比较常用也最受关注的经济统计数字，被认为是衡量国民经济发展情况最重要的一个指标。使用 GDP 来衡量区域差异的两个角度是：①使用 GDP 指标来测度区域间的经济规模差异；②使用人均 GDP 指标来测度区域间的发展水平差异，或者衡量某个区域相对于全国平均发展水平的差距。

二是人均 GNI。GNI 是指一个国家（或地区）所有国民在一定时期内新生产的产品和服务价值的总和。与 GDP 按地域原则核算不同，GNI 是按国民原则核算的，只要是本国（或地区）居民，无论是否在本国境内（或地区内）居住，其生产和经营活动新创造的增加值都应该计算在内。例如，我国的居民通过劳务输出在境外所获得的收入就应该计算在GNI 中。

GNI 是联合国承认的世界大多数国家采用的综合反映一个国家经济发展水平的总量指标。人均 GNI 作为一种人均收入指标，常常是经济学界用来衡量国家或区域经济发展水平、测度区域差异的重要指标之一。

三是人均国民收入。狭义的国民收入（national income，NI）是指物质生产部门在一定时期内新创造的价值，等于从社会总产值中扣除生产过程中消耗的生产资料价值后的净产值。国民收入是劳动者新创造的社会财富，它标志着一个国家在一定时期内扩大再生产和提高人民生活水平的能力，反映了经济实力和发展水平，是反映整体经济活动的重要指标。因此常被使用于宏观经济学的研究中，也是国际投资者非常重视的国际统计项目，也被许多研究者用来作为测度区域经济差异的主要指标。

上述三个指标都是比较常用的单一指标，其他还有人均社会生产总值、生产率、就业率、失业率等指标。单一指标简单、代表性强、统计数据获取和计算比较容易，使用范围广，具有较强的可比性。其中，人均 GDP 和人均 GNP 包含的内容丰富，代表性更强，也更常用。

除了单一指标之外，国内外也有一些学者和研究机构采用多指标和复合指标来衡量区域差异。在此，重点讲其中两个最著名、最常见的指标：人文发展指数（HDI）和生活质量指数（PQLI）。

1. 人文发展指数

人文发展指数（HDI）是基于可持续发展理论而提出的一种崭新的衡量发展的指标体系。联合国开发计划署（United Nations Development Programme，UNDP）在 1990 年首次发布“人类发展报告”，以其反映世界各国的人类发展状况。HDI 是衡量人文发展三个方面的平均成就的综合性指标，包括健康长寿的生命（用出生时的期望寿命来表示），以反映卫生发展状况；知识（用 15 岁及以上人口识字率和初级、中级、高等教育的综合入学率来表示），以反映教育发展水平；体面的生活水平（用按购买力平价法计算的人均 GDP 来表示），反映提高人民生活质量可利用的物质财富的多少。这三项指标各按 1/3 加权合成即为测算一个国家或地区的人类发展状况的综合指数——HDI。这个指数在 0 ~ 1，指数越接近 1，说明这个国家经济和社会发展程度越高。

HDI 从测度人文发展水平入手，反映一个社会的进步程度，认为对一个国家福利的全面评价应着眼于人类发展而不仅仅是经济状况，为人们评价社会发展提供了一种新的思路，是目前国际上最著名的综合测量社会进步的工具。它的优点是：数据获取和计算较容易、比较方法简单，并适用于不同的群体，能反映收入分配、性别差异、地域分布、少数民族之间的差异。但是，其局限性也很明显：只选择出生时的期望寿命、15 岁及以上人口识字率和综合入学率、实际人均 GDP 三个指标来评价一国的发展水平，而这三个指标只与健康、教育和生活水平有关，无法全面反映一国的人文发展水平。

2. *物质生活质量指数*

物质生活质量指数（PQLI）是为测度物质福利水平而开发的一个综合指标。

PQLI 由婴儿死亡率、预期寿命和识字率三个指标组成，是三者的算术平均值。PQLI 计算简单，易于理解，但也存在局限性。首先，它没有反映一个国家的全部社会福利状况。构成 PQLI 的三个指标中，反映健康状况的有两个指标，这实际上是赋予健康指标以双倍的权重。而社会福利的内容是广泛的，仅用三个指标反映一个国家的福利水平显得太粗糙、太简单。其次，PQLI 只是测度了一个国家社会发展的结果，而未能反映出发展的过程。因而，它只是一个“宏观”的指数，不能反映出具体发展计划或政策的过程及其成就。最后，在计算方法上采用简单平均，将每个指标对发展的作用都看作相同的，缺乏一定的理论依据。总而言之，PQLI 所关心的是发展政策能否成功地满足贫困国家人民的基本需要这一问题，并不力图测度所有的“发展”，也不测度自由、公平、安全或其他无形的东西。同时，它也不包括“生活质量”一词所意指的许多其他社会和心理特征，如安全、公平、自由、人权、就业、满意感等。因而它被冠以“physical”生活质量指数的称号，而不是一个全面的“发展”指标。

单一指标的优点是计算相对简单，数据获取容易，可比性强。但由于单一指标表达信息的局限性，无法对不同区域发展的总体状况作出综合分析评价。但采用多指标方法进行区域差异的测度，可以对区域差异的多个方面进行度量。其缺点是由于指标体系的选取、权重的确定、综合计算方法的选择等方面的差异，利用多指标衡量区域差异时对同一区域的计算结果可能相差很大，而且可比性也差。

（二）区域差异的测度方法

从区域差异的表现来说，可以分为绝对差异和相对差异。绝对差异与相对差异是两个在内涵上截然不同的概念，绝对差异是指某个经济指标偏离参照值的绝对额，它反映了区域间在经济发展规模和程度上的实际差距，是一种等级水平差异；而相对差异是指某个经济指标偏离参照值的相对额，反映了地区间经济发展速度的差异。测度区域差异的方法也分为绝对差异方法和相对差异方法。

1. 绝对差异方法

测度区域经济绝对差异的方法主要有：标准差、极差、平均差、绝对离差等。在这里主要介绍常用的三种方法。

1）标准差

标准差的计算公式为

$$S = \left[\sum_{i=1}^{N} (Y_i - \overline{Y})^2 / N \right]^{1/2} \tag{8.1}$$

式中，S 为标准差；Y_i 为 i 区域的人均 GDP，$i=1，2，\cdots，N$；$\overline{Y}=\frac{\sum_i Y_i}{N}$为各区域人均 GDP 的均值；$N$ 为区域个数。

标准差越大，区域绝对差异越大；标准差越小，区域绝对差异越小。

2）极差

极差是人均 GDP 最高区域与最低区域之差。它反映的是区域人均 GDP 变化的最大绝对幅度，属于绝对指标，其公式为

$$R = Y_{\max} - Y_{\min} \tag{8.2}$$

式中，R 为极差；$Y_{\max}$为经济发展水平最高区域的人均 GDP；$Y_{\min}$为经济发展水平最低区域的人均 GDP。极差越大，区域绝对差异的极端情况越严重；极差越小，区域绝对差异的极端情况越轻微。

3）平均差

平均差是分布数列中各单位标志值与其平均数之间绝对离差的平均数，它反映了数列中相互差异的标志值的差距水平。

平均差越大，则说明数列中标志值变动程度越大；平均差越小，则说明数列中标志值变动程度越小。

2. 相对差异方法

测度区域相对差异的主要方法有：变异（差）系数、加权变异（差）系数、洛伦兹曲线（Lorenze curve）、基尼系数（Gini coefficient）、锡尔（Theil）系数等。

1）变异（差）系数

变异（差）系数又称为离差系数，是指总体某单位变量值变异程度的相对数，即绝对差距与其平均指标之比。反映某一指标在不同空间的不同水平数列的标志变异程度，或反映某一指标在同一空间的不同时间指标数的标志变异程度。计算公式为

$$V_{uw} = S/\overline{Y} = \left[\sum_{i=1}^{N} (Y_i - Y)^2 / N \right]^{1/2} / \overline{Y} \tag{8.3}$$

式中，V_{uw}为变异系数；S 为标准值；$\overline{Y}=\frac{\sum_i Y_i}{N}$为各区域人均 GDP 的均值；$Y_i$ 为 i 区域的人均 GDP，$i=1，2，\cdots，N$；Y 为 GDP；N 为区域个数。

变异系数越大，区域相对差异越大，区域的不平衡性就越大；变异系数越小，区域相对差异越小，区域的不平衡性就越小。

2）加权变异（差）系数

加权变异（差）系数又称为威廉逊系数，由美国经济学家威廉逊（Williamson）于1965年首先使用。其计算公式为

$$V_w = \frac{\sqrt{\sum_{i=1}(Y_i - \bar{Y}^*)^2 \frac{P_i}{P}}}{\bar{Y}^*} \tag{8.4}$$

式中，V_w 为加权变异（差）系数；Y_i 为第 i 个地区的人均GNI或人均GDP，$i=1, 2, \cdots, N$；N 为区域个数；$\bar{Y}^* = \frac{\sum_i Y_i}{N}$ 为全国人均GNI或人均GDP；$P = \sum_i P_i$ 为全国总人口；P_i 为第 i 个地区人口数，$i=1, 2, \cdots, N$。

加权变异（差）系数越大，区域相对差异越大；加权变异（差）系数越小，区域相对差异越小。

3）洛伦兹曲线

洛伦兹曲线由美国统计学家洛伦兹于1905年提出。把社会总人口按收入由低到高排列，然后计算收入最低的任意百分比人口所得到的收入百分比，以人口累计百分比为横轴，以收入累计百分比为纵轴，绘出一条反映居民收入分配差距状况的曲线，称为洛伦兹曲线（图8.1）。

图8.1中，45°线 OA_n 为收入分配的绝对平等状态，任意人口百分比均等于其收入百分比，从而累积人口百分比等于累积收入百分比；OB_nA_n 折线为收入分配的完全不平等状态，所有收入都集中在某一个人手中，而其余人口均一无所获。曲线 $OA_1A_2A_n$（即洛伦兹曲线）为收入分配相对不平等的程度。弯曲程度越大，即越靠近 OB_nA_n 折线，收入分配程度越不平等；弯曲程度越小，即越靠近 OA_n 直线，收入分配程度越平等。洛伦兹曲线是从几何形态方面测定区域差异程度的，它无法以一个确定的数值来表示收入差别。

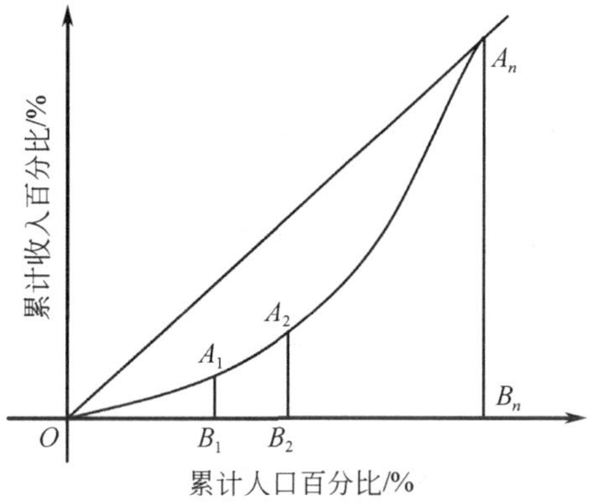

图8.1　洛伦兹曲线

4）基尼系数

基尼系数是20世纪初意大利经济学家基尼根据洛伦兹曲线作出的判断分配平等程度的定量指标。设洛伦兹曲线和收入分配绝对平等曲线之间的面积为 A，洛伦兹曲线右下方的面积为 B。并以 A 除以 $A+B$ 的商表示不平等程度。这个数值就称为基尼系数或洛伦兹系数。其经济含义是：在全部居民收入中，用于进行不平均分配的那部分收入占总收入的百分比。基尼系数的计算公式为

$$G(Y) = aU_y - b$$

$$a = 2/N$$

$$b = (N+1)/N$$

$$U_y = \sum_{i=1}^{n} c_i y_i (c_i = i) \qquad (8.5)$$
$$y_i = Y_i / Y, \ Y = \sum_{i=1}^{N} Y_i$$

式中，$G(Y)$ 为基尼系数；U_y 为收入 y 的加总效用；Y_i 为第 i 个地区的人均纯收入；Y 为全国各地区人均纯收入总和；y_i 为各地区人均纯收入占全国各地区人均纯收入总和的比重；N 为地区数；a、b 为运算参数，c 为系数（权重，无经济含义）。

基尼系数为零，表示收入分配完全平等；基尼系数为 1，表示收入分配绝对不平等。这两种情况只是在理论上的绝对化形式，在实际生活中一般不会出现。因此，基尼系数的实际数值为 0 ~ 1，越大表明地区间居民收入分配越不平等。

5）锡尔指数

锡尔（Theil）指数又称为锡尔熵，最早由锡尔等于 1967 年首先提出。包括两个锡尔指数分解指标（T 和 L），两者的不同在于锡尔 T 指标以 GDP 比重加权，锡尔 L 指标以人口比重加权，一般研究中大多采用锡尔 T 指标，其计算公式为

$$T = \sum_{i=1}^{N} y_i \lg y_i / P_i \qquad (8.6)$$

式中，N 为地区数；y_i 为第 i 地区 GDP 占全国的份额；P_i 为第 i 地区人口占全国总人口的比重。

对锡尔指数进行一阶分解，就可以将全国总体差异分解为区域内部差异和区际差异，及它们各自对总体差异的影响，其计算公式为

$$T = T_{\mathrm{BR}} + T_{\mathrm{WR}} = \sum_{i=1}^{N} y_i \lg(y_i / P_i) + \sum_{i=1}^{N} y_i \left[\sum_{j} y_{ij} \lg(y_{ij} / P_{ij}) \right]$$
$$T_{\mathrm{BR}} = \sum_{i=1}^{N} y_i \lg(y_i / P_i) \qquad (8.7)$$
$$T_{\mathrm{WR}} = \sum_{i=1}^{N} y_i \left[\sum_{j} y_{ij} \lg(y_{ij} / P_{ij}) \right]$$

式中，y_{ij}为第 i 区域内第 j 子区域的 GDP 占该区域总 GDP 的比重；P_{ij}为第 i 区域内第 j 子区域的人口占该区域总人口的比重；P_i 和 y_i 含义同上式；T_{BR}为区域间锡尔系数值，代表区际经济差异；T_{WR}为区域内部的锡尔系数值，代表区域内部差异。

锡尔 T 指标越大，就表示各地区间经济发展水平差异越大；反之，锡尔 T 指标越小，就表示各地区间经济发展水平差异越小。锡尔指数的特殊意义在于该指标能将总体的区域差异分解成不同空间尺度的内部差异和外部差异，从而确定哪个空间尺度的区域差异在总体区域差异中起主导作用。

3. 不同测度方法的选择

根据以上的介绍可知：研究区域差异的定量化指标很多，有总量指标，也有复合指标，主要表现为描述和分析区域经济的绝对差异和相对差异。不同的统计方法和指标本身具有一定的优、缺点和适用范围。因此，不能笼统地讲某种方法就比其他方法好，要根据研究目的和研究对象选择合适的指标和方法。

（1）不同的区域差异测度方法在度量区域总体差距变化时会产生一些重要的不同。例如，不同的测度方法对较长时段不平衡性变动的描述是比较一致的，但对较短时段存在差别，在某些个别时段甚至出现相反的结果。因此，用较短的时段序列变化趋势得出的结论是不充分的，在探究区域差异变化驱动机制时，应以长期的变化趋势作为分析的基础。

（2）在对不同的结论进行对比时，要注意区分研究的区域差异是绝对差异还是相对差异，以免产生错误的理解。相对差异反映的是区域之间差异的相对变动情况，更为学术界重视；绝对差异直接反映区域的具体差距，更为社会公众所关注。但是，要全面、完整地反映区域差异状况，这两方面的研究是各有意义、不可替代的。

（3）这些方法都具有一定的优点和局限性。平均差比较全面、客观地反映数列的标志值的平均变动程度。尽管以离差形式出现，但是计算也比较简单，直观表示出了各单位标志值与其平均数存在的平均差异，含义明确。但是，它以平均绝对离差的形式妨碍了下一步的代数运算，因此在应用中受到一定限制。

标准差用平方的方法消除离差的正负号，它比平均差更能准确地反映变量数列的离中程度，符合代数运算，所以在统计工作中被广泛运用。但是，标准差与平均差相比，易受两极数值影响。它在计算过程中经过“三化”（即平方化、平均化和方根化）处理，必然与作为差异水平“原型”的平均差发生偏离。在某些情况下，可能导致方向上的背离，产生与平均差截然相反的错误结论。

极差计算简便，意义清楚。但极差易受标志值数列两端数值的影响，不考虑其他标志值的差异程度，因此不能够反映标志值真实的差异程度。如果统计资料是组距变量数列，尤其是遇到开口组资料时，极差的测定只能是一个近似值，更难反映出标志值的变异程度。

变异系数的最大特点是计算方法简单明了，不仅从相对意义上测度出区域间的经济差距状况，且可进行两个以上区域的比较。

锡尔指数则适合进行不同空间尺度的分析，突出优点是可以分解为组内差异和组间差异，从而便于考察和揭示组间差异和组内差异各自的变动方向和变动幅度，以及各自在总差异中的重要性及其影响。

洛伦兹曲线直观地显示区域间收入分布的集中或离散程度，并反映各组（各区域）在区域差异变化中的贡献，展示了区域经济差异的空间特性。但是，它不能用一个数值来表现区域差异，需要和前面几种指标及基尼系数结合起来分析，才能更准确、深入地反映区域差异的时间和空间变化。

在研究收入差距的文献中，基尼系数使用最为广泛。它有四个优点：①将社会经济现象数量化，能以一个数值反映总体收入差距状况，具有科学合理性；②是国际经济学界所采用的最流行的指标，便于横向比较和联系；③精确、灵敏，可以反映差异程度细微和连续的变化，能有效地预警两极分化的质变临界值，因此，可以作为一个综合经济参数纳入国家的宏观调控之中；④利用它可以进行分解分析，将总收入的基尼系数（G）与其各个分项收入的关系写成：$G=\sum(U_i \times C_i)$，其中的 U_i 和 C_i 分别为第 i 项收入在总收入中所占的份额和集中率。总的来讲，基尼系数适合做机制分析时需要进行深入剖析的因子，可以将总的区域发展差距（收入差距）分解成不同来源（因子）的差距，从而分析不同因子对总的区域差异的影响。但是，基尼系数本身也有一些缺陷。仅从基尼系数本身很难看出内在的、更详细的结构情况，会丢掉很多信息，以此来反映收入分配离散程度是不尽合理的。另外，基尼系数仅反映了一个笼统的时点变化，不能说明各个收入层次的人口的收入状况在一个时期内的详细变动情况。

第三节　空间相互作用与区际利益冲突和合作

一、空间相互作用

（一）空间相互作用的定义

世界上任何一个区域都不可能孤立存在。广义的空间相互作用就是指区域之间所发生的商品、人口与劳动力、资金、技术、信息等的相互传输过程，是空间经济过程的一种表现（吴殿廷，2003）。这种相互作用，把空间上彼此分离的区域结合为具有一定结构和功能的有机整体，即区域空间体系。

（二）空间相互作用的测度

区域之间空间相互作用的程度可以通过实地对商品、人口、技术、信息等的传输量进行调查而测度。另外，也可用空间相互作用模型来估算。区域相互作用的程度随着其相对位置的移动而变化，这种变化存在着距离衰减法则，即作用强度随距离的增加而降低。同时还与地理事物的集聚规模直接有关。空间相互作用的一般模式为

$$Q_{ij} = A_i W_i B_j W_j f(d_{ij}) \tag{8.8}$$

式中，Q_{ij}为区域 i 与区域 j 之间的空间相互作用力；W_i 和 W_j 分别为区域 i、区域 j 产生作用力的因子（如人口、经济规模等）；d_{ij}为区域 i、区域 j 之间的距离；f（d_{ij}）为距离摩擦函数；A_i 和 B_j 分别为 W_i 和 W_j 的权重。

（三）空间相互作用模型

空间相互作用模型是用来描述和分析不同地区之间的经济联系，包括商品销售量、货流量、资金流动量、人口流动量、客流量等的模型（许庆斌等，1995）。客观存在的经济联系是由相当复杂的多种因素形成的。因此，所有这些空间相互作用模型都只能具有有限的参考意义，更准确的研究和分析还需要更多的实际经验，还有赖于对实际经济空间联系的深刻理解。

1. 产销联系的运输优化模型

产销联系的运输优化模型是在已知各产地货物总发送量和销地货物总到达量的情况下，对产销地之间的运量进行规划分配，以使总的运输费用达到最节省。该模型是在满足约束条件

$$\begin{cases} \sum\limits_j X_{ij} = O_i \\ \sum\limits_i X_{ij} = D_j \end{cases} \tag{8.9}$$

的情况下，使总运费 $Z = \sum\limits_i \sum\limits_j X_{ij} \cdot C_{ij}$ 最小，即 $\min Z = \sum\limits_i \sum\limits_j X_{ij} \cdot C_{ij}$。

式中，X_{ij}为产地 i 到销地 j 的运量；C_{ij}为产地 i 到销地 j 的运输费用（或运输成本，也常用该两地间的运输距离代替）；O_i 为产地 i 的货物总发送量；D_j 为销地 j 的货物总到达量；i，$j=1$，2，…，n；Z 为总运输费用或总运输成本。在 C_{ij}用运输距离代替的情况下，Z 为总的货物吨公里。

运输优化模型求解后，可得出各地产销平衡的情况下，从而制定运费最节省的运量分配方案。

2. 引力模型

引力模型是空间联系分析中应用比较广泛的一种模型。在它的基础上衍生、引申出了一系列空间相互作用模型。它因形式与物理学的万有引力定律（两物体之间的引力与物体的质量成正比，与物体之间距离的平方成反比）近似而得名。最早的引力模型是用在研究地区间人口的移动问题上，因为早期的一些研究者发现任何两个城市之间的人口流动量，似乎都正比于城市人口总数而反比于它们之间的距离，供应地和需求地的人口规模对作用的强弱程度有很大影响，也就是说人口规模与相互作用量成正比，而距离的摩擦作用则与相互作用量成反比，这种现象恰似物体之间的引力关系。引力模型用式（8.10）表示两地间的空间相互作用量：

$$X_{ij} = K \cdot \frac{T_i^{\alpha} U_j^{\beta}}{r_{ij}\gamma} \tag{8.10}$$

式中，X_{ij}为两地间的空间相互作用量；T_i、U_j 为 i 地和 j 地的相关总量指标，在分析客流量时可采用两地的总人口，在分析货流量时，可采用两地的总产值或有关产品的产量，当采用 i 地的货物总发送量和 j 地的货物总到达量时，$T_i=O_i$，$U_j=D_j$；r_{ij}为两地之间的距离；α、β 分别为 i 地和 j 地的距离及距离衰减指数；γ 为经验常数，需要根据具体的研究问题确定。

引力模型简单易懂，但在利用该模型时对 K、α、β 及 γ 几个参数的确定往往比较棘手。另外，模型中区域内部的距离只能假设为零，这大大限制了使用范围。也有些人对把物理学定律简单地应用到复杂的社会经济领域现象持保留态度。近年国外学者对上述简单的引力模型进行过一些修正和改进，以便其更加适用。

3. 潜能模型

与引力模型相类似的是把潜能的概念引入区域相互作用研究。潜能表示一事物对于另一事物产生的能，如 j 事物对 i 事物产生的能是 m_j/D_{ij}，其中 m_j 为 j 事物的集聚规模，D_{ij} 为 j 事物至 i 事物间的距离。可见潜能模型与引力模型一样，也建立于两个概念基础之上，即潜能与 M 成正比，而与 D 成反比。若有 n 个离散地理事物，则 i 位置上的事物的总的潜能为

$$V_i = \sum_{j=1}^{n} \frac{m_j}{D_{ij}^b} \tag{8.11}$$

式中，b 为指数。若地理事物是连续分布而不是离散的，则其潜能表示为

$$V_i = \int \frac{1}{D^b} m(R)\,\mathrm{d}R \tag{8.12}$$

式中，m（R）是位于一个区域微元 $\mathrm{d}R$ 的地理事物密度。根据潜能模型，可以对一定区域范围中的人口潜能、市场潜能等进行计算和绘制等潜能图，分析潜能的空间结构，以助于

认识人口、经济等发展的内在关联性。以人口潜能为例，人口潜能的计算一般可通过式（8.13）进行，即 i 位置上的人口潜能等于与它有关的各个城市和地方的人口数除以它们之间的距离，并求和：

$$P_i = \sum_{j=1}^{n} \frac{m_j}{D_{ij}} \tag{8.13}$$

一般来说，人口密度高的地区或城市集聚地区并不一定是人口潜能高值的地区，对潜能影响更大的是人口密度分布的相对位置。在一个区域范围内，可以在计算出所有重点城镇居民人口潜能数值的基础上，将具有相等潜能值的点连起来，形成等人口潜能曲线分布图，能清楚地反映人口潜能的空间差异。

4. 双重约束的空间相互作用模型（威尔逊最大熵模型）

双重约束的空间相互作用模型是 1969 年由英国的威尔逊提出的，假设空间系统是封闭的，长期均衡下供需达到平衡，因此物质流动的结果将使系统达到熵最大，由此得出空间相互作用模型，又称为最大熵模式。它的基本形式为

$$X_{ij} = A_i \cdot O_i \cdot B_j \cdot D_j \cdot f(r_{ij}) \tag{8.14}$$

式中，X_{ij}、O_i 和 D_j 的含义同前；A_i 和 B_j 分别为对应各发送地 i 和到达地 j 的比例因子；$f(r_{ij})$ 是距离递减函数，该函数可以有多种形式，其中最常用的是指数型函数和幂函数两种形式：

$$\begin{cases} f(r_{ij}) = \mathrm{e}^{-\beta r_{ij}} \\ f(r_{ij}) = r_{ij}^{-\gamma} \end{cases} \tag{8.15}$$

式中，β 为距离对客货流量的摩擦系数；γ 为客货流量随距离增加而衰减的弹性系数。距离衰减函数的确定一般有三种方法：一是通过对同类地区的类比，由经验确定；二是通过抽样调查，用回归分析方法确定；三是已知平均运距，用模拟逼近的方法求出 β 或 γ 值。当距离衰减函数确定且满足式（8.16）所示列条件时：

$$\begin{cases} \sum_j X_{ij} = O_i \\ \sum_i X_{ij} = D_j \end{cases} \tag{8.16}$$

比例因子计算公式为

$$\begin{cases} A_i = \dfrac{1}{\sum_j B_j \cdot D_j \cdot f(r_{ij})} \\ B_j = \dfrac{1}{\sum_i A_i \cdot O_i \cdot f(r_{ij})} \end{cases} \tag{8.17}$$

A_i 和 B_j 可分别作为各区域被其他区域吸引的强度和吸引其他区域的能力的一种度量。A_i 和 B_j 较小时，说明相应区域总体上与其他区域的联系比较密切，这样的区域一般都具有较好的区位可达性；边缘地区，特别是交通不便的边远地区，A_i 和 B_j 的值一般比较大。

威尔逊最大熵模型允许根据实际问题确定不同形式的距离递减函数，以便较好地体现距离因素对客货流量的影响；模型中分别用 A_i 和 B_j 体现地区间客货流量受一个地区被其

他地区吸引及吸引其他地区的强度和能力的影响，有一定的现实意义；还可以根据情况将模型扩展成其他形式，例如，引申为一种或几种改进型的引力模型，具有较大的通用性。因此，最大熵模型已成为国际上应用较广的交流量分析方法。它的局限性是，如何确定更能反映实际的距离递减函数，这一点目前还很难拿出令人满意的方法。

5. 通用位移模型

20 世纪 70 年代美国学者阿隆索也提出包括一组方程式的通用位移理论，用以分析经济活动的空间相互作用。该理论模型经中国台湾学者华昌宜加以数解方法后，被称为“系统模型”，在这里仍将其称为通用位移模型。通用位移模型包括式（8.18）所示方程：

$$\begin{cases} X_{ij} = A_i^{\alpha-1} \cdot V_i \cdot B_j^{\beta-1} \cdot W_j \cdot t_{ij} \\ O_i = A_i^{\alpha} \cdot V_i \\ D_j = B_j^{\beta} \cdot W_j \\ A_i = \sum_j B_j^{\beta-1} \cdot W_j \cdot t_{ij} \\ B_j = \sum_i A_i^{\alpha-1} \cdot V_i \cdot t_{ij} \end{cases} \tag{8.18}$$

式中，X_{ij}为 i 发送地至 j 到达地点客货流量；O_i 和 D_j 含义同前；V_i 为引起 i 地客货外流的某总量指标；W_j 为引起客货量流入 j 地的总量指标；A_i 为系统总体对 i 地客货外流的拉力强度；B_j 为系统总体对 j 地客货内流的推力强度；α 和 β 为强度系数；t_{ij}为 i 地与 j 地之间的地区关系系数（或称转换系数）。

模型通常也满足条件：

$$\begin{cases} \sum_j X_{ij} = O_i \\ \sum_i X_{ij} = D_j \\ X = \sum_i O_i = \sum_j D_j = \sum_i \sum_j X_{ij} \\ V = \sum_i V_i \\ W = \sum_j W_j \end{cases} \tag{8.19}$$

该模型具有较好的通用性，通过事前获得资料的不同和模型转化形式的差别，可以满足不同的空间分析需要。当强度系数分别取 0 或 1 的不同数值时，该模型可转化成其他多种空间相互作用分析模型。例如，当取$\alpha=\beta=1$ 时，可以看作传统的引力模型；而当取 $\alpha=\beta=0$ 时，又与前面介绍过的双重约束的空间相互作用模型类似（通用位移模型中的强度因子 A_i 和 B_j 与空间相互作用模型中的因子 A_i 和 B_j 有一定的倒数关系）。模型中至关重要的地区间关系系数 t_{ij}也可以根据不同情况，作为系统的内生变量加以计算，或事先另行确定 $t_{ij}=f(r_{ij})$，以便更好地解释空间关系。该模型因其所具有的高度的概括性被称为通用位移模型。

二、区际经济冲突

（一）区域经济冲突的定义

区域经济冲突，又称区域利益冲突，是“在区域经济竞争与区域经济联系（即区域相互作用）中，区域经济主体为追求区域经济利益而采取的有损于其他区域或整个社会的利益，而使区域经济关系偏离理想的区域均衡态的利益争夺行为”（张可云，2001）。简单来说，只要对区域利益或整体利益造成损害的行为都可以称为区域经济冲突。克服冲突、加强合作是区际关系合理化的要求与标志，是区域经济发展的内在要求。

（二）区域经济冲突的表现形式

具体而言，区域经济冲突的表现形式主要包括重复建设，能源、原材料争夺，地区市场封锁和地方保护主义（陈宣庆等，2007）。

1. 重复建设

重复建设作为一种经济现象，是指在某一行业供给能力已经能够满足社会需求的情况下，仍有新的固定要素不断投入，从而进一步加剧该行业生产和服务能力的过剩。重复建设带来的后果是生态能力的过剩，而为了减少这种情况的发生，各区域就会对原材料进行抢夺，提高加工生产的能力，而这又会导致生产的过剩，从而形成各区域之间的价格大战，最后危害整个国民经济的发展（蒋满元，2005）。

2. 能源、原材料争夺

原材料与能源大战是区域经济冲突的第二阶段，也是大规模重复建设之后的必然结果。某些行业和产品大规模重复建设，造成这些行业和产品生产能力迅速膨胀。在原材料供应严重短缺的情况下，各地区为了不使本区内的加工能力闲置，政府、企业甚至个人纷纷加入原材料大战行列，区域经济大战此起彼伏，而且冲突剧烈。

3. 地区市场封锁和地方保护主义

在市场经济中，地方政府出于对自身经济利益的考虑，常常通过各种手段阻止外地产品或企业进入本地区市场。这种地方保护主义在世界各地都不同程度地存在，对国家整体经济发展带来了挑战。在中国，随着改革开放的深入，地方保护主义逐步加剧，形成了三次明显的高潮：第一次是1980～1992年，当时中央和地方“分灶吃饭”等财政体制改革措施陆续实施，地方政府出于对财政收入的追求，竞相向见效快、价高利大的加工工业投资，区域市场封锁风气蔓延。至1992年，冲突最终导致市场疲软，区域间经济联系被割裂，各地经济增长趋于缓慢。第二次是1992年起，以国有经济、集体经济和私营经济为主，各种经济成分全面扩张为特征的第二轮区域重复建设与区域冲突，直接导致20世纪90年代中后期全国经济过热及随后市场的需求不足，整个国民经济渐显疲软之态，恶性价格竞争及新的区域市场封锁政策在各地出现。第三次是1989年下半年起，呈现以下三个突出特点：一是保护的内容发生变化。从以保护当地资源为主变为以保护当地市场为主，以各种方式限制外地产品进入当地市场。二是保护手段更加隐秘。由过去设关设卡演化为采取制定地方性法规、设置“技术壁垒”等更加隐秘的方式排挤外来企业。三是保护和封锁范围不断扩大，已经由产品市场扩大到服务和要素市场。

（三）区域经济冲突的博弈分析

博弈论是一门战略科学，最经典的例子之一是“囚徒困境”，形容人和人既有共同的利益又有利益的冲突。“囚徒困境”在经济学上有很多应用，也有力地解释了一些经济现象。本书借助这个案例来建立“区域大战”的博弈模型，以便更清楚地分析区域利益冲突问题。

假定两个地区的企业（A 和 B）面临进入同一个市场，而该市场规模只能容纳一个地区进入，A 和 B 同时决定进入或不进入。表 8.1 反映了 A 和 B 的选择及其收益：括号外的数字表示两地区进入或不进入的收益，括号内的数字表示两地区退出或不退出的收益。如果两个地区的企业同时进入，受重复建设与价格大战的影响，各亏损 1000 万元；如果一个地区投资进入而另一个地区不投资进入，则进入的地区收益 2000 万元，不进入的地区没有收益；如果都不进入（退出），在未进入的情况下不赢不亏，在已进入的情况下各亏 1500 万元（表 8.1）。

表 8.1　市场经济中的区域进入博弈

区域进入情况		B 地区	
		进入（不退出）	不进入（退出）
A 地区	进入（不退出）	-1000，-1000 （-1000，-1000）	2000，0 （2000，-1500）
	不进入（退出）	0，2000 （-1500，2000）	0，0 （-1500，-1500）

在这个例子里，博弈的参加者就是两个地区 A 和 B，它们分别有两个策略即进入（退出），不进入（不退出）。不难看出，从社会最优的角度看，（不退出，退出）或（退出，不退出）是社会最佳选择，因为尽管有一个地区的企业亏损了 1500 万元，但整个社会的净利益仍为 500 万元。（不退出，不退出）也即 A 和 B 选择的策略都是不退出，那么从表 8.1 可以看出，这时两个地区的企业都亏损 1000 万元，整个社会的净利益是-2000 万元，所以这个策略不是好的选择。但在这个组合中，A 和 B 都不能通过单方面的改变行动增加自己的收益，各地区为了自己的利益，谁也没有动力游离出这个组合之外，因此这个组合是纳什均衡。这个选择最终的结果是区域冲突加剧，社会整体利益下降。其实质在于：具有理性的各区域利益主体选择使自身利益最大化的行为，导致区域与社会整体无效率（崔卫国和刘学虎，2004）。

三、区际合作

合作和冲突这对矛盾是区际经济关系的一种主要表现形式。前面已经谈过区域冲突，区域合作与冲突都是基于区域经济利益而形成的，但两者所体现的区际关系则正好相反。区域冲突试图割断区际联系，阻碍区际交往；区域合作则有利于发挥各地区的优势，形成合理的区域分工格局，促进区域经济发展。

（一）区域合作的定义

区域合作多指区域经济合作，是区域之间为了各自利益的增长，防止或减少相互之间的经济利益损害，在经济发展中以一定的方式联合起来，协调行动，互利互惠的区域经济组织形式（吴殿廷，2003；王惠娜，2014）。区域合作的领域很广，在生产、流通、技术、人力资源、物资、信息等许多方面均存在合作的可能。

（二）区域合作的动力基础

对区域与全国整体经济利益的追求是区域合作的动力性基础。在市场化条件下，地区合作是在不排斥地方利益诉求的情况下，通过合作和联动消除体制障碍，得到区域利益的帕累托改进，即在至少不降低其他相关区域利益的前提下增加区域利益。有学者使用合作倾向的概念来描述合作愿望的强烈程度："一个区域与其他区域的合作倾向，等于它在合作中的预期纯收益与各个区域总的预期纯收益之比"（崔卫国和刘学虎，2004）。预期的纯收益大，合作的愿望就强烈；预期纯收益小，合作的愿望就较弱。

同时，区域合作是区域分工的一种必然结果，与区域分工相伴而生，并随着区域分工深化而不断发展。区域间的差异为区域分工与合作提供了可能性和基础。

（三）区域合作的形式

区域经济合作是随着区域分工深化而不断发展的。区域分工形式的多样性决定了区域合作形式也是多种多样的。①从合作的内容来看，区域合作的具体表现形式有物资交换、商品贸易、信息合作、技术合作、人才合作、资本合作、生产合作及上述几种形式同时存在的混合合作等（张敦富，1999）。其中，物资交换、商品贸易属于低层次的合作形式，而技术、人才、资本、信息等全面合作是区域经济联系密切的要求，属于高层次合作形式。②从合作方式来看，区域合作的表现形式多样，主要有多区域合作经营、多区域股份化合作、异地办独资企业、区域间"三来一补"、建设-经营-转让（build-operate-transfer，BOT）方式等。合作经营与合资经营属于不同的合作方式，合作经营又称为"契约式联合"，合资经营也称为"股权式联合"。③从合作的层次和组织形式来看，区域分工有省（区、市）间的合作、省（区、市）毗邻地区合作、省区内经济区的合作、城市间区域经济合作等。④从合作的主导者来看，区域合作主要有区域间行业合作和区域间全面合作。行业合作是指区域间同一经济部门或几个经济部门的相关企业按照一定的组织原则与方式相互结合，优势互补，共同发展。包括区域性的生产合作、商业合作、运输合作、物质合作、金融合作和综合的行业合作。区域全面合作是指区域之间在有关政府推动下，相互之间开展多方面或全面的经济合作（吴殿廷，2003）。

第四节　区际产业转移

一、区际产业转移概述

（一）区际产业转移的定义

区际产业转移是指由于资源供给或产品需求条件发生变化后，某些产业从一个地区转移到另一个地区的经济行为和过程。区际产业转移是一个包含区际投资与贸易活动的综合性的要素与商品流动过程，是地区间产业分工形成的重要因素。

（二）区际产业转移的分类

根据转移主体的性质、转移的动机等差别，区际产业转移可分为扩张性产业转移和撤退性产业转移。前者是指产业在其原区域仍属于成长性产业，主要出于占领外部市场、扩大产业规模的动机而进行的空间的主动移动；后者是指区域的衰退性产业主要由于外部竞争与内部调整压力而进行的战略性迁移。一般认为，撤退性产业转移是区域间产业竞争优势消长转换而导致的产业区位重新选择的结果，是产业生命周期过程在空间上的表现形式，即产业演变的空间形态。

根据转移地域的差别，可分为国内区域间的产业转移和国际产业转移。国内地区间产业转移较早的案例可追溯到美国工业化早期，当时制造业工厂通常设在靠近原料来源的地方，后来由于运输条件的变化，工厂更倾向于设在靠近产品市场的地方，这促进了美国工业由东部转移到西部，由北方转移到南方。国际产业转移的典型现象发生在20世纪后半期的东亚。由于日元升值，日本劳动力成本上升，日本的一些劳动密集型产业纷纷转移到东亚的一些发展中国家和地区，随着最先接受转移的国家和地区的经济成长和产业升级，又启动了新一轮产业转移浪潮，这种链形的产业转移现象，被一些经济学者称为“雁行发展模式”。

二、区际产业转移理论

（一）雁行发展模式

在20世纪30年代，日本的赤松要针对本国产业发展较早提出了“雁行发展模式”。他在研究中发现：日本的产业通常经历了进口新产品、进口替代、出口和重新进口四个阶段的周期。某一产业随着进口的不断增加，国内生产和出口的形成，其图形就如三只大雁展翅翱翔。人们常以此表述后进国家工业化、重工业化和高加工度的发展过程，并称为“雁行产业发展形态”。在一国范围内，“雁行产业发展形态”先是在低附加值的消费品产业中出现，然后才在生产资料产业中出现，继而在整个制造业的结构调整中都会出现。

日本的小岛清在赤松要理论的基础上，于20世纪70年代提出了“边际产业扩张论”，即本国应积极将已经处于或即将处于比较劣势的产业（即边际产业）依次进行对外投资转移，通过产业的空间移动，规避产业劣势，显现其潜在比较优势。这一理论反映了日本战后经历的“引进现代产业部门—创造了比较优势—失去比较优势—向外转移”的过程，成为日本20世纪70年代积极向亚洲新兴工业国家进行产业转移，实现本国产业升级和经济发展的主要理论依据。

（二）产品生命周期理论及其衍生理论

美国哈佛大学教授弗农1966年在其《产品周期中的国际投资与国际贸易》一文中首次提出产品生命周期理论。该理论认为，由于技术的创新和扩散，产品和生物一样，也具有一个生命周期。产业区际转移是产品生命周期演化到一定阶段的必然产物，是产业演化的空间表现。产品的生命周期大致可以划分为三个阶段，即新产品阶段、成熟产品阶段和标准化产品阶段。而这个周期在不同技术水平的国家里，发生的时间和过程是不一样的，期间存在一个较大的时差。正是这一时差，表现为不同国家在技术上的差距，它反映了同一产品在不同国家市场上的竞争地位的差异，从而决定了国际贸易和国际投资的变化。为了便于区分，弗农把这些国家依次分成创新国（一般为最发达国家）、一般发达国家、发展中国家。

在新产品阶段，创新国利用其拥有的垄断技术优势开发新产品，由于产品尚未完全成型，技术上未加完善，加之市场竞争不激烈，替代产品少，产品附加值高，国内市场就能满足其摄取高额利润的要求等，产品极少出口到其他国家，绝大部分产品都在国内销售。而在成熟产品阶段，由于创新国技术垄断和市场寡占地位的打破，竞争者和替代产品增多，产品的附加值不断走低，且创新国和一般发达国家市场开始出现饱和，为降低成本，提高经济效益，企业纷纷到发展中国家投资建厂，逐步放弃国内生产。在标准化产品阶段，产品的生产技术、生产规模及产品本身已经完全成熟，对生产者技能的要求不高，原来新产品企业的垄断技术优势已经消失，成本、价格因素已经成为决定性的因素。这时发展中国家已经具备明显的成本因素优势，创新国和一般发达国家为进一步降低生产成本，开始大量地在发展中国家投资建厂，再将产品销至别国市场。

梯度转移论来源于产品生命周期理论。它建立在客观存在的地区二元结构的基础上，认为每个国家与地区都处在一定的经济发展梯度上，世界上每出现一种新行业、新产品、新技术，都会随着时间的推移，由处在高梯度上的地区向低梯度上的地区一级级地传递下去。

在产品生命周期理论的基础上，区域经济学家得出区域生命周期理论。他们认为：一个工业区建成以后，它就像产品经历的周期性变化一样，要经历从年轻到成熟再到衰老的阶段。区域在不同阶段面临的问题不同，采取的发展战略也就不同。

（三）“中心–外围”理论

“中心–外围”理论是由阿根廷经济学家劳尔·普雷维什提出的一种理论模式，他从依附角度分析了“中心”（即发达资本主义国家）和“外围”（即发展中国家）之间的经济关系。在资本主义国际分工下形成的“中心–外围”体系，从一开始就是不平等的，滋生了一些不利于外围国家初级产品贸易条件的因素。这包括技术进步的利益在中心–外围之间的不平等分配（这是造成贸易长期恶化的重要机制）、贸易周期运动对中心–外围的不同影响，以及初级产品不利的需求条件和发达国家的低进口指数等。该理论以外围（发展中国家）为视角来考虑产业转移，强调了发展中国家被迫性的产业移入需求，认为发展中国家出于发展的压力而被迫实行的用国内工业化替代大量进口工业品的进口替代战略，是产业转移发生的根源。

（四）劳动密集型产业转移论

美国发展经济学家阿瑟·刘易斯在研究中最早触及产业转移机制问题，提出了劳动密集型产业转移论，他把劳动密集型产业作为产业转移的主体，并且把产业转移与比较优势的变化相联系。认为在欠发达国家的工业化早期，存在着两个互相独立又彼此联系的经济部门，一个是市场导向和技术先进的城市现代产业部门，另一个是以庞大落后和自给自足的农业部门为代表的传统经济部门。传统经济部门的劳动力大量过剩，一般以隐藏性失业的形式存在着，可以为现代产业部门的扩张提供不断的劳动力供应。由于传统部门存在着溢出的劳动力的有力竞争，每个劳动者都得把自己的工资报酬控制到最低限度。现代产业部门的工人的实际工资只得长期保持一种低水平，难以提高。这样，节约资本的劳动密集型产业就会因成本低而有利可图，从而能得以迅速扩展。越来越多的剩余劳动力资源得到充分利用，并迅速转变为资本，欠发达国家工业化早期资本严重短缺的局面就逐渐得到缓解，经济增长进入良性循环。发达国家人口自然增长率下降、非熟练劳动力不足，劳动力成本趋于上升。这种成本的变化导致劳动密集型产业比较优势的逐步丧失，最终使之向发展中国家转移。

三、区际产业转移的动力机制

产业转移理论普遍认为产业转移主要由两方面决定，一是比较优势差别；二是市场规模决定的需求分布不均衡。概括地讲，产业转移无论对移出区还是承接区而言均能促进社会和经济发展。本书从移出区和承接区两个方面对产业转移的动因进行分析。

（一）移出区的动因分析

对产业移出地而言，区际产业转移是区域产业结构调整升级的重要途径，也是区域产业竞争优势转换升级的有效方式。产业从移出区转移的动因主要是充分利用承接区的资源，包括土地、人力、资金、环境容量、市场、营销渠道等。具体原因可以归结为以下几个方面。

1. 市场扩张的需要

随着经济发展，发达地区的市场需求结构会发生变化，市场总需求中，类似食品、纺织、一般机械等低加工型的劳动密集产业的产品需求的份额将会减少，而对家电设备、交通通信设备、电脑及其软件、医疗及保健产品、住房等的需求份额将会迅速增长。正是这种需求结构的变化，带来了产业结构调整压力。这种压力是通过低技术的劳动密集型产业产品的市场竞争日趋激烈反映出来的。因此，本地企业会趋向于通过一定规模的对外投资、对外建立生产加工点、对外建立销售网点等多种形式，扩大市场空间，改善企业的经营状况，增强企业的市场竞争能力。在适应市场需求变化的过程中，那些市场需求萎缩的产品和产业会被逐步转移到落后地区，移出区的产业结构得到优化。

2. 产业分工的需要

在近中期，产业转移的最大作用在于完善产业分工。在市场经济条件下，合理的产业分工的形成取决于贸易和要素流动，也取决于产业转移。产业转移不仅可以促进和完善垂直分工，也可以促进和完善水平分工，包括同产业内部、企业内部的不同工序之间的分工。

3. 综合利用资源的需要

通过产业转移，在全国和全世界范围内综合利用各种资源对区域产业结构升级具有关键的作用。例如，为了吸引人才，可以将企业的研究开发部门、发展企划部门转移到社会基础设施相对完善的大城市和中心城市，甚至是海外发达国家或地区；为了加强市场销售、拓展市场，可以将产品销售部门转移到商业中心城市或地区；为了降低劳动力成本，可以将劳动力使用密集的生产部门转移到生活费用相对较低档、劳动力较为丰富、成本较低而交通又比较便利的地区；部分污染性企业的转移是为了利用承接地的环境容量等。通过产业转移，实行跨区域的要素资源的综合利用，对优化区域产业结构、增强企业竞争能力具有重要意义。

4. 企业重组的需要

以跨区域的企业兼并、重组等方式进行产业转移，有助于实现产业结构优化。发达地区的资源优势主要是企业家资源优势，充分利用这种优势进行跨区域甚至跨国企业并购活动，实行低成本的扩张，是一种理想的产业转移方式。

5. 政策性的产业转移

这种类型的产业转移往往基于政府推动、企业主体、市场运作、合作共赢的原则，通过政府部门的统筹协调、协作协同，实现跨区域的产业转移。产业转移过程中政府一般会通过强化财政、金融、人才等政策支持，提升产业转移效果。

（二）承接区的动因分析

1. 吸收先进技术

技术进步是影响产业结构升级的重要原因。技术代表着对生产和资源利用方面的不同能力。落后地区实现本地区产业结构升级，面临的重大障碍之一就是技术水平低下，劳动生产率不高。产业转移往往是由经济梯度较高的发达区域指向梯度较低的欠发达区域，具有梯度性。这种梯度性决定了欠发达区域移入产业的生产技术水平一般要高于当地产业的平均生产技术水平，这样，移入产业的技术溢出效应将发生作用，有利于区域经济的进一步发展。

2. 增加投资需求，促进 GDP 增长

产业转移过程中，势必涉及大量的土地、机器设备、生产原料的购买，这将大大刺激产业承接地的投资需求，从而拉动 GDP 的增长。

3. 增加就业

吸收别的国家和地区产业的转移，有助于解决国内就业问题，尤其是对劳动力大量剩余而资本缺乏的国家和地区更加重要。因为一般发达国家和地区向这种国家和地区转移产业就是瞄准了当地廉价的劳动力，所以转移的大部分都是劳动密集型产业，如纺织、服装、电子制造业等。吸收国外或区外产业的转移，还可以提高本地劳动者的素质。

4. 加速承接地工业化进程

对于封闭的经济体而言，产业结构的升级是一个缓慢而不可逾越的过程。完成这一过程需要每一阶段相应的要素禀赋资本与劳动比率和技术能力的配合。承接区可以充分发挥后发优势，在发达国家的经验参照上，通过吸收发达国家和地区的产业，引入发达国家的先进技术和资本，迅速建立起现阶段自身没有能力发展的产业，大大缩短产业自然演变过程，加速本国工业化的进程。

5. 产业集聚的需求

承接区产业集聚效应吸引其他地区企业向产业条件好、具有高需求的地区转移，同时产业集群会进一步降低交易成本，所以对产业向该地区转移的吸引力会进一步加大（王云平，2013）。

第五节　区域协调发展

一、区域协调发展概述

区域协调发展是指缩小区域经济发展落差，统筹各区域内外部资源，兼顾不同区域的公平与效率，从强调发展相同化到发展均等化，更好地实现可持续发展的目的（付晓东和王谦，2019）。从经济层面来看，区域协调发展并不强行谋求各地区人均生产总值的绝对相同。各地区由于历史、地理位置、资源等条件的差异，在很长时间是不可能达成经济实力基本一样的。为此区域协调发展更多是指在各区域人均生产总值或经济实力的差距保持在适度范围内的前提下寻求相对平衡（黄季焜等，2021）。从社会层面来看，区域协调发展要求能够实现公共服务均等化。公共服务是指医疗条件、教育条件、环境卫生条件、居住条件及出行交通条件等。公共服务均等化是指在发达地区和欠发达地区能够享受相同的服务条件，使得各区域社会发展指标数值基本保持一致。从空间区域划分角度来看，区域协调发展要求合理划分功能区。根据可持续发展的理念，按照每个区域的特点及承载能力合理地划分功能，从大方向划分为优化开发、重点开发、限制开发和禁止开发。功能区的开发是区域协调发展的基础，每个区域合理划分功能，实现资源的合理供应与各地区之间的相互配合。

二、区域协调发展的动力机制

区域协调发展的动力机制可以分为内生动力机制和外生动力机制（姜文仙，2017）。其中，内生动力机制主要是指区域系统内部产生的、对区域协调发展起决定性作用的力量。外生动力机制主要是指区域系统外部产生的、对区域协调发展起重要影响作用的力量。

（一）区域协调发展的内生动力机制

1. 内生动力的来源

内生动力是指来源于区域系统内部对区域协调发展起主要作用的动力，这种动力的来源主体为地方政府和企业。从企业的角度看，企业的最终目标是利益最大化，这就会促使企业①尽可能选择最佳区位，能够将资源、基础设施、市场、劳动力等多种有利因素尽可能地囊括在内；②从事专业化生产以形成规模效应，降低生产成本，从而提高利润。从第一点来看，由于资源分布不均，不能保证每一个企业都做到集最优区位条件于一体，由此产生和其他区域互动的需要，以此保证企业资源的充分且多元化供应。从第二点来看，随着企业专业化生产的程度加深，需要跨区域和其他产业及企业产生联系并进行交换，通过与其他企业合作及产业间合作，提高产业链各环节的效率。同时对于市场而言，专业化生产必然需要市场的不断扩大，如果仅局限于单一区域市场，很容易造成该产品数量增加，给消费者带来的效用减少。与其他区域之间进行交换，可以丰富消费者选择产品的空间，从而缓解生产专业化与消费者需求多样化之间的矛盾。对于地方政府而言，首先，地方政府的职责是促进本地经济的发展。由于各区域处于一个整体之中，在采取措施促进地方经济发展的过程中，不可避免地会产生外部溢出效应。例如，地方政府完善本地铁路等交通设施建设，也同样带动了周边地区交通设施的完善，共享交通基础设施完善所带来的红利。其次，地方政府和企业之间属于利益联合体，地方政府有义务帮助企业创造条件以谋取更多的利益，当企业产生与其他区域交流合作的需求时，地方政府也会采取相应行动为企业创造条件。

2. 内生动力的作用机制

内生动力的作用机制主要是区域溢出效应，企业和政府通过区域溢出对区域协调发展产生影响。在区域溢出方面，姜文仙（2017）将溢出方式从需求层面和供给层面进行归类。需求层面主要从产品贸易、要素流动两大方面展开，供给层面主要是从技术扩散和制度移植两大方面展开。区域贸易的存在会促进区域协调发展，贸易的产生使得区域专业化生产成为可能，在专业化生产过程中提高劳动效率，促使收入及居民福利的提高，在新的消费需求的基础上进行进一步扩张，从而使得各个区域的利益都得到提高。且区域贸易会加强各区域之间的交流联系，从而带动各区域协调发展。从要素流动的角度来看，劳动力流动的主要方向是从欠发达地区流向发达地区，大量农村剩余劳动力流入发达地区，可以使其在廉价劳动力的基础上实现快速发展。而对于欠发达地区，大部分劳动者选择在工作地和居住地之间往返，流出的劳动力带来资金和技术的回流，从而促进当地的发展。从供给层面来看，不同区域之间会存在技术扩散的现象，尤其是在一个国家内，由于地理区域接近，文化、社会背景相同，区域之间技术扩散的成本降低。对于技术欠发达的地区而言，可以通过不同的方式接受发达地区的溢出，从而缩小不同区域之间的技术差距，促进区域之间的协调发展。在制度移植方面，区域之间加强联系也可以通过制度移植开展，当一个区域内某种制度获得成功时，会向其他区域进行扩散，从而带动其他区域的发展。

（二）区域协调发展的外生动力机制

1. 外生动力的来源

外生动力的主体来源为中央政府。目前区域协调发展已经上升为国家层面的总体发展战略。中央政府可以通过政治权威和多种政策工具直接改变区域之间的格局。中央政府推动区域协调发展的动力主要源自于政府合法性、政治、经济、社会职能及市场制度确立等方面。从政府合法性来看，政府存在的根基源于人民对政府的认可。获得人民的认可最直接方式是提高人民的生活福利，福利的提高源自经济的增长，所以经济增长一直都是政府工作的核心。在经济增长过程中要兼顾效率和公平，否则容易使社会出现动荡不安的情况。为此经济增长需要伴随着区域协调发展，让国家发展成果为全体人民所享。同样，在经济发展过程中，如果区域间经济发展差距拉大，在一定程度上会延后整体经济发展进程，国民经济增长会受制于低水平地区发展情况。除了职能的要求外，一国的中央政府也决定了该国的市场机制，完善的市场机制也是区域协调发展不可或缺的制度前提。市场化程度越高，生产要素和产品在各个区域之间形成的流动越充分，提高区域之间的互补性与资源配置的效率，加强区域之间的联系。同时完善的市场可以协调各区域在分工过程中的利益所得，自发加强区域之间的联系（吕康银，2004）。

2. 外生动力的作用机制

中央政府靠区域政策、区域管理、区域发展规划、区域关系立法等方式实现区域协调发展。中央政府通过区域经济政策对区域间经济进行干预，改变市场导致的区域分配不合理的现象，促使区域经济协调发展。中央政府负责决策，其最终执行还是要靠地方政府及企业，所以在落实区域协调发展战略时，中央政府通过设立合理区域管理程序，确保区域协调发展在不同层面能够得到贯彻落实。同时中央政府通过区域发展规划对全国各区域要素进行制度安排，形成上下之间的有效互动。地方政府根据自身发展情况形成区域发展规划，然后上交至中央政府，中央政府站在更高层面统筹各区域性发展规划，形成国家级发展战略。通过这种方式，国家级区域发展规划既可以关注地区发展优势，也有助于全国整体的发展战略，从而促进区域协调发展的实质性进展。除了上述情况，中央政府具有立法的权利，对各区域地方政府之间的交往进行规范，以此来避免地方政府仅出于考虑自身的需求而造成的地方之间的保护主义和市场割裂。

（三）区域协调发展的内外生动力耦合机制

区域协调发展是靠内生动力和外生动力相互作用，其内外生动力相互作用共同推动区域协调发展进程。内生动力企业和地方政府与外生动力企业和中央政府之间的耦合方式主要分为三种：第一种是从中央政府到地方政府再到企业的一种自上而下的方式；第二种是从地方政府向上传导到中央政府，向下传导到企业的中间扩散的方式；第三种是由企业向地方政府再向中央政府自下向上的传导方式。第一种方式下实现区域协调发展主要是靠制定制度框架，完善框架下的规则，通过制度对地方政府及企业进行约束和激励。第二种是中间扩散型，地方政府结合本地实际发展情况及相关制度基础，探索出区域协调发展道路，然后将政策上报给中央政府，获得中央政府的支持，形成国家战略，从而进一步推动区域协调发展。第三种方式自下而上型区域协调发展，从企业出发，一个区域内所有企业总体发展状况构成了该区域经济整体发展情况，每个区域的发展情况构成了全国层面的整体经济特征。通过企业在市场中的运行效果反映中央政府和地方政府对区域协调发展的干预，企业与地方政府及中央政府形成联动效果，构成自下而上的耦合方式。

本章课程思政与实践教学设计

教学环节	教学过程	课程思政
问题导入	前几章以区域内部组织为中心讨论了区域经济运行的规律，但是区域之间形成的相互关联、相互制约的经济关系也是区域经济学研究的核心问题之一。区际的经济运行关系是怎样的呢？	区域间的要素流动，如同从相对落后的西部地区流向发达的东部沿海地带，激发学生们要通过学习和技能提升，提升自身的竞争力，积极适应就业市场变化，不断创造新的价值和机会，为社会经济发展做出贡献
知识讲解	1. 区域分工和贸易作为区际关系的一种重要表现形式，区域贸易的发展必然伴随着生产要素的流动。介绍区域不同生产要素流动的特点、原因和影响 2. 介绍区域分工含义和分类、区域贸易含义和分类 3. 基于国际分工与贸易理论，讲解区域分工与贸易的基本理论	
启发探究	区域差异是每个国家在经济发展过程中都会出现的普遍现象，正如我国东部沿海地区与西部地区的发展差距那样，那么如何描述与度量这种差异呢？	学会透过现象看本质，引导学生探索我国东西部发展不平衡状况的深入原因，激发学生关注区域发展的各种问题和挑战及相关政策措施，并积极参与到对口支援等社会实践活动中去
知识讲解	1. 讲解区域差异的定义和特点，及其会带来的经济社会影响 2. 讲解区域经济发展水平的度量指标包含哪几个方面及区域差异的测算方法	

续表

教学环节	教学过程	课程思政
启发探究	当区域之间发生经济活动时，势必会产生相应的利益冲突，也会发挥各地优势进行合作	让学生体会到竞争、合作和冲突都是不可避免的存在，竞争可以激发人的斗志和进取心，合作可以促进交流与互动，在冲突中则要学会以理性的方式沟通和解决问题，帮助学生学会处理这些情绪，提升学生的综合素质并促进其全面发展
知识讲解	1. 讲解空间相互作用的定义、测度与模型 2. 介绍区际经济冲突的定义，以我国在我国区域经济发展过程中的地方贸易保护主义为例，说明有哪些具体表现形式，并引入博弈论进行主体间的博弈分析 3. 介绍区际合作的具体概念、动力基础与合作形式	
启发探究	当地区的资源供给或产品需求条件发生改变后，某些产业会从一个地区转移到另一个地区发展，产生这种情况的具体机制是怎样的呢？	提示同学们要及时关注当地的资源和需求情况的变化，及时调整个人的学习和职业发展规划，以适应产业需求的变动
知识讲解	1. 介绍区际产业转移的定义及其有哪些分类 2. 介绍雁行发展模式、产品生命周期理论及其衍生理论、“中心-外围”理论、劳动密集型产业转移论等区际产业转移理论 3. 从移出区和承接区的两个角度分析区际产业转移的动力机制	
启发探究	为了缩小地区之间的发展差距，需要促进区域协调发展，而这种协调是一种相对均衡的概念。促进区域协调发展的动力机制是怎样的呢？	区域发展的不均衡可能会造成效率低下、社会不稳定等一系列问题，这也启示同学们要不断提升自己的技能，增强自身的竞争力，在缩小与他人差距的同时，为实现区域协调发展做出贡献
知识讲解	1. 从经济层面和社会层面来解读区域协调发展的含义 2. 介绍区域协调发展的内生动力来源和内生动力机制 3. 介绍区域协调发展的外生动力来源和外生动力机制 4. 讲解区域协调发展的内外生动力耦合机制	
答疑与课程小结	1. 预留一定时间供学生提出课程疑问并进行答疑 2. 总结区域要素流动、分工与贸易的基础概念，掌握区域经济差异及测度的方法，了解区及产业转移、区域协调发展的具体内容	培养学生的总结能力和思考能力，提高学生的自主学习技能，以便在未来研究中更好地挖掘问题、解决问题

主要参考文献

陈刚，陈红儿．2001．区际产业转移理论探微．贵州社会科学，127（4）：2-6

陈建军．2002．中国现阶段的产业区域转移及其动力机制．中国工业经济，137（8）：37-44

陈秀山，张可云．2003．区域经济理论体系．北京：商务印书馆

陈宣庆，张可云，孙广宣，等．2007．统筹区域发展的战略问题与政策研究．北京：中国市场出版社

崔卫国，刘学虎．2004．区际经济学．北京：经济科学出版社

付晓东，王谦．2019．区域协调发展的新方向及其动力来源．国家治理，(1)：16-23

郭彦卿．2016．区域协调发展的内核动力：财政可持续与财政一体化．商业经济研究，(24)：160-162

郝寿义，安虎森．1999．区域经济学．北京：经济科学出版社

黄季焜，陈彬，邓祥征，等. 2021. 区域社会经济的协调发展管理研究热点分析. 管理科学学报，(8)：163-170
姜文仙. 2017. 区域协调发展的动力机制研究. 北京：经济科学出版社
蒋满元. 2005. 区域经济冲突背景下的区域经济结构调整分析. 中州学刊，(6)：50-53
靳卫东，王林杉，徐银良. 2016. 区域产业转移的定量测度与政策适用性研究. 中国软科学，(10)：71-89
黎峰. 2018. 国内专业化分工是否促进了区域协调发展？数量经济技术经济研究，35 (12)：81-99
李红，任启平. 2003. 山东省区域差异及对策研究. 山东师范大学学报（自然科学版），18 (3)：48-51
李炯光. 2004. 重庆市90年代以来的区域差异变化分析. 重庆三峡学院学报，20 (1)：27-31
林宏，陈广汉. 2003. 居民收入差距测量的方法和指标. 市场与人口分析，(5)：30-33
刘慧. 2006. 区域差异测度方法与评价. 地理研究，25 (4)：710-718
刘慧，綦建红，孙小雨. 2023. 公平竞争审查制度何以畅通国内大循环？——基于区域间贸易的证据. 经济评论，(3)：14-30
刘霆，谭晓萍. 2009. 跨区域流动要素对区域经济发展的影响. 经济地理，(4)：595-600
吕康银. 2004. 区域开放动力机制与区域经济协调发展研究. 长春：东北师范大学博士学位论文
吕振华. 2003. 浅析基尼系数的缺陷. 北京统计，(5)：47-48
聂华林，王成勇. 2006. 区域经济学通论. 北京：中国社会科学出版社
孙久文. 2006. 区域经济学. 北京：首都经济贸易大学出版社
覃成林. 1997. 中国区域经济差异研究. 北京：中国经济出版社
陶良虎，陈为，郝华勇. 2012. 区域经济学. 北京：国家行政学院出版社
王惠娜. 2014. 区域合作困境及其缓解途径——以深莞惠界河治理为例. 中国行政管理，(1)：35-40
王云平. 2013. 产业转移问题研究的有关观点综述. 经济管理，(6)：175-187
魏后凯. 2001. 从重复建设走向有序竞争. 北京：人民出版社
魏后凯，刘楷，周民良，等. 1997. 中国地区发展——经济增长、制度变迁与地区差异. 北京：经济管理出版社
吴殿廷. 2003. 区域经济学. 北京：科学出版社
许培源，程钦良. 2021. "一带一路"向西开放促进我国东西部经济协调发展研究. 中国软科学，(9)：75-84
许庆斌，荣朝和，马运，等. 1995. 运输经济学导论. 北京：中国铁道出版社
于今. 2004. 统筹区域协调发展. 北京：党建读物出版社
于伟，张鹏，姬志恒. 2021. 中国城市群生态效率的区域差异、分布动态和收敛性研究. 数量经济技术经济研究，(1)：23-42
余振，顾浩. 2016. 全球价值链下区域分工地位与产业升级对策研究——以东北三省为例. 地理科学，(9)：1371-1377
张敦富. 1999. 区域经济学原理. 北京：中国轻工业出版社
张敦富. 2013. 区域经济学导论. 北京：中国轻工业出版社
张可云. 2001. 区域大战与区域经济关系. 北京：民主与建设出版社
张可云，杨丹辉，赵红军，等. 2022. 数字经济是推动区域经济发展的新动力. 区域经济评论，(3)：8-19
张樨樨，刘秋霞，韩秀元. 2015. 劳动力流动问题研究热点分析. 经济学动态，(6)：125-136
周加来，李刚. 2008. 区域经济发展差距：新经济地理、要素流动与经济政策. 经济理论与经济管理，(9)：29-34

第九章　区域经济政策

政府调控区域经济运行的手段主要包括区域经济规划、经济区划和区域经济政策。其中，影响最大的当属区域经济政策。

第一节　区域经济政策的内涵、特征作用对象、内容与体系

一、区域经济政策的内涵

中外学者因所处国家经济发展条件的不同，对区域经济政策的概念、区域经济政策的作用机制、目的的理解也不尽相同。中外学者关于区域经济政策概念定义的代表性观点如表 9.1 所示。

表 9.1　中外学者关于区域经济政策概念定义的观点

学者及年代	主要观点
Friedmann（1966）	区域政策处理的是区位方面的问题，即经济发展“在什么地方”。它反映了在国家层次上处理区域问题的要求。只有通过操纵国家政策变量，才能对区域经济的未来做出最有用的贡献
刘勇和毛汉英（1995）	区域政策是一国政府对其国民经济运行的空间上出现的问题进行的各种形式的干预
陆大道和薛凤旋（1997）	区域政策是指中央和地方政府为了调整地区间发展状态、差异和分布而制定的对社会经济发展过程施加影响的政策和措施
王一鸣（1998）	区域经济政策，简称为区域政策，是政府根据区域差异而制定的促使资源在空间的优化配置，控制区域间差距扩大、协调区际关系的一系列政策的总和
孙军（2003）	区域政策是指中央或上级政府通过行政性规定，对地区间或地区内部的资源进行诱导和配置的一系列政策总和
张可云（2005）	区域经济政策，又称为区域政策，是政府（主要指中央政府）干预区域经济的重要工具之一，它通过政府的集中安排，有目的地对某些类型的问题区域实行倾斜，以改变由市场机制作用所形成的一些空间结果，促使区域经济发展与区域格局协调并保持区域分配合理
陈家海（2010）	指出区域政策有狭义和广义的概念。狭义的区域政策是以均等化为目标，是为了解决区际差距及区域之间的冲突矛盾设定的。广义的区域政策是以效率为目标

Friedmann（1966）强调区域政策的出发点是处理区位方面的问题，其作用是影响区域经济的未来。而罗杰认为，区域经济政策的目标超出区域之外，是政府实现经济增长和良好的社会分配的重要手段之一。我国学者对区域经济政策出发点、目标、表现形式等的界

定多较为具体。

总而言之，区域经济政策是国家经济政策的重要组成部分，是政府在区域层面上对资源进行诱导和配置，以改善经济活动的地理分布，来实现区域经济发展与区域格局协调并保持区域分配合理，从而确保国民经济和社会持续、健康、稳定发展的一系列政府干预的总和。在制定区域政策的过程中需要考虑到多方约束条件，如政府转型、居民自我利益的实现、公共服务需求的扩大等影响，实现区域公平和宏观经济效率的统一（汤学兵和张启春，2013）。

二、区域经济政策的特征

区域经济政策主要有以下三方面特征。

（一）以区域为作用对象

区域经济政策的出发点是化解区域经济问题，这要求区域经济政策对社会经济的干预能引起区域利益格局的变化，即具有区域效应。但是，并不是所有具有区域效应的经济政策都属于区域经济政策的范围。区域经济格局与产业结构、贸易结构等是谐和的，因此，政府对社会经济生活的任何干预都会引起区域利益格局的变化，从而具有一定的区域效应。例如，对高新技术产业的扶持政策有利于高新技术产业较集中的经济发达区域的发展；紧缩的货币政策对落后区域（货币需求弹性较小）的影响会大于发达地区（货币需求弹性较大）等。但是，区域效应往往只是这些经济政策目标体系中一个相对次要的目标或无意识的目标，而且这些经济政策区域效应的大小主要由区域经济格局与这些政策作用对象结构特征的具体谐和情况决定，而不是由政策本身一般性地决定，并且在多数情况下表现出的是不利的区域效应。因此，从严格意义上说，这些具有区域效应的一般经济政策不属于区域经济政策的范围。正是在这种意义上，不少学者称这些区域经济政策为广义区域经济政策或隐含的区域经济政策。

严格意义上的区域经济政策应以区域为作用对象。郝寿义和安虎森（2004）指出，区域经济政策通常只是把国家之内某些特定区域内的全部经济活动或这些经济活动的某个特定领域中的经济活动作为调控对象，特定的区域经济政策只适用于有关国家的一部分地区，而不适用于这个国家的所有地区。因此，区域经济政策应明确落实到特定的地域空间上，这主要有两种形式。一种形式是直接以特定的某一个或某几个行政区域为对象，如我国国务院西部开发办《关于西部大开发若干政策措施的实施意见》，就明确规定了适用该政策的 12 个省（区、市）：重庆市、四川省、贵州省、云南省、西藏自治区、陕西省、甘肃省、宁夏回族自治区、青海省、新疆维吾尔自治区、内蒙古自治区、广西壮族自治区，以及湖南省湘西土家族苗族自治州、湖北省恩施土家族苗族自治州、吉林省延边朝鲜族自治州。另一种形式是归属制，即制定适用于某种或某几种属性区域（如落后地区、萧条地区、拥挤地区等）的政策，并发布各种属性区域应具备的社会经济特征，然后根据各区域的社会经济特征将其归入政策作用对象区域。

（二）区域层面上的差别政策导向

区域经济政策的区域效应主要是通过对不同属性的区域实行差别的政策而获得的。区域经济政策在表现形式上是从区域层面上对适用于全国的一般经济政策的例外规定，即在特定区域实施不同于一般政策的经济政策，其一般方式是对经济发展滞后地区实施援助与刺激，对膨胀地区实施控制，而对其他地区实施一般政策。

（三）多为一种结构性政策

孟庆红（2003）通过对区域经济政策在宏观经济政策中地位的研究揭示了区域经济政策的这一特征。如图 9.1 所示，在经济政策体系中，区域经济政策和产业经济政策一样，主要是一种结构性的经济政策，它们与总量性经济政策（如财政政策、货币政策等）一起，以促进国民经济和社会发展为目标，干预国民经济的运行。作为经济政策体系组成部分的区域经济政策，主要针对的是国民经济运行中区域层面的结构问题。由于区域经济是一个层次体系，且各等级层次均存在区域结构，区域经济政策不仅存在于国民经济层面上，还存在于其他地域经济层面上。学者继承泰波关于欧洲国家空间经济等级的五级次划分方法（国际、欧洲、国家、区域和地方）提出，区域经济政策相应的也有五个级次。王一鸣（1998）指出，较典型的是三个层次，即超国家层次的区域政策、国家层次的区域政策和亚国家层次（即地区）的区域政策。超国家层次的区域政策，比较成熟的有欧共体（欧盟）区域政策。亚国家层次的区域政策在我国比较典型，主要指各层级的地方政府的区域政策，如中共江苏省委，江苏省人民政府颁布实施的《关于进一步支持苏北加快发展政策意见》、中共浙江省委，浙江省人民政府颁布实施的《关于加快欠发达地区经济社会发展的若干意见》等。通常所说的区域政策是指国家的区域政策（王一鸣，1998）。

- 国家经济政策
  - 总量性经济政策
  - 结构性经济政策
    - 产业经济政策
    - 区域经济政策

图 9.1　国家经济政策体系（孟庆红，2003）

区域经济政策与地区经济政策不同，这主要表现在两个方面。其一，对于区域经济政策作用的具体区域而言，区域经济政策是由该区域的上级政府（包括其设立的各种委员会）制定并实施的（张可云，2005），是该区域经济社会发展的一种重要的外部因素。而地区经济政策是由其所辖行政区政府自行制定并实施的，是区域经济社会发展的一种内部因素。其二，区域经济政策只是经济政策体系的一个组成部分，是一种部分性的政策，主要针对的是经济运行中区域层面的结构问题；而地区经济政策是关于本行政区经济发展的全面性的经济政策，它不仅适用于该地区的所有辖区，还包括了该地区社会经济发展的所有重要方面。

此外，作为一种政策，区域经济政策也继承了一般政策的特点，这些特点主要有：政治性与公共性、稳定性与变动性、公平性与效率性、强制性与合法性等。

三、区域经济政策的作用对象

区域经济政策主要是针对区域经济问题的。区域经济问题是指那些引起政府和人民忧虑的关系国计民生的事情，它涉及一个国家的特定地区及其与其他地区之间的联系，所以具有“区域性”[①]（魏后凯，2006）。现代主流的区域经济政策理论是在西方发达国家努力化解其区域经济问题的实践中形成并发展的。在这些国家中，典型的区域经济问题主要集中在各种问题区域的发展方面，因此，现代主流区域经济政策理论主要是问题区域发展的政策理论。但问题区域并不是区域政策和区域研究的全部领域（陈耀，2000）。在发展中国家，区域经济问题的表现往往有所不同。刘勇和毛汉英（1995）提出，区域问题包括两个方面：一是因国民经济活动的区域分工与合作受阻而出现的产业结构趋同问题；二是由自然、历史及经济本身等诸多原因共同影响而出现的国民经济活动的空间差异问题，并将其分别称为第一类区域问题和第二类区域问题。陈耀（2000）综合我国学者的研究，将我国区域经济问题概括为四个方面：一是地区经济发展严重不平衡，尤其是中西部与沿海地区的发展差距扩大；二是地区分工紊乱，产业结构趋同化；三是地方保护主义盛行，区际利益摩擦加剧；四是中央宏观经济政策与地方经济政策的矛盾。这些研究均明确提出了市场经济体制不完善国家存在的另一类典型区域经济问题：区际关系问题。可见，对区域经济问题的表现形式与类型还需进行系统的研究与概括。

按系统论的观点，国民经济的区域层面可以分解为两个方面，即作为子系统的各区域内和区域间的关系。与此相对应，区域经济问题也表现为两个方面，即特定区域发展中存在的问题和区域间相互关系问题。在西欧和北美，区域经济学家一般将特定区域发展问题分为三类，即落后病、萧条病与膨胀病（张可云，2005）。落后病是经济在一个较长时期内从未繁荣发达过的区域所共有的病症，其主要症状有人民生活水平和地方财政收入水平低、经济增长速度不高、失业率高、科学教育与文化事业不发达等；萧条病是经济曾一度繁荣但由于产业结构与产业布局的调整不及时而陷入困境的区域所特有的病症，其突出特点是经济增长速度低甚至出现负增长、失业率高、产业结构由先进沦为落后、资源利用效率十分低下等；膨胀病是经济发展达到一定水平且速度较高区域的典型症状，其突出特点是人口与经济活动过度集中造成空间拥挤、主导产业技术含量下降、区域综合竞争力存在下降的可能性与区域增长速度明显放缓等。自20世纪60年代以来，优势区域的战略性发展问题开始成为某些国家区域经济政策的对象问题（陈家海，2003；安虎森，2004），这一方面是当时多数发展中国家转而推行非均衡发展战略的结果，另一方面也因为全球竞争加剧，即使是一国的优势地区也面临艰巨的加快发展的任务。例如，日本从20世纪60年代起对太平洋工业地带的扶持性开发政策，韩国对首尔地区和釜山地区的政策扶持等。

现代区域经济是开放的经济，它并不构成完整的生产体系（周克瑜，2000），区域与区域间是相互依存、相互制约、共生发展的。但是，如果市场机制不完善、区域经济差距过大（区域在区域竞争中的地位不平等），区际利益的合理分配将被扭曲，受损区域将通过区域封闭来规避区域利益损失，这样，区域的竞相发展就会扭曲资源的有效分配

① 这一定义综合了布朗和布罗斯关于市场经济国家典型的两方面区域经济问题的观点。他们提出，市场经济国家典型的区域经济问题可以概括为两个方面：一方面是部分地区普遍感到不满的问题，主要表现为这些地区居民平均收入明显低于其他地区，或者增长缓慢，甚至实际收入在下降，这些地区失业率显著高于全国其他地区。另一方面是中央政府或全国公众感到不安的一些涉及区域经济福利的问题，这主要指区域之间个人收入的不平等、区域失业率差异大及一些地区人口外流等问题可能对国家造成的不利影响，其中区域收入不平等是引起政府和公众关注的最主要方面。

(Hoover, 1975)。区际关系不协调是新中国成立后困扰我国国民经济和区域经济发展的一个重大问题。新中国成立后，我国在区域经济发展中过分强调构建区域相对完整的生产体系，区间联系较弱，限制了各区域通过区域分工合作发展地区经济的空间。改革开放逐步解除了各级地方政府发展地区经济的束缚，但由于经济发展资源有限，各地区产业结构的趋同又进一步加剧了某些基础性资源的短缺压力，如“羊毛大战”“棉花大战”“烟叶大战”等资源“大战”一时狼烟四起。20 世纪90 年代后期，我国商品短缺状况基本结束，市场供求关系发生了重大变化。在资源大战尚方兴未艾之际，各区域又围绕区域市场的争夺展开了“啤酒大战”“白酒大战”“香烟大战”。我国区际经济关系的不协调当然是与国民经济与区域经济发展的阶段性特征密切相关的，但不可否认，区际经济政策的缺失与政策执行不彻底也是其中的一个重要原因。

四、区域经济政策的内容与体系

区域经济政策是针对区域经济问题的，一国通常存在多种形式的区域经济问题，而不同的区域经济问题需要采用不同的区域经济政策去化解。因此，区域经济政策往往是由针对不同区域经济问题的多种政策所构成的一个体系。

与两大类区域经济问题相对应，区域经济政策首先应包括区域发展政策和区际关系调控政策。由于区域经济政策一般不需要覆盖每个区域，区域发展政策主要表现为各种特殊区域发展政策，如落后区域发展政策、萧条区域发展政策、膨胀区域控制政策和战略性区域开发政策。其中，前三种区域发展政策也称为“问题区域”发展政策，后一种政策也称为“战略区域”发展政策。区际关系调控政策是引导区域间社会经济关系的政策，主要包括区际竞争政策和区际合作政策。

由于区域经济政策不仅是国家经济政策体系的重要组成部分，还与区域战略、区域规划一同构成区域运行与管理的主要内容。区域经济政策还需要有一个政策总纲，以协调区域经济政策与国家其他经济政策的关系，并对区域战略与区域规划作出具体阐述，以反映区域经济政策的全貌。区域经济政策总纲一般包括两个方面的内容，一是阐述区域经济政策总体概况，并对各专项区域经济政策作出原则性规定的政策纲要，也是从政府干预角度对区域战略与区域规划的具体化；二是协调区域经济政策与国家经济政策、地方经济政策关系的协调政策，主要内容是关于政策冲突的一些具体规定。与专项的特殊区域发展政策不同，区域经济政策总纲一般不单独行文，而是在一些综合性的政策文件中专章进行阐述。

五、区域经济政策程序

区域经济政策作为一种具有重大影响的政策行为，只有严格按照一定的程序，才能确保区域经济政策的科学化、民主化。区域经济政策的制定、实施和评估一般要经历如图 9.2 所示的几个过程，即分析区域问题、提出目标、制定区域政策方案（包括目标、手段或工具、实施细则）、政策效果事前评估、政策方案选择、区域政策实施、政策效果事后评估。区域经济政策的制定与实施还是一个循环往复的过程，包括多条反馈路径，主要是通过区域经济政策事前评估和事后评估来实现。

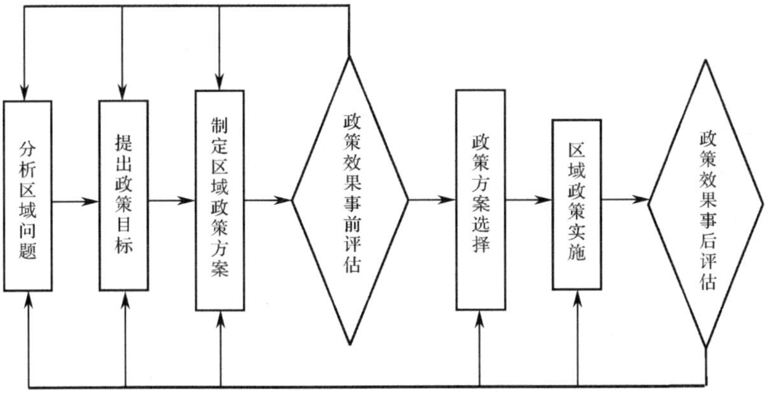

图 9.2　区域经济政策程序（魏后凯，2006）

第二节　区域经济政策的作用与局限性

一、区域经济政策的作用

区域经济政策的作用是与区域经济政策动机、区域经济政策必要性都相关的一个问题。区域经济政策的动机源自经济、社会、环境、政治的因素（金锋等，1992），这意味着区域经济政策既能在区域层面上解决经济发展中的问题，也能通过经济手段去解决那些非经济的社会、政治、环境问题。通常认为经济动机是最重要的动机。

（一）有利于促进国民经济的持续、健康、快速发展

一国国土是由若干个相互联系的区域构成的，各区域的经济社会发展水平与发展速度是不同的，从而形成国土的区域经济格局，而区域经济格局（特别是其中的区域经济差距）对国民经济和社会发展具有重大的影响。首先，当区域经济差距较小，区域经济格局较均衡时，发达地区的发展将促进不发达地区的发展，从而促进国民经济整体的发展；而当区域差距过大，区域经济格局严重失衡时，贫困区域的贫困病将会向发达区域传播，制约发达区域的发展，进而影响国民经济整体的发展。其次，区域经济差距过大，区域经济格局失衡，将扭曲区域经济合作中的区域利益分配，并激化区域不合理竞争，从而阻碍地域分工的深化和市场的一体化，压缩国民经济发展的可能性空间。再次，区域经济差距过大，将引起较高的失业率和通货膨胀，造成宏观经济不稳定。最后，国土地域结构通常与国民经济发展的产业结构、贸易结构等谐和，地域结构与产业结构、贸易结构等是相互影响、相互制约的，区域经济格局的不合理必将制约产业结构、贸易结构的优化，并制约国民经济的发展。

（二）促进资源配置的优化

区域经济政策是一项配置性政策，其最根本的任务和最主要的作用是实现资源在社会生产中配置的优化。在现实经济中，规模经济、外部经济、迁移成本、心理成本等的存在，使得资本和劳动力的流动具有地理惰性，存在流动壁垒。因此，市场机制在资源配置

中存在缺陷，需要政府这只有形的手去弥补。区域经济政策层面的资源配置优化主要包括：流动性较强资源在区域之间的合理分配和有效利用、流动性较差资源在区域内部的有效利用、通过利益控制与引导形成的推拉合力弱化资源流动的惰性、通过政府对特定区域基础设施的建设与主导产业的培育弱化区域投资环境的经济性差异等。此外，由于资源的初始分配不是均衡的，区域经济政策也包括从社会公平角度对经济发展滞后的地区实施倾斜性配置（安虎森，2004）。同样，区域经济政策也会从融资环境、研发环境和人才环境三个方面促进资源的优化配置（王清刚和汪帅，2022）。

（三）促进战略性发展

在现代，区域经济政策是贯彻国家经济发展战略的有效工具。例如，每一个处于经济"起飞"初期的国家，都会遇到资金、资源和人力资本短缺的问题。若实施均衡的发展模式，必将降低有限发展资源的利用效率，难以促成国民经济整体的快速发展。但如果运用倾斜的区域经济政策，加快区位、社会、经济基础相对较好区域的发展，形成增长极，不仅能促进增长极的超越发展，还能通过逐渐增强的辐射效应带动周边地区的发展，从而促进国民经济整体的快速发展。例如，20 世纪 60 年代日本对太平洋工业地带的政策扶持、韩国对汉城（现首尔）地区和釜山地区的政策扶持等，均是通过区域经济政策实现国民经济超越式发展的典范①。在幅员辽阔的大国，其区域发展的不均衡程度一般也更强，区域经济格局转变中蕴藏着广阔的经济发展空间，区域经济政策的战略性作用因此也更强。例如，我国在世纪之交启动的以西部大开发为重点的区域经济政策，即是实现将国民经济的发展建立在主要依靠国内市场的发展战略的重要构成部分之一，担负着促进中西部地区经济社会发展和化解东部地区再发展面临的资源、市场、生态环境问题的双重重任。

（四）促进就业与社会公平

不同地区由于经济发展水平和人口压力的不同，其就业水平也不同。失业不仅是国家人力资源的浪费，还会引发一系列的社会问题，并通过贫困群体的盲流、政治运动等影响其他区域乃至全国经济社会的发展。失业既是区域经济发展滞后的结果，也是区域经济发展缓慢及至倒退的原因。因此，区域的失业问题，必须依靠以区域经济政策为主体的多种政策干预，通过区域经济的发展或失业群体的迁移，才能有效化解。

Hoover（1975）指出，区域经济政策的最终目标，是通过增进个人福利、机会、公平和社会的睦体现出来的。区域经济政策涉及内容广泛，但最核心的还是提高发展滞后区域居民的福利水平过低的问题。促进包括公平享有基本的教育、卫生、营养在内的社会公平是现代政府的基本施政理念之一，但是，经济发展滞后的地区往往不能通过自身的力量（如地方财政收入）来实现这些目标。区域经济政策一方面可通过对这些地区教育、卫生、营养事业的直接支持实现区域居民对这类基本社会福利的公平享有，另一方面还能通过倾

① 张可云提出，具有空间倾斜特点的政策统称为空间经济政策，包括"扶强"因而不能产生区域差距缩小效应的特殊空间政策和具有区域差距缩小效应的区域经济政策。但是，空间经济一词在术语使用上已侧重于指经济活动微观层面的空间问题，因此不宜用空间经济政策统称特殊空间经济政策和区域经济政策。区域经济政策这一名词本身不直指区域差距的缩小，宜指具有区域经济格局转变效应的政策。在这种意义上，西方发达国家 20 世纪的区域经济政策只代表了区域经济政策中的一种类型。

斜的利益分配促进区域经济的发展，从而提高区域自主实现这些公平目标的能力。

（五）促进国防空间结构、民族空间结构等的合理化

自由市场经济下的区域经济格局通常不能满足国防空间结构、民族空间结构的要求。例如，民族地区是在政治和社会意义上最需要发展的地区，但民族地区往往因自然环境恶劣、社会经济基础薄弱而发展缓慢。又如，边境地区又是国防重点地区，但却往往因区位条件较差而难以促成富民而强边。这类非经济性空间结构的优化当然可通过非经济的干预手段实现，但区域经济政策在这些方面的作用也不容忽视。例如，我国以西部大开发为主体的区域经济政策，就肩负着促进民族和谐、巩固边防的多重任务。

二、区域经济政策的局限性

区域经济政策并非万能的，片面夸大区域经济政策的作用是不可取的。陈耀（2000）从区域援助政策局限性的角度较系统地研究了区域经济政策的局限性问题，提出区域政策的局限性主要表现在三个方面。一是区域援助可能存在的两种失误，即区域援助决策的失误和区域援助实施过程的失误；二是政府在区域援助方面的意愿与能力的匹配问题，只有在政府同时具有较强的区域援助意愿和区域援助能力的情况下，才能较好地解决区域问题；三是区域发展政策内含的四大负面效应，即区域发展政策内在的激励不足问题、效率损失问题、要素价格扭曲问题和政治成本问题。系统地看，区域经济政策的局限性主要表现在以下三大方面。

（一）区域经济政策对特殊区域的发展而言，是一种作用有限的外部变量

区域经济的发展有其自身规律，是由多种因素决定的，如区域的区位条件、自然资源状况、经济社会状况等，区域经济政策仅仅只是其中一个作用有限的外部变量。对经济社会发展滞后地区的援助往往难以促进受援助地区的经济发展，也有一些区域经济政策反而诱发了受援助地区对区域经济政策的依赖心理，制约了区域经济的正常发展。例如，区域规划中的科技政策，尽管在政策制定上侧重于差异化，科技规划具有前瞻性、引领性和长期稳定性，但是在区域经济发展和科技发展之间仍然存在不匹配的现象，碎片化施政的现象仍然存在（王罗汉和刘冬梅，2022）。

（二）区域经济政策的实施需要一定的成本和代价

首先，区域经济政策的实施需要相应的政策投入作保障。一般而言，区域经济政策的力度越大，需要的政策投入也越大。其次，区域经济政策的实施会激励经济社会发展资源向受援助地区流动，侵蚀资源流出地区的经济发展基础。最后，区域经济政策还会扭曲企业、居民、政府的经济行为，产生如寻租、非必要的迁移费等非生产性消耗。此外，区域经济政策还会扭曲市场价格，引发国民经济发展的深层次运行机制问题，从而导致大范围的经济无效率问题。

（三）区域经济政策作为政府行为，不可避免地存在失误的可能性

导致区域经济政策失败的主要因素包括：政策决策信息的不充分、政策目标违背经济规律或违背各区域的愿望与要求、政策措施与政策目标不配套、政策内容脱离具体国情、政策执行不力、政策实施机构和人员失职、政策环境发生不可预见的巨变等。

第三节　区域经济政策的目标、方针与工具

一、区域经济政策的基本目标

区域经济政策的目标是运用区域政策工具解决区域问题时所要实现目的的明确表述（张可云，2005）。一般而言，区域经济政策具有一系列综合性目标，并构成一个由基本目标、具体目标构成的多层次的目标体系。1940 年，“巴洛报告”（The Barlow Report）首次较为清楚地阐明了区域政策的目标，提出制定区域政策是为了解决三个方面的问题：①减少某些受到严重压抑地区的长期持续的失业问题；②实现工业地理分布上的平衡和减少伦敦地区工业过度集中；③为了国防和其他战略目的而疏散工业布局（张可云，2005）。1981 年，英国众议院又将其区域经济政策目标归纳为五个方面：一是实现区域本身的经济发展；二是区域收入水平保持在允许范围内；三是区域就业水平保持在允许范围内；四是要重视人口迁移而导致的区域人口减少；五是区域间失业率差距保持在允许范围内（张可云，2005）。然而，这些只是对英国区域政策目标的阐述，并不具有一般性。多数学者如 Temple（1994）指出，区域政策的目的是实现经济活动更有效和（或）更公平的区际分布，但这类观点只概括了区域经济政策目标中最主要的方面。

张可云（2005）对区域政策目标的概括较具一般性，他提出区域政策目标大致分为三类，即区域经济发展、区际关系协调和非经济目标，其中前二者是区域政策的主要目标。按照这一划分，张可云又进一步明确了区域政策九大重要目标：①提高区域内现有资源的利用水平（即减少资源的不充分利用）；②更有效地在区域内各种用途间分配资源（即减少资源的不充分利用）；③实现区域内最佳增长；④在区域间有效地再分配生产要素以使总收入与总增长最大化；⑤区域间增长率的均等化；⑥区域间收入（通常用人均收入表示）的均等化；⑦为缓解通货膨胀压力而缩小区域差距；⑧减少区域内拥挤程度与其他布局造成的外部成本并重新布局人口、工业等，以形成净社会利益最佳的空间结构；⑨保护与加强区域文化和个性等非经济目标。

陈家海（2003）则较系统地概括了区域经济政策目标的层次体系。他明确提出，区域经济政策目标是一个体系，由一般目标、具体目标构成。区域经济政策的一般目标主要有社会经济目标、民族目标、国防目标等，其中社会经济目标即区域发展层面上的效率目标与公平目标，是区域经济政策的主要目标。效率目标，即国民经济增长的最大化或一定时间内资源空间配置的最优化；公平目标，即区域间收入、福利、增长等差距的缩小。以效率和公平为一般目标的区域政策，往往会表现为以下一些具体的政策目标：①促进生产要素的区际流动，以提高资源空间配置的效率；②引导生产要素向某些重点开发地区集聚，以提高国家经济的总体增长率；③缩小地区间经济增长率的差距；④缩小地区间人均收入水平的差距；⑤缩小地区间失业率的差距；⑥缩小地区间公共服务水平的差距。当然，还有其他一些形式的具体政策目标。

陶良虎等（2012）将区域经济政策目标分为区域经济政策总目标和子目标，区域经济政策的总目标是追求经济效率和社会公平的最大化，在经济发展的不同阶段，效率和公平

的组合不同；区域经济政策的子目标是动态变化的，会随时间的变化而有所不同，在经济发展的初级阶段是以经济目标为主导，在高级阶段则是以环境目标和政治目标为主导。

二、区域经济政策目标体系的构建与协调

（一）区域经济政策目标的冲突性与相容性

在短期，区域经济政策的各基本目标常常是相互冲突而不是相容的。例如，效率目标与公平目标间的关系问题即是区域经济政策研究中被广泛讨论的一个问题。一般而言，要实现经济活动更公平的区际分布，就需要将有限的资源更多地投入到欠发达地区，但由于这些地区的自然地理条件和经济社会基础较差，投入资源的利用效率不高，对国民经济增长的贡献不如将资源投入到发达地区的贡献大。相反，要实现经济活动更有效率的区际分布，就需要将更多的资源投入到发达地区，但这样必然导致区域经济差距的加速扩大。此外，经济增长与环境保护目标间、区域内最佳增长与国民经济最佳增长间也存在类似的目标冲突问题。

在长期，区域经济政策的各基本目标往往又是相容的。例如，从长远看，区域经济政策的效率目标与公平目标是相互促进的。一方面，区域经济差距过大将引发一系列全国性的社会问题，并扭曲正常的区际利益分配，影响各区域经济的运行。因此，区域经济运行的高效率必须以相对均衡的区域经济格局为基础。另一方面，高效的区域经济运行将促进国民经济的增长，从而为援助欠发达地区的发展提供更多的资源。

（二）区域经济政策目标组合

1. 区域经济政策目标组合的必要性

进行区域经济政策目标的选择主要基于以下两个方面的原因。首先，区域经济政策资源有限，不可能在同一时间完全实现区域经济政策的各基本目标。区域经济政策每一基本目标的实现均需要投入相当的政策资源，但通常政府所能动员的政策资源都是相当有限的，即使是西方发达国家也是如此。其次，区域经济格局的演变是有规律的，追求超越区域经济格局演变阶段规律的目标，即使投入相当的政策资源也难以实现。各国需要根据对各区域经济问题轻重缓急的评判，根据实现特定目标的可能性大小，选择基本目标中的几个目标，构成区域经济政策目标体系。

对区域经济政策目标的选择组合往往不是那种非此即彼的选择，即使是对区域经济政策的非相容目标的选择，也是如此。通常要确定各区域经济政策目标合理的组合区间。如均衡（公平）目标与增长（效率）目标选择问题，就是一个应两者兼顾的典型例子。陈栋生（1993）指出，均衡与增长可以有很多的结合“模式”，但比较恰当的结合应在 $A'B'$ 区间（图 9.3）。

此外，区域经济政策目标组合通常具有一定的时间包容性，既包括短期目标，也包括中期目标，还包括长期目标，这构成了区域经济政策目标组合的时间维度。例如，美国政府在开发田纳西流域的区域经济政策目标时，就设立了由综合目标、缓解目标和根治目标构成的多重目标体系。

2. 区域经济政策目标的组合原则

吴殿廷（2003）概括了诸多学者关于区域经济政策目标组合原则的研究，提出区域政

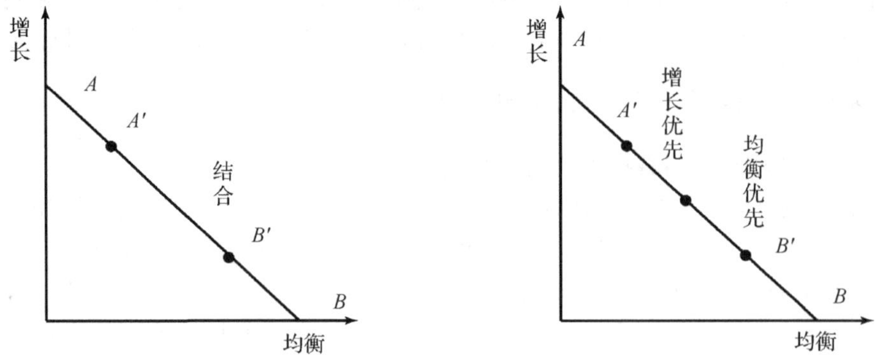

图 9.3　均衡与增长的权衡（魏后凯，2006）

策目标的组合应遵循四大原则：①根据具体的区域问题类型选择。这主要有两个层面。在国民经济层面上，应根据最为典型的区域问题，选择主导的政策目标。例如，西方发达国家典型的区域问题是落后地区、萧条地区的发展问题，其主导政策目标多为促进就业与分配的公平；发展中国家典型的区域问题是优势区域、拥挤地区的发展问题和区际关系不协调问题，其主导政策目标多为促进经济的快速发展。在问题区域层面上，不同的问题区域应选择不同的目标。例如，贫困地区应以社会性目标为主导，以经济发展为远期目标；萧条地区应以就业目标为主导，同时加速区域产业结构的优化。②根据特定的经济发展阶段进行选择。这主要也有两个方面，一是国民经济水平和国家财政能力所处的阶段水平，这通常决定了有多少区域经济政策目标可以纳入政府的考虑范围。例如，发达市场经济国家的经济发展已达到较高的水平，财政实力较强，所以能将那些直接政策资源消耗较大的社会公平纳入政策目标，而发展中国家一般财政实力较弱，多局限在关注经济增长目标。二是区域经济格局所处的演变阶段。在不同的区域经济格局演变阶段，特定政策目标达成的潜在可能不同，政策目标达成的潜在成本收益也不同。例如，按照威廉姆森的区域经济差异演变的倒“U”形演说，如果在区域经济差距加速扩大的阶段追求过于苛刻的、过高的区域均衡目标，常常是很难达成的。③根据当前的区际差异程度进行选择。区际差距既引发经济问题，也引发社会问题。当区际差距超过一个阈值，就会引发大规模的、向全国蔓延的社会问题，并引发政治危机。因此，当区域经济差距过大时，区域经济政策应优先选择社会公平目标；反之，在区域经济差距远未接近社会可容忍的临界值时，就可将经济高速增长目标放在更加重要的位置上。④根据未来的经济发展预测进行选择。区域经济政策的效果是由多种因素决定的，而根据未来的经济发展预测，设定区域经济政策目标，可以提高目标实现的可能性和效益。例如，如果经济处于繁荣阶段，则应以经济效率为主导目标，抢抓机遇，加快发展，而如果经济处于萧条时期，则应以均衡为目标，既缓解社会矛盾，同时刺激需求的增长。

三、区域经济政策方针及其抉择

区域经济政策方针主要涉及以下五个方面的抉择问题。

（一）富地与济民

富地与济民（或救济与开发）的抉择是区域经济政策在问题区域的作用对象进一步具体化时需要考虑的重大方针问题。富地的政策方针着眼于区域经济差距问题，以发展落后地区为目的。但是，富地的政策方针所带来的利益不可能为当地居民较为平等地共享，并且区域中那些最需要帮助的贫穷者群体对利益的分享度往往较低，甚至可能由此而给他们造成损失（如经济增长引发的环境问题），并且，在开放的区域经济中，富地政策方针所带来的福利可能大部分为发达地区流入的投资者与高层次人才所分享，这均是背离区域经济政策的初衷的。同时，当问题区域内居民过低的绝对收入水平问题与区域内居民间过大的差距问题比问题区域整体社会经济发展水平与其他区域的差距问题更为突出时，富地的政策方针是难以解决此类区域经济问题的。济民的政策方针着眼于区域内贫困人口的生活水平问题，但是，经验研究表明，单纯的济民的经济政策往往只是暂时缓解了贫困人口的低生活水平问题，政策援助一旦停止，脱贫的群体往往以较高的比例迅速返贫。因此，济民的政策方针只宜治标而不宜治本。

（二）集中与分散

区域经济政策的具体对象区域也是由若干个差异性的子区域构成的，而区域经济政策所支配的资源都是有限的，不可能保证每个子区域充分发展的巨大需要。因此，区域经济政策必须在以下两种方式间作出抉择。一是平均分配资源政策，以使每个子区域享有均等的发展机会；二是在经过选定的地区集中投放资源，促进条件较好地区的极化发展，并通过增长极的扩散效应带动整体区域的发展。早期的区域经济政策多坚持分散发展的方针，例如，在20世纪60年代初期，英国享受区域援助政策的小块开发区遍及全国，开发区人口一度占到总人口的20%，但由于全面投资和发展过多的地区，资源利用效率低下，各地区都无法迅速发展起来，区域总体经济增长也不显著，区域经济政策在缓解区域失业率方面的成效也不明显。佩鲁的“增长极”理论的发展与完善进一步为集中发展思想提供了理论支撑。但是，区域经济政策不仅有经济目标，还有社会目标和其他目标；区域经济政策不仅需要解决一些迫在眉睫的问题，还需要解决长远的发展问题。因此，绝对的集中发展思想与绝对的分散发展思想均是不可取的，区域经济政策方针应在集中与分散间寻求一种平衡，并在适当的时机进行调整。

（三）最困难区域与潜力最大区域

最困难区域与潜力最大区域是选择了集中发展的政策方针后需要进一步明确的政策方针问题。最困难区域是最需要援助的地区，将援助集中于最困难区域，在短期内可缓解这类区域的困难，但一般都不具有治本的援助效果。潜力最大区域一般是“较差中的较好”区域，自然条件与社会经济基础设施相对较好，重点开发这些地区不仅能较快地促成这类区域进入自主发展阶段，还能通过其发展带动条件较差地区的发展，并引导这些地区社会经济状况的改善，从而使区域经济政策形成援助一批、毕业一批、再援助一批的良性循环。但是，一个过于偏向于潜力最大区域的区域经济政策方针往往难以通过政治性较强的区域经济政策决策程序。

（四）充分就业与结构优化

经济发展滞后的地区通常并存着失业率过高和经济结构低度化问题。在短期，失业率的降低与经济结构的高度化间存在相互制约的关系。为降低区域的失业率水平，一般需要发展劳动密集型的产业，而由于劳动密集型产业多属成熟型或衰退型产业，这一举措往往会阻碍区域经济结构的高度化，从而制约区域经济长远发展能力的提高，并最终使得区域高失业率问题长期得不到解决。从长期看，失业率水平的降低只能通过区域经济的长远发展来实现，而这只能依靠结构的优化。

（五）竞争与合作

竞争与合作是区际经济政策需抉择的重要内容。公平的区域竞争既有利于区际资源配置的优化，也有利于增强区域的危机意识从而激励其努力发展区域经济。但是，各区域的发展是不平衡的，各区域在竞争中所处的地位也因此是不同的，区域竞争的过度发展势必导致不公平竞争的发展，这将使得在竞争中处于不利地位的区域通过各种自我封闭手段规避竞争，从而导致竞争机制失去资源优化配置能力和激励区域经济发展的能力。适度的区域竞争与合作是相互促进的。一种来自更广阔地理空间的竞争压力往往激励各区域通过区域经济合作共享区域优势，从而集聚力量在竞争中赢取胜利；而区域经济合作也将促成区域竞争向更广阔的区域、更激烈的程度深化发展。例如，韩国政府为促成国内区域间竞争，特别是一般地区与经济发达的首尔经济圈的竞争，以迎接经济全球化的挑战，在“第四次国土综合规划”中将首尔经济圈以外的其他地区划分为十个广域圈，各广域圈通过内部密切的经济合作集聚竞争力并成为与首尔经济圈及其他广域圈势均力敌的竞争体，从而推动国内各区域间竞争的发展，促成各区域国际竞争力和国家竞争力的提升。

四、区域经济政策工具

区域经济政策工具，也称为区域经济政策手段，是为实现区域经济政策目标而运用的具体方法与措施。区域经济政策目标一般不是单一的，而是一个体系。因此，沿用丁伯根原则（实现 N 个独立的政策目标，至少需要 N 个相互独立的政策工具），要达成区域经济政策目标，必须组合多种区域经济政策工具。

（一）区域经济政策工具体系

1. 阿姆斯特朗与泰勒的三分法

区域经济政策是经济政策的重要组成部分，不少学者按照将经济政策工具划分为微观与宏观两类的传统，将区域经济政策工具划分为微观区域经济政策工具和宏观区域经济政策工具。微观区域经济政策是影响企业布局区位的政策，宏观区域经济政策是影响区域人民收入与地区投资的政策。在此基础上，阿姆斯特朗和泰勒（Armstrong and Taylor，2000）进一步提出，区域经济政策工具除了微观与宏观政策工具外，还有一类为避免政策资源浪费而慎重组合各种工具、协调政府政策的工具，即协调政策工具（金锋等，1992）。

2. 张可云的区域经济政策工具功能分类法

张可云（2005）提出，区域经济政策工具可以根据其在解决区域问题时具体功能的不同分为奖励工具和控制工具两类。奖励工具又称为“胡萝卜”政策，包括直接援助（如拨款、优惠贷款和减免税收等）和间接援助（如基础设施建设和建立工业与科技园区）两种；控制工具又称为“大棒”政策，包括直接控制和间接控制两种。张可云的区域政策工具功能分类如图 9.4 所示。

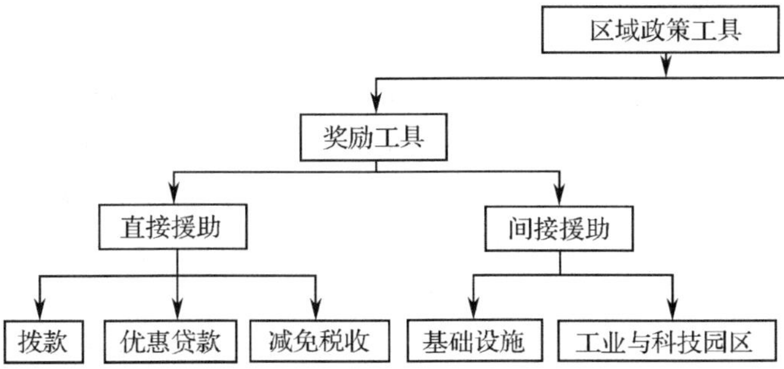

图 9.4　张可云的区域政策工具（张可云，2005）

3. 陈耀的六类区域政策工具分类法

陈耀（2000）在对我国区域政策实践考察的基础上，提出了如表 9.2 所示的区域政策工具分类体系。这一分类体系将区域经济政策工具划分为 6 种类型：公共投资、转移支付、经济刺激、直接控制、政府采购和公共区位。

表 9.2　陈耀的区域政策工具分类体系（陈耀，2000）

类　型	操　作　形　式
公共投资	公共基础设施（包括新城和工业园区）项目；农业基础设施项目；环境改善项目；区域发展基金；国有公司
转移支付	专项转移支付（有条件补助）；一般转移支付（无条件补助）
经济刺激	工业投资补贴；就业或工资补贴；租金补贴；居住区调整补贴；所得税、进口设备关税、出口利润税收减免；区位调整的税收返还和特许权；运费调整和补贴；特别折旧率；优惠政策；信贷担保；社会保险支付特许权；土地征收和抵偿；低价出租或出售厂房；技术援助、培训和信息咨询服务
直接控制	新建扩建企业许可证制度；城市功能区划分
政府采购	对落后地区公司的强制性采购比例
公共区位	政府机构和公营企业单位的扩散或区位调整

上述关于区域政策工具分类的三种观点存在着较大的差别。阿姆斯特朗与泰勒的三分法实质是将传统经济政策工具向区域上延伸，体现了在政府一般经济政策上组合区域经济政策的理念，即将区域经济政策分散在财政政策、金融政策、产业政策等政策中，而不是以区域问题为中心组织各项政策而构成集中的区域经济政策。张可云的分类法是对“巴洛报告”提出的“胡萝卜”和“大棒”区域经济政策工具框架的扩展。该分类体系是以区域利益为中心的一种分类方法，体现了以区域为中心组合区域经济政策工具的理念。但是，由于“巴洛报告”提出时，区域经济政策主要是针对问题区域发展的政策，因此，这一分类体系未能包括区际经济政策的工具。此外，这一分类方法也未能具体到操作层面的政策工具。陈耀的分类方法是在侧重于对我国现行区域经济政策工具考察的基础上进行属性归并而形成的一种分类体系，并具体到了操作层面的政策手段，但其所体现的政策工具组合框架的系统性较欠缺。

（二）区域经济政策工具的作用机制

1. 公共投资

公共投资是与私人投资相对应的一种政府行为，与私人投资主要按投资回报率选择投资区域不同，公共投资是按政府的政策目标进行投资区位选择的，是区域经济政策的主要工具之一。公共投资主要有三种投资方向：社会性基础设施、经济性基础设施和产业项目。社会性基础设施投资是指对教育、文化卫生、广播、电视等领域的基础设施的投资，它一方面直接改善区域居民的社会福利，另一方面还通过投资在本地引发的乘数效应促进区域经济发展。经济性基础设施投资主要是指对能源、交通、电信等领域的基础设施的投资。经济性基础设施的改善不仅能降低企业在能源、运输、通信方面的成本，还能提高企业的生产效率，从而激励企业进行投资活动，并促进区域经济的发展。与社会性基础设施投资、经济性基础设施投资不同，产业项目投资是以营利为目的的投资活动，不属于公共物品投资的范围。作为区域经济政策工具的产业项目投资一般集中在资源开采、研发中心、集成装配厂等投资规模较大、技术较复杂、产业集成度较高的产业链环节上，这些产业项目投资不仅构成区域投资的一部分，还能通过其所提供的廉价中间产品供给或大规模中间产品需求吸引众多企业在其周边投资设厂，形成产业簇群，促进区域经济的发展。在市场经济体制较完善的发达国家，作为区域经济政策工具的公共投资一般以社会性基础设施投资为主，而在我国，经济性基础设施投资则比重较大，用于产业项目的公共投资的比例也还相当高。

2. 转移支付

转移支付是财政资金在政府间的再分配，是大多数市场经济国家处理各级政府间财政关系的有效手段，主要包括中央政府通过国民收入的分配和再分配，将其一部分财政收入单方面无偿地让渡给某些地方发生的支出，以及地方财政资金（通过中央政府）向其他地方的横向转移支付。区域的财政收入规模是与其经济发展水平密切相关的，但按现代政府的施政理念，各地区（居民）应平等地享有基本的教育、医疗、文化娱乐、市政设施等，其财政支出规模与其经济发展水平的相关性则较低。因此，不发达地区财政往往入不敷出。为实现各级政府财政的基本平衡，中央政府需要通过转移支付，调整中央政府与各级地方政府之间的财政纵向不平衡和地区之间的财政横向不平衡。在发达的市场经济国家，财政转移支付以实现各地政府的公共服务均等化为目标；而在发展中国家，财政转移支付还以支持不发达地区经济发展为直接目标。

3. 优惠与补贴

优惠主要指税收优惠，是指对特定区域内的企业（包括个体业主）或居民进行经济活动的应纳税收的减免、退返等。补贴是对特定区域内企业或居民的特定经济活动给予的资金补助。例如，意大利在 1956 ~ 1965 年，为了促进南方地区的工业化，规定对南方新办工厂给予 10 年免征利润税的优惠，厂房建设资金由政府补贴 25%，购置机器设备补贴 10%。日本也于 2000 年出台《针对山区、半山区等的直接支付制度》，对山区、半山区地区农户按其生产成本与平原地区差别的 80% 给予直接收入补贴，年补贴规模达 700 亿日元。优惠与补贴是区域经济政策中最普遍采用的通过吸引资本与劳动力流入支持区域发展的政策工具，是调节区域宏观经济逆周期和微观经济主体行为的重要手段（张延龙等，

2023)。其作用机制一是通过优惠与补贴提高区域企业的平均利润率水平，从而吸引外地企业的投资；二是通过提高企业的利润水平提高其积累能力，并激励其将所得利润进行再投资。

4. 课税与收费

课税与收费是同优惠与补贴相对应的一种主要用于对膨胀地区的发展进行抑制的政策工具，是对特定地区企业的经济活动征收额外的税款或费用的行为。与区域经济政策工具相关的课税与收费项目主要有拥挤税、能源税、增容费等。额外的课税与收费能给企业形成成本压力，降低企业的利润率水平，从而对成本较敏感的企业形成向非拥挤的落后地区迁移的推力。

5. 金融与技术支持

金融支持是指对受援助区内的企业或居民有选择地提供与项目相关的软贷款，这些贷款一般具有利息低、期限长、额度可以达到项目开支较大比例的特征，能有效降低受援助地区企业的融资门槛和融资成本，从而刺激企业在这些地区进行投资。技术支持是指对受援助地区提供免费的或低价的技术信息、技术培训、技术使用授权和技术转让及政府研究开发基金向受援助地区的倾斜性分配等，它们能有效改善受援助地区企业的技术水平，增强其实施技术创新的动力与能力，增强区域自主发展的基础。

6. 管制与放松管制

管制是由政府做出的对个人和机构提出的必须遵守与服从的要求或规定的某些活动，不遵守或不服从管制将受到惩罚，其具体形式有规章、标准、许可、禁止、法律秩序和执行程序等。作为区域经济政策工具的管制可提高企业与居民进入或继续留在特定区域的壁垒，而放松管制则可降低这种壁垒，从而影响经济发展资源在区域之间的配置。管制与放松管制的直接成本较低、效果较明显，是财政实力较弱的发展中国家最常用的政策工具之一。例如，我国《关于西部大开发若干政策措施的实施意见》中，就明确了对西部地区的数十项放松管制的项目，内容涉及信贷管制、外商投资领域管制、户籍与出入境管制、外贸（边贸）与进出口管制等。

7. 价格干预

价格干预是转型国家的重要政策工具之一。在这些国家，政府掌控着土地、矿产等大量的基础性资源，并具有极强的定价能力，而这些资源的价格对企业生产与居民生活的成本具有重大的影响。因此，政府能通过对这些资源价格的干预影响企业的生产成本与居民的生活成本，从而引导资金与劳动力资源在区域间的配置。例如，我国《关于西部大开发若干政策措施的实施意见》中就涉及了铁路运价、航空支线票价、水价、电价、采（探）矿权使用费、土地出让金等多项价格干预。

8. 政府采购

政府采购是指各级国家机关、实行预算管理的事业单位和社会团体（以下统称采购机关）使用财政性资金以购买、租赁、委托或雇用等方式获取货物、工程和服务的行为。政府采购的购买行为规范，购买力巨大，对社会经济具有十分明显的影响，有着极强的政策性，并因此而成为现代政府用于执行产业政策、区域政策、贸易政策的常用政策工具之一。作为区域经济政策工具的政府采购主要通过在区域间分配政府的商品和劳务采购合同来影响区域经济发展。例如。政府采购向受援地区倾斜，扩大落后地区产品的市场份额，可以带动其经济发展。

第四节　区域经济政策评价

区域经济政策是由政府制定并组织实施的，区域经济政策的决策和实施不可避免地会存在失误。因此，在充分掌握信息的前提下，依据特定的标准，对某项区域经济政策实施的影响、效果进行度量、分析和评价相当必要。

一、区域经济政策评价的必要性

区域经济政策评价是现实需要的产物，也是理论发展的必然要求。

（一）区域经济政策评价是区域经济政策走向决策民主化和科学化的必由之路

区域经济政策评价是区域经济政策程序的重要环节，在确保区域经济政策决策的科学化与民主化方面具有重要作用。区域经济政策决策实际上是在对多种政策备选方案科学评价的基础上，对是否实施区域经济政策和实施什么区域经济政策作出决定，没有区域经济政策评价（事前）所提供的决策支持信息，就不可能对区域经济政策作出科学决策。区域经济政策的事后评价是新一轮区域经济政策制定的起点，为政策修订提供决策背景资料与经验支持，同时，它还推动区域经济政策理论的发展，从而为区域经济政策的制定提供科学的理论支撑。

在市场经济体制较完善的国家，区域经济政策评价一般由政策决策主体机构之外的专职机构来执行，例如，日本就专设了政策审议会，负责对包括区域经济政策在内的经济政策进行评价。同时，区域经济评价还会广泛吸纳区域经济政策影响区域的代表、区域经济专家学者和政府官员的参与，并倾听与借鉴专业学者和其他群体的评价结论。可以认为，在现代，区域经济政策评价已成为区域经济政策民主化决策的重要机制。

（二）区域经济政策评价是及时纠正区域经济政策偏差、合理调整区域经济政策目标和手段的前提条件

区域经济政策评价作为区域经济政策实施过程中可靠的信息反馈，无疑有助于决策者全面了解并及时纠正区域经济政策在实施过程中所出现的偏差，并合理调整区域经济政策的目标和手段，以实现政策收益的最大化。缺少区域经济政策评价这一信息反馈机制，将很难及时发现政策偏差和减少政策失误的损失。

（三）降低区域经济政策的成本，提高区域经济政策的效益

由于区域政策是政府提供的发展援助，实践中往往容易出现只重结果而忽视政策成本的倾向。区域经济政策评价既包括对政策效应的评价，也包括对政策成本收益的评价。这一方面有利于抑制区域经济政策制定与实施过程中的寻租行为，确保政策投入的适度，避免非必要的区域进入政策适用对象区域的范围；另一方面，区域经济政策评价也会对区域经济政策投入的规范化与高效使用形成压力，从而提高既定政策资源的使用效益。

二、区域经济政策评价的内容与方法

区域经济政策评价涉及的内容广泛，既有综合评价，也有专项评价；既有效应评价，

也有效益评价；既有事前评价，也有事后评价。区域经济政策综合评价是以区域经济政策体系目标为标准对政策总体所进行的评价，如区域经济政策效应评价、区域经济政策成本收益评价。区域经济政策专项评价是对区域经济政策中的分项目标或区域经济政策中的专项政策所做的分析，如对区域经济政策就业目标的评价、对我国西部大开发政策的评价等。效应评价是通过将区域政策目标与效应进行求差式对照来检验区域政策干预逻辑的合理性，而区域政策效益评价是将区域政策效应同投入、目标与需要进行求商式对比，或将需要同目标进行求商式对比，来检验区域政策干预逻辑的合理性（张可云，2005）。区域经济政策事前评价主要是对政策备选方案进行的评价，为决策者提供区域经济政策的辅助决策资料；而区域经济政策事后评价则是对政策实施效果、效益的分析，给区域经济政策实施中的控制与区域经济政策修订提供反馈信息。

Diamond 和 Spence（1983）从评价所依存逻辑的角度，将区域政策评价方法分为三类：间接方法、部分方法和综合方法。间接方法通过一个或若干个与区域经济政策目标相关的指标在区域经济政策实施前后的对比，间接推断区域经济政策效应，这种方法在区域经济政策评价中应用得最为广泛。部分方法是采用某些数量技术，对区域经济中某些社会经济的发展演变作出合理的预测，进而对区域政策的结果和具体影响进行评价，以说明区域政策的具体目标是否实现。综合方法是对各种政策工具的全部成本与利益进行全面的综合分析并得出结论的方法，其操作难度最大。区域政策评价通常会应用多种评价工具，主要有干预逻辑分析、SWOT 分析①、问题调查、访谈、座谈会、案例研究、比较组、专家团、专家咨询法（德尔斐法）、偏离–份额分析、回归分析、经济计量模型、投入产出模型、成本效果分析、成本利益分析和多标准分析等。冯宝军等（2015）基于脉冲响应建立评价区域经济政策效果的模型，以此来评估同一政策在不同宏观经济背景下的效果。

三、区域经济政策效应评价

（一）专项效应评价

区域经济政策的专项效应评价主要有区域经济政策的就业影响评价、区域经济政策的投资影响评价和区域经济政策的增长（产出）影响评价。在欧美发达国家，就业目标是区域经济政策的主导目标，学者围绕这一评价问题进行了深入的研究，形成了较为成熟的评价方法。通常的方法有五个步骤：一是预测在政策评价对象时间段上无区域经济政策典型时刻的就业水平，常用方法是按国家平均就业增长速度来测定区域的就业水平，即 t 时刻区域的预期就业水平

$$E_t = \sum_{i=1}^{n} \left[r_{it_0}(n_{it}/n_{it_0}) \right]$$

式中，r_{it_0}为区域在 t_0 时刻第 i 类产业的就业水平；n_{it}为国家在 t 时刻第 i 类产业的就业水平；n_{it_0}为国家在 t_0 时刻第 i 类产业的就业水平；n 为区域的产业数。二是计算各时刻（年）区域实际就业水平 A_t 与预测就业水平 E_t 的差 $D_t=A_t-E_t$。三是将研究阶段划分为无政策阶段和政策实施阶段。四是以区域经济政策实施起始时刻 D 值为一点，线性拟合无政

① 其中 S 代表 strength（优势），W 代表 weakness（弱势），O 代表 opportunity（机会），T 代表 threat（威胁）。

策阶段的 D 值线，并延长得到趋势线 D^*。五是由 D 与趋势线 D^* 之差计算区域经济政策时期内历年的区域政策累积效应（图 9.5）。由于该方法还不能完全排除其他影响区域就业增长的因素，也未考虑政策的滞后效应（正式的区域政策出台前，援助措施即已实际实施了多年），学者还对这一方法进行了若干的修正，因篇幅所限，这里不再一一介绍。

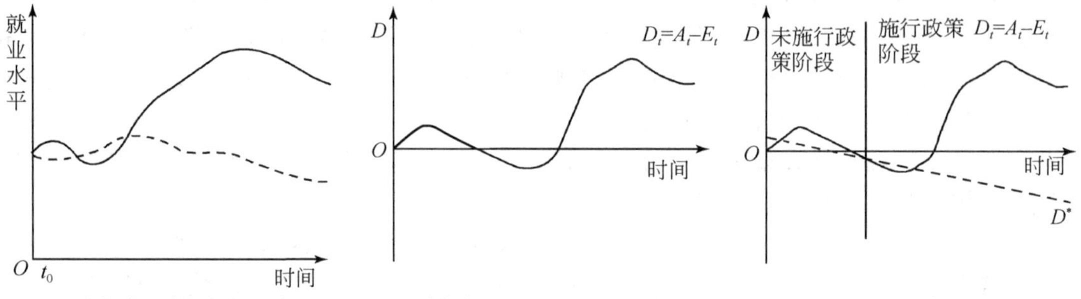

图 9.5　区域政策对就业的影响（金锋等，1992）

（二）综合效应评价

在区域经济政策评价中，常常要针对政策的多个目标给出一个综合性的评价结论。这就需要采用多目标综合评价法来进行评价。在评价中，一般需要将多目标的定性分析转化为定量评价，将不同计量单位或无计量单位转化为统一的计量单位，将离散式的多目标转化为综合的单一目标，再按综合后的单一目标对区域政策效应进行评价。多目标综合评价的主要步骤如下：一是排列区域经济政策的目标，并给每一目标赋予权重值。权重的赋值可以采用专家评定法、层次分析法（analytic hierarchy process，AHP）、德尔斐法等。二是对各政策目标进行专项评价，作出达成各目标程度的评价值。三是将各目标的评价值与权重值相乘后累加起来，得出区域经济政策效应的评价值。四是对区域经济政策的评价值进行修正，给出定性的评价结论（表 9.3）。

表 9.3　区域经济政策的多目标综合评价（王一鸣，1998）

评价指标	权重	评分标准	评价值	评价值×权重
经济持续增长	1.5	较强的积极影响：10； 较弱的积极影响：7.5； 无影响：5； 较弱的消极影响：2.5； 较强的消极影响：0	4	6
地区发展差距缩小	1.5		8	12
居民生活水平提高	1.0		6	6
地区居民生活水平差距缩小	1.5		8	12
区域优势发挥	1.0		5	5
基础设施改善	1.0		8	8
人口素质提高	1.0		8	8
社会长期稳定	1.5		9	13.5
综合评价计算	10			70.5

四、区域经济政策成本收益评价

区域经济政策的实施是需要成本的，因此，仅对区域经济政策的效果进行评价还不足以反映区域经济政策的成效，完整的评价还需要将政策的成本与收益进行比较，即进行成本收益评价。区域经济政策成本收益评价是一种以数量化评价为主的方法，是在对政策成本和政策实施效果进行数量化分析的基础上，借鉴投资项目评价的方法，将政策实施的成本与取得的效果进行比较、分析和评价，这其中，区域经济政策成本与收益的认定是评价的重点。

（一）推行区域经济政策的成本

推行区域经济政策的成本主要有三个方面。一是对政策资源的直接消耗，主要包括各级政府的援助支出（包括财政转移支付、补贴与优惠、政府直接投资）和政府为推行区域经济政策而在组织、协调和人力方面的各种投入。二是区域经济政策的推行所诱发的经济发展资源流动的机会成本。区域经济政策不仅直接消耗政策资源，还通过政策资源诱导经济发展资源的流动，这对资源流出地区造成不利影响，这也是推行区域经济政策中应考虑的成本。三是社会成本，主要指推行区域经济政策所导致的各种非生产性消耗，如制定的实施区域经济政策中的寻租活动、区域经济政策对价格与资源流动的扭曲所产生的费用（如企业与居民的迁移费用、资源的过度使用或闲置）等。

（二）推行区域经济政策的收益

区域经济政策的推行既需要付出一定的代价，也会带来收益。区域经济政策的收益可以从三个方面识别：一是区域经济政策作用区域的收益，主要表现为政策作用区域经济产出的提高、就业率的提升、居民收入的增长、环境质量的改善、社会福利的增进等。二是区域经济政策影响区域的收益。区域经济政策也会给非政策作用区域带来各种收益，例如，对落后地区的支援政策可以为发达地区闲置的资本、人才和技术提供投资与创业机会，可以转移发达地区相对落后的产业从而使其产业结构高度化成为可能，可以为发达地区经济发展供给基础性资源，从而给发达地区的发展拓展空间等。此外，在区域经济政策支持下的落后地区的发展还能减缓贫困（群体）向发达地区蔓延，缓解其社会压力。三是国民经济与社会整体的收益，主要表现为区域经济政策在推动经济发展、增强国民经济发展方面的潜力和动力，以及其在社会的稳定、民族的团结、国防的巩固等方面的贡献。

（三）区域经济政策的成本收益分析

区域经济政策成本收益分析有静态分析和动态分析两种。其中，动态分析还考虑了成本与收益的时间价值。区域经济政策成本收益分析的一般方法是计算成本收益的净现值（net present value，NPV）。成本收益的净现值为

$$\mathrm{NPV}=\sum_{t=0}^{n}\frac{B_t-C_t}{(1+r)^i}$$

式中，B_t 为区域经济政策实施第 t 年的全部收益；C_t 为区域经济政策实施第 t 年的全部成本或投入；r 为贴现率；n 为区域经济政策评价的时间跨度。当 NPV 大于零时，可得出区域经济政策收益成本较好的评价结论；当 NPV 小于零时，可得出区域经济政策收益成本

较差的评价结论。

贴现率 r 的选择相当重要，它在相当程度上决定了区域经济政策评价的结论。为了减少贴现率 r 的选择对政策评价的影响，一般要计算多个 r 值下的 NPV，甚至作出 r 值与 NPV 的关系图，以便使评价者作出比较客观全面的评价结论。

本章课程思政与实践教学设计

教学环节	教学过程	课程思政
问题导入	在区域经济运行过程中，政府通常会伸出有形的手来干预某些现象或问题，以维持区域经济社会持续健康发展。区域经济政策一般包含哪些内容呢？	以中国“一带一路”倡议为例，其一方面扩大了中国经济的影响力和地缘政治影响力，另一方面也面临着政治风险和不可控因素的挑战。应让学生明白，任何政策都不可能完美预测所有的风险，要客观看待政策优点和缺点，以及不可控因素的影响
知识讲解	1. 介绍区域经济政策的内涵、特征和作用对象 2. 从区域经济政策、特殊区域发展政策、区域关系调控政策三个方面讲解区域经济政策的内容与体系，以及区域经济政策程序 3. 从经济发展、资源配置、战略发展、社会稳定和空间结构优化等多方面介绍区域经济政策的作用 4. 理解区经济政策局限性，学会客观对待政策的两面性	
启发探究	区域经济政策在制定时都具有明确的目标指向，这些目标通常不是单独一个，而是想要达到多个目标，那如何协调构建一个目标体系来制定有效的政策呢？	党中央在制定相关政策时会综合考虑多方面的目标，作为新时代的青年，应该紧跟党的步伐，拥有坚定的信念，相信党和国家，坚信社会主义制度是符合中国国情的正确选择
知识讲解	1. 根据相关文献介绍区域经济政策制定的基本目标主要包含哪些方面 2. 基于政策目标的冲突性与相容性，介绍制定一个合理的政策目标组合需要遵守的原则 3. 介绍区域经济政策方针的概念，以及五个方面的抉择问题 4. 介绍政策工具的体系和作用机制	
启发探究	区域政策的程序大致包含提出目标、制定方案、事前评估、政策实施及事后评估等，事后评估能够反映政策的效果及带来实际的效益，那么从哪些方面进行区域经济政策评价，又有什么评价方法呢？	鼓励同学们了解区域经济政策制定、实施过程等方面的信息，积极参与相关的讨论和决策过程，为政策的科学化和民主化发挥积极作用，还可以通过学习相关知识和技能，提升自己的政策评价能力，为实现区域经济可持续发展做出贡献
知识讲解	1. 铺垫区域经济政策评价的必要性，理解政策评价的重要性 2. 结合现阶段的文献研究说明区域经济政策评价的主流内容与方法 3. 介绍区域经济政策效应评价模型和成本收益评价模型	
答疑与课程小结	1. 预留一定时间供学生提出课程疑问并进行答疑 2. 总结区域经济政策内涵和基本内容、作用与局限性，了解区域经济政策的基本目标、方针及其决策，以及如何进行区域经济政策评价等	有助于学生深入了解区域经济政策的实践和理论，巩固理论知识、拓宽思路

主要参考文献

阿姆斯特朗，泰勒. 2007. 区域经济学与区域政策. 刘乃全，贾彦利，张学良，译. 上海：上海人民出版社
安虎森. 2004. 区域经济学通论. 北京：经济科学出版社
陈栋生. 1993. 区域经济学. 郑州：河南人民出版社
陈家海. 2010. 区域经济政策研究中的若干基本理论问题. 上海经济研究，(12)：20-26
陈家海. 2003. 中国区域经济政策的转变. 上海：上海财经大学出版社
陈耀. 2000. 国家中西部发展政策研究. 北京：经济管理出版社
丁任重，陈姝兴. 2016. 中国区域经济政策协调的再思考——兼论“一带一路”背景下区域经济发展的政策与手段. 南京大学学报（哲学·人文科学·社会科学），(1)：26-33，157
丁生喜. 2018. 区域经济学通论. 北京：中国经济出版社
冯宝军，杨希雅，迟国泰. 2015. 基于脉冲响应的区域经济政策实施效果评价. 系统工程理论与实践，(5)：1089-1102
赫寿义，安虎森. 2004. 区域经济学 . 2 版. 北京：经济科学出版社
胡佛. 1990. 区域经济学导论. 王翼龙，译. 北京：商务印书馆
金锋，雷必舫，刘虹，等. 1992. 区域经济与政策分析. 北京：中国环境科学出版社
刘勇，毛汉英. 1995. 中外区域政策对比研究. 地理研究，(4)：51-61
陆大道，薛凤旋. 1997. 中国区域发展报告. 北京：商务印书馆
孟庆红. 2003. 区域经济学概论. 北京：经济科学出版社
孙军. 2003. 人的地域属性对区域政策的解释及影响. 地理科学，23（3）：293-297
汤学兵，张启春. 2013. 完善我国区域经济政策体系的战略构建——基于国内外区域经济政策理论与实践的考察 . 贵州社会科学，(3)：70-75
陶良虎，陈为，郝华勇. 2012. 区域经济学. 北京：国家行政学院出版社
王罗汉，刘冬梅. 2022. 我国区域规划中科技政策的特征、不足与展望. 区域经济评论，(5)：23-29
王清刚，汪帅. 2022. 区域经济政策与企业全要素生产率——基于“长江经济带”经济政策的准自然实验研究. 中南财经政法大学学报，(5)：134-146
王一鸣. 1998. 中国区域经济政策研究. 北京：中国计划出版社
魏后凯. 2006. 现代区域经济学. 北京：经济管理出版社
吴殿廷. 2003. 区域经济学. 北京：科学出版社
张可云. 2005. 区域经济政策. 北京：商务印书馆
张延龙，王明哲，曾钶雅，等. 2023. 新冠疫情冲击下税收优惠政策实施能刺激农业企业投资吗——基于全国代表性农业企业的实证分析. 中国农村经济，(4)：143-163
周克瑜. 2000. 论区际经济关系及其调控. 经济地理，20（2）：1-5
周克瑜. 1998. 论转型时期我国区域政策的目标取向及其调整思路. 经济地理，(2)：11-16
Armstrong H，Taylor J. 2000. Regional Economics and Policy. Oxford：Blackwell Publishing Ltd
Diamond D K，Spence N A. 1983. Regional Policy Evaluation：A Methodological Review and the Scottish Example. Aldershot：Gower House
Friedmann J. 1966. Regional Development Policy：A Case Study of Venezuda. Cambridge：MIT Press
Hoover E M. 1975. An Introduction of Regional Economics. 2nd ed. New York：Alfred A Knopf Inc
Temple M. 1994. Regional Economics. London：St. Martin's Press

第十章　区域经济研究方法论

任何一门独立的学科，除了自己所特有的研究对象和领域外，还必须具备一套较为完整的科学方法体系。在过去的数十年里，国内外学者在研究和探索区域经济理论与实践问题的过程中，在相对完整的区域经济方法体系发展方面已经做出了重要贡献，为分析区域问题提供了基本的方法论基础。

第一节　概　　述

一、区域经济研究方法论的三个层次

区域经济学自20世纪60年代成为一门独立的学科以来，在理论内容体系不断丰富和完善的同时，其研究方法论也产生了新的变革。现代区域经济研究方法论大致可区分为三个层次。

第一个层次是区域经济研究的哲学基础或哲学意义上的方法论，是最高和最抽象层次的基本方法论，是关于方法论的方法论。区域经济学的基本方法论是从区域经济学的价值论、科学观、真理观等角度所考察的方法论，其内容包括对区域经济学研究对象的哲学思考或经济世界观，如何认识区域经济学的科学性，如何看待空间经济活动主体，如何评判区域经济学和区域经济学者的价值标准，等等。区域经济学不同流派的差异，主要体现在基本方法论方面的不同。

第二个层次是区域经济研究狭义方法论，即思想方法，是对区域经济学进行研究的思维原理和方法，或者说是区域经济学者从事区域经济理论研究、构建理论体系的方法。这些思维原理与区域经济学的哲学方法论相联系，但二者又是有区别的。首先，区域经济学的思维原理或方法，是区域经济研究者直接考察区域经济现实、构建理论体系时的方法，不直接涉及真理观、价值观、世界观等高度抽象问题。其次，它们作为区域经济学方法论已经给区域经济研究者提出了明确的、必须遵守的方法要求，具有可操作性。

第三个层次是区域经济的具体技术方法。即为了达到特定区域分析的目的而对特定研究区域对象采用的具体技术和具体方法，如数学方法、统计方法、个案研究方法、均衡分析方法、非均衡分析方法、成本效益分析方法、比较分析方法，等等。从某种意义上讲，这种具体技术方法对区域经济学来说更重要，因为如果不依靠这些方法，任何区域经济理论都可能只是虚幻的原则或思想，而难以成为实用性科学。

二、区域经济研究的思想方法

区域经济研究的思想方法主要包括以下方面。

（一）规范分析和实证分析方法

1. 规范分析与实证分析的内涵

区域经济的规范分析是指从一定的价值判断出发，提出一些衡量区域经济活动的标准，根据这些标准来研究分析区域经济现象和处理区域经济问题，将其作为制定区域经济政策的依据，并研究区域经济活动通过何种途径才能符合这些标准的一种区域经济问题分析方法。回答的是“应该是什么”或“不应该是什么”、“应该做什么”或“不应该做什么”的问题。区域经济的实证分析是指企图超脱或排斥一切价值判断，只研究区域经济本身的内在规律，分析区域经济是如何运行的及它为什么是这样运行的，并根据这些规律，分析和预测人们经济行为的效果。回答的是“是什么”或“不是什么”的问题。

2. 规范分析与实证分析的区别与联系

规范分析与实证分析的区别是：第一，规范分析依据一定的价值判断对区域经济现象进行分析和研究，实证分析超脱价值判断去研究区域经济本身的内在规律。第二，实证分析要解决的是“是什么”的问题，而规范分析要解决的是“应该是什么”的问题。第三，实证分析所得问题的结论具有比较强的客观性，结论可以根据事实进行检验，而规范分析所得问题的结论则具有比较强的主观性，结论无法通过客观事实来验证。二者的联系是：规范分析会影响人们对实证分析的态度，而实证分析则能增进人们对区域经济活动和政策运用的了解，有助于减少认识上的差异。两种分析方法是不同目标层次上的研究，二者并不矛盾。因此，在对区域经济现象分析过程中对这两种分析方法需要结合起来进行运用。

（二）微观研究与宏观研究方法

1. 微观研究与宏观研究的内涵

微观研究方法也称为个量研究方法，主要以区域单个经济主体活动为视角和研究对象，在假定其他条件不变的前提下研究个体的经济行为和经济活动，其特点是不考虑外在复杂因素而突出个体经济主体运行特征。单个企业的选址布局与区位决策问题的研究，其典型的研究方法就是微观研究方法。宏观研究方法也称为总量研究方法，主要以区域总体经济为视角和研究对象，在假定制度不变和区域经济个量不变或已知的前提下来研究其宏观经济总量及其相互关系。

2. 微观研究与宏观研究的关系

微观研究方法和宏观研究方法都有其适用的范围并具有互补性，在区域经济研究中应灵活运用，要对研究的问题进行分析和综合。分析是指思维活动中将认识对象分解为各个部分、方面或要素分别加以研究的方法；综合是指思维活动中将事物的各个简单要素连接起来，形成对客观对象统一整体认识的研究方法。分析和综合相互依存、互为前提，要把分析和综合贯穿区域经济问题研究的始终。

（三）静态分析与动态分析方法

1. 静态分析与动态分析的内涵

静态分析是在生产要素等被假设不变的情况下，对经济现象的均衡状态，以及有关经济变量达到该均衡状态时所需要具备的条件进行研究的一种经济分析方法。动态分析是通过分析各个时期经济体系中各个经济变量的连续变动，来研究整个经济体系运动的一种分析经济问题的方法（陈宪，1995）。动态分析要涉及时间因素所引起的变动，考察各种变量在不同时期的变动情况，是一种过程分析或时间序列分析。

2. 静态分析与动态分析的关系

早期的区域经济研究主要是静态分析（任保平，2004），但后来区域经济学的发展更为注重动态分析方法的运用。事实上，静态分析和动态分析这两种方法在区域研究中都是需要的。这两种方法各有其优点，静态分析方法简单、直观、分析难度小，为了解区域横截面状态和不考虑复杂时间因素情况下分析区域问题提供了基本思路；而动态分析方法可以观察到经济的变化根据和变化的过程，为动态地、反映时间变化轨迹地和较精确地考察区域经济现象变化规律给出了较好的框架。

（四）定性分析与定量分析方法

1. 定性分析与定量分析的内涵

定性分析就是分析研究经济现象内在的性质与规律性。定性分析得出的结论一般是回答各种主要因素对经济运行方面的影响怎样、各种主要因素之间的抽象关系怎样、经济发展的历史过程是怎样形成的、未来发展趋势如何等。定量分析是将所研究的经济现象的有关特征及其变化程度实行量化，然后对取得的数据进行数学处理，从对事物量变过程的分析中得出结论和揭示经济现象规律。定量分析是要回答事物或现象是“如何变化的”或“变化过程与结果怎样”的问题。

2. 定性分析与定量分析的关系

定性分析与定量分析相互补充，不可分离。在实际经济问题分析过程中，定性分析为定量分析提供基础，定量分析的结果要通过定性分析来解释和理解。在更多的情况下，为了使区域研究具体化、精确化，一般要求将定性分析与定量分析结合起来，国内外区域研究实践已充分证实了这种结合的必要性（周起业等，1989）。如果在定性分析中的理论模型和概念是有问题的，那么建立在理论模型和概念模型基础上的数学模型得出的结果也一定是不可能成立的。但是在研究过程中也需要注意，定量分析并不是一味地、被动地验证定性分析，而是在一定程度上可以对定性分析的结论和假设进行修正和补充，以此来弥补定性分析中存在的粗略和与实际不符的现象（张敦富，2013）。

（五）均衡、非均衡与边际分析方法

均衡分析就是假定所涉及的区域经济变量中的自变量为已知的和固定不变的，以观察因变量达到均衡状态时所出现的情况及实现均衡的条件。非均衡分析则认为经济现象及其变化的原因是多方面的、复杂的，不能单纯用有关变量之间的均衡与不均衡来加以解释，而主张以对历史、制度、社会等因素的分析作为基本方法。边际分析是利用边际概念对经济行为和经济变量进行数量分析的方法。区域经济研究中在空间问题上也引入了边际分析的方法。例如，在确定城市最优规模的时候，就运用了边际受益和边际费用这种边际分析思想来分析城市的规模与其损益的关系进而确定城市的最优规模（周起业等，1989）。在区域经济学研究中均衡与非均衡方法主要体现在空间均衡分析方法运用上，着重研究区域资源配置的空间均衡问题。空间均衡分析主要研究空间的供给、空间的需求，在此基础上进一步研究空间的均衡及其形成（任保平，2004）。

（六）历史分析研究方法

历史分析研究方法是人们对各种事物、事件、现象进行分析研究，根据它们发生、存

在的历史条件，考察其历史进程，揭示其变化发展规律的一种方法。运用历史分析研究方法，要求人们立足现实，以开阔的历史眼光回顾过去、考察现在和预测未来，按照历史提供的线索，发现事物发展的规律。任何一个区域的发展都有其历史的发展过程和历史的延续性，并表现出一定的历史发展规律。因此，任何一个区域的问题研究都不能与其历史基础割裂开来，既要分析其面临的现实环境条件，也要考察其历史发展阶段。历史研究的方法论要求在研究区域问题时，要历史地、辩证地分析问题，注重研究其发展历史。

（七）制度分析研究方法

制度经济学家把制度作为变量引入经济理论研究中，建立了更为接近现实经济活动的制度分析研究方法论。其三个假定条件是人类行为与制度具有内在的联系、人的有限理性、人的机会主义倾向。以此为基础来分析人类行为与制度的关系，说明了制度作为一种变量能够改变人们为其偏好所付出的代价（任保平，2004）。制度分析研究的核心总是围绕制度的内涵和构成、制度变迁和创新、产权制度和国家理论这些具体制度范畴的分析展开。制度分析研究方法在研究转型时期的经济问题时，具有一定的借鉴意义。例如，我国区域发展战略变迁的因素更多的是来自制度领域。同样，我国地区发展差距、城乡发展差距、利用外资空间分布差异等问题的分析都可以从制度分析的角度得到解释。因此，制度分析是区域经济分析的重要方法之一。

（八）结构分析方法

结构分析方法是对经济系统内部各要素的组织方式或连接方式进行分析的方法。相对于宏观（总量）分析方法、微观（个量）分析方法而言，结构分析方法有其特定的研究领域，这个特定的研究领域是指总量间及其相互关系的构成，具体指产业结构、空间结构和制度结构等。研究这些构成（结构）的状态及其变动是结构分析方法的基本任务。结构分析方法强调对事物内部关系和结构的研究，强调同时性分析，强调整体对部分的重要性等思想对区域经济研究重要的方法论意义。区域经济学是以空间结构为对象的经济学科，主要研究国民经济在空间上的整体与部分，即一国经济与该国各地区之间的关系，以及各地区相互之间的关系；研究生产力的空间布局规律与原则；研究空间上各种结构性矛盾。显然，研究这些问题结构分析方法的运用很重要。结构分析主要是一种存量分析，它通常在假定总量不变的条件下，通过改变结构，以达到某种目标或目的。它与总量分析法具有互补性，有时结合使用。除此之外也有学者提出了对比分析法，比较区域间的差异，但在采用这个方法时，需要注意区域间的可比性，具体来说就是对象属性的可比性、资料的可比性；还有系统分析法，按照实际情况将区域系统进行分类，将大系统分为若干个子系统，各子系统之间交融复合成区域系统结构网络（丁生喜，2018）。

三、区域经济分析程序与方法体系

（一）区域经济分析程序

区域经济分析一般过程是从区域某一研究问题出发，界定研究范围和确定研究目标，运用区域经济学相关理论和科学的方法、工具，对区域进行调查研究，收集、分析和处理有关数据与资料，建立适用模型，进行模拟运算和仿真试验，对运算和试验结果进行比较和评价，整理成完整的方案或综合的有效信息，供区域决策者决策参考。

（二）区域经济分析方法体系

区域经济分析方法体系是指分析并揭示区域经济总体变化、内部元素间关系及其外部联系的各种方法，以及根据一定的规范对这些方法进行归类所形成的结构系统（表10.1）。

表 10.1　区域经济分析方法体系

类　别	适合解决的问题	主要方法
区域空间分布模式分析	对区域经济要素的空间分布特征及规律进行分析	包括均值、方差、标准差、变异系数、峰度、偏度、锡尔系数、变差系数、威廉森系数等统计特征值分析，概率分析，分形分析等方法
区域经济要素相互关系分析	对区域经济要素、区域经济子系统之间的相互关系进行定量分析	包括相关分析、灰色关联分析、回归分析、模糊贴近度、投入产出分析、主成分分析、因子分析等方法
区域经济类型分析	对区域经济现象的类型和各种经济区域进行划分	包括模式识别、判别分析、对应分析、聚类分析、经济区划等方法
区域网络分析	对区域交通通信网络、行政区划、经济区域等的空间结构进行定量分析	包括几何学网络分析、图论分析、网络优化、城市交通模型、城镇体系模型等方法
区域要素空间变化规律分析	对区域要素进行分析以展示其空间变化规律的方法	包括回归分析、趋势面分析、克拉克分析、克吕格分析、空间自相关分析、空间关联分析、空间洛伦兹曲线、对应分析等方法
空间相互作用分析	侧重于定量分析区域要素在区际流动的方向与强度的方法	包括线性规划、投入产出、人口流动模型、引力模型、重力模型、潜力模型、极大熵模型（空间相互作用模型）等方法
区域发展过程模拟仿真与预测分析	模拟或分析区域经济现象随时间运动和变化的过程以定量地揭示规律，并对其未来发展趋势作出预测或得到仿真结果	包括回归分析、时间序列分析、区域增长收敛性分析、马尔可夫分析、灰色系统模型、系统动力学模型、模糊数学模型、元胞自动机等方法
区域经济结构分析	分析区域经济的产业结构、空间结构特征的方法	包括多样化指数、集中化指数、专业化指数、区位商分析、聚类分析、投入产出分析、洛伦兹曲线、基尼系数、对应分析、主成分分析、因子分析、经济基础-非基础分析模型等方法
区域空间决策分析	对区域经济活动的空间行为决策进行定量分析的方法	包括线性规划、多目标规划、多维灰色规划、层次决策分析、风险型决策分析、（非）确定性决策分析、模糊决策分析、灰色局势决策分析、蒙特卡罗分析、功能对比分析、生产函数模型、价值工程分析、计量经济分析等方法
区域经济优化调控分析	运用系统控制论等有关原理与方法研究区域经济优化调控问题的方法	包括线性规划、非线性规划、动态规划、目标规划、网络规划、现代控制论方法、耗散结构论、协同学、大系统理论、灰色去余控制理论等方法
区域经济运行诊断分析	对区域经济运行是否存在病理及病理原因进行分析的方法	包括转移-分享分析、投入产出分析、层次分析法、成本-效益分析、相对增长分析、波特钻石模型、聚类分析、主成分分析、判别分析等方法

续表

类　别	适合解决的问题	主要方法
区域系统复杂性分析	研究区域经济系统中的复杂性问题	包括突变论、混沌理论、分形分析、小波分析、神经网络分析、模糊网络分析、遗传算法、元胞自动机等方法

第二节　区域经济分析常用方法

从区域经济分析的方法体系可以看出，区域经济分析的方法是很多的，而且还在不断发展充实。在此选取常用的几种方法进行介绍。

一、主成分分析

很多区域经济问题的分析都是多变量的，反映经济问题的各指标间具有比较复杂的相关关系，一般不直接也不宜研究这些单个的指标，而研究由它们的线性组合构成的少数几个综合指标。对这些综合指标的要求是，它们既能将原来各个指标所包含的不明显的差异集中表现出来，使各样本间在综合指标上反映出来的差异尽可能明显，同时各综合指标间又彼此相互无关，即要求将重叠的信息去掉，这样可使综合指标数目大大减少。这些综合指标就称为主成分。实际上，主成分分析就是指标降维的过程。主成分分析的具体程序如下。

假设研究区域实际问题时，出现了 p 个指标，即有 p 个随机变量，主成分分析就是要把这 p 个指标的问题按照保留主要信息量（指标的总方差量）原则，转变为讨论这 p 个指标的线性组合问题。假设这 p 个指标记为 X_1，X_2，…，X_p，是 p 个随机变量，它的第一主成分记为 Z_1，第二主成分记为 Z_2，…，第 p 主成分记为 Z_p，则有

$$\begin{aligned} Z_1 &= l_{11}X_1 + l_{21}X_2 + \cdots + l_{p1}X_p \\ Z_2 &= l_{12}X_1 + l_{22}X_2 + \cdots + l_{p2}X_p \\ &\vdots \\ Z_p &= l_{1p}X_1 + l_{2p}X_2 + \cdots + l_{pp}X_p \end{aligned} \tag{10.1}$$

式（10.1）中 p 个主成分 Z_1，Z_2，…，Z_p 的方差总和等于原来 p 个随机变量 X_1，X_2，…，X_p 的方差总和，且它们之间两两互不相关。保留主要信息量是指前面 q 个主成分的累积方差和占总方差和的比例，这个比例称为累积方差贡献率，并以累积方差贡献率≥80%的最少的主成分数 q 来作为保留的主要信息量。

设 p 个随机变量 X_1，X_2，…，X_p 的自协方差 σ_{ii} 和互协方差 σ_{ij}（i，j=1，2，…，p）所构成的协方差矩阵为 $\Sigma=(\sigma_{ii})_{p\times p}$。事实上，当 Σ 的 p 个特征值由大到小排列为 $\lambda_1 \geqslant \lambda_2 \geqslant \cdots \geqslant \lambda_p \geqslant 0$ 时，可以证明第 j 个主成分 Z_j 的系数向量 $L_j=(l_{1j}, l_{2j}, \cdots, l_{pj})'$ 恰好就是 Σ 矩阵第 j 大的特征值 λ_j 所对应的正则化的（即单位的）特征向量（j=1，2，…，p），而且，λ_j 也正好就是第 j 个主成分 Z_j 的方差量。因此，保留主要信息量，就是考核当 $(\lambda_1+\lambda_2+\cdots+\lambda_q)/(\lambda_1+\lambda_2+\cdots+\lambda_p) \geqslant 80\%$ 时 q 的最小值。在许多应用问题中，满足这个条件的 q 常为 1 或 2，至多不超过 3，这使主成分法在应用中变得可取。

二、锡尔系数分析法

锡尔系数由锡尔于 1967 年提出。锡尔运用信息理论提出了一个可以按加法分解的不平等系数，该系数满足庇古转移支付理论。锡尔系数可以用来衡量两组变量之间的差异，在地区差异分析中经常使用。锡尔系数分锡尔 U 系数和锡尔 T 系数两种（陈栋生，1992）。

锡尔 U 系数计算公式为

$$U = \sqrt{\frac{\sum (x_i - y_i)^2}{n}} \Bigg/ \left(\sqrt{\frac{\sum x_i^2}{n}} + \sqrt{\frac{\sum y_i^2}{n}}\right) \tag{10.2}$$

锡尔 U 系数的优点是，在因 x 和 y 变化的差异、x 和 y 间缺乏相关，以及 x 和 y 的平均数间存在差异而产生失衡的情况下，可以将它进行分解。其缺点是，它依赖于所用的基本数据，必须进行无量纲化处理。U 值在 0 ~ 1 变化，若 $U=0$，表示两变量间的差异最小，即最大的平等；若 $U=1$，表示两变量间的差异最大，即最大的不平等。

锡尔 T 系数计算公式为

$$T = \sum_{i=1}^{n} \frac{y_i}{Y} \lg \frac{y_i / x_i}{Y/X} \tag{10.3}$$

式中，$Y = \sum_{i=1}^{n} y_i$；$X = \sum_{i=1}^{n} x_i$ 。

锡尔 T 系数可分解成两个部分，即集合间（如国内地区间）和集合内（如地区内）的不平等。T 值在 0 ~ $\lg N$ 变化，若 $T=0$，表示最大的平等；若 $T=\lg N$，表示最大的不平等。如果将 T 转换成 $T'=T$（$\lg N$）-1，则 T' 值将在 0 ~ 1 变化。

三、层次分析法

层次分析法（AHP）于 20 世纪 70 年代由美国运筹学家 Satty 提出（Satty，1977），是一种定性与定量相结合的决策分析方法。运用 AHP，决策者通过对复杂问题进行层次和因素的分解，在各因素之间进行简单的比较与计算，就可以得出不同方案重要性程度的权重，为最优决策提供依据。AHP 求解区域问题的步骤如下。

第一步：建立区域问题的递阶层次结构。

首先要把复杂的区域问题分解成元素的组成部分，将这些元素按属性分组以形成不同的层次，同一层次的元素作为准则，对下一层次的元素起支配作用，同时又受上一层次元素的制约，这是一个递阶层次结构，最顶层只有一个元素，即要达到的决策目标；中间层次是准则层和子准则层（又称因素层和子因素层）；最底层各元素就是措施层。可用图 10.1 表示。

第二步：构造判断矩阵。

递阶层次关系确定了各层元素间的隶属关系。假设以某一层次的元素 C_k 作为准则，其下一层次的元素 A_1，A_2，…，A_n 受该准则支配。在 C_k 准则下针对 A_1，A_2，…，A_n 的相对重要性赋予相应权重，但由于区域问题研究（如区域投资环境问题分析）的许多影响因素的权重直接求取不容易，往往采用两两比较的方法。于是对 n 个元素可得到其比较判断

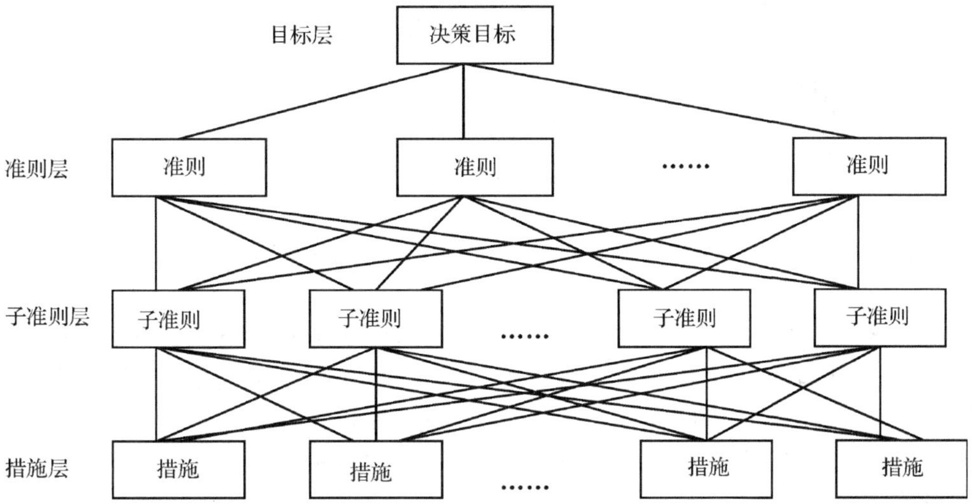

图 10.1　AHP 层次结构示意图

矩阵 $A=(a_{ij})_{n\times n}$，其中相对重要程度由 9 个标度给出。一般取 1，3，5，7，9 等 5 个等级标度，其意义为：1 表示 A_i 与 A_j 同等重要；3 表示 A_i 较 A_j 重要一点；5 表示 A_i 较 A_j 重要得多；7 表示 A_i 较 A_j 更重要；9 表示 A_i 较 A_j 极为重要。而 2，4，6，8 表示相邻判断的中值。

第三步：计算单一准则下的元素相对权重。

其本质是确定权函数 $W(A)=(W_1(A), W_2(A), \cdots, W_n(A))^{\mathrm{T}}$，$\sum_{i=1}^{n} W_i(A)=1$。可通过求解 $AW=\lambda_{\max}W$ 来确定 $W(A)$，为避免分析依据失真，需进行一致性检验。

（1）计算一致性指标 CI：

$$\mathrm{CI}=(\lambda_{\max}-n)/(n-1) \tag{10.4}$$

（2）选取平均随机一致性 RI 值，见表 10.2。

表 10.2　平均随机一致性指标

阶数 n	1	2	3	4	5	6	7	8	9
RI	0	0	0.52	0.89	1.12	1.26	1.36	1.41	1.46

（3）计算一致性比例系数 CR：

$$\mathrm{CR}=\mathrm{CI}/\mathrm{RI} \tag{10.5}$$

第四步：计算各层元素的组合权重。

为得到最底层（即待分析区域）元素相对于决策目标的排序权重，需对第三步的计算结果进行适当的处理并进行总的判断一致性检验，这个过程是由上而下逐层进行的。

假设已计算出第 $k-1$ 层元素相对于决策目标的组合排序权向量 $a^{k-1}=(a_1^{k-1}, a_2^{k-1}, \cdots, a_m^{k-1})$，第 k 层在第 $k-1$ 层第 j 个元素准则下元素的排序权向量为 $b_j^k=(b_{1j}^k, a_{2j}^k, \cdots, a_{nj}^k)^{\mathrm{T}}$，其中不受支配的元素权重为 0，令 $B^k=(b_1^k, b_2^k, \cdots, a_m^k)^{\mathrm{T}}$，则第 k 层第 n 个元素相对于

决策目标的组合排序权向量由式（10.6）确定。

$$a^k = B^k \cdot a^{k-1} \tag{10.6}$$

对于各层次的组合判断都要作一致性检验，例如对第 k 层相应指标的检验为

$$CI_k = (CI_k^1,\ CI_k^1,\ \cdots,\ CI_k^1)a^{k-1} \tag{10.7}$$

$$RI_k = (RI_k^1,\ RI_k^1,\ \cdots,\ RI_k^1)a^{k-1} \tag{10.8}$$

$$CR_k = CI_k/RI_k \tag{10.9}$$

当 $CR_k<0.1$ 时，认为递阶层次在 k 层次上满足一致性要求，否则在该层次上需重构判断矩阵。

AHP 可将区域决策分析问题中一些难以测量的指标元素进行量化，将复杂的决策问题分而治之，对于区域决策分析问题是有效的。但 AHP 的最终结果是得到各待分析区域元素相对于决策目标的优先顺序权重，对于某些定量化要求较高的决策分析问题（如投资硬环境评价问题）不能很好地满足。该方法主要适合区域决策分析中主观指标的定量化，以及将它与其他决策方法结合作为目标加权方法。

四、经济基础–非基础分析模型

经济基础–非基础分析模型的理论基础是基础–非基础理论，关于该理论，张超和沈建法（1991）和魏后凯（2006）等曾作过较详细的介绍。根据该理论，可将区域经济分为基础部门和非基础部门两大部分，基础部门是直接或间接为区外服务，承担区域分工职能的专业化部门；非基础部门是随着基础部门的发展和经济的增长，为满足本地消费所需要的非专业化部门。区域发展的主导力量由基础部门的发展决定，非基础部门处于从属地位并取决于本区的经济增长。

（一）基础–非基础分析模型 I

设 Y 为区域总收入，Y_b 为基础部门收入，Y_n 为非基础部门收入，m 为总收入与基础部门收入之比，即经济基础乘数，于是有

$$m = Y/Y_b = 1 + Y_n/Y_b \tag{10.10}$$

$$Y + \Delta Y = m(Y_b + \Delta Y_b) \tag{10.11}$$

$$\Delta Y = m\Delta Y_b = (1 + Y_n/Y_b)\Delta Y_b \tag{10.12}$$

那么，区域收入增量 ΔY 为基础部门收入增量 ΔY_b 的 m 倍，这反映了区域外部需求增加对经济增长的意义。若基础部门与非基础部门对区域提供的收入比为 1∶1，即 $m=2$，则当区外需求增加 1000 万元时，基础部门收入增加 1000 万元，通过乘数效应，区域总收入将增加 2000 万元。经济基础乘数较大的发达地区，经济发展对外界需求的反应极为灵敏，对这种地区稍加引导就可以促进经济高速发展。这同时也表明，提高区域经济基础乘数对经济增长具有重要意义。

（二）基础–非基础分析模型 II

设区域基础部门产生的收入、投资产生的收入、消费产生的收入分别为 E_r、I_r、C_r，则区域总收入为

$$Y = E_r + I_r + C_r \tag{10.13}$$

由于区域内投资与消费有一部分通过输入转化为区外的收入，区域内总的投资与消费

不一定等于 I_r 与 C_r。记 I 为区域总投资；I_1 为总投资占总收入的比例（即积累率）；I_2 为区域总投资占区内收入的比例；C 为区域总消费；C_1 为总消费占总收入的比例（即消费率）；C_2 为总消费中消费于区内产生区内收入的比例；即 $I_1=I/Y$，$I_2=I_r/I$，$C_1=C/Y=1-I_1$，$C_2=C_r/C$。因此，$I_r=I_1I_2Y$，$C_r=C_1C_2Y$。

从短期看，E_r 和 I_r 均可归于基础部门，故有 $Y_n=C_r$，$Y_b=E_r+I_r$，$m=Y/Y_b=1/(1-Y_n/Y)=1/(1-C_1C_2)$，$\Delta Y=m\Delta Y_b=(\Delta E_r+\Delta I_r)/(1-C_1C_2)$。设 $C_1=0.8$，$C_2=0.6$，则经济乘数 $m=1/(1-C_1C_2)=1.92$，基础部门收入或投资引起的收入增加 1 元，区域总收入就会增加 1.92 元。

从长期看，仅 E_r 归于基础部门，I_r 和 C_r 均归于非基础部门。因此，$Y_n=C_r+I_r=(C_1C_2+I_1I_2)Y$，$Y_b=E_r$，$m=1/(1-Y_n/Y)=1/(1-C_1C_2-I_1I_2)$，$\Delta Y=m\Delta Y_b=\Delta E_r/(1-C_1C_2-I_1I_2)$。设 $C_1=0.8$，$C_2=0.6$，$I_1=0.25$，$I_2=0.4$，则经济乘数 $m=1/(1-C_1C_2-I_1I_2)=2.38$，基础部门收入或由投资引起的收入增加 1 元，区域总收入就会增加 2.38 元。$1/(1-C_1C_2-I_1I_2)>1/(1-C_1C_2)$。所以，长期经济基础乘数大于短期经济基础乘数。

在上述基础-非基础分析模型中，区域发展的外部条件主要表现为区外需求的变化，区域发展的内部条件体现在经济基础乘数及其变化。区外需求增加越多，区域经济发展越快；经济基础乘数越大，区域经济发展对区外需求的反应越灵敏。可见，区域经济发展是区域内外条件共同作用的结果。

（三）经济基础乘数的确定

进行上述基础-非基础分析的关键是确定经济基础乘数，即确定基础部门与非基础部门之间的比例。确定方法有调查法、假设法、最小需求法等，但最常用的是区位商法（陈栋生，1992）。

地区 i 产业 j 的区位商 Q_{ij} 表示产业 j 在地区 i 和全国该产业中的地位，其计算公式为

$$Q_{ij}=\frac{e_{ij}}{e_i}\bigg/\frac{E_j}{E} \tag{10.14}$$

式中，e_{ij} 为地区 i 产业 j 的就业人数；e_i 为地区 i 的总就业人数；$e_i=\sum_j e_{ij}$；E_j 为全国产业 j 的总就业人数；$E_j=\sum_i e_{ij}$；E 为全国总就业人数；$E=\sum_j E_j=\sum_i\sum_j e_{ij}$。

假设全国范围内各部门供需平衡，各地区消费水平、消费结构、生产技术、劳动生产率一致，并且各地区根据就近原则消费，那么，$Q_{ij}>1$ 表示地区 i 产业 j 的产品高于全国水平，可供输出；$Q_{ij}<1$ 表示地区 i 产业 j 的产品低于全国水平，该产品需输入；$Q_{ij}=1$ 表示地区 i 产业 j 的产品供需平衡。根据定义，只要将地区 i 区位商 $Q_{ij}>1$ 的所有产业就业人数减去其供区内消费部分所需就业人数，然后求和，即可得到该地区基础部门的就业人数。

第一，地区 i 用来生产输出产业 j 的就业人数为

$$x_{ij}=(e_{ij}/e_i-E_j/E)e_i=(e_{ij}/E_j-e_i/E)E_j=(1-1/Q_{ij})e_{ij} \tag{10.15}$$

第二，基础部门的就业人数为

$$x_i=\sum_j x_{ij}=\sum_j(1-1/Q_{ij})e_{ij} \tag{10.16}$$

第三，地区 i 的经济基础乘数为

$$m_i=e_i/x_i=e_i/\sum_j(1-1/Q_{ij})e_{ij} \tag{10.17}$$

实际中，计算区位商时上述假设不一定能满足，因此有必要对区位商按下面情况进行调整。

若产业 j 产品在全国范围内供需不平衡，需进口或出口，设进口占生产量的比例为 I_j，出口占生产量的比例为 O_j，那么在有进口时，尽管 $Q_{ij}>1$，实际上地区 i 仍可能是不输出产业 j 产品的地区，因此 Q_{ij} 应调低，即

$$Q'_{ij}=\frac{e_{ij}}{e_i}\bigg/\frac{E_j(1+I_j)}{E}=\frac{Q_{ij}}{1+I_j} \tag{10.18}$$

在有出口时，尽管 $Q_{ij}<1$，地区 i 仍可能输出产业 j 产品，因此 Q_{ij} 应调高，即

$$Q'_{ij}=\frac{e_{ij}}{e_i}\bigg/\frac{E_j(1-O_j)}{E}=\frac{Q_{ij}}{1-O_j} \tag{10.19}$$

若各地区消费结构、消费水平不一致，地区 i 对产业 j 产品的消费高于或低于全国水平的比例为 H_{ij} 或 L_{ij}，则消费水平较高时 Q_{ij} 应调低，即

$$Q'_{ij}=\frac{e_{ij}}{e_i}\bigg/\frac{E_j(1+H_{ij})}{E}=\frac{Q_{ij}}{1+H_{ij}} \tag{10.20}$$

而消费水平较低时 Q_{ij} 应调高，即

$$Q'_{ij}=\frac{e_{ij}}{e_i}\bigg/\frac{E_j(1-I_{ij})}{E}=\frac{Q_{ij}}{1-L_{ij}} \tag{10.21}$$

若各地区生产技术、劳动生产率不相同，地区 i 在生产过程中对产业 j 产品的消耗高于或低于全国水平的比例为 T_{ij} 或 P_{ij}，那么消耗高时 Q_{ij} 应调低，即

$$Q'_{ij}=\frac{e_{ij}}{e_i}\bigg/\frac{E_j(1+T_{ij})}{E}=\frac{Q_{ij}}{1+T_{ij}} \tag{10.22}$$

而消耗低时 Q_{ij} 应调高，即

$$Q'_{ij}=\frac{e_{ij}}{e_i}\bigg/\frac{E_j(1-P_{ij})}{E}=\frac{Q_{ij}}{1-P_{ij}} \tag{10.23}$$

区位商调整后的经济基础乘数为

$$m'_i=e_i/\sum_j(1-1/Q'_{ij})e_{ij} \tag{10.24}$$

经济基础乘数越小表示基础部门占的比例越高，经济专业化程度和开放程度越高，一般为较发达的地区。反之，经济基础乘数越大表示基础部门占的比例越低，经济专业化程度和开放程度越低，一般为欠发达、落后的地区。

五、区域经济增长因素分析模型

在区域经济活动中，在一定的技术经济条件下，生产要素的投入量 x_1，x_2，…，x_n 与区域产出量 Y 之间的函数关系可表示为

$$Y=f(x_1,\ x_2,\ \cdots,\ x_n) \tag{10.25}$$

在区域经济分析中应用较多的是柯布–道格拉斯生产函数（Cobb-Douglas 生产函数，简称为柯–道函数）和索洛生产函数（简称为索洛函数）。

（一）基于柯–道函数的区域经济增长因素分析

柯–道函数的形式为

$$Y = A_0 e^{\lambda t} K^{\alpha} L^{\beta} \tag{10.26}$$

式中，Y 为区域产出量，一般用产出的价值量表示，如工业总产值、地区生产总值等；K 为资本量；L 为劳动量（Y、K、L 这三个量的数值可以直接从区域统计资料中获取）；t 为时间变量，一般以年为单位；λ 为年广义技术进步率；A_0 为基年技术进步水平；α 和 β 分别为资本弹性系数和劳动弹性系数，都在（0，1）取值，一般二者之和为 1，即 $\alpha+\beta=1$。A_0、λ、α、β 均为待定系数，可通过时间序列数据经回归分析得到。

柯–道函数是一个非线性函数，可通过两边同取对数对其线性化，即得

$$\ln Y = \ln A_0 + \lambda t + \alpha \ln K + \beta \ln L \tag{10.27}$$

现假定区域的资金和劳动投入量与区域的产出量按同等速度增长，即假定 $\alpha+\beta=1$，柯–道函数可变为

$$Y = A_0 e^{\lambda t} K^{\alpha} L^{1-\alpha} \tag{10.28}$$

经变形和两边同取对数整理可得

$$\ln(Y/L) = \ln A_0 + \lambda t + \alpha \ln(K/L) \tag{10.29}$$

令 $y=\ln(Y/L)$，$b_0=\ln A_0$，$x=\ln(K/L)$，则有

$$y = b_0 + \lambda t + \alpha x \tag{10.30}$$

根据普通最小二乘法（ordinary least square method，OLS）可得到正规化方程组为

$$\begin{cases} \bar{y} = b_0 + \lambda \bar{t} + \alpha \bar{x} \\ l_{tt}\lambda + l_{tx}\alpha = l_{ty} \\ l_{xt}\lambda + l_{xx}\alpha = l_{xy} \end{cases} \tag{10.31}$$

式中，$l_{tt}=\sum t^2-(\sum t)^2/n$；$l_{tx}=l_{xt}=\sum tx-(\sum t)(\sum x)/n$；$l_{ty}=\sum ty-(\sum t)(\sum y)/n$；$l_{xx}=\sum x^2-(\sum x)^2/n$；$l_{xy}=\sum xy-(\sum x)(\sum y)/n$。

（二）基于索洛函数的区域经济增长因素分析

索洛函数是在柯–道函数的基础上，以 A_t 表示第 t 年的技术进步，即 $A_t=A_0e^{\lambda t}$。从而，

$$Y = At \cdot K^{\alpha} \cdot L^{\beta} \tag{10.32}$$

对式（10.32）求偏导可得

$$\frac{\partial Y}{\partial A} = t \cdot K^{\alpha} \cdot L^{\beta} \tag{10.33}$$

$$\frac{\partial Y}{\partial K} = \alpha \cdot At \cdot K^{\alpha-1} \cdot L^{\beta} \tag{10.34}$$

$$\frac{\partial Y}{\partial L} = \beta \cdot At \cdot K^{\alpha} \cdot L^{\beta-1} \tag{10.35}$$

则

$$\begin{aligned} \frac{\Delta Y}{Y} &= \frac{\frac{\partial Y}{\partial A} \cdot \Delta A + \frac{\partial Y}{\partial K} \cdot \Delta K + \frac{\partial Y}{\partial L} \cdot \Delta L}{AtK^{\alpha}L^{\beta}} \\ &= \frac{tK^{\alpha}L^{\beta} \cdot \Delta A + \alpha AtK^{\alpha-1}L^{\beta} \cdot \Delta K + \beta AtK^{\alpha}L^{\beta-1} \cdot \Delta L}{AtK^{\alpha}L^{\beta}} \end{aligned} \tag{10.36}$$

即

$$\frac{\Delta Y}{Y}=\frac{\Delta A}{A}+\alpha\cdot\frac{\Delta K}{K}+\beta\cdot\frac{\Delta L}{L} \tag{10.37}$$

这就是索洛经济增长模型的具体形式。其经济含义是，区域产出的增长速度等于区域技术水平增长速度、资本投入增长速度与劳动投入增长速度之和。

六、投入产出分析

投入–产出分析又称为部门联系平衡分析和产业关联分析，是分析产业部门之间的经济联系程度、分析产业结构状况的有效工具。

（一）投入产出分析概述

投入产出分析是经济学家里昂惕夫在 20 世纪 30 年代提出的，由于它在分析和预测复杂的区域经济问题中的特殊功能，其在区域分析实际应用方面获得了较大的发展。

投入产出分析是揭示区域经济机制、分析区域经济合理化、进行投资决策和区域发展预测的重要区域分析工具（表 10.3）。

表 10.3　简单的区域价值型投入产出表

投入＼产出		中间使用				最终使用			总产出
		部门 1	部门 2	…	部门 n	区内使用	输入	输出	
区内生产	部门 1	X_{11}	X_{12}		X_{1n}	Y_1	0	E_1	X_1
	部门 2	X_{21}	X_{22}		X_{2n}	Y_2	0	E_2	X_2
	…	…	…		…	…	…	…	…
	部门 n	X_{n1}	X_{n2}		X_{nn}	Y_n	0	E_n	X_n
区外输入	部门 1	U_{11}	U_{12}		U_{1n}	W_1			U_1
	部门 2	U_{21}	U_{22}		U_{2n}	W_2			U_2
	…	…	…		…	…			…
	部门 n	U_{n1}	U_{n2}		U_{nn}	W_n			U_n
增加值		V_1	V_2	…	V_n				
总投入		X_1	X_2	…	X_n				

（二）投入产出分析的基本公式

表 10.3 的区域价值型投入产出表可以同时反映许多区域内各部门实际的生产与分配情况，以及输入产品在该区内的分配情况与使用情况。从横向考察，反映了各部门产品的生产和分配使用情况，描述了最终使用与总产出间的平衡关系：

$$\sum_{j=1}^{n}X_{ij}+Y_i+E_i=X_i \quad (i=1,\ 2,\ \cdots,\ n) \tag{10.38}$$

$$\sum_{j=1}^{n}U_{ij}+W_i=U_i \quad (i=1,\ 2,\ \cdots,\ n) \tag{10.39}$$

从纵向考察，反映了各部门产品的价值形成过程，反映了生产与消耗之间的平衡关系：

$$\sum_{i=1}^{n} X_{ij} + \sum_{i=1}^{n} U_{ij} + V_j = X_j \quad (j=1,\ 2,\ \cdots,\ n) \tag{10.40}$$

令 $a_{ij}=X_{ij}/X_j$，则 $A=(a_{ij}:\ i,\ j=1,\ 2,\ \cdots,\ n)$ 为区域生产的产品在本区生产中使用的直接消耗系数矩阵；令 $d_{ij}=U_{ij}/X_j$，则 $D=(d_{ij}:\ i,\ j=1,\ 2,\ \cdots,\ n)$ 为输入产品在区域生产中使用的直接消耗系数矩阵；令 Y 为区域生产的产品用于区内最终使用部分的列向量；U 为输入产品用于区内最终使用部分的列向量，则由式（10.39）和式（10.40）有

$$AX + Y + E = X \Rightarrow X = (I - A)^{-1}(Y + E) \tag{10.41}$$

式中，I 为单位矩阵；$(I-A)^{-1}$ 称为里昂惕夫逆矩阵。

$$DX + W = U \tag{10.42}$$

$$AX + DX + V = X \tag{10.43}$$

区域投入产出分析的基本公式（10.41）能够反映区域各部门对产品输入量的要求，通过输入系数，可以得到输入与区域生产的联系。假设输入量与区内总需求成比例，则输入系数计算公式为

$$u_i = U_i \Big/ \Big(\sum_{j=1}^{n} X_{ij} + Y_i \Big) \tag{10.44}$$

根据输入系数，可以得到区域自给率：

$$r_i = 1 - u_i \tag{10.45}$$

输入系数为 i 部门的输入量与区域生产的 i 部门产品中在区内使用的那部分之比。式（10.44）用矩阵表示为

$$U = u(AX + Y) \tag{10.46}$$

式中，$u=\begin{pmatrix} u_1 & 0 & \cdots & 0 \\ 0 & u_2 & \cdots & 0 \\ \vdots & \vdots & & \vdots \\ 0 & 0 & \cdots & u_n \end{pmatrix}$。

由式（10.41）和式（10.42）可得到区域输入产品向量：

$$U = D(I - A)^{-1}(Y + E) + W \tag{10.47}$$

将式（10.47）代入式（10.42）、式（10.43）可得

$$X = (u - D)^{-1}(W + uE) \tag{10.48}$$

因此，在已知输入产品在区内的使用情况、输入系数和输出之后，利用式（10.39）可以分析区域各部门的生产情况和区域产业结构。

（三）投入产出分析的几个重要系数

1. 直接消耗系数

直接消耗系数也称为投入系数，其计算公式为

$$a_{ij} = X_{ij}/X_j \quad (i,\ j=1,\ 2,\ \cdots,\ n) \tag{10.49}$$

由此得到直接消耗矩阵 A 为

$$A = (a_{ij}:\ i,\ j=1,\ 2,\ \cdots,\ n) \tag{10.50}$$

于是，可得

$$\sum_{j=1}^{n} a_{ij}X_j + Y_i = X_i \qquad (i = 1, 2, \cdots, n) \tag{10.51}$$

$$AX + Y = X \Rightarrow X = (I - A)^{-1}Y \tag{10.52}$$

2. 完全消耗系数

直接消耗与所有间接消耗之和称为完全消耗。如果把第 j 部门每生产单位数量产品最终消耗 i 部门产品的数量称为完全消耗系数，记为 b_{ij}，$B=\{b_{ij}\}$ 为完全消耗系数矩阵，经数学运算可证明：

$$B = (I - A)^{-1} - I \tag{10.53}$$

3. 影响力系数和感应度系数

影响力系数表示当国民经济某部门的最终使用增加 1 个单位（但其他部门的最终使用保持不变）时，对国民经济各部门所产生的需求波及程度。令里昂惕夫逆矩阵为

$$(I - A)^{-1} = (c_{ij}:\ i, j = 1, 2, \cdots, n) \tag{10.54}$$

则 j 部门的影响力系数 α_j 计算公式为

$$\alpha_j = c_j/\bar{c} = \sum_{i=1}^{n} c_{ij} \Big/ \frac{1}{2}\sum_{j=1}^{n}\sum_{i=1}^{n} c_{ij} \qquad (i, j = 1, 2, \cdots, n) \tag{10.55}$$

若 $\alpha_j>1$（$\alpha_j<1$），则意味着 j 部门对国民经济各部门所产生的需求波及影响程度超过（低于）社会平均影响力水平。显然，影响力系数越大（小），则 j 部门对国民经济各部门的拉动作用越大（小）。

感应度系数表示当国民经济各部门的最终使用均增加 1 个单位时，某一部门由此而受到的需求感应程度，即需要该部门为差额而增加多少单位的产出。i 部门的感应度系数 β_i 计算公式为

$$\beta_i = c_i/\bar{c} = \sum_{j=1}^{n} c_{ij} \Big/ \frac{1}{2}\sum_{j=1}^{n}\sum_{i=1}^{n} c_{ij} \qquad (i, j = 1, 2, \cdots, n) \tag{10.56}$$

如果 $\beta_i>1$（$\beta_i<1$），则意味着 i 部门受国民经济各部门的影响程度相对较大（小）。

区域投入产出模型能分析与预测特定区域的总量输入或输出对区域经济的影响，并能分析区域各部门输入对总体经济产生的效应。但是，要全面分析区域间的输入输出经济联系、区域内部间联系对各地区各部门的乘数影响，需要建立区域间投入产出模型。由于篇幅原因，这里从略，请读者参考有关资料。

七、数据包络分析

数据包络分析（data envelopment analysis，DEA）是美国著名运筹学家 Charnes 等（1978）提出的一种系统分析方法。它是以相对效率概念为基础，根据多指标投入和多指标产出对同类型决策单元（decision making units，DMU）进行相对有效性和多目标决策分析的一种新方法。

（一）DEA 方法的基本思路和特点

DEA 方法的基本思路：判断某个 DMU 是否相对有效，就是看是否有一个虚构的 DMU（一般它是实际观察到的 DMU 的某种组合）比它更“好”（相同产出条件下投入更少和相同投入情况下产出更多），若有这样的 DMU，则原 DMU 不是相对有效的；否则，是相对

有效的。DEA 方法有以下特点：第一，DEA 可以处理多输入尤其是多输出决策单元的相对有效性评价问题。DEA 的这一特点对于区域许多评价问题十分有意义。区域评价问题受众多因素影响，这些因素可看作区域这一复杂系统的输入，而区域评价往往是多目标性的，例如，要兼顾经济、社会、环境多方面效益的平衡要求，这些目标可当作区域的输出。第二，DEA 不必事先设定决策单元的具体输入输出函数。这符合许多区域评价问题没有固定模式可循的特点。第三，DEA 在测定若干决策单元的相对有效性时注重的是对每一个决策单元进行优化，所得出的相对效率是其最大值，所得出的权重也是最优的，因而它是最有利于该决策单元的相对效率。利用这一点可以为每一个评价区域找出其差距和优化方向。第四，对于非有效决策单元，DEA 不仅能指出有关指标调整的方向，而且能给出具体的调整量。这一点对于区域政策制定及改善具有指导意义。第五，DEA 的有效生产前沿面仅由有效 DMU 组成，因而剔除了非有效决策单元，从而排除了统计误差等因素对有效生产前沿面的影响。对于要处理众多统计数据的区域评价问题而言，DEA 无疑可提高评价精度。

（二）DEA 模型

DEA 的模型有很多种，这里仅给出 C^2R 模型和 C^2GS^2 模型两种。

1. 评价规模有效性和技术有效性的 C^2R 模型

设有 n 个 DMU，每个 DMU 都有 m 种投入和 s 种产出，分别用输入 x_j 和输出 y_j 表示

$$x_j = (x_{1j}, x_{2j}, \cdots, x_{mj})^T \tag{10.57}$$

$$y_j = (y_{1j}, y_{2j}, \cdots, y_{sj})^T \tag{10.58}$$

式中，x_{ij}为第 j 个 DMU 的第 i 种输入向量；y_{rj}为第 j 个 DMU 的第 r 种输入向量；$i=1, 2, 3, \cdots, m$；$j=1, 2, 3, \cdots, n$；$r=1, 2, 3, \cdots, s$。

依据 DEA 方法的评价思想可构造线性规划模型：

$$(D)\begin{cases}\min\theta = V_D \\ \text{s.t.}\quad \sum_{j=1}^{n}\lambda_j x_j + s^- = \theta x_{j0} \\ \qquad \sum_{j=1}^{n}\lambda_j y_j - s^+ = y_{j0} \\ \qquad \lambda_j \geq 0,\ j=1, 2, \cdots, n\end{cases} \qquad (D')\begin{cases}\max\alpha = V'_D \\ \text{s.t.}\quad \sum_{j=1}^{n}\lambda_j x_j + s^- = x_{j0} \\ \qquad \sum_{j=1}^{n}\lambda_j y_j - s^+ = \alpha y_{j0} \\ \qquad \lambda_j \geq 0,\ j=1, 2, \cdots, n\end{cases} \tag{10.59}$$

从产出不变投入减少角度构造　　　　从投入不变产出增加角度构造

式中，λ_j 为 n 个 DMU 的某种组合权重；$\sum_{j=1}^{n}\lambda_j x_j$ 和 $\sum_{j=1}^{n}\lambda_j y_j$ 分别为按这种权重组合的虚构 DMU 的投入和产出向量；x_{j0}和 y_{j0}分别为所评价的第 $j0$ 个 DMU 的投入和产出向量。

$$s^- = (s_1^-, s_2^-, \cdots, s_m^-)^T \tag{10.60}$$

$$s^+ = (s_1^+, s_2^+, \cdots, s_s^+)^T \tag{10.61}$$

式中，s^-，s^+为松弛变量向量。

这里不加证明地给出 DEA 有效判定定理。

定理 1　对于线性规划（D）有：

（ⅰ）若（D）的最优值 $V_D=1$，则第 $j0$ 个 DMU 为弱 DEA 有效，反之亦然；

（ⅱ）若（D）的最优值 $V_D=1$，并且它的每个最优解 λ^*，s^{*-}，s^{*+}，θ^* 都有 $s^{*-}=0$，$s^{*+}=0$，则第 $j0$ 个 DMU 为 DEA 有效；反之亦然。

2. 评价技术有效性的 C^2GS^2 模型

$$
(D)\begin{cases}
\min\theta = V_D \\
\text{s. t.} \quad \sum_{j=1}^{n} \lambda_j x_j + s^- = \theta x x_{j0} \\
\qquad \sum_{j=1}^{n} \lambda_j y_j - s^+ = y_{j0} \\
\qquad \sum_{j=1}^{n} \lambda_j = 1 \\
\qquad \lambda_j \geqslant 0,\ j=1,\ 2,\ \cdots,\ n,\ s^+ \geqslant 0,\ s^- \geqslant 0(\text{每一分量非负})
\end{cases} \tag{10.62}
$$

模型中各符号含义同前。其判定定理如下。

定理 2 设（D）的最优解为 λ^*，s^{*-}，s^{*+}，θ^*，则有：

（ⅰ）若 $\theta^*=1$，则第 $j0$ 个 DMU 为弱 DEA 有效（C^2GS^2）；

（ⅱ）若 $\theta^*=1$，且 $s^{*-}=0$，$s^{*+}=0$，则第 $j0$ 个 DMU 为 DEA 有效（C^2GS^2）。

（三）DEA 方法应用于区域评价问题的思路

这里以区域投资环境评价为例来说明 DEA 用于区域评价问题的过程。DEA 既可用于特定区域的投资环境评价，也可用于多个区域的投资环境评价。前者是将特定区域不同时段的投资环境状态当成一个 DMU 处理，后者则是将同一时段多个区域的投资环境状态当成 DMU 集合。但二者评价的思路和过程基本一致：

第一，确定评价目标。DEA 的基本功能是进行多个同类样本间的“相对优劣性”的评价。为了正确地选用 DEA 方法，得到科学的评价结论和有用的决策信息，必须针对不同的区域投资环境目标建立相应的输入输出指标体系和选择适当的 DEA 模型。对于区域投资环境整体系统而言，其投资环境质量好，意味着等量的因素资源（输入）获得较大的投资环境效益（输出）。对于区域投资环境子系统（如硬环境中的基础设施）而言，是指等量因素（输入）对区域投资环境定量的贡献度（输出）。

第二，选择 DMU。即确定评价参照集。从技术与经验上，DEA 评价中参照集元素个数不得少于输入、输出指标总数的两倍。为了更好地研究各 DMU 的相对有效性，可以考虑在原样本中加入一些公认“理想”的 DMU，如区域投资环境“样本区”或理论推证得到的理想 DMU。这样可克服 DEA 原样本的某些“表面”有效现象，从而更清楚地分析影响区域投资环境质量的主要因素。

第三，建立输入、输出指标体系。选取输入、输出指标的首要原则是反映评价目标和评价内容；其次，从技术上应避免输入（出）集内部指标的强线性关系，在选取前做筛选工作是必要的。在不同指标体系下 DEA 评价结果不同，在应用中应考虑 DEA 评价结果随指标体系的改变而变化的情况及其中所包含的有价值的信息，从而可以找出敏感因子和关键因子，为区域投资环境建设提供依据。

第四，选取 DEA 模型和实施 DEA 评价分析。在区域投资环境评价中可根据问题的实际背景和评价目的选择合适的 DEA 模型，还可以应用不同 DEA 模型从不同角度评价，以得出综合结论。评价实施时，首先对区域投资环境进行试探性 DEA 分析，根据所得结论的科学性与合理性决定是否调整指标体系及重选模型。由于区域投资环境评价涉及的因素往往较多，指标体系庞大，应用 DEA 时有一定难度，这就需要对指标进行适当综合。

第五，调整输入输出指标体系。当对 DEA 评价结果不满意时，需要调整指标体系，重新求解。反复调整输入输出指标体系，进行不同的 DEA 分析，对比不同结果，可以观察到哪些指标对 DMU 的有效性有显著影响，这对区域投资环境建设有重要指导意义。

第六，汇总综合评价结果报告。通过 DEA 评价区域投资环境可得到如下信息：各 DMU 的 DEA 有效性；各 DMU 的相对规模收益情况；相对有效性生产前沿面及各 DMU 在其上的投影；各 DMU 的相对有效性与各输入输出指标间的关系；不同指标对各 DMU 相对有效性的影响等。根据这些信息，结合区域投资环境实际背景状况，汇总成评价结果报告，可为投资决策提供有用的信息。

八、博弈论方法

博弈论（game theory）也称为对策论，是研究利益冲突情况下决策分析的科学（侯定丕，2004）。其研究的典型问题是数个利益冲突者在同一环境中进行决策以求得自身利益最大化。博弈论方法作为区域问题的重要分析方法，近来已受到学者的关注。博弈论方法的内容纷繁复杂，且涉及较多的数学理论（如最优化等），在此不可能一一进行阐述，仅就合作博弈中的 Shapley 值方法及其应用作一简要介绍。

（一）Shapley 值及其方法

Shapley 值方法是一种公理化方法。Shapley 值（Shapley value）表示局中人对联盟所做的边际贡献，Shapley 值方法的出发点是根据每个局中人对联盟的边际贡献分配联盟的总收益，保证分配的公平性（李梦祺等，2023）。根据亚当斯的公平理论，如果在利益分配时采用贡献率，即根据团队（联盟）成员贡献的大小来分配资源，可以提高团队的产出水平和成员的合作积极性。Shapley 值方法即一种求解局中人平均贡献率的方法。Shapley 值方法自问世以来得到了迅速的发展，并被运用到如费用分摊、损益分摊等众多实际问题的解决，而且采用 Shapley 值方法较一般方法更能体现合作各方对联盟的贡献，因而更合理、更科学。其方法原理如下。

定义：若 T 是 (N, V) 的一个联盟，$N=\{1, 2, \cdots, n\}$，如果对于任意的联盟 S 均有 $V(S\cap T)=V(S)$，则 T 称为这个对策的承载(carrier)。假设 π 是 N 的一个排列，定义对策 $(N, \pi V)$ 为这样一个新对策 (N, U)，对于任意联盟 $S=\{i_1, i_2, \cdots, i_s\}$，有 $U(\pi(i_1), \pi(i_2), \cdots, \pi(i_s))=V(S)$。如果满足以下三个公理：

公理 1（有效性）　如果 T 是对策 V 的一个承载，则 $\sum\limits_{i=T}\varphi_i(V)=V(T)$；

公理 2（对称性）　对于 N 的任一排列 π，有 $\varphi_{\pi i}(\pi V)=\varphi_{\pi}(V)$；

公理 3（可加性）　如果 $U, V\in G$，则 $\varphi_i(U+V)=\varphi_i(U)+\varphi_i(V)$，

则 Shapley 值存在唯一解为

$$\varphi_i(V)=\sum_{i\in S\subseteq N} W[V(S)-V(S\setminus\{i\})]$$

$$= \sum_{i \in S \subseteq N} \frac{(|S|-1)!\ (n-|S|)!}{n!} [V(S) - V(S \setminus \{i\})],\ i=1,\ 2,\ \cdots,\ n \tag{10.63}$$

式中，$|S|$ 为联盟中所含局中人的个数；$(S \setminus \{i\})$集合为 S 中除了 i 之外的其他成员组成的联盟。将 $\varphi(V)=(\varphi_1(V),\ \varphi_2(V),\ \cdots,\ \varphi_n(V))$ 称为 Shapley 值向量，其每个分量为 Shapley 指数。局中人以随机顺序参与对策，可以用“随机联盟”来解释 Shapley 值。因此，Shapley 值提供了多种合作的联盟方式。

（二）Shapley 值应用于区域合作的简单例子

问题描述：A、B、C 三个生产汽车的省份形成汽车产品市场开放动态联盟，若三个省份的市场相互封锁（如采取地方保护措施），则各省份仅能分别获得 3 亿、2 亿和 1 亿元的销售业绩。如果 A、B 合作可获 7 亿元的销售额；A、C 合作可获销售额为 5 亿元；B、C 合作销售额为 4 亿元；A、B、C 合作形成市场联盟可获得 10 亿元销售额。要解决的问题是，如果三个省份在汽车产品市场上形成动态联盟，那么如何合理地分配这 10 亿元市场潜值，从而为三省份市场开放提供依据。为计算方便，将 A、B、C 三个省份表示为 1、2、3。

问题的求解——采用 Shapley 值解法：根据上述给出的定义计算，见表 10.4 ~ 表 10.7（数字单位为亿元）。

表 10.4　特征函数

联盟方式	值	联盟方式	值
$V(\varphi)$	0	$V(1,\ 2)$	7
$V(1)$	3	$V(1,\ 3)$	5
$V(2)$	2	$V(2,\ 3)$	4
$V(3)$	1	$V(1,\ 2,\ 3)$	10

表 10.5　$\varphi_1(V)$的计算

S	1	1∪2	2∪3	1∪2∪3	合计
$V(S)$	3	7	5	10	—
$V(S-\{1\})$	0	2	1	4	—
$V(S)-V(S\setminus\{1\})$	3	5	4	6	—
$\|S\|$	1	2	2	3	—
W	1/3	1/6	1/6	1/3	—
$\varphi_1(V)$	1	5/6	2/3	2	4.5

表 10.6　$\varphi_2(V)$的计算

S	2	1∪2	2∪3	1∪2∪3	合计
$V(S)$	3	7	4	10	—
$V(S-\{2\})$	0	3	1	5	—
$V(S)-V(S\setminus\{2\})$	3	4	3	5	—
$\|S\|$	1	2	2	3	—
W	1/3	1/6	1/6	1/3	—
$\varphi_2(V)$	1	2/3	1/2	5/3	3.83

表 10.7　$\varphi_3(V)$ 的计算

S	3	1∪2	2∪3	1∪2∪3	合计
$V(S)$	3	5	4	10	—
$V(S-\{3\})$	0	3	2	7	—
$V(S)-V(S\setminus\{3\})$	3	2	2	3	—
$\mid S\mid$	1	2	2	3	—
W	1/3	1/6	1/6	1/3	—
$\varphi_3(V)$	1	1/3	1/3	1	2.67

所以，用 Shapley 值方法的解为 $\varphi(V)=(4.5,3.83,2.67)$，即 A、B、C 的市场潜值分配分别为 4.5 亿元、3.83 亿元和 2.67 亿元，显然这种利益分配都大于三个省份各自封锁市场时的销售业绩，对三个省份都有益处，也为三个省份市场开放合作中的利益权衡提供了参考依据。

第三节　区域经济分析方法新发展

随着学科的发展，尤其是数学的快速发展与计算机技术的广泛应用，新的区域分析方法也层出不穷，加之相关软件相继推出，复杂的计算和海量数据的处理在短时间内完成变得可能，这一方面大大丰富了区域经济研究的技术与手段，另一方面也推动了区域经济研究向更精确、更深入的方向发展。

一、随机前沿分析

技术效率是经济增长的重要衡量指标，也是全要素生产率（total factor productivity，TFP）的重要组成部分，通常被认为是实际产出与潜在产出的比重。传统的生产函数只反映样本各投入因素与平均产出之间的关系，无法区分不同产出水平下的要素投入利用程度，而生产前沿能够在一定技术水平下分析不同投入要素比例对应的最大产出，从而衡量经济体的技术效率。针对技术效率定义，Farrell（1957）首次提出技术效率的生产前沿测算方法，即前沿生产函数（frontier production function）。因此，通过随机前沿分析方法测算技术效率能够满足区域经济中“帕累托最优”，继而挖掘经济体 TFP 的贡献来源，从而利用生产可能性边界（赫尔技术效率）的变化实现对 TFP 的分解。从既有文献的讨论结果可知，前沿生产率技术及其分解方法能够更为接近生产和经济增长的实际情况，通过探讨 TFP 的分解贡献源泉，实现对实际经济增长的探源。

Farrell 首次提出技术效率的前沿生产函数分析方法中，前沿产出相对于实际产出是虚拟设定，即不可观测。因此，通过随机前沿生产函数方法，需要假定前沿产出具有围绕确定前沿上下均匀分布的趋势，而这种假定能够满足前沿生产函数讨论与实际经济产出的距离。实际经济产出因随机噪声和环境因素的影响，其可能位于前沿产出的上方或者下方，但更多的实际经济产出是在确定前沿之下，主要原因在于实际经济产出中的随机因素和环境因素导致的无效效应影响，从而导致实际经济产出存在的无效率损失程度较大。只有当随机噪声对产出具有积极影响且大于无效效应时，实际产出的观测值才能位于确定前沿之上。

确定实际经济产出与前沿产出的相对位置，能够为前沿生产函数的复合扰动项提供模型设定。复合扰动项由随机误差项（v）和技术损失误差项（u）组成，其中 v 是随机误差项，代表决策单元不能控制的影响因素，即由外部因素产生的结果，如天气、地理、机器运用等不可控因素，具有随机性，用以计算决策单元的系统非效率；u 是技术损失误差项，代表决策单元可以控制的影响因素，即决策单元控制因素造成的，如技术和经济无效、生产者和雇员的努力程度等可控因素，或称为无效率项，可用来计算技术无效率。通过分离随机扰动项，继而通过索罗余值方法即可测算技术效率。

（一）基本思路

一般性随机前沿分析（stochastic frontier analysis，SFA）模型形式为

$$\ln y_{it} = \ln f(x_{it}, t, \alpha) + v_{it} - u_{it}, i = 1, 2, \cdots, T \tag{10.64}$$

式中，y 为经济产出；x 为经济投入；t 为时间趋势项，用以表征技术进步；α 为参数向量；$v_{it} \sim N(0, \sigma_v^2)$，$u_{it} \sim N(m_{it}, \sigma_{it}^2)$。因此可定义决策单元 i 在第 t 年的技术效率：

$$\text{TE} = E[\exp(-u_{it}) \mid \text{e}_{it}] \tag{10.65}$$

则从 t_0 期到 t_1 期的技术效率变化可为

$$\text{TE} = \frac{E[\exp(-u_{it_1}) \mid \text{e}_{it_1}]}{E[\exp(-u_{it_0}) \mid \text{e}_{it_0}]} \tag{10.66}$$

式中，TE = 1 被认为是决策单元实现实际产出与潜在产出一致，即决策单元的经济达到最优水平；TE<1 则被认为决策单元存在技术无效率情形，即经济增长中存在效率损失情况。相对应的技术进步指数为

$$\text{TP} = \left[\left(1 + \frac{\partial \ln f(x_{it_0}, t_0, \alpha)}{\partial t_0}\right) \times \left(1 + \frac{\partial \ln f(x_{it_1}, t_1, \alpha)}{\partial t_1}\right)\right]^{0.5} \tag{10.67}$$

参照索罗余值的估计过程，在技术进步指数计算的基础上可以继续对 TFP 进行分解。具体思路介绍如下。

首先，在式（10.64）的基础上对时间求导数可得

$$\frac{\partial \ln y_{it}}{\partial t} = \frac{\partial \ln f(x_{it}, t_0, \alpha)}{\partial t} + \sum_{j=1}^{N} \frac{\partial \ln f(x_{it}, t_0, \alpha)}{\partial \ln x_{it,j}} \frac{\partial \ln x_{it,j}}{\partial t} + \frac{\partial(-u_{it})}{\partial t} \tag{10.68}$$

式中，j 为不同种类的投入要素，包括资本、劳动、土地、中间品或数据等，进一步区分了 x 的类别。

其次，依据索罗余值计算公式 $\text{TFP} = y_{it} - \sum_{j=1}^{N} s_{it,j} x_{it,j}$，则要素 j 的投入增长可以定义为 $x_{it,j} = \frac{\partial \ln x_{it,j}}{\partial t}$，产出 y 的增长可定义为 $y_{it} = \frac{\partial \ln y_{it}}{\partial t}$。

然后，计算要素 j 的投入成本份额，其中 p 为要素的成本价格为

$$s_{it,j} = \frac{p_{it,j}\, x_{it,j}}{\sum_{j=1}^{N} p_{it,j}\, x_{itj}} \tag{10.69}$$

接着，计算 TFP 的增长率：

$$\begin{aligned} \mathrm{TFP}_{it} &= \frac{\partial \ln f(x_{it}, t_0, \alpha)}{\partial t} + \sum_{j=1}^{N} \alpha_{it,j} x_{it,j} + \frac{\partial(-u_{it})}{\partial t} - \sum_{j=1}^{N} s_{it,j} x_{it,j} \\ &= \frac{\partial \ln f(x_{it}, t_0, \alpha)}{\partial t} + \sum_{j=1}^{N} (\alpha_{it,j} - s_{it,j}) x_{it,j} + \frac{\partial(-u_{it})}{\partial t} \end{aligned} \tag{10.70}$$

最后，因生产函数的规模报酬$\mathrm{RTS}_{it} = \sum_{j=1}^{N} \alpha_{it,j}$、要素 j 的产出弹性份额$\lambda_{it} = \frac{\alpha_{it,j}}{\mathrm{RTS}_{it}}$，随机前沿分析模型的 TFP 可以分解为

$$\mathrm{TFP}_{it} = \underbrace{\frac{\partial \ln f(x_{it}, t_0, \alpha)}{\partial t}}_{\text{前沿技术进步}} + \underbrace{(\mathrm{RTS}_{it} - 1)\sum_{j=1}^{N} \lambda_{it,j} x_{it,j}}_{\text{规模效率变化}} + \underbrace{\sum_{j=1}^{N} (\lambda_{it,j} - s_{it,j}) x_{it,j}}_{\text{配置效率变化}} + \underbrace{\frac{\partial(-u_{it})}{\partial t}}_{\text{技术效率变化}} \tag{10.71}$$

（二）主要模型

随机前沿分析技术近年来发展迅速，从最初的横截面 SFA 模型逐渐向更为复杂的空间 SFA 模型发展，模型多种多样，但其核心含义仍未偏离基本思路。以下介绍两种近年来最具代表性的 SFA 模型。

1. 异质性 SFA 模型

当决策单元个体效应与模型中其他解释变量之间存在相关性时，无法控制个体效应可能使估计结果产生偏差。传统的面板数据方法会在估算前消除个体影响，在估计后分离个体影响效应。这种建模和估计策略易于使用，但以牺牲效率为代价（Wang and Ho，2010）。在 Wang 和 Schmidt（2002）的研究基础之上，Wang 和 Ho（2010）从无效率随机扰动项异方差、非单调效率及前沿模型异质性的角度出发，提出了无效率扰动项异方差固定效应随机前沿模型。u 为测度利润无效率随机变量；尺度函数 h 为 L 维非随机无效率影响因素向量 z 的正函数；u^* 为取值为正的从零处截尾单边随机变量，且与 v 相互独立。结合式（10.64），式（10.72）和式（10.73）构成了异质性随机前沿分析的基准模型：

$$u_{it} = h_{it} \times u_i^* \tag{10.72}$$

$$h_{it} = f(z_{it}\delta) \tag{10.73}$$

式中，$u_i^* \sim N^+(m_{it}, \sigma_v^2)$；$v_{it} \sim N(0, \sigma_v^2)$。

2. 空间随机前沿生产模型

空间统计和计量模型源于地理信息技术的发展，SFA 模型将空间效应引入随机前沿模型的分析框架，既能够在一定程度上解决异质性问题，还能够处理变量之间可能存在的内生性问题。空间 SFA 模型考虑空间滞后因变量和空间误差自相关，可以构建横截面空间随机前沿模型。将决策单元间的地理空间关系引入模型，通过空间权重矩阵 W 对经典 SFA 进行修正。标准的空间 SFA 模型如式（10.74）～式（10.76）所示：

$$\ln y_{it} = \beta x_{it} + \gamma W_1 y_{it} + \varepsilon_{it}, i = 1, 2, \cdots, T \tag{10.74}$$

$$\varepsilon_{it} = v_{it} - u_{it} \tag{10.75}$$

$$v_{it} = \rho W_2 v_{it} + \eta \tag{10.76}$$

式中，ε 为随机干扰项向量；W 为空间权重矩阵；$W_1 y_{it}$为空间滞后因变量；$W_2 v_{it}$为空间滞后误差项；γ，ρ 为待估系数；η 为残差；β 为每个解释变量 x_{it}对产出 y_{it}的边际影响。

二、地理信息技术方法

地理信息系统（geographical information system，GIS）是在计算机硬件和软件支持下运用地理信息系统理论，科学管理和综合分析各种地理数据，提供管理、模拟、决策、规划、预测和预报等任务所需的各种地理信息的技术系统。GIS 因其可以同时处理位置数据与属性数据的优越性及其丰富的空间分析功能，在区域经济分析中成为一种现代技术手段，其重要性越来越突出并受到广泛关注。空间差异性是区域经济的典型特征，要分析这种空间差异性及其成因，采用 GIS 技术方法不仅可以用地图等形式可视化地表示区域空间格局，而且可以依据区域经济现象之间的关联及其与环境因素的作用进行时空建模，可以揭示其空间差异形成过程及其影响机制。具体来说，GIS 作为一种技术方法在区域经济分析中的应用体现在以下几个方面。

（一）为区域经济分析提供空间化数据

在区域经济分析中经常需要用到与位置相关的数据，例如，通过样点调查人口数据来获取地区人口密度空间分布信息，采用传统方法往往费时费力且效果不好，但利用 GIS 的空间内插和趋势面分析工具则很容易达到目的。又如，在缓冲或叠置分析时需要将属性数据空间化，分析人均收入水平分布与一些自然条件影响因素（如气候条件、地形条件、水文条件、资源禀赋等）分布的空间相关关系时，可以利用 GIS 首先将人均收入水平及各种影响因素指标数据空间化，然后执行叠置分析，即可直观地反映收入水平与影响因素间的空间相关关系。再如，随着遥感技术的快速发展，许多区域经济分析所需要的数据（如土地利用类型、城市空间发展演变、地形地貌分布等）通过遥感（remote sensing，RS）与 GIS 技术的结合可以非常便捷和廉价地得到。

（二）一般空间分析

在涉及众多空间单元的区域分析中，经常要将符合一定条件的对象分离出来或要了解它们的空间分布模式特点，例如，将人均地区生产总值高于 1000 美元的地区提取出来或依据设定的规则按人均收入水平进行空间聚类分析，利用 GIS 的空间查询和空间统计工具可以很方便地实现。要求解区域与区域、城市与城市间的距离、点对点的最短路径及物流配送路径优化等问题，利用 GIS 的空间量算和网络分析等功能解决起来很容易。同样，在解决城市辐射吸引范围分析、新修建交通路线影响区域分析以及多准则评价问题时，GIS 的缓冲区分析与叠置分析也提供了很好的工具。此外，GIS 在空间数据探索分析及空间计量分析方面也有独到的作用，关于这一点，后面内容有专门的介绍。

（三）空间建模与空间决策支持

空间建模与空间决策支持是 GIS 分析的高层次功能，也是区域分析更高级别的技术方法。空间建模是指通过对原始数据和派生数据按照一定顺序进行交互的空间分析操作，从而实现对一个空间决策过程的模拟。例如，要评价现有城市公园对居民的服务水平或者给定多种限制条件进行新建公园选址，可以基于 GIS 的功能通过简单的空间建模解决。事实上，许多较为复杂的区域分析问题都可以借助 GIS 的空间建模来解决。

空间决策是一个决策者为达到某种与空间位置相关的目标（集合），根据一定的约束条件在多种方案中进行与空间相关的复杂选择的过程。区域规划、土地利用规划、城市规划、设施位置选择等都是空间决策问题，这些问题的解决除了需要决策者或领域专家在专业领域的知识和经验外，更需要一个为其提供支持的系统，这个系统即基于 GIS 建构的融入专家知识具有智能推理功能的空间决策支持系统（spatial decision support system，SDSS）。从这一点来看，越是高级别的区域决策分析问题，对 GIS 技术的依赖性越大。

（四）可视化表达

可视化并不是一种独立的技术，它在上述 GIS 的各种分析功能中都有用到。但考虑到视觉是人类最强有力和有效的信息处理手段，俗话说“一图胜千言”，如何有效地利用视觉为人类生产、科研服务已成为一个研究热点。而 GIS 的显著特点就是它的空间可视化，通过形象的图形表达形式可以提供决策的直观依据。区域分析中，把空间数据库中的海量数据通过 GIS 转换成直观的图形信息，可以为区域规划、管理和决策提供有力的支撑。具体而言，可视化技术在区域分析中的作用至少有以下四种：一是可用于对区域分析的有关数据进行探索性分析以期发现区域经济行为的某些空间规律；二是可用于区域研究的空间模型分析，以提取有用的区域信息；三是可用于对区域经济现象分析结果的综合，进而形成对区域经济现象的认知知识以指导区域决策；四是采用可视化技术表达区域经济活动的空间信息，可回答“是什么?”“在哪里?”“哪些归于一类”等问题。可见，在 GIS 的支持下，可视化技术实际上是贯穿区域分析与决策全过程的，因而显得尤其重要。

（五）数字区域

数字区域，是在不同尺度、不同范围对“数字地球”的诠释。它是指充分利用数字化及其相关计算机技术和手段，对区域的地理、资源、生态、环境、人口、经济、社会等复杂系统进行全方位的信息化，实现多分辨率、多维的存储、处理与可视化描述，并提供区域管理、服务与决策的信息支撑体系。数字区域是一个综合性的概念，它既包括上述所有分析内容，又是这些内容综合的深化，同时也是区域信息化建设目标。事实上，“数字区域”又称为区域信息化建设。按照“中国数字地球计划”的层次划分，“数字区域”是仅次于国家层次的一个关键建设内容，主要是指从区域协调发展的角度出发，科学规划全国及各地区以地理空间信息为基础的各类信息资源的获取、处理、共享、应用，从系统论和一体化的角度整合已有或者正在发展的与之相关的理论、技术、数据和应用；利用地理空间的数字信息资源构筑一个区域性综合平台，把一个地区乃至国家的经济、社会等多种信息加载上去，为政府和社会各方面提供服务，实现信息资源共享，并使区域范围内或区域间的各种信息资源得到最优化利用（周均清和王乘，2003）。

三、探索性空间数据分析方法

（一）概述

探索性空间数据分析（exploratory spatial data analysis，ESDA）是一种具有识别功能的空间数据分析方法（Anselin，1990），它将统计学和现代图形计算技术结合起来，用直观的方法展现空间数据中隐含的空间分布、空间模式及空间相互作用等特征。这种方法本质上是由数据驱动的探索过程，其目的是“让数据自己说话”，通过数据分析来发现问题。

地理学第一定律（Tobler，1979）认为，在地球表面，每一个事物都和其他事物相联系，距离越近则联系也越强。几乎所有空间数据都具有空间依赖或空间自相关特征，即一区域单元上的某种地理现象或某一属性值是与邻近区域单元上同一现象或属性值相关的（Cliff and Ord，1981）。ESDA 的核心就是认识与地理位置相关的数据间的空间依赖、空间关联或空间自相关。事实上，区域经济活动及其环境条件因素都不同程度地表现了空间关联性或自相关性，例如，区域人均 GDP、经济增长率、工资水平、FDI 的空间分布等具有一定的空间依赖性。空间关联特征的衡量有两类指标：一类是全局空间自相关（global autocorrelation）指标，主要包括 Moran's I、Geary's C 统计量；另一类是局部空间自相关（local autocorrelation）指标，主要包括 G 统计量、Moran 散点图和空间局部自相关指标（local indicators of spatial association，LISA）。

（二）空间权重矩阵

空间权重矩阵是应用 ESDA 方法进行空间探索分析的前提和基础。通常定义一个二元对称空间权重矩阵 $W_{n\times n}$，如式（10.77）所示，来表达 n 个位置的空间邻近关系，可以根据邻接标准或距离标准来度量。

$$\begin{bmatrix} W_{11} & W_{12} & \cdots & W_{1n} \\ W_{21} & W_{22} & \cdots & W_{2n} \\ \vdots & \vdots & & \vdots \\ W_{n1} & W_{n2} & \cdots & W_{nn} \end{bmatrix} \tag{10.77}$$

空间权重矩阵有下面两种规则。

1. 简单的二进制邻接矩阵

$$W_{ij}=\begin{cases}1, & \text{当区域 } i \text{ 和 } j \text{ 相邻接} \\ 0, & \text{其他}\end{cases} \tag{10.78}$$

2. 基于距离的二进制空间权重矩阵

$$W_{ij}=\begin{cases}1, & \text{当区域 } i \text{ 和 } j \text{ 的距离小于 } d \text{ 时} \\ 0, & \text{其他}\end{cases} \tag{10.79}$$

（三）全局空间自相关

Moran's I、Geary's C 统计量是两个用来度量空间自相关的全局指标。其中 Moran's I 比较常用，它反映的是空间邻接或空间邻近的区域单元属性值的相似程度。定义 x_i 为区域 i 的观测值，$C_{ij}=(x_i-\bar{x})(x_j-\bar{x})$ 反映了观测值的相似性，确定了位置邻近关系 W_{ij} 和观测值的相似性 C_{ij}，就可以计算出全局 Moran's I 指数。计算公式为

$$I(d)=\frac{\sum_{i=1}^{n}\sum_{j\neq i}^{n} w_{ij}(x_i-\bar{x})(x_j-\bar{x})}{S^2\sum_{i=1}^{n}\sum_{j\neq i}^{n} w_{ij}} \tag{10.80}$$

式中，$S^2 = \sum_{i=1}^{n}(x_i - \bar{x})^2$；$\bar{x} = \frac{1}{n}\sum_{i=1}^{n} x_i$。

可以用标准化 Z 值来检验 n 个区域是否存在空间自相关关系（Cliff and Ord，1981），公式为

$$Z(d) = \frac{I(d) - E(I)}{\sqrt{\text{VAR}(I)}} \tag{10.81}$$

根据式（10.81）计算出检验统计量，可以对零假设 H_0（n 个区域单元的属性值之间不存在空间自相关）进行显著性检验，显著性水平可以由标准化 Z 值的 P-值检验来确定，如果 P-值小于给定的显著性水平 α（一般取 0.05），则拒绝零假设，否则接受零假设。

当 Z 值为正且显著时，表明存在正的空间自相关，也就是说相似的观测值（高值或低值）趋于空间集聚；当 Z 值为负且显著时，表明存在负的空间自相关，相似的观测值趋于分散分布；当 Z 值为零时，观测值呈独立随机分布。

（四）局部空间自相关

全局 Moran's I 作为一种总体统计指标，仅能说明所有区域与周边地区之间空间差异的平均程度，很难发现存在于不同位置区域的空间关联模式，这时就需要采用局部空间自相关指标，主要包括 LISA、G 统计量、Moran 散点图。

1. 空间相关局部指标（LISA）

LISA 是指满足下列两个条件的任何统计量（Anselin，1996）：①每个区域单元的 LISA 给出了围绕该区域单元相似值的显著性空间集聚程度的一个表示；②所有区域单元的 LISA 之和与对应的全局空间相关指标成比例。

LISA 包括局部 Moran's I 指数和局部 Geary's C 指数。其中，局部 Moran's I 指数是局部 LISA 的一个特例，计算公式为（Anselin，1996）

$$I_i = z_i \sum_{j=1}^{n} w_{ij} z_j \tag{10.82}$$

式中，$z_i = x_i - \bar{x}$；$z_j = x_j - \bar{x}$；对 j 求和包括了区域单元 I 的所有邻居。为便于解释，权重矩阵 w_{ij} 经过了行标准化。

局部 Moran's I 指数的另一种形式为

$$I_i = \frac{(x_i - \bar{x})}{m_0} \sum_j w_{ij}(x_j - \bar{x}) \tag{10.83}$$

式中，$m_0 = \sum_i (x_i - \bar{x})^2 / n$，$x_i$ 为区域单元 i 的观测值；$\bar{x}$ 为所有观测值的均值；对 j 求和包括了区域单元 I 的所有邻居。

I_i 值为正时，表示该区域单元周围相似值（高值或低值）的空间集聚，负的 I_i 值则表示非相似值的空间集聚。

$$Z(I_i) = \frac{I_i - E(I_i)}{\sqrt{\text{VAR}(I_i)}} \tag{10.84}$$

根据式（10.84）计算出检验统计量，可以对有意义的局部空间关联进行显著性检验，但 Ord 和 Getis（1995）认为，I_i 统计的单个显著性检验通常基于一个 Bonferroni 限制标准。因此，一个选择的方法是使用“条件”随机或排列方法，产生经验的伪显著性水平 P-值

（Hubert，1987）。P-值同样为零假设 H_0 检验提供了基础，当总的显著性水平设定为 α 时，每一个区域的显著性要根据 α/n 的原则进行判断，在给定显著性水平 α 时，如果 I_i 显著且为正，则表明与观测单元 i 相关的周围观测单元具有相对较高的观测值，区域 i 与周边地区之间的空间差异较小；而当 I_i 显著且为负时，则表明与观测单元 i 相关的周围观测单元具有相对较低的观测值，区域 i 与周边地区之间的空间差异较大。

2. $G_i(d)$ 统计

Getis 和 Ord（1992）认为，当全局统计量不足以证明存在空间联系时，一般建议使用局部 G 统计量来探测区域单元的观测值在局部水平上的空间集聚程度。

全局 G 统计量的计算公式为

$$G = \sum_i \sum_j w_{ij}(d) x_i x_j / \sum_i \sum_j x_i x_j \tag{10.85}$$

对每一个区域单元 i 的 $G_i(d)$ 统计量为

$$G_i(d) = \sum_{j \neq i} w_{ij}(d) x_j / \sum_{j \neq i} x_j \tag{10.86}$$

对 $G_i(d)$ 统计量的检验与局部 Moran's I 指数相似。当 G_i 值为正且显著时，表明在该区域单元周围，高观测值的区域单元趋于空间集聚；当 G_i 值为负且显著时，表明在该区域单元周围，低观测值的区域单元趋于空间集聚。与 Moran's I 指数只能发现相似或非相似观测值的空间集聚模式相比，$G_i(d)$ 统计量具有能够探测出区域单元属于高值集聚还是低值集聚的空间分布模式的优点。因此，$G_i(d)$ 统计量有助于深化对区域单元周围空间集聚模式的分析。

3. Moran 散点图

将变量 z 与其空间滞后向量（W_z）之间的相关关系以散点图的形式加以描述，则构成 Moran 散点图（Anselin，1996）。其中，横轴对应变量 z 的所有观测值，纵轴对应空间滞后向量（W_z）的所有取值，每个区域观测值的空间滞后就是该区域周围邻居观测值的加权平均。

Moran 散点图的 4 个象限分别对应于区域单元与其邻近单元之间四种类型的局部空间关联模式：①第一象限（high-high，HH），区域自身观测值较高，周边区域的观测值也较高，即高观测值的区域单元被同是高值的区域所包围。②第二象限（low-high，LH），区域自身观测值较低，但周边区域的观测值较高，即低观测值的区域单元被高值区域所包围。③第三象限（low-low，LL），区域自身观测值较低，周边区域的观测值也较低，即低观测值的区域单元被同是低值的区域所包围。④第四象限（high-low，HL），区域自身观测值较高，但周边区域的观测值较低，即高观测值的区域单元被低值区域所包围。

与局部 Moran's I 指数相比，Moran 散点图具有能具体区分区域单元和其邻近单元之间的空间关联模式的优势，而且将 Moran 散点图与 LISA 显著性水平相结合，还可获得“Moran 显著性水平图”，从而更加直观地刻画区域关联模式。不过，与 LISA 不同的是，Moran 散点图不能获得局部空间集聚的显著性指标，因此表示的区域局部单元空间分布模式尚缺乏统计含义。

四、空间计量方法

空间计量经济学（spatial econometrics）是计量经济学的一个分支，它主要研究在截面数据和面板数据的回归分析中如何处理空间相互作用（空间自相关）和空间结构（空间异质性）的问题。空间计量经济学理论认为，一个地区空间单元上的某种经济现象或某一属性值与邻近地区空间单元上同一现象或属性值是相关的，几乎所有的空间数据都具有空间依赖性或空间自相关性的特征（Anselin，1988）。空间计量经济学理论打破了传统的计量经济学认为空间事物均质性的假定，试图通过空间联系建立统计与计量模型，来识别和度量空间实体的变动规律与空间模式的决定因素（孙海鸣和张学良，2011）。因此，它比传统计量经济学模型更具有解释力。以下将对空间经济学中的两个基本模型（空间滞后模型和空间误差模型）进行介绍。

（一）空间滞后模型

空间滞后模型也称为空间自回归模型（spatial autoregressive model，SAR），其数学表达式为

$$y=\rho Wy+\beta X+\varepsilon,\qquad \varepsilon\sim N(0,\ \delta^2 I_n) \tag{10.87}$$

式中，y 为 $n\times1$ 的截面因变量；X 为 $n\times k$ 的外生解释变量矩阵；W 为 $n\times n$ 的空间邻接矩阵，矩阵由因变量的空间滞后值组成；Wy 空间滞后项，用来估计模型中空间相关的程度，同时调整其他解释变量的影响；ρ 为空间自回归系数，用来衡量样本观测值中的空间依赖作用；参数 β 反映了解释变量对因变量的影响；ε 为正态分布的误差向量。

根据 Anselin（1988）的建议，空间滞后模型的估计包括以下内容。

（1）对模型 $y=\beta_0X+\varepsilon_0$ 作 OLS 估计，计算残差 $e_0=y-\hat{\beta}_0X$；

（2）对模型 $Wy=\beta_LX+\varepsilon_L$ 作 OLS 估计，计算残差 $e_L=Wy-\hat{\beta}_LX$；

（3）由 e_0 和 e_L 值，通过最大对数似然函数 L_C 得到参数 ρ 的估计值 $\hat{\rho}$，L_C 的表达式为

$$L_C=-(n/2)\ln[(1/n)(e_0-\rho e_L)'(e_0-\rho e_L)]+\ln|I-\rho W| \tag{10.88}$$

（4）由 $\hat{\rho}$ 值计算其余参数估计值：

$$\hat{\beta}=(\hat{\beta}_0-\hat{\rho}\beta_L),\ \hat{\sigma}_\varepsilon^2=(1/n)(e_0-\hat{\rho}e_L)'(e_0-\rho e_L) \tag{10.89}$$

则最大似然函数值为

$$\begin{aligned}\ln L=&-(N/2)\ln(2\pi)-(N/2)\ln\hat{\sigma}_\varepsilon^2+\ln|I-\rho W|\\&-(1/2\hat{\sigma}_\varepsilon^2)(y-\hat{\rho}Wy-\hat{\beta}X)'(y-\hat{\rho}Wy-\hat{\beta}X)\end{aligned} \tag{10.90}$$

如果空间滞后模型是正确的设定，则解释变量在重复抽样中是变动的，传统的 OLS 估计得到的将是有偏且不一致的结果。

（二）空间误差模型

空间误差模型（spatial error model，SEM）的数学表达式为

$$\begin{aligned}y&=\beta X+u\\u&=\lambda Wu+\varepsilon\\\varepsilon&\sim N(0,\ \sigma^2 I_n)\end{aligned} \tag{10.91}$$

空间误差模型本质上是结合了一个标准回归模型和误差项的空间自回归模型，其空间依赖作用存在于扰动误差中，它反映了邻接地区关于因变量的误差冲击对本地区观测值的影响程度。对空间误差模型的估计过程如下：

（1）对模型 $y=\beta X-u$ 作 OLS 估计，得到 β 的无偏估计值 $\hat{\beta}$；

（2）计算上述 OLS 估计的残差 $e=y-\hat{\beta}X$；

（3）由 e 值，通过最大对数似然函数 L_C 得到参数 λ 的估计值 $\hat{\lambda}$，L_C 的表达式为

$$L_C = -n(n/2)\ln[(1/n)(e - \lambda We)'(e - \hat{\lambda}We)] + \ln|I - \rho W| \quad (10.92)$$

（4）由 $\hat{\lambda}$ 值计算其余参数估计值：$\hat{\sigma}_\varepsilon^2 = (1/n)(e_0 - \hat{\rho}e_L)'(e_0 - \rho e_L)$，则最大似然函数值为

$$\begin{aligned}\ln L = &-(N/2)\ln(2\pi) - (N/2)\ln\hat{\sigma}_\varepsilon^2 + \ln|I - \rho W| \\ &-(1/2\hat{\sigma}_\varepsilon^2)e'(I - \lambda W)'(I - \lambda W)e\end{aligned} \quad (10.93)$$

如果空间误差模型是正确的设定，则误差项的空间依赖将会导致传统的 OLS 估计得到不一致但无偏的结果。

（三）模型检验方法

以上对空间滞后模型和空间误差模型的表达式及估计过程进行了介绍，除了上述介绍的检验方法外，Anselin（1988）还建议了两种检验方法：Moran's I 值和拉格朗日乘数。Moran's I 的表达式为

$$I = \frac{N}{S_0} \cdot \frac{e'We}{e'e} \quad (10.94)$$

式中，e 为 OLS 残差的列向量；$S_0 = \sum_i^n \sum_j^n w_{ij}$。

对于空间误差模型的拉格朗日乘数的表达式为

$$LM_{err} = \frac{[e'We/(e'e/N)]^2}{tr(W^2 + W'W)} \quad (10.95)$$

对于空间滞后模型的拉格朗日乘数的表达式为

$$LM_{lag} = \frac{[e'Wy/(e'e/N)]^2}{[(WX\beta)'(I - X(X'X)^{-1}X')(WX\beta)/\sigma^2] + tr(W^2 + W'W)} \quad (10.96)$$

式（10.95）和式（10.96）的统计值均服从 $\chi^2(1)$ 分布。

在实际操作中，究竟是选择空间滞后模型还是空间误差模型，要在测试诊断的过程中逐步确定，一般可遵循下列规则设定模型：首先，运用 OLS 方法对模型进行回归，并进行相应的拉格朗日乘数检验（Lagrange multiplier test，LM 检验）。如果 LM_{err} 和 LM_{lag} 都不显著，则停止运行，保持 OLS 结果；如果 LM_{err} 和 LM_{lag} 都显著，则继续进行 Robust（稳健性）LM 检验，如果 Robust LM_{err} 显著则运行空间误差模型；如果 Robust LM_{lag} 显著则运行空间滞后模型；如果 LM_{err} 和 LM_{lag} 其中之一显著，则采用其相应的空间回归模型。

五、双重差分法

双重差分法（differences-in-differences）在实证研究中主要运用于评估政策效应，相比于其他方法，双重差分法具有以下优势：①在识别上非常直观，能够直接看出研究对象在不同政策前后的变化情况。②在操作上简单易行，能够非常方便地运用最小二乘法得以实现（黄炜等，2022）。

本章课程思政与实践教学设计

<table>
<tr><th>教学环节</th><th>教学过程</th><th>课程思政</th></tr>
<tr><td>问题导入</td><td>在区域经济研究中，相关的理论内容体系得到不断完善，其研究方法论也产生了新的变革，目前，区域经济分析常用的研究方法有哪些呢？</td><td rowspan="2">提醒同学们要在实践中不断总结经验，发现问题，并尝试使用方法来解决问题，再通过实践加深对方法论的理解，同时提高自己解决问题的能力</td></tr>
<tr><td>知识讲解</td><td>1. 介绍区域经济研究的思想方法，包括规范分析和实证分析、微观分析和宏观分析、静态分析和动态分析等
2. 对目前区域经济中常用的分析方法进行归纳和分类，再总结不同种类方法适用的研究问题，以及相关具体的实证方法</td></tr>
<tr><td>启发探究</td><td>从区域经济分析的方法体系可以看出，区域经济分析的方法是很多的，而且还在不断发展充实，根据现有研究来看，有哪些主流的研究方法呢？</td><td rowspan="2">掌握主流的研究方法可以帮助解决大部分的研究问题，除此之外，同学们还应该培养自己的创新思维，勇于尝试新的研究方法，提高自己的实践能力，不断探索和创新，才能更好地解决问题并为社会做出贡献</td></tr>
<tr><td>知识讲解</td><td>1. 介绍主成分分析法、锡尔系数分析法、层次分析法、经济基础-非基础分析模型、区域经济增长因素分析模型、投入产出分析、数据包络分析、博弈论的具体内容
2. 寻找若干篇经典的区域经济学实证文章，学习作者如何通过这些模型进行研究分析
3. 可以以一篇文章为例，为学生展示具体的数据、代码运行等实操过程</td></tr>
<tr><td>启发探究</td><td>学科的发展，尤其是计算机技术的广泛应用，大大丰富了区域经济研究的技术与手段，掌握这些新技术对学习和理解现代区域经济学是很有必要的</td><td rowspan="2">通过一些最新发表的研究报道，启发学生在学习专业课的同时，了解学科的发展前沿、拓展知识边界，引导学生建立科学研究的价值目标，积极投身到区域经济学学习中，为将来可能的科研工作打好基础，使潜在的创造力得以发挥</td></tr>
<tr><td>知识讲解</td><td>1. 介绍随机前沿分析、地理信息技术方法、探索性空间数据分析、空间计量方法等在区域经济学研究中的应用
2. 收集近 2 年的海内外最新发表的优秀文献，举例说明还有哪些新的方法值得同学们去探索</td></tr>
<tr><td>答疑与课程小结</td><td>1. 预留一定时间供学生提出课程疑问并进行答疑
2. 总结区域经济研究方法论有哪些内容、区域经济分析常用的方法以及新方法如何推广
3. 布置作业，请同学们掌握几种区域经济研究方法并进行实践操作</td><td>通过对课堂知识的总结，加上同学课后运行软件对模型的实操，学生解决问题的能力得到，同时学生也可以更多地关注跨学科的学习，将多领域知识和技能进行整合，提高自己的综合素养</td></tr>
</table>

主要参考文献

陈栋生. 1992. 区域经济辞典. 大连：东北财经大学出版社
陈磊，胡立君，何芳. 2021. 长江经济带发展战略对区域经济联系的影响研究——基于双重差分法的实证

检验. 经济经纬, 38 (2): 23-32
陈宪. 1995. 经济学方法通览. 北京: 中国经济出版社
丁任重, 许渤胤, 张航. 2021. 城市群能带动区域经济增长吗? ——基于7个国家级城市群的实证分析. 经济地理, 41 (5): 37-45
丁生喜. 2018. 区域经济学通论. 北京: 中国经济出版社
侯定丕. 2004. 博弈论导论. 北京: 中国科学技术大学出版社
黄炜, 张子尧, 刘安然. 2022. 从双重差分法到事件研究法. 产业经济评论, (2): 17-36
李梦祺, 李登峰, 南江霞. 2023. 考虑链间竞争与链内研发成本共担的绿色供应链决策——基于非合作-合作两型博弈方法. 中国管理科学: 1-13
彭羽, 杨作云. 2020. 自贸试验区建设带来区域辐射效应了吗——基于长三角、珠三角和京津冀地区的实证研究. 国际贸易问题, 46 (9): 65-80
强天雷, 任保平. 2001. 当代西方经济学主要研究方法述评. 经济评论, (3): 52-55
任保平. 2004. 区域经济理论、方法与政策. 北京: 经济科学出版社
孙海鸣, 张学良. 2011. 区域经济学. 上海: 上海人民出版社
万广华, 陆铭, 陈钊. 2005. 全球化与地区间收入差距: 来自中国的证据. 中国社会科学, (3): 17-26
王维平. 2006. 经济政策创新与区域经济协调发展. 北京: 中国社会科学出版社
魏后凯. 2006. 现代区域经济学. 北京: 经济管理出版社
易明, 彭甲超, 吴超. 2019. 基于SFA方法的中国高新技术产业创新效率研究. 科研管理, 40 (11): 22-31
曾澜. 2006. 我国“数字区域”发展的现状和对策研究. 测绘与空间地理信息, 29 (1): 1-3
张超, 沈建法. 1991. 区域科学论. 武汉: 华中理工大学出版社
张敦富. 2013. 区域经济学导论. 北京: 中国轻工业出版社
张可云. 2005. 区域经济政策. 北京: 商务印书馆
张宁, 杜克锐. 2022. 效率与生产率分析教程——理论、应用与编程. 济南: 山东大学出版社
周均清, 王乘. 2003. 我国“数字区域”建设的若干问题研究. 华中科技大学学报 (城市科学版), 20 (2): 43-46
周起业, 刘再兴, 祝诚, 等. 1989. 区域经济学. 北京: 中国人民大学出版社
Aigner D L, Lovell C K, Schmidt P. 1977. Formulation and estimation of stochastic frontier production function models. Journal of Econometrics, 6 (1): 21-37
Anselin L. 1996. The Moran scatterplot as an ESDA tool to assess local instability in spatial association//Fisher M, Scholten H J, Unwin D. Spatial Analytical Perspectives on GIS. London: Taylor & Francis: 111-125
Anselin L. 1990. What is special about spatial data? alternative perspectives on spatial data analysis//Griffith D A. Statistics, Past, Present and Future. Ann Arbor: Institute of Mathematical Geography
Anselin L. 1988. Spatial Econometrics: Methods and Models. Dordrecht: Kluwer Academic Publishers
Charnes A, Cooper W W, Rhodes E. 1978. Measuring the efficiency of decision making units. European Journal of Operational Research, 2 (6): 429-444
Cliff A D, Ord J K. 1981. Spatial Processes: Models and Application. London: Pion
Farrell M J. 1957. The measurement of productive efficiency. Journal of the Royal Statistical Society: Series A (General), 120 (3): 253-281
Getis A, Ord J K. 1992. The analysis of spatial association by the use of distance statistics. Geographical Analysis, 24 (3): 189-206
Hubert L J. 1987. Assignment Methods in Combinatorial Data Analysis. New York: Marcel Dekker

Kumbhakar S, Wang H J, Horncastle A P. 2015. A Practitioner's Guide to Stochastic Frontier Analysis Using Stata. New York: Cambridge University Press

Meeusen W, van den Broeck J. 1977. Efficiency estimation from Cobb-Douglas production functions with composed error. International Economic Review, 18 (2): 435-444

Ord J K, Getis A. 1995. Local autocorrelation statistics: distributional issues and an application. Geographical Analysis, 27: 286-306

Satty T L. 1977. A scaling method for priorities in hierarchical structures. Journal of Mathematical Psychology, (15): 234-281

Tobler W. 1979. Cellular geography//Gale S, Olsson G. Philosophy in Geography Dordrecht. Dordrecht: D. Reidel Publishing Company: 379-386

Wang H J, Ho C W. 2010. Estimating fixed-effect panel stochastic frontier models by model transformation. Journal of Econometrics, 157 (2): 286-296

Wang H J, Schmidt P. 2002. One-step and two-step estimation of the effects of exogenous variables on technical efficiency levels. Journal of Productivity Analysis, 18: 129-144

第十一章　区域经济学研究热点与前沿问题

第一节　区域经济学主要流派及其新进展

一、区域经济学的主要流派

现代区域经济学有三大主要流派（孙久文，2003；2006）：一是形成于20世纪90年代的新经济地理学派，以克鲁格曼、藤田昌久等学者为代表，建立在收益递增、不完全竞争和“冰山型”运输成本三个命题的理论基石之上，通过创构“中心-外围”模型的空间经济研究框架，旨在将区域经济学引进主流经济学“殿堂”。该学派认为，区域经济学有区位理论、城市地理学、累积因果关系、外部经济、地租和土地利用五大传统，并依照这五个方面向前发展。二是区域政策学派或新制度学派，其核心议题是将制度要素引入区域分析，研究政府及其体制对区域发展的影响，并通过制定相应的区域政策，协调区域发展。三是区域管理学派，是区域经济融入管理学内容后形成的新学派，由区域经济发展管理、区域人口管理、区域环境管理三部分内容构成，对区域经济学从理论到应用起着桥梁作用。

二、区域经济学主要理论研究新进展

（一）西方区域经济学发展的主要阶段

西方区域经济学的形成和发展具有阶段性特征。魏后凯（2006）将其划分为三个阶段（表11.1）：①第二次世界大战以前为第一阶段，研究重点侧重于对企业、产业和城市的区位选择、空间行为和组织结构等论题，涌现出大批影响深远的区位理论成果。②20世纪50～70年代为第二阶段，研究重点转向区域经济发展和区域政策问题，涌现出许多有影响的区域发展理论和战略模式。③20世纪80年代以来为第三阶段，西方区域经济研究的范围和领域不断扩展，研究主题越来越细化，理论深度也越来越强。

表11.1　西方区域经济学发展的主要阶段特征（魏后凯，2006）

阶段	时　期	特　征	主要研究领域及成果
第一阶段	第二次世界大战以前	以区位理论研究为主	农业区位论、工业区位论、中心地理论、市场区位理论、一般区位理论、市场竞争区位理论、转运点区位理论
第二阶段	20世纪50～70年代	以区域经济发展和区域政策问题研究为主	输出基础理论、增长极理论、累积因果理论、“中心-外围”模型、新古典区域增长模型
第三阶段	20世纪80年代以来	注重实证分析，主题更加细化，内容十分广泛	区域经济增长计量模型、区域产业集群机制、区域可持续发展、区域政策效应、区域营销与形象设计、区域管治

（二）西方区域经济学主要理论研究新进展

1. 新经济地理学及区位分析研究

目前区域经济学中影响最为广泛的理论进展应属新经济地理学的兴起。以克鲁格曼为发轫者和主要代表人物的新经济地理学派，以“中心-外围”模型为理论基石和晶核，通过数理模型方法将空间维度纳入一般均衡的分析框架，在主流经济学界引起广泛关注，既有高度评价，也颇受争议。但正如克鲁格曼所言，结束了主流经济学在经济活动“会在哪儿”及“为何发生”这个问题上长时间的沉寂，具有突破性的理论意义。

新经济地理学有两个突出的理论贡献：一是对产业区位和集聚经济的新探讨，研究区域增长的空间结构，以及产业集聚的动力、演进机制及可持续性。二是将区位理论与贸易理论加以综合，考察经济全球化和新技术革命推动下的贸易分工理论。

在区位理论和空间经济领域，国际直接投资的区位选择、经济全球化的空间影响及新型劳动地域分工问题，日益成为西方区域经济学研究的理论热点。随着经济全球化加深和跨国企业的迅速发展，西方部分学者逐步突破传统的理论框架，将研究重点转移到多厂企业，尤其是跨国公司的区位选择和空间组织上。黄肖琦和柴敏（2006）通过研究发现新经济地理学所揭示的贸易成本、技术外溢、市场规模对现阶段 FDI 的战略行为具有非常好的解释效果。魏后凯（2006）将其概括为六个集中性研究领域：①多厂企业投资区位的决策过程及区位选择的主要考虑因素；②公司总部、地区性总部及地区办事处的区位选择；③研究与开发活动的国际化及其区位选择；④企业内部的区位调整、撤资及工厂关闭问题；⑤企业内分支机构之间的空间联系与组织形式；⑥企业外部的空间联系，如转包、国际战略联盟等。安虎森和邹璇（2004）将第二次世界大战后的区位论研究与传统区位论加以比较，认为存在五点主要区别：①对各种空间要素及其相互关系的表述更为抽象，更注重公理化和定量化，广泛应用多种测度理论，如系统理论、模糊集合理论、拓扑理论等；②不仅研究厂商区位，还从一体化空间或网络角度研究公共设施区位，从享乐等角度研究居住区位；③越来越多地采用分散化模型；④强调企业和家庭区位决策所引起的新的空间经济均衡问题；⑤重视时空的动态变化，尤其是非线性的动态变化。

2. 区域经济发展及区域经济政策研究

区域经济发展理论是现代区域经济学的核心板块，涉及领域相对广泛。分析研究的角度主要有三种（安虎森和邹璇，2004）：一是新古典经济增长理论角度，将区域视为各种厂商聚集而成的生产单位，考虑劳动生产率差异、要素市场运作、递增收益、政府对投资的影响等。二是累积因果理论和弗里德曼的“核心-外围”模型角度，分析区域经济增长过程、差距及结构性特征。三是依附理论角度，突出强调区域发展中的社会政治因素。这三种理论角度并非相互排斥，而是具有互补性，均可为有关区域经济问题提供富有启发性的政策含义。

3. 区域管理理论研究

区域经济发展管理主要应对区域经济增长和充分就业等宏观性问题。一个新兴的研究热点是区域营销和区域管治问题，是区域经济学、公共管理学、市场营销学等多学科交叉融合的新领域。随着区域间竞争在全球范围内的展开和加剧，世界上许多国家和地区已初步形成了区域营销与管治的理论与实践良性互动的局面（魏后凯，2006）。

在区域人口管理领域，人力资本和人口及劳动力迁移成为重要的理论课题。其中，人力资本在 20 世纪 50 年代中期至 60 年代初逐步形成理论体系，其奠基者舒尔茨（Cshultz）因在该领域的开创性研究而获得诺贝尔经济学奖。相关的理论分析包括人力资本含义、构成要素、效应、作用机制、相关政策和区域人力资本测度体系等各个方面。

随着可持续发展理念的深入，区域环境管理正日益成为区域管理的主要内容。相关的理论分析已不仅仅局限于对环境直接影响角度的研究，更在于以环境控制和保护作为最基本的发展条件，寻找区域发展和产业发展的新模式和新途径。循环经济理念和生态工业园区等模式的广泛兴起扩散就是典型例证。

（三）中国区域经济学主要理论研究新进展

区域经济学是一个国内外接轨的学科，中国区域经济学发展的同时，国际上的区域经济研究也在向前推进。孙久文（2021）认为，未来一段时期，区域经济学的主要研究方向如下：一是区域经济学的中国化方向，主要是运用马克思主义的基本原理，丰富中国特色区域经济学理论框架和内容体系；二是区域经济学的新经济地理研究方向，主要是将新经济地理学的理论、模型、方法引入区域经济学，提高现有区域经济学理论的解释力和应用前景；三是区域经济学的国家–区域一体化研究方向，主要是以实现区域经济高质量发展为目标加强跨行政区域经济一体化的研究；四是区域经济学的生态经济研究方向，例如，对区域生态保护和资源管理制度、生态安全、生态系统修复和综合治理、生态补偿制度、生态环境保护制度的研究等。

（四）区域经济模型方法研究新进展

通过构建区域经济模型展开分析是近年来学术界较为流行的研究手段。根据研究侧重点的差异，区域经济模型可划分为三代：第一代以寻求空间经济体系的系统定量描述为特点，一般建立在结构框架基础之上，重点关注经济系统中各组成要素和系统间相互作用的界定和描述上，在后期开始利用投入产出结构分析，但多以资源无限供给为假设前提。第二代区域经济模型主要集中于对资源现行问题的分析，尤其是各种局限性及增长极限问题，如区域环境及能源问题等。第三代模型以全区域一系列目标和各种限制性条件为基础，除经济要素外还考虑人口、环境、能源和社会等变量，关注多区域体系而非单个区域体系（安虎森和邹璇，2004）。

此外，区域经济模型所包含的内容也更加丰富。例如，相关区位分析已经建立了一整套的方法体系，包括区位商分析、可变成本分析、可变收益分析、工业综合体分析、偏离–份额分析等，而区域分析则大量引进城镇体系、社会关系、宗教信仰、种族、政治和阶级等各种新理论和方法，从综合角度对区域社会、经济、文化等一系列问题进行研讨（魏后凯，2006）。

第二节　区域营销与区域管治

一、区域营销

区域营销在 20 世纪 90 年代以来逐渐成为现代区域经济学领域中的一大理论前沿论

题。西方学者对区域营销问题的关注始于20世纪70年代。自20世纪80年代以来，欧美学者关于区域营销的研究论著大量涌现，目前已形成以阿什沃思和伍德（Ashworth and Voogd）、范登伯格（van Den Berg）、戈尔德和沃德（Gold and Ward）、瑞尼斯特（Rainisto）等学者为代表的欧洲学派；以科特勒（Kotler）等学者为代表的北美学派。中国学者对区域营销问题的关注和理论研究始于20世纪90年代。以杨开忠及其研究团队（成员有甘颖进、韦文英、许峰等）、郭国庆、刘彦平、齐文娥等为代表的大陆学者对“区域营销”“城市营销”作了开创性研究；以汪明生、庄瀚华等为代表的台湾学者对“地区行销”“都市行销”作了开创性研究。围绕区域营销相关概念，现代有学者展开多方面研究。蒋廉雄等（2006）对“区域形象”进行研究，提出区域形象的概念及明确区域营销的基本框架；吴水龙等（2010）对“区域品牌”进行研究，提出以政府为主导的拉式创建模式、以企业为主导的轮轴式创建模式，以及以行业协会为主导的推式创建模式三种不同的区域品牌打造方式。

综合已有研究成果，区域营销理论研究的核心内容可归纳为“5W2H”，如图11.1所示。

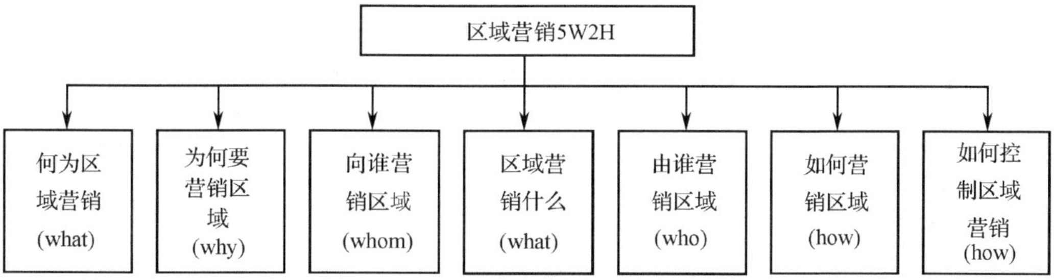

图11.1　区域营销理论研究的5W2H框架

区域营销理论的“总论”和“分论”框架可归纳为图11.2所示内容。

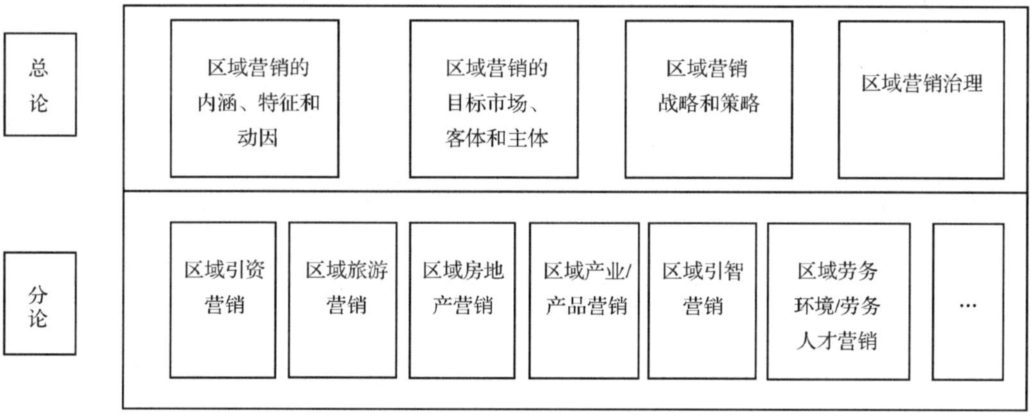

图11.2　区域营销理论研究的“总论”和“分论”框架

二、区域治理

（一）“治理”“区域治理”的内涵

1. “治理”概念

1989 年，世界银行在讨论非洲问题时提出了“治理[①]危机”（crisis in governance）一词，随即在全球引起了巨大反响。治理概念最初起源于环境问题，随后被逐渐引入到处理国际、国家、城市、社区等各个层次的各种需要进行多种力量协调平衡的问题之中。20 世纪 90 年代以来，“治理”频繁出现于联合国、多边和双边机构、学术团体及民间志愿组织的出版物上，涉及社会经济学科的各个领域，逐渐发展成为一个内涵丰富、适用广泛的理论，并在许多国家的政治、行政、城市、社会管理改革中得到广泛运用。但是对于治理的概念，迄今尚未形成一个大家公认的统一看法。目前常见的观点见表 11. 2。

表 11. 2　中外学者、机构关于“治理”概念界定的代表性观点（石楠和姚鑫，2003；杨汝万，2002）

观点类型	学者、机构	主要观点
1. 治理是一种社会统治方式	世界银行	一个国家为了发展而对经济和社会资源进行管理时运用权力的方式
	世界经济合作组织	运用政治权威管理和控制国家资源，以求经济和社会发展。具体而言，是由许多不具备明确的等级关系的个人和组织进行合作以解决冲突的工作方式，它灵活反映了非常多样化的规章制度甚至个人态度
	联合国发展计划	一国在所有层次上运用经济、政治和行政权力以管理它的事务，包括通过机制、程序和机构让市民和团体得以表达意见，以及运用法律权力承担责任和调解歧见
2. 强调治理的过程特征	全球治理委员会	一个持续不断的过程，在这个过程中对立的或各异的利益既可以彼此适应，也可以采取合作的行动
	顾朝林	一种综合的全社会过程，它以“协调”为手段，不以“支配”“控制”为目的，它涉及广泛的政府与非政府组织间的参与和协调
	杰索普	通过建构政府的（等级结构的）和政府以外的（非等级结构的）机构、组织和具体的实践，以解决政治的和超越政治的、有关实现共同目标和集体设想方面的问题
3. 治理反映了一种社会关系	全球城市研究机构	治理涉及市民社会和国家之间的关系，涉及执法者和守法者之间的关系，涉及政府和可控性的关系
	全球治理协会	个人与机构、公家与私人治理其共同事务的总和，多种多样互相冲突的利益集团可以借此走到一起，找到合作的办法。它既包括为保证人们服从的正式制度和体制，也包括人们同意或接受符合其利益的非正式安排
	阿尔坎得拉、库伊曼	在众多不同利益发生作用的领域建立一致或取得认同，以便实施某项计划
	斯托克	在组织之间、公共与私人之间的界限可以穿透的情况下，治理的行为、方式或系统。它认识到了组织之间的相互依赖，其本质是政府与非政府之间及其内部各种力的相互作用
	郝寿义	治理是一个有组织的社群的制度安排，参与者依据制度安排进行充分协调，开展社群的集体行动

① 目前，国内对英文“governance”一般翻译为“治理”“治道”等，本书用“治理”的译法。

续表

观点类型	学者、机构	主要观点
4. 对治理问题持有怀疑态度	戈登克尔、韦斯	治理是一种值得追求的理想，是为无法由政府绝对解决的社会和政治问题带来更有秩序和更可靠的解决办法的努力
	奥斯博恩、盖布勒	治理只是一种修辞的需要而并无实际意义，其原因是在崇尚市场取向的私有化社会中，“统治”已经无法找到买主，而治理却很有市场。因此充其量治理是一种重新包装的比之前略好的政府管理形式
5. 对前人研究的综合概括	张京祥、庄林德	通过多种集团的对话、协调、合作达到最大限度动员资源的统治方式，以补充市场交换和政府自上而下调控之不足，最终达到“双赢”的综合的社会治理方式
	吴骏莲、崔功豪	治理主要包含：①自组织的调节方式，是指“组织间关系的自组织”；②多样化的行为者，包括政府部门、私营部门及第三部门（志愿团体、非营利机构、非政府组织、社区企业、合作社、社区互助组织等）；③互动过程，不同的组织必须通过与其他组织交换知识和资源达到目的；④国家承担的角色

尽管对于治理存在各种不同的理解，但这些理解却基于一个共识：当今社会，政府并不需要垄断一切合法的权利，社会上的各种力量包括其他正式与非正式组织（机构、单位、社团等），也可负责维持秩序、参加经济和社会调节，这成为治理概念得以存在与不断发展的基础，进而使“治理”（governance）理念逐渐与传统的“统治”（government）概念区分开来（表 11.3）。

表 11.3　“治理”与“统治”的比较（史健洁，2003）

项　目	治　理	统　治
利益关系	纵横交错的立体网络	自上而下的单向线形
权力主体	政府与非正式机构	政府
组织制度	正式制度与非正式制度协调互动	正式制度
行政依据	依法行政	人治
治理手段	多元化、灵活	单一、简单
治理方式	协调、合作	控制、命令
资源分配	市场利益调节	国家统一分配

2.“区域治理”概念

区域治理是一种基于地域空间资源的治理，它是将经济、社会、生态等可持续发展资本，土地、劳动力、技术、信息、知识等生产要素综合包容在内的整体地域治理概念，既涉及中央元，又涉及地区元，也涉及非政府组织元等多组织元的权利协调，其中政府、公司、社团、个人行为对资本、土地、劳动力、技术、信息、知识等生产要素控制、分配及流通起着十分关键的作用（张京祥和黄晓春，2001；陈瑞莲和杨爱平，2012；王璇和郐艳丽，2023）。在市场经济环境中，空间资源的分配是协调各社会发展单元相互利益的重要方式，因此它是政府握有的为数不多而行之有效的调控社会整体发展的手段之一（具体表现为各种形式的空间规划与管理行动）。以“空间资源治理”为核心的区域治理是“广泛社会治理”的重要组成内容和基本实现渠道。

（二）区域治理的特点和分类

1. 区域治理的特点

20 世纪 90 年代以来，经济全球化、区域一体化进程对原有的地域空间结构与组织形式产生了巨大的冲击，区域的发展与演进日益呈现出群组化、网络化的特征。在社会经济高速发展的同时，区域内部及各区域之间不同组织和集团的利益冲突也不断加剧，由此带来的各种经济和社会问题也逐步产生和放大。有鉴于此，世界各国纷纷运用治理理念反思不同层次的区域问题，并力图构建平稳、弹性、开放的区域治理体系，以提升区域整体竞争力。区域治理理念通过协调机制，整合多种组织和多个成员，形成多层次、动态的结构，那些原本难以自发连接的成分能够通过协调机制实现连接，满足各利益主体共同发展的需求，从而推动区域间的有效合作。它既承认了区域内部作为区域发展的基础，又突出了区际的协调作用，既主张在区域和区际的各个层面之间开展合作，并在合作的前提下展开竞争，同时又强调通过各成员间不断地对话和协商，促进各种利益的相互融合，在达成共识、自我约束、建立互信的基础上，形成多形式、多渠道、多层次、多元化互动的网络式协调管理局面，实现整体效益最大化和各成员之间的利益公平。

2. 区域治理的分类

根据层次和范围的不同，可以将区域治理细分为城市治理和大都市区治理两种基本类型。

关于城市治理，Le Galès（1995）的定义包括两方面的含义：一方面，城市治理是整合与协调地方利益、组织和社会团体的能力；另一方面，城市治理是代表它们（地方利益、组织和社会团体）形成对市场、国家、其他城市和其他层次政府的相对一致的策略的能力。西方发达国家的城市治理基本上是涉及城市地区地方政府、市民社会和私营部门等不同机构关系的性质、质量和目标的总和。这些关系又分解为正式和非正式的结构和规则等诸多方面。也就是说，城市治理涉及中央、地方和非政府组织多层次的权力协调，其中政府、公司、社团、个人行为对资本、土地、劳动力、技术、信息、知识等生产要素控制、分配、流通的影响都是研究的内容（Christian，1996）。

与城市治理相比，大都市区治理的研究与应用更注重不同层次的政府和发展主体之间、同级政府和发展主体之间的权利互动关系，解决大都市宏观和微观区域问题，协调好都市区发展中效率与公平的关系，当前利益与长远利益的关系，局部利益与总体利益的关系，探索一条区域的可持续发展之路。其本质在于：①用“机构学派”的理论建立地域空间管理的框架，提高政府的运行效益，避免权力“一边倒”倾向，加强统筹以满足区域中各个主体的应得利益；②有效地发挥非政府组织参与城市与区域管理的作用，以提高空间规划的社会基础、科学基础和可实施基础（张京祥和庄林德，2000）。

（三）区域治理模式

1. 城市治理模式

因采用不同的战略，存在不同的城市治理体系。城市治理体系的分类也不完全相同。美国在第二次世界大战结束以来经历了三种城市治理体系（Fainstein and Fainstein,

1983)。①1950~1964 年是指导性治理体系（directive regime)，在地方政府的赞助下，城市治理联盟制定和实施了大规模的城市更新规划。②1965~1974 年是让步性治理体系(concessionary regime)，商业利益还是占据中心地位，但是对低层的城市居民做出一些让步，提供福利。③1975 年以来是保守性治理体系（conserving regime)，维持财政稳定，让步和福利减少，但是保留政治和经济控制。

Elkin（1987）提出三种城市治理体系：多元型（pluralist)、联合型（federalist）和创业型（entrepreneurial)。多元型和联合型城市治理体系分别对应于指导性和让步性治理体系。创业型城市治理体系是一种新的治理体系。

2. 大都市区治理模式

西方国家的城镇往往是作为自治体而存在，包括其所在区域的县、州等各级地方行政机构都有很强的独立性。但是自 21 世纪初，欧美城市化高度发展，特大城市集聚区逐渐增多，城镇间及城镇与其所在区域间许多问题需要共同解决，因此各种大都市区行政管理机构应运而生。由于不同国家和区域的政治传统、历史原因及区域发展的目标和利益不同，不同大都市区的治理模式存在很大差异。概括起来，西方国家大都市区的治理模式主要有以下四类：①松散、单一组织的治理模式。纽约大都市区最具典型。这是一种松散而无统一的行政主体，以专门问题性的协调组织运行为主的管理模式。针对一些具体的区域性问题，如供水、排水、垃圾处理等，建立了一些跨州的职能单一的组织。它反映了美国的政治文化传统：强调地方政府的联合行动，以处理不同领域的各类问题，它们可以通过各种共同建立的专门机构去处理区域问题、管理大都市，但不建立一个管辖全部区域事务的大都市政府。即只建立管理体制，而不建立政府体制，两者的脱节是造成大都市区组织调控缺乏力度的重要原因。②统一组织的大都市区治理模式。实行这种治理模式的典型是华盛顿大都市区。其治理模式为设立都市区政府委员会，财政来源于联邦和州的拨款、契约费及成员政府的分担，都市区政府委员会将联邦和州政府的拨款予以分配，用于为成员提供交通、环境等的跨地区服务，解决了许多公众关注的区域问题。虽然它也是一个没有执法权力，由县、市政府组成的自愿组织，但由于其较好地解决了区域问题并为成员带来了实质的利益，因而是一个相对稳定的联合形式。不足之处在于其结构局限、政治分化、财政局限而影响了自身的效率。③完全单层制大都市区治理模式。这种治理模式以美国杰克逊维尔大都市区最为典型。这种治理模式通过市县合并形成单一机构的大都市政府，合并不只是地域上的统一，而且改变了以往公共服务的提供中互有交叉、效率很低的局面，产生了长期的规模经济，据此降低了政府运行的成本。但对于市/县中的其他经济社会问题，如收入差距和种族的不平等，仍没有实质性的解决办法。④双层制大都市区治理模式。美国迈阿密大都市区最为典型。在这种治理模式中，上下层政府具有明确的职责分工，大都市区政府提供区域性质的服务，如消费者的保护、消防、公路和交通、警察、公共运输、战略规划、垃圾处理；地方的自治市政府负责严格的地方服务，如教育、环境卫生、住宅、地方规划、地方街道、社会服务、垃圾汇集等。在县（区域）内的非城市地区，公民接受大都市政府（上层）的服务，而自治市的公民接受他们所在市（下层）和大都市（上层）的双重服务。但由于服务范围有限，其无力解决更广泛的区域问题。

三、区域治理

区域治理这一概念是由资源学、地理学、区域经济学、公共管理学等学科交叉引申而来的，涵盖公共安全、公共卫生、科技创新、环境保护等治理领域，具体是指政府和非政府主体等利益相关者，为了解决区域内各领域存在的问题隐患与实现各领域最大化利益的目标，所进行的一系列谈判、磋商、合作的集体行为。其中，治理包含整治与管理，代表着自下而上的多元合作，即对不良的社会现象加以协调处理，对暂未出现问题的领域进行时刻的监督管理。治理并非一朝一夕之功，需要各方实时监督、不断完善、跨界合作。实施区域治理，必须要深刻认识该区域的地理特征，采取与该区域等级特征相匹配的管理措施，制定科学合理的区域开发战略，充分利用该区域现有的自然资源，收集调配区内外要素并进行适当整合，推动该区域可持续发展。

区域治理具有以下几点特征。

一是独特性。不同的区域因其所在不同的地理位置、独有的历史文化背景等因素的共同影响而具有不同的发展条件和发展态势，因而基于此提出的各项区域治理举措具有相对的独特性，进一步表现为区域与区域间治理模式的差异性。

二是非独立性。当某区域内部发生卫生突发事件、金融危机或环境污染等社会问题时，该区域主体不仅需要对此作出紧急响应、积极调配整顿，还需要加强与其他区域的联合协作，共同解决当前不良的社会问题。同时，区域与区域之间务必形成联防联控、协同合作的局面，在防患于未然的过程中体会到跨区域协同合作的必要性。

三是系统性。从宏观层面看，在"中央统筹，省负各责，地方落实"的机制下，区域治理必须依附国家重大发展战略或国家治理体制，并结合自身的实际发展需要进行适当调节，实现各区域治理体系与国家体制的有机统一。从微观层面看，区域治理既包括项目建设、资金支持、对象管理与动态监测等方面，还包括对产业结构、医疗卫生、教育基金、金融状况、交通便利、住房设施、社会保障等一系列领域的管理。

第三节　新质生产力、区域创新与区域竞争力

在经济全球化、信息化和知识化的背景下，世界经济的区域化特征日益凸显。许多国家旨在探寻和实践依靠内力发展区域经济的道路，寻求以知识为本的区域发展战略。在市场经济条件下，区域经济发展的实质就是区域间的经济竞争。而区域创新就是这股内力的核心力量，在促进区域经济发展和提升区域竞争力的过程中正发挥着越来越重要的作用。

一、新质生产力与区域高质量发展

新质生产力这一概念是2023年9月习近平总书记在黑龙江考察调研期间首次提到的新的词汇，强调整合科技创新资源，引领发展战略性新兴产业和未来产业，加快形成新质生产力。新质生产力是创新起主导作用，摆脱传统经济增长方式、生产力发展路径，具有高科技、高效能、高质量特征，符合新发展理念的先进生产力质态。加快发展新质生产力，是高质量发展的应有之义，是抢占新一轮全球科技革命和产业变革制高点、开辟发展

新领域新赛道、培育发展新动能、增强竞争新优势的战略选择。

发展新质生产力是推动高质量发展的内在要求和重要着力点，也是区域高质量发展的关键。发展新质生产力，不同的区域要坚持从实际出发，先立后破、因地制宜、分类指导，根据区域资源禀赋、产业基础、科研条件等，有选择地推动新产业、新模式、新动能发展。一方面，要依托区域发展战略加快发展新质生产力。将深入实施区域协调发展战略、区域重大战略、主体功能区战略、新型城镇化战略与培育发展新质生产力结合起来，以主体功能区战略引导重大生产力布局，将城市群、都市圈、中心城市等优势地区打造成为发展新质生产力的主要空间载体，依托区域重大战略，打造发展新质生产力的引领区，依托区域协调发展战略，因地制宜培育和发展新质生产力。另一方面，要以新质生产力推进高水平区域协调发展：推动区域创新中心与区域产业体系的深度融合，推动区域间产业链、供应链、创新链、人才链等多链融合，围绕新质生产力完善区域间合作与互助机制，完善有利于形成新质生产力的区域政策体系（贾若祥等，2024）。

二、区域创新的内涵与理论流派

“创新”的概念和理论首先由美籍奥地利经济学家熊彼特（Schumpeter）提出。他认为，创新是指由企业家实行的对生产手段的一种新组合，以获取潜在的超额利润或盈利的机会。熊彼特认为创新主要有五种表现形式：采用新产品或经改进的产品，即产品创新；引入新的生产方法，即生产方式创新；开辟新的产品市场，即市场创新；控制原材料或半成品的新的供应来源，即要素创新；实现新的企业组织形式，即组织创新。

狭义的区域创新通常是指与区域新技术、新知识创造、产生、流动和应用有关的过程，即熊彼特所指的创新。广义的区域创新是指在某一特定区域内发生的所有创新活动和成果的总称，包括创新主体、创新动力、创新战略、创新机制、创新网络、创新环境等多方面内容。这些方面的相互联系和作用能体现区域创新的能力和质量。区域创新主要具有以下特征：一是整体协同性。区域创新必须通过创新主体正式和非正式的相互联系，在整体上相互协同，才能在创新各要素之间结成的网络中发挥创新功能。二是开放性。区域创新必须与区内和区外环境（包括法规、习俗、价值观及人力和物质资源等）发生密切的联系和交流。三是不确定性。创新过程中任何一个环节或影响因素的不确定性，都会影响区域创新的产生和质量。

在熊彼特的创新理论之后，尤其是20世纪80年代以来，世界各国学者纷纷从不同视角对创新加以研究，形成各具特色的区域创新理论流派。在这里，主要介绍以下三种流派。

（一）创新环境

创新环境（innovation milieu）概念是由法国、意大利、瑞士区域科学家组成的区域创新环境研究小组首先提出的，它将产业的空间集聚与创新活动有机地结合起来。该理论认为，环境是创新的基础或背景，使得创新性机构能够创新并和其他创新机构相互协调；创新环境既包括创新社会文化环境（包括价值观、习俗、意识等）、创新服务环境（包括市场体系、中介机构）和创新体制与宏观调控环境（包括经济体制、科技体制、创新政策等）等软环境（林迎星，2006），又包括由基础设施、技术、人力和物质资源等构建的硬环境。创新环境理论强调区域创新主体的集体效率、创新行为的协同作用、创新的社会根植性（Hart and Simmie，1997）和创新环境的质量对提高区域竞争力的重要性。

（二）区域创新网络

区域创新网络（regional innovation networks，RIW）是指区域内各创新参与者在实现互动学习和创新的过程中，形成的错综复杂的、不可交易的相互依存的关系的总和。它不同于创新环境，是一种旨在促进学习和创新的社会关系网络。该理论认为，创新网络以成员间的信任关系为纽带；通过嵌入式的知识联结，在网络中更多地传播那些非正式的、隐含的知识；在网络联结、发展和根植的过程中，区域集群利用资源（资产）共享及能力互补优势、知识溢出效应、集体学习机制、创新的累积效应，可以相应地降低创新风险和成本，获得持续的竞争优势。

（三）区域创新系统

“区域创新系统”（regional innovation system，RIS）的概念首先由伦德瓦尔（Lundvall）提出的，后经弗里曼（Freeman）和纳尔逊（Nelson）等学者共同完善为系统理论。

区域创新系统理论来源于国家创新系统理论的发展，其主要代表人物有库克（Cooke）和阿什海姆（Asheim）等。库克等将区域创新系统定义为：企业及其他机构经由以根植性为特征的制度环境系统地从事交互学习。区域创新系统是由区域创新主体、区域创新基础系统和区域创新制度环境构成。在系统中，创新是由独立的创新主体（企业集群、高等院校、研究机构、政府机构、中介机构等）之间复杂的相互联系和作用产生的。创新主体的创新活动不仅依赖于企业、高等院校和研究机构的创新行为，而且取决于这些区域性组织间、知识的生产与分配的公共部门之间的相互联系，还取决于区域的社会文化及正式和非正式的制度环境。该理论关注市场网络和组织制度因素对创新的支持作用，强调区域经济的集群化；认为区域化的空间发展模式有利于内部企业和其他机构之间的相互合作，实现区域创新活动主体之间优势互补，共享区域创新网络资源，相应地降低了创新成本和创新风险。同时，内部企业和其他组织通过根植性的制度环境相互学习，使得知识、信息和最佳实践经验能够在整个区域内快速传播，从而提升本地区的创新质量和水平。

三、区域竞争力及其分析框架

区域竞争力是指一个区域对大区域中经济资源的吸引力和对大区域市场的争夺力，也就是一个区域对其区域内外资源的优化配置能力（王秉安和李闽榕，2004）。从本质上讲，区域竞争力强调区域竞争是在全球化背景下展开的开放式、国际化竞争。

美国著名管理学家迈克尔·波特（Michael Porter）在《国家竞争优势》一书中，提出了国家竞争优势的“钻石”模型。由于国家是一个具有区域属性的特定区域，国家竞争力研究也属于区域竞争力研究的范畴。从这个角度出发，波特的“钻石”模型为区域竞争力的研究工作提供了新的理论分析框架和方法。

一个区域的竞争力集中表现在区域内产业的竞争力上。判断一个产业是否具有竞争力主要取决于四类要素，即生产要素、需求状况、相关和支撑性产业，以及企业战略、企业结构和竞争等。这四类要素构成了波特区域竞争力模型（图 11.3）。

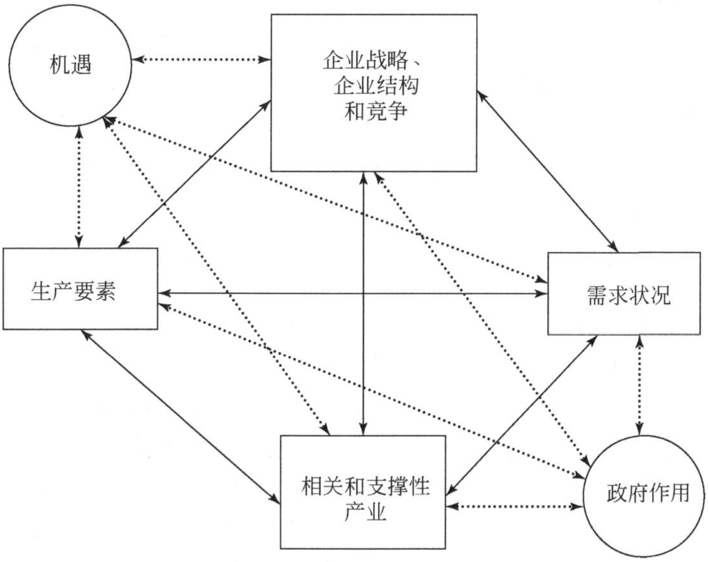

图 11.3　波特区域竞争力模型

1. 生产要素

生产要素包括初级生产要素（包括自然资源、地理位置和普通的人力资源）和高级生产要素（包括现代化的通信设备、基础设施、高端人力资源等）两类。一个区域的生产要素禀赋对其产业的竞争力将产生重要影响。生产要素对于竞争力的重要性不仅在于继承性，更在于创造性。高级生产要素的优势是区域竞争力的一个持续而可靠的来源。因此，对于区域竞争力，要重视对生产要素的高效利用，特别是高级生产要素的获得和培育对于区域竞争具有极为重要的意义。

2. 需求状况

某一特定区域的需求市场，主要包括市场的需求结构和质量、市场规模和成长速度、市场的国际化程度等方面。区域的市场需求是该区域产业发展的动力，它会刺激企业进行改革和创新，是区域竞争优势的根源。区域的市场规模、开拓模式则会借助投资、时机和进取心来强化这种依附于市场的优势。同时，区域需求市场的国际化将使该区域的产品具有其他区域的产品所不可比拟的竞争优势。

3. 相关和支撑性产业

这些产业包括纵向相关和支撑产业（企业的上游产业在设备、零部件等方面的支持等）、横向相关和支撑产业（企业在生产合作、共用技术、信息共享等方面的支持等）。支持产业通过最有效的方式及时地为企业提供最低成本的投入，同时不断与下游产业交流合作，促进下游产业创新。如果相关产业具有一定的竞争优势，其绩效和竞争能力将自然而然地促进上下游产业的创新和国际化。

4. 企业战略、企业结构和竞争

企业战略、企业结构和竞争既包括企业的经营理念、经营目标、员工的工作动机、同行业中竞争对手的状况等，又包括企业组织和管理的环境及同行业竞争的环境。它主要反映的是在一个区域的特定环境中，企业的组织方式和管理方式及竞争对手的条件。

此外，还存在两种有可能影响产业竞争优势的因素。一是产业发展的机遇。例如，基础性研究开发、重大的技术突破、投入成本的突然变化、世界金融外汇市场的突然变化等，它们可能会对区域竞争力产生截然相反的作用。二是政府的作用。政府通过税收、补贴、价格管制、教育等政策措施，来影响区域的竞争优势。同时机遇与政府作用也将分别受到上述四类要素的影响。

四、区域创新与区域竞争优势

区域竞争优势是指一个区域在区域竞争中所具有的、相对于其他区域的优势，即一个区域在区域竞争中的有利条件或强项（林迎星，2006）。在市场经济条件下，区域创新是一个区域赢得竞争优势的重要途径。区域产业创新知识的扩散有利于区域整体产业竞争力的提升（伍华佳，2008）。区域创新是推动区域发展和提升区域竞争力的核心力量，而区域竞争是实现区域创新的助推器。第一，区域创新有利于提高区域配置资源的能力，从而增强区域竞争优势。区域创新过程是区域创新资源的配置过程。创新资源越容易获取，创新就越具有优势。创新资源主要包括人才、资金和技术等。第二，区域内的产业集群是区域竞争优势的重要来源，只有创新才能创造和巩固区域集群所必需的竞争优势。第三，区域竞争优势得益于区域内的创新环境，而区域竞争优势的增强将促进区域竞争力的提升。创新环境可以促进参与者相互交流和合作、集体学习和共同解决问题。创新软环境的突出表现是在一个特定地区的非正式社会关系结成的网络内，通过非正式的和共同的学习过程强化区域创新能力（聂华林和王成勇，2006）。完善的制度环境将从制度上保证创新活动主体得到最低限度的报酬，这有助于创新活动的产生。第四，区域竞争力的提高和区域发展有赖于区域网络的不断创新，以及创新网络在区域环境中的发展和根植。创新网络是创新组织（如企业集群、教育机构、研发机构、政府机构等）利用和实现技术与其他方面相互弥补的协同效应，在长期正式与非正式的合作与交流中构建的较为稳定的系统。空间组织间由于地理上相互邻近和发展战略上的需要而产生的相互信任，又进一步加强了区域性创新网络的牢固性。这客观上要求区域网络不断创新和发展，才能适应外部环境的变化。根植性的创新网络有利于促进企业间分工、交流和合作，共享基础设施和智力资源，同时有助于知识（包括隐含性、实践性知识）的流动和创新的扩散，激发新思想和新方法的出现，从而提升区域的竞争力，促进区域的发展。

第四节　总部经济与区域发展

近几年，随着各大跨国公司总部的逐步迁入，以及国内众多大中型企业总部和生产制造基地在空间上的逐渐分离，总部经济在我国持续升温。从全国看，北京、上海、广州、深圳等发达城市的总部经济发展态势较好，同时以这些城市为中心的京津冀经济圈、长三角和珠三角三大区域的“总部经济带”正初见端倪。

一、总部经济的内涵

总部是指在企业系统中相对独立的、具有战略决策、资源配置、资本经营、业绩管理、人事决策及外部公关等全部或其中几种职能的决策机构（王凤洲和王飞，2008）。这种独立性既指组织结构上的独立，也指空间上的独立。从企业内部价值链环节来看，总部主要集中在企业价值链高端，如研究开发、产品设计、市场营销、售后服务等高附加值环节。

总部经济是指企业利用区域资源比较优势，将其总部与生产制造基地在空间上分离，使企业价值链与区域资源达到最优空间耦合，以实现企业及其总部、生产基地各自所在区域三方经济利益最大化的一种区域经济形态，因此总部经济的概念中应该包括生产制造基地所在区域的经济发展等内容。

二、总部经济的构成

总部经济由企业总部经济、城市总部基地经济和生产制造基地经济三部分构成。

企业总部经济是指企业为实现利润最大化或经营成本最小化，利用区域比较优势原则，将其总部功能与生产基地在地理空间上进行分离的一种经济形态。它既包括企业总部与所在区域经济发展之间的相互联系和影响，又包括生产基地与其所在区域经济发展之间的相互关系。

企业总部经济的发展离不开城市，城市在整个总部经济体系中发挥着总部基地的作用。总部基地的作用在于资源优化与合理配置。城市总部基地经济是指城市为搭建总部集聚平台而提供的各种软硬件环境，包括建设总部基地与城市基础设施、提供各种优惠政策措施，以及完善配套性服务体系等内容。

企业生产制造基地所在区域的经济发展是构建整个总部经济体系的重要内容。生产制造基地经济是指企业生产基地所在区域围绕基地建设和发展而提供的软硬件环境，包括提供优惠政策措施、建立相应的约束机制等内容。

三、总部经济的区域经济效应

（一）企业总部对所在区域的贡献

在总部经济模式下，企业总部对所在区域的贡献主要表现在以下五个方面。

1. 税收贡献效应

总部经济对所在区域的税收贡献主要包括三方面：一是企业的税收贡献效应。大量的企业总部将向总部所在地上缴所得税。二是总部员工的个人税收贡献效应。企业总部的高级白领由于收入丰厚，必然以上缴个人所得税的形式为当地的经济发展做贡献。三是总部的集聚可以直接增加相关产业（如所在区域的知识型服务业）的税源，从而优化税制结构。

2. 产业乘数效应

在总部经济模式下，企业总部所在区域的知识型服务业往往较为发达，包括信息、金融、贸易、科技、人才、咨询、法律、文化、娱乐等诸多方面，形成了为企业总部服务的知识型服务业产业链，从而带动关联产业在该区域聚集并维持扩张趋势。值得注意的是，这些知识型服务并不是一般意义上的资料提供，而是富有创意性、建设性的高级智力型服务。换句话说，由总部经济理论和总部基地实践所衍生出来的“总部产业”，将是一个资本和知本高度密集的产业。通过这种产业乘数效应，可以实现该区域产业经济总量的成倍增长，提高第三产业的结构水平和质量，从而提升区域经济竞争力（王凤洲和王飞，2008）。

3. 消费带动效应

总部对于所在区域的消费带动作用主要表现在两方面：一是围绕总部的商务、研发活动以及配套进行的消费，包括办公楼宇的建造、通信设施、实验设备、仪器仪表等硬件消费，以高档商务和休闲娱乐为主的商务费用，以及总部员工的商务套餐、商务文件快递等一般性消费。二是总部高级白领的个人生活消费，包括交通、购物、置业安家、子女教育、休闲娱乐、法律支持等。企业总部员工及相关服务业企业员工大都属于高收入群体，同时这部分人群是消费创新的重要力量，因此会产生多方位、高质量的消费需求，使得总部聚集区及其周边地区大都形成了包括公寓、酒吧、咖啡厅、美容院、餐厅、文化娱乐场所等在内的较为繁华的商业中心，在很大程度上拉动所在区域的消费。

4. 就业乘数效应

总部劳动就业的带动效应主要表现在三个层次上：一是企业总部直接从当地雇佣员工，从而扩大当地就业。二是将增加商务服务产生的就业量与生活服务产生的就业量。三是与经济繁荣相联系的，例如，对城市基础设施、住宅、物业、绿化、子女教育、旅游等服务需求，也可以创造新的就业。

5. 社会资本效应

社会资本（social capital）是寓于社会网络之中的一种社会结构性资源，包括社会关系网络、社会规范、社会信任、社会凝聚力、政府功能、公民参与、人际关系、行为承诺等多方面内容。社会资本是无形的、不可量度的，但是它对于区域经济发展具有深远持久的影响力（孙久文，2006）。

一个区域总部聚集，说明该区域具有获取和整合技术、人才、信息等高端资源的优势，从而大大提高了该区域生产力；区域内形成的互利互惠的信任机制将降低区域的信息获取成本和市场交易成本；总部聚集将不可避免地促使企业间展开激烈竞争，由此带来的企业生存和发展压力将提升企业乃至整个区域的创新力和竞争力。

（二）生产基地对区域经济的综合效应

1. 生产基地对区域经济发展的贡献

在总部经济模式下，生产基地对于所在区域的积极作用主要表现在以下四个方面：①促进区域经济增长和产业结构优化。对于相对落后的区域来说，代表了先进生产力的生产制造基地与当地具有比较优势的经济资源一经结合，将使区域产业经济总量迅速增加，同时由区域产业带来的“增长极”效应、产业聚集效应和产业乘数效应，将继而放大区域的产业总量。由于这些效应的作用，该区域的关联产业将逐步兴起，区域产业结构则进一步得到优化。②促进区域就业岗位的增加和就业结构的调整。生产制造基地可以充分利用当地人力资源的比较成本优势，大量雇佣所在区域的劳动力，继而通过产业乘数效应扩大区域的就业总量。同时生产基地的形成也将影响区域就业结构的调整，例如，生产基地通过技术推广、学习培训等方式为区域培育生产技术专门型人才，从而优化区域就业结构。③促进区域税收总量增加和税源结构走向多元化。“生产基地性”企业和由生产基地激发的关联产业直接为当地带来可观的税收贡献，同时由于企业性质的特殊性，“生产基地性”企业涉及的税目几乎涵盖了增值税、营业税、企业所得税等所有税目，区域税源结构的多样化得以促进。④促进区域消费总量和质量的提高。生产基地的形成或入驻将促使区域消费总量增加，这主要表现在企业职工的个人生活消费、企业一般性日常消费（如办公用品费用支出）、社会公共消费（如地方文化教育、休闲娱乐等方面的支出）和有关联的产业引发的消费需求的增加。同时，生产基地在一定程度上影响着当地的消费观念和消费结构。

2. 生产制造基地对所在区域的消极影响

生产制造基地的功能特征决定了生产基地相对于区域经营的其他环节，将消耗更多的自然资源，造成更大的资源环境压力。过度的开发利用将导致区域的成本比较优势逐渐减弱。生产基地的发展还将使区域社会管理工作复杂化，主要表现在增加了区域人口管理的难度；对区域基础设施承载能力和配套服务体系提出更高要求；生产基地的快速发展可能会带来很多社会矛盾等。

第五节　循环经济、低碳经济与区域发展

一、区域循环经济的发展模式

循环经济（circular economy）是一种物质和能量梯次、闭环流动型经济发展模式。这一循环方式覆盖了理念、生产、消费、社会等各方面，是一种环境友好型的可持续发展模式。我国循环经济的实践主要是围绕产业间与区域范围内两个基本方面展开的。从我国推动循环经济的一开始，区域循环经济就活跃在探索我国循环经济的第一线，直接支撑着我国循环经济的发展建设。

（一）区域循环经济的概念

区域循环经济是指在企业、园区和城市实现循环经济的基础上，在区域内更高层次上、更大范围内实施的循环经济，是社会循环经济的基础（孙久文，2006）。区域循环经济是将循环经济的理念集聚整合于区域经济的发展过程之中。它不仅应遵循区域经济发展的规律，而且必须按照自然界的生态循环原则，以物质和能量的自然流动为基线，以社会、经济、环境可持续发展为最终目标，最大限度地高效利用资源和能源，减少污染物排放，促进物质资源的循环。

我国区域循环经济的发展问题，可以从以下两个角度来考察：一是在受经济、政策等因素影响的区域内（如长三角、珠三角、东北老工业基地等）发展循环经济。目前，这类区域循环经济的实践尚未形成主流，但业已受到关注。例如，对江苏沿江开发核心区域[涉及8个大市、15个县（市、区）]的循环经济建设等。二是以行政辖区为对象的经济区域来发展循环经济，这主要体现在省、市、园区三个层次上。

（二）区域循环经济的基本模式

发展区域循环经济要立足于生态型企业、生态工业园区和生态型城市三种基本模式。这些模式具有一定的层次性，由小到大依次递进，前者是后者的基础，后者是前者的平台。

1. 生态型企业模式

通过组织企业内各工艺之间的物料循环，延长和拓宽生产链条，减少生产过程中原料和能源的使用量，尽量减少废弃物和有毒物质的排放，最大限度地利用可再生资源，企业内部能够资源利用最优化、经济效益最大化、废弃物排放最小化，企业能够获得综合效益。如目前乌兰水泥集团有限公司已建立起以煤、电、热、水泥联产为核心的新型环保产业链，集水泥生产、发电、集中供热、废水处理、城市垃圾利用为一体的高效、节能、环保的全国大型生态水泥生产基地，从而使经济发展与环境保护找到最佳的切入点。

2. 生态工业园区模式

生态工业园区是区域循环经济的重要模式。它是按照循环经济理念和工业生态学原理而设计建立的一种新型工业组织形态。通过集群的作用，企业之间在产业链上分工协作，形成产业间的代谢和共生耦合关系，运用废物交换、循环利用和清洁生产等手段，把上游企业产生的废物或副产品作为下游企业的原材料和能源，实现物质的闭路循环和能量的多级利用，系统地使园区资源高效整合、能源增值。这种模式着力于园区内生态链和生态网的建设，可以提高区域的整体效益，形成区域经济发展和环境保护的良性循环，因此生态工业园区正成为许多国家工业园区改造的方向。

3. 生态型城市模式

生态型城市是社会经济和生态环境协调发展，各个领域基本符合可持续发展要求的地市级行政区域；是基于生态学原理建立的自然和谐、社会公平和经济高效的复合系统，强调城市建设和发展要充分融合生态、经济、社会和文化等因素，通过物质、能量、信息的高效利用，实现城市生态的良性循环和人居环境的持续改善，达到人与人、人与自然、自然与自然的充分和谐。生态型城市具有四大要素：产业体系、城市基础设施、人文生态和社会消费（冯之浚，2006b）。

二、低碳经济的内涵与发展

低碳经济作为一种新的经济发展模式，是在进入工业文明后对人类社会形态的又一次重大思考和突破。发展低碳经济的目的在于应对能源、环境和气候变化的挑战。

低碳经济在发展过程中逐渐划分为两种形态，从广义上来看，一种定义认为低碳经济是一种新的经济形态，是工业文明演变出的结果且必然会成为一种主流的经济形态。在这种经济形态下，人类活动产生的温室气体对大自然的影响能够降低到一定的水平，从而使得各个国家及居民不受到因气候变化带来的不利影响，从而能够实现人类的可持续发展，在这种经济形态下人们所处的地球可以具有很强的自我修复和调节能力，同时能够在对自然环境破坏降到最低的情况下实现经济的快速发展。另一种定义则将低碳经济比作一种手段，这种手段的最终目的是实现人与自然的和谐共生，能够在经济不断发展的过程中，降低资源不合理的利用和温室气体对自然的影响（陈跃等，2013）。

低碳经济发展是一项长期性、系统性的工程，为此我国发展低碳经济的路径应该是多方位的。按照不同层面具体可以分为以下几个方面：实现低碳化生产、建设低碳城市、开发低碳能源、构建与完善全国性碳排放交易市场、培养低碳消费理念，强化低碳技术与政策支持。

（一）实现低碳化生产

从生产的全过程中来看，低碳化生产需要在生产要素投入、碳排源头转化、产品运输及已排出二氧化碳转化方面做到控制碳排放。针对农业生产，在生产要素投入方面，尽可能多地使用有机肥、生物肥和农家肥等肥料，减少高碳排能源和化学肥料的使用。降低农药、农膜的投入，推进农膜的回收利用，不断提高农膜的再使用效率（张振家，2022）。在碳排源头利用转化方面，推广立体种养与资源节约型农业生产方式。在已排出二氧化碳转化方面，发挥农业自身的固碳能力，减少农业生产过程中不合理的耕作，保护土地资源，保证合理的碳汇水平，提高土壤的复种指数。针对工业生产，要求要素投入低碳化，以新能源代替传统以煤炭为主的化石能源。同时对生产过程中投入的原材料在运输方面实现低碳化转型，对工业废气排放，产品生产过程中的废气排放等环节实现低碳转化。设置较高的行业进入标准，对于重化工业进行改造，淘汰落后产能，实现工业内部结构的优化升级（田泽等，2020）。工业是我国经济发展的一大动力，在追求低碳工业的发展过程中要同时兼顾经济效益与环境效益，实现工业的良性发展。

（二）建设低碳城市

建设低碳城市需打造低碳化基础设施，合理进行空间布局。在建筑物的建设过程中多选用太阳能、节能型取暖和制热系统，尽可能利用自然条件进行通风采光。打造低碳交通体系，大力推动形成以轨道交通为主干，公共交通为主要交通工具的车行和人行和谐相处的道路体系（周宏春，2012）。大力发展公共交通设施，降低私家车数量的增长速度。在交通科技能源方面，研发混合燃料汽车，提高电动车、新能源、清洁能源汽车的占比。提高交通智能系统建设和交通资源的利用效率，减少不必要的驾驶出行和运输工具的空乘现象，打造绿色低碳智能出行。在城市垃圾处理办法上，提倡对垃圾进行预处理。将垃圾中的水分和有机物质进行提取，回收垃圾中可利用的资源。在垃圾销毁方式上，提高垃圾的处理技术，尽可能实现垃圾就地消除。将可燃烧的垃圾用于供热发电，对垃圾填埋中产生的气体进行回收利用，减少垃圾就地填埋的碳排放（李颖等，2021）。在日常生活中，倡导并形成垃圾分类的良好习惯。在城市垃圾处理中要建立由政府牵头，有关部门进行协调的体制机制，政府制定有关垃圾综合管理的目标和规划，合理安排垃圾处理厂选址，有关部门加大对垃圾处理的督促检查力度。

（三）开发低碳能源

转变以煤炭为主体的能源供应，转向以天然气、石油、煤炭、新能源等多种能源并存的能源供应结构。煤炭工业逐步建立合理的市场机制，实现新旧产能的顺利交接，碳排放量大、所耗资源多的煤炭工业可以及时顺利地退出市场。保证使用煤炭的相关产业的相对集中，避免出现无序的竞争模式，提高煤炭工业的生产水平，在较集中的产业实现总量平衡。在石油工业中，控制石油总体消费量，发挥价格机制对石油消费的调控作用，优化能源结构。大力发展清洁能源替代石油产品，发展港口气化工程和电力系统，降低石油产品消耗。在石油提炼过程中，注重炼化一体化、产业园区化、产品清洁化，提高成品油的提炼质量。积极提高天然气资源的利用，大力培养天然气消费市场，完善天然气运输设备和管道设施建设，对天然气安装、配送、使用进行合理的定价，加强天然气的存储能力，适应天然气峰谷差使用需求，减少温室气体的排放（王文涛等，2019）。提高可再生能源开发技术，早日实现水能、核电、风能、太阳能、海洋能、地热能等可再生能源的大规模应用（周宏春，2012）。

（四）构建和完善全国性的碳排放交易市场

全国性碳排放交易市场建立的目的是以更少的能源消耗和碳排放获得更多的产出，从而实现低碳经济。在建立碳排放交易市场的过程中要由局部到整体逐渐过渡，在局部开展试点，借鉴试点成功经验再向全国进行推广。同时要完善碳排放定价机制，对碳排放总量进行合理预测，允许建立碳排放存储借贷抵消机制，避免出现碳排放权滥用、碳交易价格过低等破坏碳排放交易市场规则现象的发生。开发碳金融衍生品，降低碳交易企业的风险，提高碳交易的市场流动性（赵慧卿，2019）。同时为建立高效的碳交易市场，还需要推动碳市场相关立法的完善，完善的法律支撑体系可以减少碳交易市场的风险和不稳定性，从而促进碳交易市场的良好运转。

（五）培养低碳消费理念

在推进低碳经济发展的同时，居民也需要树立低碳消费的理念，践行绿色的生活方式，引导居民养成低碳消费习惯，实现低碳居家、消费和出行。在选择家居用品时多选用简单大方，绿色环保型家居，简化装饰（周宏春，2012）。充分利用可循环材料，精简产品包装，多享受公交服务，减少不必要的私家车出行。在消费过程中，尽可能节约各种资源，同时媒体加大对低碳经济的宣传力度，新闻宣传部门制定低碳宣传方案。在公众场合利用多媒体设备传播低碳消费模式，推荐市场上节能环保的新技术、新产品，强化大众认知和扩大选择范围。在电视、报纸、网络等平台展示节能减排的标语、图画及专题栏目，向人们普及节能减排的方法和国家出台相关政策的重要性（赵慧卿，2019）。从思想、方法、实践、监督多个维度构建低碳消费理念。

（六）强化低碳技术和政策支持

能源的利用效率提高应改进目前落后的工业生产方式和研发新的高效生产方式，通过提高能源的利用效率来减少能源的总体消耗量，从而减少碳排放。积极开发清洁能源，目前我国可再生能源如风能、水电、太阳能的使用水平低于发达国家，为此我国应该提高可再生能源的利用水平。同时对于已产生的二氧化碳进行捕捉和转化的相关技术的实施运用也是非常有必要的。然而，目前我国二氧化碳捕捉和封存技术（carbon capture and storage，CCS）尚未实现大规模使用，该技术在应用过程中存在的成本高、耗能大等问题亟待攻破（王文涛等，2019）。此外，政府还需要运用经济政策手段引导我国低碳经济的发展，对绿色生产的企业给予政策扶持，对采用环保技术的企业给予补贴，对生产绿色产品和采用低碳技术的企业在信贷、税收等方面提供优惠政策（解振华和潘家华，2018）。同时在企业生产的过程中制定合理的货币政策，对环境、资源征收保护税，提高企业生产成本，倒逼企业改进不合理的高耗能生产模式（王文涛等，2019）。

第六节　经济全球化与区域发展

一、经济全球化的内涵

经济全球化是全球经济一体化的一个进程，它跨越了国家边界，通过对外贸易、资本流动、技术转移等方式构成了相互依存、相互联系的全球经济整体。

对于经济全球化发展历程问题，学界已形成了普遍共识，根据金碚（2016）的经典观点，经济全球化可以被划分为三个时代。其中，经济全球化1.0时代为19世纪到20世纪初，代表国家为西班牙、葡萄牙等欧洲各国，其以掠夺的方式积累了大量原始财富；经济全球化2.0时代为20世纪中叶到20世纪末，属于以自由竞争为特征的自由资本主义时期，在此阶段英国通过殖民掠夺和不平等商贸的方式促进了本国经济的快速发展；经济全球化3.0时代为20世纪末至今，表现为以美国为代表的垄断资本主义经济特点。而在此期间，随着新自由主义的衰落，逐渐出现了支持反经济全球化的声音，甚至美国已经出台了有关逆全球化和去全球化的政策。因此为破解当前逆全球化的挑战，急需对传统经济全球化进行理论升级，可以认为经济全球化正在向4.0时代发展，也即将形成新型经济全球化（辜胜阻等，2017）。

二、全球生产网络与全球价值链

全球价值链和全球生产网络的概念基础均为价值链理论，相关概念的形成过程为价值链—全球价值链—全球生产网络。Porter（1985）提出了管理学价值链理论，他在其著作*Competitive Advantage: Creating and Sustaining Superior Performance*中指出，企业可以被认为是各种活动的集合体，该集合体包括设计、生产、销售、运输和辅助等活动，这些活动共同构成了一条可以创造价值的链条，即企业的价值链。并同时指出，当企业处在外部市场参与市场竞争时，企业除了内部价值链外还存在一条和其余企业联系的外部价值链，故为了占据市场份额，企业在发挥内部价值链优势的同时也要发挥外部价值链的优势。

此后，随着国际合作和竞争的不断增加，跨国企业的出现促进了全球各地的企业进行生产合作，仅涉及企业内部运作规律的传统价值链理论不足以对全球性的合作生产关系进行说明。因此在管理学价值链理论的基础上，Gereffi（1999）从企业的外部价值链角度入手，将价值链和全球生产组织联系起来，首次提出了全球价值链的概念，认为全球价值链是指围绕某种商品生产所形成的国际生产组织系统，由分散于世界各地的企业和机构组成一个完整的生产网络，构成了全球价值链。当前最具有代表性的定义由联合国工业发展组织（UNIDO）提出，全球价值链是一个全球性的跨企业网络组织，它将生产、销售、回收处理等环节连接起来，以实现产品或服务的价值。

进一步，全球价值链的不断发展促使了全球生产网络的形成，全球生产网络属于全球价值链发展的高级表现形式。Arndt和Kierzkowski（2001）首次使用片段化来描述生产过程中的分隔现象，认为生产过程的全球分离使得同一价值链中的每一条生产流程都通过跨国生产网络进行组织，加快了全球一体化的进程。该研究促进了全球生产网络理论的出现，形成了对全球生产网络概念的普遍定义：全球生产网络是指跨国公司把产品价值链划分为多个模块，在全球范围内以最小成本实现产品制造，从而使多个国家参与到产品价值链的各个环节中，形成国际分工体系。

综上，全球价值链和全球生产网络为两个相互联系的概念，其探究的问题本质均为国际分工地位，但关注点略有不同。全球价值链强调某一产品的生产、销售及使用环节的增值过程，其核心是多企业参与所带来的产品质量升级；而全球生产网络则更多地集中于全球经济活动的组织与相互作用，其核心是组织参与到经济活动过程中所形成的生产网络。

三、全球供应链安全与区域发展韧性

供应链是国际经济活动广泛应用的术语之一，它包含了商品从生产到最终交付的全部业务流程、从原材料供应商到消费者全过程的所有经济活动，而全球供应链中的成员遍布全球，将整个供应链系统延伸到国际范围中，各成员与环节之间相互作用，以满足全球消费者的需求（王佳元，2019）。全球化是世界经济发展的必然趋势，而面对全球政治经济的百年变局、大国关系不稳定等的冲击影响，全球供应链容易遭受各种不确定、不安全的因素影响而被破坏，全球供应链安全也正在成为国际资本更加重视的对象（朱晓乐和黄汉权，2021）。

全球供应链安全可以从两个方面进行解释，一方面，全球供应链安全包含数据安全与实体安全，其中数据安全是指全球供应链中所有的数据与信息系统避免受到恶意破坏攻击，实体安全是指供应链中的实体材料与商品等避免受到恶意攻击破坏；另一方面，全球供应链安全是指避免受到随机事件而造成的意外攻击破坏，如疫情大扩散、极端自然灾害与操作人员的疏漏等。总而言之，维护全球供应链安全，既要保护供应链中的各要素避免受到黑客组织、国际恐怖主义等蓄意造成的攻击破坏，也要防范随机意外事件造成的外部冲击。

在经济全球化的影响下，区域经济体往往难以独善其身，而是置身于全球经济网络体之中，成为若干全球供应链中的一环，并且同样受到各种不安全因素的干扰。因此，当供应链受到负面冲击时，区域经济体的应对能力、抵抗能力、恢复和适应能力将有效维持自身在全球供应链中发挥的效能，从而有助于维护全球供应链安全（任保平和朱晓萌，2021）。而区域经济体在面对全球供应链风险的过程中具备的一系列抵御能力，则称为区域发展韧性。

全球供应链安全与区域发展韧性之间具有密不可分的关系。从空间角度来看，由于全球供应链的主体遍布世界，其内部经济活动也是一系列多地理尺度介入的过程，全球供应链安全也在很大程度上受到多地理尺度能动性的影响（胡晓辉等，2021）。尤其是对于涉足全球供应链的区域经济体来说，区域发展韧性在面临供应链风险时可以快速地作出反应行动方案，例如，区域内企业采用数据备份及信息保密等加强型的预防措施防止黑客入侵电子信息系统，采用灵活性、替代性的方案处理供应链中的延时情况，以及增加多来源、安全库存等冗余资源面对供应中断的情况等。因此，区域发展韧性与全球供应链安全息息相关，强力的区域发展韧性有助于维护全球供应链安全。

第七节　重大区域发展战略

一、京津冀协同发展战略

京津冀涵盖北京、天津两大直辖市和河北省 11 个地级市，人口超过 1 亿，GDP 占全

国的十分之一以上。中央政治局于2015年4月30日审议通过《京津冀协同发展规划纲要》，该规划纲要指出，京津冀协同发展战略的核心是有序疏解北京非首都功能，调整经济结构和空间结构，走出一条内涵集约发展的新路子，探索出一种人口经济密集地区优化开发的模式，促进区域协调发展，形成新增长极。强调要坚持协同发展、重点突破、深化改革、有序推进。要严控增量、疏解存量、疏堵结合调控北京市人口规模。要在京津冀交通一体化、生态环境保护、产业升级转移等重点领域率先取得突破。要大力促进创新驱动发展，增强资源能源保障能力，统筹社会事业发展，扩大对内对外开放。要加快破除体制机制障碍，推动要素市场一体化，构建京津冀协同发展的体制机制，加快公共服务一体化改革。要抓紧开展试点示范，打造若干先行先试平台。2016年，《中华人民共和国国民经济和社会发展第十三个五年规划纲要》强调要坚持优势互补、互利共赢、区域一体，调整优化经济结构和空间结构，探索人口经济密集地区优化开发新模式，建设以首都为核心的世界级城市群，辐射带动环渤海地区和北方腹地发展。2021年，《中华人民共和国国民经济和社会发展第十四个五年规划和2035年远景目标纲要(草案)》再次强调，紧抓疏解北京非首都功能“牛鼻子”，构建功能疏解政策体系，实施一批标志性疏解项目。高标准高质量建设雄安新区，加快启动区和起步区建设，推动管理体制创新。高质量建设北京城市副中心，促进与河北省三河、香河、大厂三县市一体化发展。推动天津滨海新区高质量发展，支持张家口首都水源涵养功能区和生态环境支撑区建设。提高北京科技创新中心基础研究和原始创新能力，发挥中关村国家自主创新示范区先行先试作用，推动京津冀产业链与创新链深度融合。基本建成轨道上的京津冀，提高机场群港口群协同水平。深化大气污染联防联控联治，强化华北地下水超采及地面沉降综合治理。

二、长江经济带发展战略

长江经济带覆盖上海、江苏、浙江、安徽、江西、湖北、湖南、重庆、四川、贵州、云南11个省（市）。推动长江经济带发展是党中央作出的重大决策，是关系国家发展全局的重大战略，对实现“两个一百年”奋斗目标、实现中华民族伟大复兴的中国梦具有重要意义。2016年9月，《长江经济带发展规划纲要》正式印发，确立了长江经济带“一轴、两翼、三极、多点”的发展新格局，其中，“一轴”是以长江黄金水道为依托，发挥上海、武汉、重庆的核心作用，“两翼”分别指沪瑞和沪蓉南北两大运输通道，“三极”指的是长江三角洲、长江中游和成渝三个城市群，“多点”是指发挥三大城市群以外地级城市的支撑作用。同年，《中华人民共和国国民经济和社会发展第十三个五年规划纲要》强调坚持生态优先、绿色发展的战略定位，把修复长江生态环境放在首要位置，推动长江上中下游协同发展、东中西部互动合作，将长江经济带建设成为我国生态文明建设的先行示范带、创新驱动带、协调发展带。2021年，《中华人民共和国国民经济和社会发展第十四个五年规划和2035年远景目标纲要（草案)》再次强调，坚持生态优先、绿色发展和共抓大保护、不搞大开发，协同推动长江经济带生态环境保护和经济发展，打造人与自然和谐共生的美丽中国样板。

三、长三角区域一体化发展战略

长江三角洲包括上海市、江苏省、浙江省、安徽省全域，是我国经济发展最活跃、开放程度最高、创新能力最强的区域之一。2019年3月，长三角区域一体化发展正式被纳入政府工作报告，同年，国务院印发了《长江三角洲区域一体化发展规划纲要》，该规划纲要指出，要发挥上海的龙头带动作用，苏浙皖各扬所长，加强跨区域协调互动，提升都市圈一体化水平，推动城乡融合发展，构建区域联动协作、城乡融合发展、优势充分发挥的协调发展新格局，将长江三角洲地区打造成为全国发展的强劲活跃增长极、高质量发展样板区、率先基本实现现代化引领区、区域一体化发展示范区和新时代改革开放新高地。2021年，《中华人民共和国国民经济和社会发展第十四个五年规划和2035年远景目标纲要（草案）》强调要提升长三角一体化发展水平，瞄准国际先进科创能力和产业体系，加快建设长三角G60科创走廊和沿沪宁产业创新带，提高长三角地区配置全球资源的能力和辐射带动全国发展的能力。加快基础设施互联互通，实现长三角地级及以上城市高铁全覆盖，推进港口群一体化治理。打造虹桥国际开放枢纽，强化上海自贸试验区临港新片区开放型经济集聚功能，深化沪苏浙皖自贸试验区联动发展。加快公共服务便利共享，优化优质教育和医疗卫生资源布局。推进生态环境共保联治，高水平建设长三角生态绿色一体化发展示范区。

四、粤港澳大湾区建设战略

粤港澳大湾区包括香港特别行政区、澳门特别行政区和广东省广州市、深圳市、珠海市、佛山市、惠州市、东莞市、中山市、江门市、肇庆市（以下称珠三角九市），是我国开放程度最高、经济活力最强的区域之一，在国家发展大局中具有重要战略地位。2019年2月18日，中共中央 国务院公开发布《粤港澳大湾区发展规划纲要》，提出了极点带动的布局，即发挥香港–深圳、广州–佛山、澳门–珠海强强联合的引领带动作用，深化港深、澳珠合作，加快广佛同城化建设，提升整体实力和全球影响力，引领粤港澳大湾区深度参与国际合作。同时，该规划纲要还明确提出了粤港澳大湾区的五大战略定位：充满活力的世界级城市群；具有全球影响力的国际科技创新中心；“一带一路”建设的重要支撑；内地与港澳深度合作示范区；宜居宜业宜游的优质生活圈。

五、黄河流域生态保护和高质量发展战略

黄河发源于青藏高原巴颜喀拉山北麓，流经青海、四川、甘肃、宁夏、内蒙古、山西、陕西、河南、山东9省（区）。黄河流域是我国重要的生态安全屏障，也是人口活动和经济发展的重要区域，在国家发展大局和社会主义现代化建设全局中具有举足轻重的战略地位。2021年，中共中央 国务院印发《黄河流域生态保护和高质量发展规划纲要》，指出一是要构建黄河流域生态保护“一带五区多点”空间布局，其中“一带”是指以黄河干流和主要河湖为骨架，连通青藏高原、黄土高原、北方防沙带和黄河口海岸带的沿黄河生态带。“五区”是指以三江源、秦岭、祁连山、六盘山、若尔盖等重点生态功能区为主的水源涵养区，以内蒙古高原南缘、宁夏中部等为主的荒漠化防治区，以青海东部、陇中

陇东、陕北、晋西北、宁夏南部黄土高原为主的水土保持区，以渭河、汾河、涑水河、乌梁素海为主的重点河湖水污染防治区，以黄河三角洲湿地为主的河口生态保护区。“多点”是指藏羚羊、雪豹、野牦牛、土著鱼类、鸟类等重要野生动物栖息地和珍稀植物分布区。二是要构建形成黄河流域“一轴两区五极”的发展动力格局，促进地区间要素合理流动和高效集聚。其中“一轴”是指依托新亚欧大陆桥国际大通道，串联上中下游和新型城市群，以先进制造业为主导，以创新为主要动能的现代化经济廊道。“两区”是指以黄淮海平原、汾渭平原、河套平原为主要载体的粮食主产区和以山西、鄂尔多斯盆地为主的能源富集区，加快农业、能源现代化发展。“五极”是指山东半岛城市群、中原城市群、关中平原城市群、黄河“几”字弯都市圈和兰州–西宁城市群等。三是要构建多元纷呈、和谐相容的黄河文化彰显区。其中，河湟–藏羌文化区主要包括上游大通河、湟水河流域和甘南、若尔盖、红原、石渠等地区，是农耕文化与游牧文化交汇相融的过渡地带。关中文化区主要包括中游渭河流域和陕西、甘肃黄土高原地区，以西安为代表的关中地区传统文化底蕴深厚，历史文化遗产富集。河洛–三晋文化区主要包括中游伊洛河、汾河等流域，是中华民族重要的发祥地，分布有大量文化遗存。儒家文化区主要包括下游的山东曲阜、泰安等地区，以孔孟为代表的传统文化源远流长。红色文化区主要包括陕甘宁等革命根据地和红军长征雪山草地、西路军西征路线等地区，是全国革命遗址规模最大、数量最多的地区之一。

六、海南全面深化改革开放战略

海南是我国最大的经济特区，地理位置独特，拥有全国最好的生态环境，同时又是相对独立的地理单元，具有成为全国改革开放试验田的独特优势。海南建省和兴办经济特区是党中央着眼于我国改革开放和社会主义现代化建设全局作出的重大战略决策。在新时代支持海南全面深化改革开放，对拓展改革深度和广度、形成全面开放新格局、彰显中国特色社会主义制度优越性具有重要的现实意义和深远的战略意义。2018 年，中共中央 国务院印发了《关于支持海南全面深化改革开放的指导意见》，为推动海南全面深化改革开放作出顶层设计，提出要将海南建设成为全面深化改革开放试验区、国家生态文明试验区、国际旅游消费中心和国家重大战略服务保障区，指出海南要以全岛自由贸易试验区和中国特色自由贸易港建设为抓手，着力在建设现代化经济体系、实现高水平对外开放、提升旅游消费水平、服务国家重大战略、加强社会治理、打造一流生态环境、完善人才发展制度等方面进行探索，在贯彻落实党的十九大的重大决策部署上走在前列，打造实践中国特色社会主义的生动范例，开创新时代中国特色社会主义新局面。2020 年6 月1 日，中共中央 国务院印发的《海南自由贸易港建设总体方案》发布，意味着中央支持海南自贸试验区建设有了具体的路线图，总体上看，该方案的主要内容可概括为“6+1+4”：“6”即贸易自由便利、投资自由便利、跨境资金流动自由便利、人员进出自由便利、运输来往自由便利、数据安全有序流动；“1”即构建现代产业体系；“4”即加强税收、社会治理、法治、风险防控四个方面的制度建设。

本章课程思政与实践教学设计

教学环节	教学过程	课程思政
问题导入	随着学者对区域经济学的深入研究，大量的研究成果涌现，那么，从现有资料来看，区域经济学的主要流派有哪些？又有哪些新的进展呢？	帮助学生更好地掌握前沿动态，更好地了解本科学的理论框架和研究方法，以及科学未来的发展方向。同时，学生还可以通过参与相关的学术研究和实践活动，提升自己的实践能力和创新能力，为实现中国特色社会主义现代化建设贡献自己的力量
知识讲解	1. 介绍新经济地理学派、新制度学派，以及区域管理学派的起源、具体内容和代表人物 2. 分别介绍西方区域经济学发展的主要阶段和主要理论研究新进展、中国区域经济学主要理论研究新进展、区域经济模型方法研究新进展	
启发探究	根据最新的研究成果来看，还有哪些前沿问题有待深入探索呢？	让学生体会到区域经济学研究与我国区域发展面临的问题具有非常强的关联性，感受作为一名青年大学生的时代责任，脚踏实地、提高专业技能和素养，为区域发展做出贡献
知识讲解	1. 介绍区域营销和区域治理的内涵、发展与相关模式 2. 基于经济全球化、信息化的背景，介绍区域创新对提升区域竞争力的作用、区域创新理论，以及其与区域竞争优势之间的相互作用关系 3. 介绍总部经济的内涵、构成，以及总部经济对区域经济发展的促进作用 4. 介绍循环经济的内涵、起源与发展，介绍我国发展区域循环经济的基本模式；介绍低碳经济的内涵、起源与发展，以及我国发展区域低碳经济的基本路径 5. 介绍经济全球化的内涵，讲解全球生产网络与全球价值链、全球供应链安全与区域发展韧性，以及与区域贸易一体化的内容 6. 介绍我国近年来的重大区域发展战略，如京津冀协同发展战略、长江经济带发展战略、长三角区域一体化发展战略等	
答疑与课程小结	1. 预留一定时间供学生提出课程疑问并进行答疑 2. 总结区域经济研究的主要流派以及理论研究的新进展，梳理本章所提到的区域经济学前沿问题，并鼓励学生在相关领域不断进行深入探索	通过引导学生提出课堂疑问，培养学生探索、创新的工匠精神，并引导学生在未来区域经济学的研究中深入挖掘，不断壮大学科发展

主要参考文献

安虎森，邹璇．2004. 区域经济学的发展及其趋势．生产力研究，(1)：180-186
鲍健强，苗阳，陈锋．2008. 低碳经济：人类经济发展方式的新变革．中国工业经济，(4)：153-160
陈建成，张新伟．2006. 总部经济理论与实践研究．北京：中国科学技术出版社
陈瑞莲，杨爱平．2012. 从区域公共管理到区域治理研究：历史的转型．南开学报（哲学社会科学版）．(2)：48-57
陈跃，王文涛，范英．2013. 区域低碳经济发展评价研究综述．中国人口·资源与环境，23（4）：124-130
丁娟．2002. 创新理论的发展演变．现代经济探讨，6：27-29

杜国明，黎春，何仁伟. 2020. 中国精准扶贫的区域治理思想解析. 资源科学，42（4）：649-660
冯之浚. 2006a. 循环经济的范式研究. 中国软科学，8：9-21
冯之浚. 2006b. 循环经济与上海发展. 北京：人民出版社
冯之浚，牛文元. 2009. 低碳经济与科学发展. 中国软科学，(8)：13-19
付加锋，庄贵阳，高庆先. 2010. 低碳经济的概念辨识及评价指标体系构建. 中国人口·资源与环境，(8)：38-43
傅家骥. 2001. 技术创新学. 北京：清华大学出版社
辜胜阻，吴沁沁，王建润. 2017. 新型全球化与“一带一路”国际合作研究. 国际金融研究，(8)：24-32
郝寿义. 2016. 区域经济学原理. 2 版. 上海：上海人民出版社
何立峰. 2021. 深化粤港澳合作 推进大湾区建设. 中国产经，(11)：20-25
洪明，徐逸伦. 2003. 中国小城镇管治研究初探//顾朝林，沈建法，姚鑫. 城市管治——概念·理论·方法·实证. 南京：东南大学出版社
胡大立，丁帅. 2010. 低碳经济评价指标体系研究. 科技进步与对策，27（22）：160-164
胡晓辉，董柯，杨宇. 2021. 战略耦合演化视角下的区域经济韧性分析框架. 地理研究.（12）：3272-3286
胡志坚. 2000. 国家创新系统：理论分析与国际比较. 北京：社会科学文献出版社
黄肖琦，柴敏. 2006. 新经济地理学视角下的 FDI 区位选择——基于中国省际面板数据的实证分析. 管理世界.（10）：7-13，26，171
贾若祥，王继源，窦红涛. 2024. 以新质生产力推动区域高质量发展. 改革，(3)：38-47
蒋廉雄. 朱辉煌. 卢泰宏. 2006. 区域形象的概念分析及其营销框架. 中山大学学报（社会科学版）.（5）：111-116,143
金碚. 2016. 论经济全球化 3.0 时代——兼论“一带一路”的互通观念. 中国工业经济，(1)：5-20
雷毅. 2001. 奈斯与深层生态学. 自然辩证法通讯，3：82-87
李健. 2004. 总部经济与区域经济发展研究. 唯实，12：16-17
李闽榕. 2006. 中国省域经济综合竞争力研究报告（1998～2004）. 北京：社会科学文献出版社
李青，李文军，郭金龙. 2004. 区域创新视角下的产业发展：理论与案例研究. 北京：商务印书馆
李胜，陈晓春. 2009. 低碳经济：内涵体系与政策创新. 科技管理研究，(10)：41-44
李斯特. 1991. 政治经济学的国民体系. 陈万煦，译. 上海：商务印书馆
李小建. 2004. 新世纪中国区域经济学理论研究的重点领域. 经济经纬，(3)：38-41
李颖，武学，张成双，等. 2021. 基于低碳发展的北京城市生活垃圾处理模式优化. 资源科学，43（8）：1574-1588
林伯强. 2010. 低碳经济全球化和中国的战略应对. 金融发展评论，(11)：32-37
林伯强. 2022. 碳中和进程中的中国经济高质量增长. 经济研究，(1)：56-71
林迎星. 2006. 区域创新优势. 北京：经济管理出版社
刘立. 2001. 创新系统研究述评. 中国科技论坛，5：12-15
刘曙光，田丽琴. 2001. 区域创新发展的模式与国际案例研究. 世界地理研究，1：20-23
刘友金，戴魁早. 2006. 国外区域国际竞争力理论研究综述. 上海经济研究，6：56-62
刘友金，黄鲁成. 2001. 产业群集的区域创新优势与我国高新区的发展. 中国工业经济，2：33-37
卢黎歌，隋牧蓉. 2019. 经济全球化的升级与应对：基于人类命运共同体视角. 北京工业大学学报（社会科学版），19（2）：1-8
芦岩，陈柳钦. 2006. 国内区域竞争力研究综述——历程、问题与进展. 河南社会科学，4：149-154
聂华林，王成勇. 2006. 区域经济学通论. 北京：中国社会科学出版社
牛桂敏. 2004. 循环经济：从超前性理念到体系和制度创新. 国家行政学院学报，6：63-65

潘家华，庄贵阳，郑艳，等. 2010. 低碳经济的概念辨识及核心要素分析. 国际经济评论，(4)：88-101，5
彭宜新，邹珊刚 . 2002. 创新系统研究方法述评 . 自然辩证法研究，6：74-77
任保平，朱晓萌. 2021. 新时代我国区域经济高质量发展转型和政策调整研究. 财经问题研究. (4)：3-10
任力. 2009. 低碳经济与中国经济可持续发展. 社会科学家，(2)：47-50
师帅，臧发霞，池佳. 2021. 新时期我国低碳经济发展面临的机遇与挑战. 理论探讨，(2)：115-119
施锦芳. 2015. 日本的低碳经济实践及其对我国的启示. 经济社会体制比较，(6)：136-146
石楠，姚鑫 . 2003. 中国城市管治回顾和展望//顾朝林，沈建法，姚鑫 . 城市管治——概念 · 理论 · 方法 · 实证 . 南京：东南大学出版社
史健洁 . 2003. 论城市管治与地方政府的作用：以镇江市机构改革为例//顾朝林，沈建法，姚鑫 . 城市管治——概 念 · 理论 · 方法 · 实证 . 南京：东南大学出版社
史忠良，沈红兵 . 2005. 中国总部经济的形成及其发展研究 . 中国工业经济，5：58-65
丝路基金青年课题组. 2022. "一带一路" 背景下中国对外投资效率研究——基于 "一带一路" 沿线国家技术溢出及经济增长的视角. 宏观经济研究. (3)：46-58，66
宋德勇，欧阳强，申米玲 . 2005. 循环经济的本质与我国发展循环经济的路径选择 . 当代经济科学，3：36-43
孙国强 . 2005. 循环经济的新范式——循环经济生态城市的理论与实践 . 北京：清华大学出版社
孙久文. 2021. 中国区域经济学的学科发展与创新. 区域经济评论，(4)：5-9
孙久文 . 2003. 现代区域经济学主要流派和区域经济学在中国的发展 . 经济问题，(3)：2-4
孙久文 . 2006. 区域经济学 . 北京：首都经济贸易大学出版社
孙久文，叶裕民 . 2003. 区域经济学教程 . 北京：中国人民大学出版社
孙久文，叶裕民，林勇 . 2002. 全国区域经济学学科发展研讨会会议综述 . 中国软科学，(11)：124-125
锁利铭. 2020. 制度性集体行动框架下的卫生防疫区域治理：理论、经验与对策. 学海，(2)：53-61
锁利铭，李雪. 2018. 区域治理研究中 "商品（服务）特征" 的应用与影响. 天津社会科学，(6)：82-86
唐葆君，周慧玲，曹红，等. 2015. APEC 成员碳排放与经济增长及对中国的政策启示. 管理学报，(12)：1865-1871
田泽，任芳容，马海良. 2020. 低碳经济学：理论、方法与发展路径. 徐州：中国矿业大学出版社
王秉安 . 2005. 我国省域经济综合竞争力现状研究 . 华东经济管理，6：55-59
王秉安，李闽榕 . 2004. 福建经济综合竞争力研究 . 福州：福建人民出版社
王长安 . 2004. 循环经济问题讨论综述 . 经济理论与经济管理，12：73-77
王朝全 . 2006. 论循环经济的动力机制与制度设计 . 生态经济，8：56-59
王凤洲，王飞. 2008. 以总部经济模式推进海峡西岸经济区协调发展. 福建论坛（人文社会科学版). (1)：98-101
王福军 . 1999. 国际竞争力的来源：波特的解释 . 南京社会科学，11：4-8
王缉慈 . 2002. 创新及其相关概念的跟踪观察——返璞归真、认识进化和前沿发现 . 中国软科学，12：31-35
王佳元. 2019. 现代供应链：演变特征与发展战略. 宏观经济研究. (7)：98-106
王青兰，谷奇峰，曲强. 2019. 区域合作治理的困境与突破——基于区块链物流技术的治理模型. 物流技术，38（11)：113-120
王文涛，王海林，南雁，2019. 中国绿色低碳发展若干问题研究. 北京：科学出版社

王璇，郃艳丽. 2023. 区域治理情境下行政区划的制度再构逻辑——基于深汕特别合作区的案例研究. 公共管理学报，20（3）：13-23，165-166
魏达志. 2010. 中心城市总部经济成长论. 北京：中国城市出版社
魏后凯. 2006. 现代区域经济学. 北京：经济管理出版社
魏守华. 2002. 集群竞争力的动力机制以及实证分析. 中国工业经济，10：27-34
魏文栋，陈竹君，耿涌，等. 2021. 循环经济助推碳中和的路径和对策建议. 中国科学院院刊.（9）：1030-1038
吴骏莲，崔功豪. 2001. 管治的起源、概念及其在全球层次的延伸. 南京大学学报（哲学·人文科学·社会科学），38（143）：123-127
吴水龙，胡左浩，黄尤华. 2010. 区域品牌的创建：模式与路径. 中国软科学.（S2）：193-200
伍华佳. 2008. 区域产业知识创新与核心竞争力提升——以长三角区域产业默会知识共享为例. 研究与发展管理.（6）：49-55
解振华，潘家华. 2018. 中国的绿色发展之路. 北京：外文出版社
邢华，王旭辉，胡汉辉. 2006. 日本区域集群规划对我国构建国家创新体系的启示. 亚太经济，4：58-61
杨江敏，黄耿志，薛德升. 2022. 西方区域环境治理研究进展及其对粤港澳大湾区的启示. 热带地理，42（2）：293-304
杨汝万. 2002. 发展中国家的城市管治及其对中国的含义（下）. 上海城市管理职业技术学院学报，（66）：4-6
余中元. 2020. 基于流域社会生态系统的海南区域治理体系优化调整研究. 海南师范大学学报（自然科学版），33（3）：287-298
张京祥，黄晓春. 2001. 管治理念及中国大都市区管理模式的重构. 南京大学学报（哲学·人文科学·社会科学），38（143）：111-116
张京祥，刘荣增. 2001. 美国大都市区的发展及管理. 国外城市规划，（5）：6-8
张京祥，庄林德. 2000. 管治及城市与区域管治：一种新制度性规划理念. 城市规划，24（6）：36-39
张可云. 2005. 区域经济政策. 北京：商务印书馆
张天柱. 2006. 大力促进我国区域循环经济建设//张小冲，张学军. 循环经济发展之路. 北京：人民出版社
张衔春，栾晓帆，李志刚. 2020. “城市区域”主义下的中国区域治理模式重构——珠三角城际铁路的实证. 地理研究，39（3）：483-494
张小冲，张学军. 2006. 循环经济发展之路. 北京：人民出版社
张玉臣，彭建平. 2004. 不同定义依据的创新体系的比较研究. 中国软科学，8：114-117
张振家. 2022. 新形势下辽宁农业碳排放测度与低碳化发展对策研究. 农业经济.（1）：12-14
赵弘. 2004. “总部经济”拓展首都经济发展新思路. 中国创业投资与高科技，2：66-68
赵弘. 2005. 总部经济及其在我国的发展. 江海学刊，1：61-64
赵慧卿，2019. 中国绿色低碳循环发展：综合评价及路径选择. 北京：中国经济出版社
周宏春，2012. 低碳经济学：低碳经济理论与发展路径. 北京：机械工业出版社
朱晓乐，黄汉权. 2021. 全球供应链的演变及其对中国产业发展的影响. 改革，（4）：60-67
庄贵阳，潘家华，朱守先. 2011. 低碳经济的内涵及综合评价指标体系构建. 经济学动态，（1）：132-136
邹平座. 2006. 准确把握循环经济的内涵//张小冲，张学军. 循环经济发展之路. 北京：人民出版社
Arndt S W, Kierzkowski H. 2001. Fragmentation: New Production Patterns in the World Economy. London: Oxford University Press
Carlsson B. 1991. On the nature, function and composition of technological systems. Journal of Evolutionary Eco-

nomics, 1 (2): 93-118

Christian L. 1996. Metropolitan government and governance in western countries, a critical review. International Journal of Urban and Regional Research, 22 (1): 9-25

Cooke P, Uranga M, Etxebarria G. 1998. Regional systems of innovation: an evolutionary perspective. Environment and Planning, 30: 1563-1584

Cooke P. 1992. Regional innovation systems: competitive regulation in the new Europe. Geoforum, 23: 365-382

Cooke P. 1998. Introduction: origins of the concept//Braczyk H J, Cooke P, Heidenreich M. Regional innovation systems: the role of governances in a globalized world. London: Routledge

Elkin S L. 1987. City and regime in the American Republic. Chicago: University of Chicago Press

Fainstein N I, Fainstein S S. 1983. Regime strategies, communal resistance, and economic forces//Fainstein S S, Fainstein N I. Restructuring the City. New York: Longman

Freeman C. 1982. The economic of industrial innovation. Cambridge. MA: The MIT Press

Gereffi G. 1999. International trade and industrial upgrading in the apparel commodity chain. Journal of International Economics, 48 (1): 37-70

Hart D, Simmie J. 1997. Innovation, competition and structure of local production networks. Local Economy, 11: 235-246

Le Galès P. 1995. Du gouvernement des villes à la gouvernance urbaine. Revue Francaise de Science Politique. 45 (1): 57-95

Porter E M. 1985. Competitive Advantage: Creating and Sustaining Superior Performance. New York: Free Press